厉以宁经济史文集

第4卷

工业化和制度调整

——西欧经济史研究

厉以宁 著

2015年·北京

图书在版编目(CIP)数据

工业化和制度调整:西欧经济史研究/厉以宁著.
—北京:商务印书馆,2015
　(厉以宁经济史文集;4)
　ISBN 978-7-100-10762-4

Ⅰ.①工⋯　Ⅱ.①厉⋯　Ⅲ.①经济史—研究—西欧　Ⅳ.①F156.09

中国版本图书馆 CIP 数据核字(2014)第 228563 号

所有权利保留。
未经许可,不得以任何方式使用。

厉以宁经济史文集
第 4 卷
工业化和制度调整
—— 西欧经济史研究
厉以宁　著

商 务 印 书 馆 出 版
(北京王府井大街36号　邮政编码 100710)
商 务 印 书 馆 发 行
北 京 冠 中 印 刷 厂 印 刷
ISBN 978-7-100-10762-4

2015 年 7 月第 1 版　　　开本 787×960　1/16
2015 年 7 月北京第 1 次印刷　印张 41¼

定价:105.00 元

目 录

前言 工业化和产业革命 ································· 1
  一、工业化 ······································· 1
  二、产业革命 ····································· 12
  三、本书的宗旨 ··································· 24

第一章 工业化是对传统生产方式的突破 ················· 26
  第一节 西欧国家工业化过程的回顾 ················· 26
    一、为什么必须突破传统生产方式？ ··············· 26
    二、突破传统生产方式之后进行工业化的例证 ······· 28
    三、边进行工业化、边突破传统生产方式的例证 ····· 45
  第二节 工业化初期的三大难题 ····················· 72
    一、问题的提出 ································· 72
    二、突破传统生产方式后进行工业化的西欧国家是如何解决
      三大难题的？以英国为例 ······················ 74
    三、边进行工业化、边突破传统生产方式的西欧国家是如何
      解决三大难题的？以德国为例 ·················· 83
  第三节 传统生产方式对工业化的消极影响的
      长期存在 ································· 89
    一、生产要素流动和重组的困难 ··················· 89

二、财富观念 …………………………………………… 91
　　三、竞争意识的薄弱 ………………………………… 93
　　四、行政效率 ………………………………………… 96
　　五、传统生产方式对工业化的消极影响是缓慢地消失的 …… 98

第二章　工业化和资本形成 …………………………………… 100
　第一节　投资是工业化的第一推动力 …………………… 100
　　一、资本形成概念 …………………………………… 100
　　二、"投资是工业化的第一推动力"的含义 ………… 102
　　三、工业化初期的行业组织 ………………………… 106
　　四、金融业和工业化中的资本形成 ………………… 108
　　五、从海外得到的财富在多大程度上转化为工业资本？…… 112
　　六、工业化开始时工业资本来自何处？ …………… 114
　第二节　地方商人在工业化的资本形成中的作用 ……… 119
　　一、传统生产方式下的地方商人 …………………… 119
　　二、工业化初期的地方商人 ………………………… 120
　　三、小工业企业主的分化 …………………………… 123
　　四、工业企业家地位的变化 ………………………… 125
　第三节　政府在工业资本形成中的作用 ………………… 128
　　一、政府参与工业化投资的多种方式 ……………… 128
　　二、政府用于工业化投资的资金来源 ……………… 131
　第四节　地主阶级在工业资本形成中的作用 …………… 135
　　一、从传统生产方式走向工业化时期的西欧地主阶级 …… 135
　　二、地主阶级在工业化过程中的分化 ……………… 137
　　三、新型地主同政府的关系 ………………………… 139

第五节 外国资本在工业资本形成中的作用 …… 141
一、外国资本进入的多种途径 …… 141
二、超经济意义的外国资本进入 …… 145

第三章 工业化和技术创新 …… 150
第一节 工业化过程中不断技术创新的动力 …… 150
一、工业化中的技术创新是一个不间断的过程 …… 150
二、为缓解资源和动力问题而引起的技术创新 …… 152
三、为扩大市场和占领新市场而引起的技术创新 …… 155
四、技术创新对小企业的双重影响 …… 158
五、军用技术向民用技术的转移 …… 161

第二节 技术创新中的人才供给 …… 162
一、熟练技工的供给 …… 162
二、技术人才的引进和外流 …… 166
三、高等教育的发展 …… 169
四、劳工市场的发展和二元劳工市场的形成 …… 171

第三节 技术创新和融资 …… 177
一、工业化开始后的技术创新融资 …… 177
二、技术创新和金融创新 …… 179
三、技术创新融资引起的经济波动 …… 181

第四节 工业化过程中的环境保护问题 …… 188
一、工业化过程中环境保护问题的提出 …… 188
二、环境治理被提上政府议事日程 …… 194
三、技术创新与环境监管并重 …… 198
四、走经济社会可持续发展的道路:政府态度的转变 …… 202

第四章 工业化和社会流动 ……………………… 208
第一节 社会流动的重要性 ……………………… 208
一、两类社会流动 ……………………………… 208
二、工业化和社会流动的关系 ………………… 209
第二节 工业化和垂直社会流动 ………………… 211
一、垂直社会流动的前提 ……………………… 211
二、工业化过程中垂直社会流动的重要性 …… 213
三、工业化过程中对垂直社会流动限制的逐渐消失 … 215
四、工业化过程中垂直社会流动的特征 ……… 221
第三节 工业化和水平社会流动 ………………… 224
一、水平社会流动的前提 ……………………… 224
二、工业化过程中水平社会流动的重要性 …… 227
三、工业化过程中对水平社会流动限制的逐渐消失 … 230
四、工业化过程中水平社会流动的特征 ……… 233
第四节 社会流动和工业化过程中人力资本作用的发挥 ……………………………………… 238
一、工业化的进展依赖于人力资本作用的发挥 … 238
二、人力资本的作用得以发挥的制度因素 …… 240
三、人力资本的作用得以发挥的文化因素 …… 245
第五节 工业化过程中垂直社会流动和水平社会流动的交叉影响 ……………………………… 249
一、工业化过程中垂直社会流动和水平社会流动互为前提 … 249
二、初始流动和持续流动的关系 ……………… 253
三、工业化因社会流动性增大而不断推进 …… 257
四、传统生产方式下的"宁静生活"被打破以后 … 260

第五章 工业化和利益集团 ………………………… 264

第一节 工业化过程中的利益集团 ………………………… 264
一、工业化过程中利益集团的含义 ………………………… 264
二、工业化过程中不同利益集团的形成 ………………… 267
三、有形的利益集团 ……………………………………… 270
四、无形的利益集团 ……………………………………… 273
五、利益集团的利益交叉性 ……………………………… 278

第二节 工业化过程中的弱势群体 ………………………… 282
一、绝对贫困概念 ………………………………………… 282
二、相对贫困概念 ………………………………………… 289
三、弱势群体概念 ………………………………………… 291
四、弱势群体地位改善的基本途径 ……………………… 295
五、弱势群体向非弱势群体的转化 ……………………… 300

第三节 工业化过程中相对贫困的持久性 ………………… 303
一、相对贫困的第一种表现：利益集团之间的相互比较 …… 303
二、相对贫困的第二种表现：期望值和现状之比 ………… 305
三、相对贫困的第三种表现：现期收入同历史上
　　高峰时期收入之比 …………………………………… 307
四、非经济意义上的相对贫困 …………………………… 309
五、生活圈和相对贫困 …………………………………… 311

第四节 工业化过程中激进和保守的相互转化 …………… 313
一、利益集团的倾向：激进和保守 ………………………… 313
二、工业化过程中激进和保守相互转化的条件 ………… 318
三、新激进势力的产生 …………………………………… 321
四、新保守势力的产生 …………………………………… 324

五、工业化在激进和保守两种势力不断斗争的过程中前进 … 327

　　六、激进和保守之间冲突的长期性 …………………… 332

第六章　工业化和城市化 ………………………………… 339

　第一节　城市化和工业化是相伴而行的 ………………… 339

　　一、原有城市适应于工业化的调整和改造 …………… 339

　　二、工矿城市和交通枢纽 ……………………………… 341

　　三、城市中的移民 ……………………………………… 345

　第二节　城市化的基本特征 ……………………………… 349

　　一、城市化的含义 ……………………………………… 349

　　二、城市化的必然性 …………………………………… 351

　　三、城市郊区化 ………………………………………… 354

　　四、农村人口向城市中心区流动的趋势 ……………… 357

　　五、城市化是一个长期的、持续的过程 ……………… 359

　第三节　就业是城市发展中最重要的问题 ……………… 362

　　一、城市的就业压力 …………………………………… 362

　　二、城市中新贫民区的出现和改造 …………………… 365

　　三、城市就业问题的缓解 ……………………………… 367

　　四、城市就业是一个长期存在的问题 ………………… 371

　第四节　有关城市规模的不同观点 ……………………… 375

　　一、关于城市规模出现不同观点的原因 ……………… 375

　　二、大城市的优点和缺点 ……………………………… 378

　　三、小城镇的优点和缺点 ……………………………… 379

　　四、中等城市的优点和缺点 …………………………… 381

　　五、城市规模并没有统一的模式 ……………………… 383

第七章 工业化和中产阶级 ……………………………… 386
第一节 金字塔形收入分配结构的长期存在 …………… 386
一、传统生产方式下和工业化初期的中产阶级 ………… 386
二、为什么金字塔形收入分配结构会长期存在？ ……… 391
三、工业化前期社会收入分配结构不可能发生重大变化的深层次原因 ………………………………………… 394
四、金字塔形收入分配结构改变的渐进性 ……………… 396
第二节 中产阶级在工业化过程中逐渐壮大的主要原因 ……………………………………………… 397
一、中产阶级逐渐壮大的原因之一：技术进步和管理的要求 … 398
二、中产阶级逐渐壮大的原因之二：自行创业者增多 …… 402
三、中产阶级逐渐壮大的原因之三：受教育机会趋于平等 … 406
四、中产阶级逐渐壮大的原因之四：社会流动性增大和上升机会的涌现 ……………………………………… 408
五、中产阶级逐渐壮大的原因之五：市场扩大和新行业的成长 … 411
第三节 政府在促进中产阶级壮大中的作用 …………… 413
一、对私有财产的保护 …………………………………… 413
二、对技术创新成果的保护 ……………………………… 414
三、增加社会流动性的措施 ……………………………… 421
四、工业化过程中的区域发展政策 ……………………… 422
五、与促进中产阶级壮大有关的金融政策 ……………… 423
第四节 中产阶级的分化 …………………………………… 427
一、工业化过程中的中产阶级分化趋势 ………………… 427
二、工业化过程中的中产阶级分化的特点 ……………… 429
三、中产阶级中一部分人地位上升的可能性 …………… 431

四、中产阶级中一部分人地位下降的可能性 ………… 432
五、中产阶级本身的变化：从旧式的中产阶级到新型的
中产阶级 …………………………………………… 435

第五节 收入分配结构由金字塔形向鸡蛋形的转变 …… 443
一、鸡蛋形收入分配结构的含义 ……………………… 443
二、从金字塔形收入分配结构向鸡蛋形收入分配结构
转变的过程 ………………………………………… 444
三、中产阶级队伍的继续扩大 ………………………… 448
四、中产阶级的不同层次 ……………………………… 450
五、低收入阶级成员的变换 …………………………… 454
六、鸡蛋形收入分配结构倒退为金字塔形收入分配结构的
可能性 ……………………………………………… 457

第八章 工业化和农村、农业的变化 …………………… 460
第一节 对"工业化导致农村、农业衰退"说法的分析 … 460
一、问题的提出 ………………………………………… 460
二、判断工业化过程中农村和农业状况的标志之一：农业
生产率的变化 ……………………………………… 463
三、判断工业化过程中农村和农业状况的标志之二：农民
人均绝对收入水平的变化 ………………………… 464
四、判断工业化过程中农村和农业状况的标志之三：农村
中的公共设施状况的变化 ………………………… 469
五、工业品和农产品价格之比的分析 ………………… 470

第二节 工业化过程中农业生产率的变化 ……………… 473
一、农业生产率变化的重要意义 ……………………… 473

二、农业生产率变化的制度性因素 …………………… 476
三、农业中所使用的劳动力在全国劳动力中比重的
   下降是正常的 ……………………………………… 479
四、农业产值在国内生产总值中比重的下降也是正常的 …… 481
第三节 农民人均绝对收入水平的变化 ……………………… 483
一、农业增长率不可能与非农业增长率一致 …………… 483
二、农民收入增长率不可能与非农民收入增长率一致 …… 485
三、农民人均绝对收入的增长和农民生活状况的改善 …… 487
四、农民从农业以外取得较多收入的途径 ……………… 489
五、政府对农业的支持和农民收入的上升 ……………… 492
第四节 农村中公共设施的增加和农民人均公共设施
   享有量的变化 ……………………………………… 497
一、增加农村公共设施和提高农民生活质量 …………… 497
二、农村教育文化设施的作用 …………………………… 498
三、环境保护和农村生活质量 …………………………… 501

第九章 工业化过程中制度调整的第一阶段 ……………… 504
第一节 制度更替和制度调整的比较 ……………………… 505
一、制度更替：推进工业化的前提 ……………………… 505
二、工业化过程中的制度调整：从刚性体制逐渐转向弹性
   体制 ………………………………………………… 507
三、制度更替和制度调整的行为主体的比较 …………… 515
四、制度更替和制度调整的过程的比较 ………………… 519
五、制度更替和制度调整的后果的比较 ………………… 524
第二节 工业化过程中制度调整的必要性 ………………… 527

    一、工业化进行到一定程度后政府作用的递减问题……… 527
    二、市场制度的完善和健全 ……………………………… 531
    三、企业制度的改进 ……………………………………… 534
    四、个人作为劳动者、消费者、投资者各种权益的保护…… 535
    五、缓解社会矛盾问题的提出 …………………………… 538
  第三节 制度调整第一阶段的成效……………………… 541
    一、工业化过程中的制度调整最初是自发的 …………… 542
    二、工业化过程中制度调整一开始要解决的问题：市场运作的
        规范化 ………………………………………………… 545
    三、工业化过程中制度调整逐渐成为社会关注的焦点 … 547
    四、政府在资本主义制度调整第一阶段扮演的角色 …… 549
    五、福利国家思想的最初体现 …………………………… 552
    六、工业化过程中制度调整开始后社会政治生活发生的
        变化 …………………………………………………… 560

第十章 工业化过程中制度调整的第二阶段……………… 563
  第一节 由制度调整的第一阶段向第二阶段的过渡…… 563
    一、工业化过程中制度调整第一阶段和第二阶段的划分 … 563
    二、工业化过程中制度调整由第一阶段向第二阶段
        过渡的条件 …………………………………………… 569
    三、20世纪30年代西方经济理论的重大转折 …………… 572
  第二节 工业化过程中制度调整第二阶段的任务……… 578
    一、任务之一：缓解社会矛盾 …………………………… 578
    二、任务之二：协调地区经济和社会发展 ……………… 583
    三、任务之三：保证经济增长和经济社会的可持续发展 … 587

四、任务之四:满足人们提高生活质量的要求 …………… 593
第三节　西欧国家制度调整的第二阶段和向后工业化
　　　　时期的转变 ……………………………………… 595
　一、西欧福利国家的形成 ……………………………… 595
　二、走向后工业化时期 ………………………………… 600
　三、资本主义的制度调整仍在继续进行中 …………… 602
　四、西欧社会对制度调整的适应问题探讨 …………… 609

结束语　世界金融风暴对资本主义制度调整的影响 ……… 614
引用书刊索引 …………………………………………………… 624
后记 ……………………………………………………………… 648

前言　工业化和产业革命

一、工　业　化

工业化是指近代工业或现代工业的建立和推广并对一国社会经济发生有力作用的过程。

近代工业或现代工业不同于古代的工业。例如，古代也有采矿和冶炼工业，在某些国家还曾达到一定规模。但近代工业或现代工业的特点在于它是同自然科学的发展紧密地联系在一起的。"正是科学，尤其是自然科学，为工业开辟了如此宏伟的前景。随着时间的推移，科学与工业的关系已经变得愈来愈明显了。"① 从经济的角度看，固定资产的内容也在变化，"在现代工业出现以前，建筑物和运输工具（特别是船舶）是已在使用的唯一的固定资本货物"②，设备不是主要的投资对象。即使是建筑物，当时主要是消费品而不是生产资料；"至于运输工具，就算是生产者货物，也不附属于制造业而附属于商业"③。因此，在

---

① 希克斯：《经济史理论》，商务印书馆，1999年，第132页。
② 同上书，第129页。
③ 同上。

近代工业或现代工业出现以前,根本谈不上固定资产投资在经济生活中的重要性,从而也就谈不上工业对社会经济发展的重要影响。

工业化,作为近代工业或现代工业的建立和推广的过程,是一国从传统社会走向现代社会的必经阶段。很难说西欧国家的工业化是按照某一个经济学派或某一位经济学家预先设计的模式实施的。某种经济学说可能对工业化的进程发生过影响,但仅仅是影响而已。西欧各国的工业化进程实际上是企业家和政府根据自身的利益而推行的,尤其是在前期,几乎可以说是"走到哪一步算哪一步","走到哪一步再策划下一步"。正如熊彼特所说,在西欧,"'重商主义'的著者们没有发觉,经济学家除建议各种措施并为之奋斗之外,还有什么应该做的事情"[1]。这是指18世纪大部分时间而言,那么,进入19世纪以后呢?"'自由主义'时代的经济学家们的情况最初也不见得好多少,尽管他们终于发现原理与建议并不是一回事。"[2]也许到了20世纪中叶,由于西欧社会经济方面的问题越积越多或越来越严重,经济学家的作用才逐渐增大,但这已经进入工业化的后期了。

要知道,虽说每一个国家的工业化是本国经济中的一项重大事件,但它不可避免地同政治和社会生活中的其他重大事件交织在一起,相互影响,相互制约。虽说每一个国家的工业化是本国经济发展中一个必经的阶段,但它同其他国家的工业化总是紧密地联系在一起,甚至有相当大的相互依存性,它既可能受

---

[1] 熊彼特:《经济分析史》第3卷,商务印书馆,1995年,第75页。
[2] 同上。

到其他国家工业化过程的积极或消极影响,还可能受到其他国家前工业化时期或后工业化时期的积极或消极影响。当然,它可能同样施加影响于其他国家的工业化阶段。而且,工业化的开始也决不是突如其来的。从英国的历史来看,很可能在工业化以前就已经存在一个"工业化以前的工业化阶段",或称为"原始工业化阶段"①,这是指农村工业已经得到一定程度的发展,从而为工业化的开始准备了条件。② 工业化以前农村工业的发展并不等于工业化,因为工业化给社会经济带来的深远影响决不是农村工业发展所能比拟的,但仍应当承认农村工业的发展为工业化的开始作了准备。

每一个国家的工业化总具有本国的特色,总要尽可能符合本国的国情,但世界各国的工业化过程一定具有某些相似之处:一方面,各国在工业化过程中都会出现相类似的问题,其中可能存在某种规律;另一方面,各国在解决工业化过程中所遇到的问题时,对策也许不尽相同,但其中也可能包含某些普遍适用的内容。这些都是值得深入研究的。

在工业化过程中,制度因素始终占据主要地位。工业化一旦开始,只要建立了资本主义制度,工业化的趋势将是不可阻挡的。据都留重人的分析,"在资本主义社会中,私人拥有的资本构成了经济活动的基本单位,它的基本属性就是继续不断地扩

---

① 参看门德尔斯:"原始工业化:工业化过程的第一阶段",载《经济史杂志》,1972年3月,第241—261页。
② 参看克里特、梅迪克和施伦波姆:《工业化以前的工业化:资本主义产生时的农村工业》,剑桥大学出版社,1981年,第6页。

张其本身"①。怎样扩张资本自身？首先是利润的转化："在私人资本的控制下,利润一经实现,通常注定被用于投资。"②因此可以说,资本主义制度建立后,"只要资本主义制度仍是有活力的并能继续发展的,增长就是这一制度的内在特征"③。

进一步说,一国的工业化作为该国经济中的重大事件,必然对国内的社会、政治、经济和文化发生深刻的影响。工业化造成的后果是多方面的,而且这些后果具有累积性,工业化进行时间越长,后果的表现就越明显。比如说,工业化会使工人的收入增加,但决不是工业化一开始工人收入就增加的。"18世纪工业的变化,主要收获不是提高工人阶级的收入,而是阻止在人口迅速增长的同时工人阶级收入的下降。"④以英国来说,在当时的情况下,由于一些农民涌入城市,能够找到工作就是幸事,所以"男人和女人只要被雇用就高兴得要命,不会去询问他们的工资是不是比他们之前的人多一点"⑤。当工业化进行到一定程度之后,由于各种原因(包括工会的建立和工会在经济生活中越来越起作用,劳动生产率的提高,市场的扩大和对熟练劳动力需求的增加,以及政府通过收入再分配而导致工人收入上升等等),工人的收入才有较明显的增长。

---

① 都留重人："日本的起飞(1868—1900年)",载罗斯托主编:《由起飞进入持续增长的经济学》,伦敦,1963年,第140页。

② 同上。

③ 同上。

④ 考特:《简明英国经济史(1750年至1939年)》,商务印书馆,1992年,第295页。

⑤ 同上。

工业化还带来了社会方面的后果。工业化初期的研究者们只是隐隐约约地预见到会有这方面的后果,但将来的实际情况究竟如何,却没有被预测到,这是因为,"在历史的实际过程中,工业化进程的内在趋势不可能完全被认识到"①。一个重要的趋势是"制造出一个开放的社会"②。开放,正是工业社会和前工业社会的重大区别。工业化以后,"社会总是处于变迁流动当中。由于科学和技术的巨大作用,社会不断地在重新安排人们的生活:靠什么谋生,在哪里工作,又在哪里居住,赚的钱怎么花,等等"③。

具体地说,在传统社会中长期存在并已习以为常的居民生活方式、工作方式和人际关系,都相继受到冲击,并发生这样或那样的变化;又如,在传统社会中已存在多年的城乡关系、城乡沟通方式和生产要素流动渠道,在工业化过程中也陆续发生变化,逐渐形成一种新型的城乡关系、新的城乡沟通方式和新的生产要素流动渠道。不管人们适应也好,不适应也好,迟早都得与之相适应。

20世纪20—30年代,制度学派代表人物康芒斯在其所著的《制度经济学》一书中,把资本主义划分为三个历史阶段,即商业资本主义、工业资本主义和金融资本主义,它们的起因被认为是:商业资本主义起因于市场的扩充,工业资本主义起因于工艺

---

① 格伦斯基编:《社会分层》(第2版),华夏出版社,2006年,第696页。
② 同上书,第697页。
③ 同上。

或技术,金融资本主义则起因于信用制度的盛行。[①] 在康芒斯看来,商业资本主义时期流行的是血汗工场制度,商人—包工者—工匠之间的关系是当时的主要关系。工业化是18世纪晚期或19世纪前期开始的(因不同的国家而异),机器代替了手工操作,血汗工场发展为近代工厂,包工者则变成了工头。工业化使商业资本主义过渡到工业资本主义。[②] 康芒斯指出:"在这一过程中,制造家致力于摆脱商业资本家的束缚,建立他自己的市场,尽可能一路到底直达最终消费者,并且力求自己握有原料的来源。"[③]他把这种情况称做"工业的纵的综合"[④]。显然,康芒斯看到了工业化开始后所造成的市场变化以及由于这种变化所导致的社会经济的变化。

拉什和厄里(S. Lash and J. Urry)在1987年出版的《组织化资本主义的终结》一书中,把资本主义分为自由资本主义、组织化资本主义和非组织化资本主义这样三个历史阶段。他们认为,组织化资本主义概念的源头可以追溯到希法亭。[⑤]他们还认为,组织化资本主义在西欧主要国家开始于19世纪后期,其主要特征除了工业化推动经济有较大增长和市场不断规范化之外,还反映于工会势力的壮大、所有权和管理权的分离以及技术

---

① 参看康芒斯:《制度经济学》下册,商务印书馆,1981年,第439—441页。
② 参看同上书,第446—447页。
③ 同上书,第447页。
④ 同上。
⑤ 参看拉什和厄里:《组织化资本主义的终结》,江苏人民出版社,2001年,第4页。

和管理阶层的发展等等。① 在他们看来,从20世纪60年代以后,西欧国家开始转向资本主义的第三阶段,即非组织化资本主义阶段。② 非组织化资本主义的最重要特征,被认为是白领工人、专业技术人员人数的持续增长以及新社会运动(学生运动、反核运动、生态运动、妇女运动等)的发展,而这些运动却是远离阶级政治的;此外,政党的阶级属性也减弱了。③

西方经济学界关于资本主义社会的不同划分阶段的方法可供我们参考。但工业化开始后资本主义社会一个被普遍承认的显著变化,就是工业化过程中形成了新型的中产阶级,即不同于过去的小业主类型的中产阶级。没有工业化就没有现代意义上的中产阶级的产生和成长。虽然在工业化以前的传统社会里,甚至在工业化开始后的相当长一段时间内,社会上富人和穷人的差别始终存在,而处于富人这一端和穷人这一端之间的中间阶级也是存在的,但当时的中间阶级主要是小业主类型的,他们不可能起到现代意义上的中产阶级在社会、经济、政治方面所起的作用。这是工业化对一国社会经济发展的另一个有深刻影响的作用。④

工业化不是凭空出现的。没有一定的制度上的变迁作为前提,就不可能发生工业化。再进一步探讨,没有一定的思想观念的转变,制度变迁同样是不可能的。因此,要讨论工业化的开

---

① 参看拉什和厄里:《组织化资本主义的终结》,江苏人民出版社,2001年,第4页。
② 参看同上书,第9页。
③ 参看同上书,第7—8页。
④ 详见本书第七章"工业化和中产阶级"。

始,不能不从17—18世纪发生于英国和法国的启蒙运动谈起。可以说,"任何运动都没有像启蒙运动那样强有力地驱散了笼罩着西方世界的迷信和不合常理的束缚人们的浓雾"①。正因为有了思想观念的转变,科学的发展、技术的进步、人们创造力的发挥、制度的变迁等等,才能陆续成为事实,因为启蒙运动给予当时社会的一个重要启示是:"没有什么原罪。人们天生并不是堕落的……如果人们能够自由地遵循理性和本能的指导,无限完美的人性和因此产生的无限完美的社会就很容易实现。"②

当然,在我们强调启蒙运动是工业化前提之一的同时,"不能把这一时代的一切社会进步都归之于思想的影响"③。在西欧,17—18世纪的经济变化也是处处可见的。正如经济史研究者所指出的,在工业化到来之前,西欧发生了"商业革命"。④ 这场"商业革命"的主要内容是:新产品(如咖啡、巧克力、瓷器、茶叶、土豆、西红柿、玉米等)引入欧洲;从美洲输入大量白银,这极大地增进了国际间的流通,导致国际贸易大为发展;造船工业和金属制造工业相应地有了显著发展。⑤ "商业革命"这一术语最适宜于用来概述1550—1700年间的荷兰与英国,但对于法国、德国、北欧国家也是适用的。⑥ "商业革命"的后果是巨大的:

---

① 伯恩斯和拉尔夫:《世界文明史》第2卷,商务印书馆,1987年,第309页。
② 同上书,第301页。
③ 同上书,第329页。
④ 参看奇波拉主编:《欧洲经济史》第2卷《十六和十七世纪》,商务印书馆,1988年,第4页。
⑤ 参看同上。
⑥ 参看同上书,第4页和第376—379页。

"这场商业革命布下了许多最终导致工业革命的火种。它使得财富大量积聚起来,它有助于中产阶级的形成与壮大,它刺激了扩张与需求的多样化,以及最后的但并非最不重要的一点是,它培育了一个与传统及保守的学派相对抗的企业家经营的学派……"[①]由此看来,思想观念的转变和商业领域内的变化,二者对于西欧工业化的开始是同等重要的。"许多社会进步的根源是由于商业革命中贸易的扩展所引起的不断增长的繁荣。但是,在清除古代偏见的积尘和建立一个更加自由和更加人道的社会方面,哲学和科学所起的作用不是偶然的。"[②]

西欧的工业化终于开始了。在西欧,而且不仅仅在西欧,工业化作为一个国家经济发展中必经的阶段,实际上具有三层意思:

第一个层次是就一国从传统社会向现代社会转变过程中三次产业的序列变化而言的。传统社会中,农业在国内生产总值中的比重最大,工业(手工业)和服务业所占的比重都很小,经济增长速度十分缓慢。从工业化开始,该国经济中三次产业的比重就逐渐发生变化:工业的比重首先迅速上升,服务业的比重接着也不断上升,而农业的比重则逐渐下降。这一变动的趋势在整个工业化时期都是明显的。因此,工业化是一国摆脱传统社会的产业序列,过渡到现代社会的产业序列所必经的阶段。

第二个层次是就一国从传统社会转向现代社会的过程中城

[①] 奇波拉主编:《欧洲经济史》第 2 卷《十六和十七世纪》,商务印书馆,1988 年,第 4—5 页。
[②] 伯恩斯和拉尔夫:《世界文明史》第 2 卷,商务印书馆,1987 年,第 329 页。

市化的进展而言的。在传统社会中,农村人口的比重很大,城市人口的比重很小。工业化开始后,这方面的变化同样是十分明显的,即农村人口的比重不断下降,而城市人口的比重则不断上升。需要说明的是:尽管农村人口的比重下降,尤其是直接从事农业生产劳动的人数在劳动力总数中的比重下降,但并不意味着农业生产的萎缩。通常的情况是,农业劳动生产率在提高,农村人均收入也在增长。① 从这个意义上说,工业化是一国从传统社会的城乡结构过渡到现代社会的城乡结构所必经的阶段。

第三个层次是就一国从传统社会转向现代社会的过程中社会分层的变化而言的。在传统社会中,社会分层按照当时的经济状况和所有制结构而形成。工业化开始以后,社会分层逐渐发生变化,经过制度调整而转化为现代社会的分层。现代意义上的中产阶级人数越来越多,而且他们在社会经济生活中所起的作用越来越重要。不仅如此,正如一些西方学者所说,到了工业化后期,耐用消费品的大量供应和价格下降导致了消费大众化,并使社会发生持续的变化,对传统的"身份—习俗社会"产生了巨大的冲击。② 也就是说,在工业化后期,消费同等级、身份的联系淡化了,由于消费品的普及和生活方式的转变,已经难以再用"谁拥有汽车"、"谁开车去度假"之类的标准来判断人的社会地位了。③ 可见,由于中产阶级的壮大而使得传统的阶级划分方法在现实生活中渐渐失去了作用。相形之下,"族群性"这

---

① 详见本书第八章"工业化和农村、农业的变化"。
② 参看格伦斯基编:《社会分层》(第 2 版),华夏出版社,2006 年,第 754—755 页。
③ 参看同上书,第 749—750 页。

个概念也许更加符合发达的工业社会的情况。① 从这个意义上说,工业化是一国从传统社会的社会分层到现代社会的社会分层所必经的阶段。

传统社会的产业序列、城乡结构和社会分层的变化,以及现代社会的产业序列、城乡结构和社会分层的形成,都是渐进的,变化的速度在工业化开始后相当缓慢,但越到后来越加快。熊彼特曾指出:"要掌握的实质性要点是,研究资本主义就是研究一个发展过程。"②在西欧国家,从工业化初期起社会经济的变化就开始了,不管在什么情况下,只要工业化在继续,经济在增长,变化就不会间断。资本主义制度也就在社会经济变化的环境中进行调整。关键在于制度调整的时间是否合适,在于制度调整是否遭到巨大阻力,进行是否顺利。从另一个角度看,在制度调整以前,变化相对缓慢,变化加快总是在制度调整以后。制度调整实际上总是在一系列小调整、中调整、大调整的过程中实现的。

关于资本主义社会中的变化,熊彼特写道:"资本主义本质上是一种经济变动的形式或方法,它不仅从来不是而且也永远不可能是静止不变的。"③在熊彼特看来,外来的因素(如战争、革命等)可以推动变化,引起变化;内生的因素(如人口增长、资本增加等)也会起着促进变化的作用;但资本主义社会之所以发

---

① 参看格伦斯基编:《社会分层》(第 2 版),华夏出版社,2006 年,第 750—751 页。
② 熊彼特:《资本主义、社会主义与民主》,商务印书馆,1999 年,第 146 页。
③ 同上。

生变化,原因仍在于市场制度本身。他写道:"开动和保持资本主义发动机运动的根本推动力,来自资本主义企业创造的新消费品、新生产方法或运输方法、新市场、新产业组织的形式。"①这些也就是熊彼特提出的创新的内容。② 资本主义制度调整实际上就是资本主义在制度方面的一种创新,只是熊彼特本人并没有把技术创新和制度创新二者区分开来。把制度创新单列出来并加以深入研究,主要是熊彼特去世(1950年)以后若干经济学家的贡献。③

以上有关工业化的说明,将在本书有关章节中有较详细的分析。

二、产业革命

产业革命(又称工业革命)最早是被用于说明工业化开始时所经历的一场技术变革的术语,这场技术变革通常是指使用蒸汽机作为动力以代替工业化以前所使用的人力或畜力。产业革命这个名词起源于法国,④法国经济学家热罗姆-阿道夫·布朗

---

① 熊彼特:《资本主义、社会主义与民主》,商务印书馆,1999年,第146页。
② 参看熊彼特:《经济发展理论》,商务印书馆,1991年,第73—74页。
③ 参看厉以宁:"熊彼特以后创新理论的发展",载外国经济学说研究会编:《国外经济学讲座》第4册,中国社会科学出版社,1981年,第14—37页。
④ 参看切克兰:"产业革命",载《新帕尔格雷夫经济学大辞典》第2卷,经济科学出版社,1992年,第875页。

基(Jérôme-Adolphe Blanqui)在1837年出版的《欧洲从古代到现代的政治经济学史》一书中,使用产业革命一词来描述当时英国正在进行的工业化。①

马克思在《资本论》第一卷中对产业革命作了如下的解释:"十七世纪末工场手工业时期发明的、一直存在到十八世纪八十年代初的那种蒸汽机,并没有引起工业革命。相反地,正是由于创造了工具机,才使蒸汽机的革命成为必要。"②马克思把工具机的创造放在比蒸汽动力的使用更加重要的位置,他指出:"作为工业革命起点的机器,是用一个机构代替只使用一个工具的工人,这个机构用许多同样的或同种的工具一起作业,由一个单一的动力来推动,而不管这个动力具有什么形式。"③

使产业革命一词传播开来而使人们熟悉的,是阿诺德·汤因比。他于1884年出版了《十八世纪英国产业革命讲话》一书,④以至于常让人们误以为他是产业革命一词的创始人。⑤

根据熊彼特的研究、分析,产业革命一词是经济学界对工业化过程中的长周期进行历史考察的总结。他写道:"19世纪的经济史学家不自觉地和独立地证实了第一次长波的真实性,我们的资料也允许我们去进行观察,这就是从1783年到1842年

---

① 参看布朗基:《欧洲从古代到现代的政治经济学史》(英译本),纽约,1880年,第431页。
② 马克思:《资本论》第1卷,人民出版社,1975年,第412页。
③ 同上书,第413页。
④ 阿诺德·汤因比:《十八世纪英国产业革命讲话》,伦敦,1884年初版,1923年重印,第1页。
⑤ 参看芒图:《十八世纪产业革命》,商务印书馆,1983年,第390页注释。

的这一长波。这些经济史学家们也正好事先证实了我们关于这种现象的解释,特别创用了'产业革命'这一名词。"① 因此,争论谁是最早使用产业革命这个名词的人,并没有太大的意义。这一名词的使用只不过是对历史上发生的事实的确认而已。况且,产业革命是连续的,要想确定某一个日期是产业革命的开始或结束的时间,也都没有意义。② 我们大体上只能有一个模糊的时间表。

近年来,工业化或产业革命问题在国外经济学界之所以引起重视,在一定程度上同美国经济学家罗斯托在 20 世纪 50 年代提出"起飞"(take-off)概念,以及 20 世纪 60 年代展开的一场"由起飞进入持续增长"的学术讨论有关。③ 按照罗斯托的解释:"起飞"是"现代社会生活中巨大的分水岭"④,是"稳定增长的障碍和阻力得以最终克服的时期"⑤,"起飞被定义为一场与生产方式急剧变化直接有关的、并在较短时间内具有决定性影响的产业革命"⑥。兰德斯把罗斯托关于起飞的解释作了如下

---

① 熊彼特:《经济发展理论》,商务印书馆,1991 年,第 297—298 页。
② 参看哈特维尔:"产业革命的原因:方法论的阐述",载《经济史评论》,1965 年 8 月,第 164—182 页。
③ 参看厉以宁:"资产阶级经济学家关于'起飞'的争论和罗斯托在《经济增长的阶段》第二版中的答辩",载北京大学经济系经济史经济学说史教研室编:《国外经济学评介》第 1 辑,上海人民出版社,1980 年,第 91—136 页。
④ 罗斯托:《经济增长的阶段》,中国社会科学出版社,2001 年,第 8 页。
⑤ 同上。
⑥ 罗斯托主编:《由起飞进入持续增长的经济学》,"引论和跋",伦敦,1963 年,第 xvii 页。

的归纳,即起飞"标志着经济性质的重大变化,标志着机器代替人的技能、广泛使用以非植物燃料为基础的非生物性动力、采用新的非植物性原料(特别是化学制品),总之,标志着生产模式的转变"①。兰德斯得出的论断是:"起飞"可以被看成是前现代社会和现代社会的界碑。②

西方经济学界对罗斯托提出的"起飞"学说是有争论的。争论的焦点之一是:罗斯托认为,只要经济起飞了,就可以顺利地滑翔飞行,由起飞进入持续增长,这种持续增长依靠新主导部门不断代替旧主导部门而实现。罗斯托写道:"增长就是通过不同的形式、不同主导部门不断重复起飞阶段的经验而进行的"③,换言之,持续增长无非是"起飞过程的重复"④。西方经济学界争论的另一个焦点是:罗斯托认为,既然"起飞"被定义为在短时间内经济所发生的急剧变化,以及"起飞"被定义为一次产业革命,那么工业化初期的经济增长就不是渐进的过程。⑤

针对上述第一个争论焦点,库兹涅茨提出如下的反对罗斯托观点的意见:他认为所谓"由起飞进入持续增长"的假设是没有根据的,一方面,任何增长都是"自我持续的",因为经济增长易于造成进一步增长的条件(如投资基金的形成、劳动力供给的

---

① 兰德斯:"在国际经济学会召开的讨论会上的发言",载罗斯托主编:《由起飞进入持续增长的经济学》,伦敦,1963年,第393页。
② 参看同上书,第393—394页。
③ 罗斯托:《经济增长的阶段》,中国社会科学出版社,2001年,第54页。
④ 罗斯托:"主导部门和起飞",载罗斯托主编:《由起飞进入持续增长的经济学》,伦敦,1963年,第9页。
⑤ 参看罗斯托:《经济增长的阶段》,中国社会科学出版社,2001年,第59页。

增加等等),但另一方面,任何增长也是"自我限制的",因为经济增长同时造成了不利于进一步增长的条件(如刺激的减退、对稀缺的自然资源的压力、既得利益者对竞争者的抵制等等)。① 库兹涅茨的结论是:"在这个意义上,经济增长经常是一场斗争;如果给人们一种轻而易举地自动增长的印象,即认为可以舒舒服服地自我持续滑翔飞行到较高经济水平,那就会使人误解。"②

关于上述第二个争论的焦点,库兹涅茨同样是持反对意见最有力的一位经济学家。他认为工业化开始时是一个缓慢的、长期的、渐进的过程。他指出,罗斯托关于工业化初期的经济增长并非渐进的过程的观点是缺乏足够的统计数字作为依据的。③ 库兹涅茨的结论是:"除非我完全误解了罗斯托教授关于起飞的定义以及起飞的统计特征,否则我只能得出如下结论,即可以获得的证据不足以支持罗斯托教授的假设。"④

关于罗斯托的经济增长持续性的假设,除了库兹涅茨提出否定性的论点以外,还可以从较早的研究者那里看到与库兹涅茨相似的见解。例如,1958 年,霍瓦特通过实证分析,就提出了投资有效性和无效性问题,从而得出新增投资生产率将会下降的结论。⑤ 1961 年,罗森斯坦-罗丹认为,投资与生产率之间的

---

① 参看库兹涅茨:"评起飞",载罗斯托主编:《由起飞进入持续增长的经济学》,伦敦,1963 年,第 39—40 页。
② 同上书,第 40 页。
③ 参看同上书,第 31—35 页。
④ 同上书,第 35 页。
⑤ 参看霍瓦特:"最佳的投资率",载《经济学杂志》,68,1958 年,第 747—767 页。

关系还需要深入研究,经济的持续增长并不是不受限制的。①

至于能否把历史上不同类型的经济增长纳入罗斯托的一般公式这一问题,索洛认为这是不可能的。他指出,罗斯托的理论缺乏弹性,不足以应付任何一种新事实的发现。② 索洛还从模型编制的角度来反对罗斯托的整个体系。他认为:"一个模型的中心就是一组行为规则(behaviour rules),即对于一个经济变量的运动同另一些非经济的变量之间关系的一组说明……而罗斯托教授的公式却没有包括这种行为的关系,因此,无论它的术语和叙述多么引人注意,它很少分析,或者没有进行分析。"③因此,在索洛看来,罗斯托的"起飞"概念和"由起飞进入持续增长"概念,只不过具有"术语学"的意义而已。④

尽管西方经济学家在"起飞"问题上争论不休,但有关"起飞"和"由起飞进入持续增长"的讨论是有意义的,因为讨论提高了人们对于工业化和产业革命的认识。通过这场争论,经济学家对于同产业革命有关的问题比过去更加注意了。"在罗斯托之前,经济学家们很乐意地将工业化的条件留给历史学家们去研究"⑤,而通过这场讨论,情况发生了变化,经济学界关心产业革命的人越来越多,他们"把那些过去被排除在外的难以捉摸的

---

① 参看罗森斯坦-罗丹:"对不发达国家的国际援助",载《经济学和统计学评论》,43(2),1961年,第107—138页。
② 参看索洛:"在国际经济学会召开的讨论会上的发言",载罗斯托主编:《由起飞进入持续增长的经济学》,伦敦,1963年,第474页。
③ 同上书,第472页。
④ 参看同上。
⑤ 切克兰:"产业革命",载《新帕尔格雷夫经济学大辞典》第2卷,经济科学出版社,1992年,第878页。

因素,特别是技术,纳入了他们的思考范围"①。同时,随着工业化的进展和由工业社会向后工业社会过渡,人们对产业革命的理解也越来越深刻了。理解的加深表现于:

首先,人们认识到,产业革命并不仅仅是一场技术上的变革,它也是一场政治革命和制度上的变革,②影响广泛、深远,直接涉及所有制、企业经营方式、收入分配、生活方式、风俗习惯以及人际关系的变革。如果仅从技术变革的角度来理解,那就过于狭隘了。加之,技术上的变革同制度上的变革往往相伴而言,彼此制约,又彼此推动。

其次,人们认识到,产业革命是一个连续的过程而不是一次性的事件。正如罗斯托所说,工业化开始后,"在10年或20年后,经济的基本结构和社会的社会政治结构都发生了转变,致使今后稳定增长率能够正常地维持下去"③。罗斯托推出了若干国家"起飞"的大致年代:④

英国	1783—1802 年
法国	1830—1860 年
美国	1843—1860 年
德国	1850—1873 年
瑞典	1868—1890 年
日本	1878—1900 年
俄国	1890—1914 年

---

① 切克兰:"产业革命",载《新帕尔格雷夫经济学大辞典》第2卷,经济科学出版社,1992年,第878页。
② 参看罗斯托:《经济增长的阶段》,中国社会科学出版社,2001年,第37页。
③ 同上书,第9页。
④ 参看同上书,第46页。

如上所述,罗斯托关于"起飞"的概念在西方经济学界引起了激烈的争论,罗斯托对各国"起飞"时间的判断更引起一些学者的异议,[①]因为较多的经济学家不同意把"起飞"或产业革命划定为一个短暂的阶段,而认为这是一个相当长的过程,并且是一个连续的过程。[②] 在奇波拉主编的《欧洲经济史》一书中评论到:罗斯托认为短时间内通过"起飞"就能使一国基本的经济结构、社会政治结构改变的说法"几乎完全不符合现实情况"[③]。理由之一是:产业革命是一个渐进的过程,工业化更是如此,"我们看到的工业化过程决不是在某一特定的二十或三十年内完成的"[④]。理由之二是,"确实也没有事实证明,在二三十年内就可以达到经济起飞的目标,并且不存在相应可以用来衡量'经济起飞'特征的数据"[⑤]。

罗斯托的论断或假设尽管未能得到史料的证实,但不管怎样,他强调产业革命不仅是技术变革,而且是制度变革,并认为新的制度结构使得经济增长具有不断前进的效应的论点[⑥],是

---

① 参看厉以宁:"资产阶级经济学家关于'起飞'的争论和罗斯托在《经济增长的阶段》第二版中的答辩",载北京大学经济系经济史经济学说史教研室编:《国外经济学评介》第1辑,上海人民出版社,1980年,第91页。
② 参看同上书,第98—99页。
③ 奇波拉主编:《欧洲经济史》第4卷上册《工业社会的兴起》,商务印书馆,1989年,第133—134页。
④ 同上书,第134页。
⑤ 同上。
⑥ 参看罗斯托:《经济增长的阶段》,中国社会科学出版社,2001年,第39—40页。

可以站得住的。

　　作为一个渐进的过程,产业革命可能有若干次。第一次产业革命同工业化的开始时间大体上相吻合,但产业革命以后仍在发生。在工业化过程中,由于继续出现了重大的技术发明并在生产中得到应用,于是就有了第二次、第三次产业革命。这些产业革命的出现,都同一定的重大技术创新有关,而重大技术创新所引起的经济波动形成了一个个长周期,也就是"经常所提到的为时 54 年到 60 年的'长波'"。[①] 每隔五十多年的一次长周期,经过康德拉季耶夫的描述和分析,被称为康德拉季耶夫周期。但熊彼特却认为,正因为有了长周期,所以产业革命这个术语"现在看来是不恰当的,而且也陈旧了"[②]。

　　如何给第二次、第三次产业革命下定义,西方经济学家也是有争议的,但一般都不否定产业革命连续性的存在,也不否定工业化过程中重大技术创新多次出现的事实。在这里,不妨引述一下麦格劳在所著《现代资本主义:三次工业革命中的成功者》一书中的说法:[③]

　　第一次产业革命(1760—1840 年)——代表性的新产品是蒸汽机、机床以及工厂出产的棉纺织品、铁器、陶瓷等。

　　第二次产业革命(1840—1950 年)——代表性的新产品是

---

　　① 熊彼特:"经济变动的分析",原载《经济学和统计学评论》,17(4),1935 年,中译文见熊彼特:《经济发展理论》,附录,商务印书馆,1991 年,第 297 页。
　　② 同上书,第 298 页。
　　③ 参看麦格劳:《现代资本主义:三次工业革命中的成功者》,江苏人民出版社,2000 年,第 14—16 页。

钢材、涡轮机、化学品、火车、汽车、收音机、家用电器、电视、抗生素等。

第三次产业革命(1950年至今)——代表性的产品是计算机和软件、移动电话、新药品等。

当然,以上的说法只是有关三次产业革命的若干说法中的一种。

麦格劳还指出:产业革命并不等同于资本主义,产业革命不是资本主义国家所特有的,非资本主义国家一样发生产业革命。①

再次,人们认识到,由于各国进行工业化以前的社会、经济、政治情况很不一样,也就是产业革命的背景很不一样,所以各国产业革命的进展情况和后果也是有差异的。英国确实是世界上最早实现产业革命的国家,但长期以来,英国却被认为是产业革命最为典型的国家。这种说法是不妥的。"最早的"未必是"最典型的"。更不能认为其他国家的产业革命都要仿效英国的模式。以本书所考察的西欧大陆国家为例,法国、德国、意大利、西班牙和瑞典等国的产业革命,尽管或多或少地曾借鉴于英国,但却各自结合本国的国情,而并非从英国照搬。至于美国、日本的产业革命,以及后来的发展中国家的产业革命,那么特点就更加显著了。因此,很难认定英国的产业革命才是典型的,其他国家的产业革命则是非典型的。应该说,世界上只有最早进行产业革命的国家,没有最典型的产业革命国家。

---

① 参看麦格劳:《现代资本主义:三次工业革命中的成功者》,江苏人民出版社,2000年,第14页。

最后,人们还认识到,产业革命带来了社会观念的转变。产业革命的实质被认为是对中世纪管制财富的生产和分配的各种规则的一种替代,①它是同当时经济学的发展和经济思想传播联系在一起的。在产业革命之前的重商主义阶段,宣传政府垄断和管制的经济思想占据主流地位。亚当·斯密的《国富论》一书的问世(1776年),标志着经济思想史一个新时代的开始。从这时起,产业自由取代政府管制的观点传播开来了。②

观念的转变无疑是具有深刻意义的产业革命后果,但这一转变持续的时间相当长久。从亚当·斯密传播经济自由主义思想到约翰·穆勒对经济自由主义作了全面的阐释,并成为英国政府制定政策的依据,经历了大约七八十年的时间。由于产业革命不仅仅是一场技术变革,而且还带来制度上的变革,所以社会观念的转变,既是技术创新的后果,更是制度变革的产物。社会观念的转变又推动了此后的技术创新和制度变革。

那么,产业革命是不是"把人类历史分开的分水岭"③呢?争论依然不绝。道格拉斯·诺思是不同意这种论点的,他认为这是一种"对于工业革命的偏见"④。诺思指出,产业革命在18世纪末和19世纪初发生时,主要是技术方面的进步,而且其过程是渐进的,"并不是与我们有时所认为的那种过去的根本决

---

① 参看阿诺德·汤因比:《十八世纪英国产业革命讲话》,伦敦,1923年,第64页。
② 参看同上书,第64—65页。
③ 诺思:《经济史上的结构和变革》,商务印书馆,1999年,第156页。
④ 同上。

裂"①。他还说:"真正的革命是在十九世纪后半期发生的,时间要晚得多。"②因此,诺思采用了"经济革命"这个概念:"'经济革命'一词旨在表述一种经济制度中的两种不同的变革:一种是知识存量的重大变化引起的社会生产潜力的重大变化,另一种是为实现那种生产潜力而在组织上必然发生的、同样是基本的变化。"③诺思的观点是很有启发性的。

但对于产业革命的意义也不能估计过高。麦格劳从另一个角度来评论产业革命的作用。他写道:"资本主义解除了人们相互间的旧有的社会关系和家庭关系的束缚,除此以外,它并未能'解放'任何人"④;"一旦市场取代了这些旧的习俗,政治权力便向拥有新财富的人倾斜"⑤。诸如此类的看法一直有一定的影响。

尽管存在着对产业革命的不同评价,但这并不妨碍对西欧工业化和制度调整的研究。何况,即使认为资本主义未能"解放"任何人的学者,也不讳言资本主义社会从产业革命以来发生了"一系列剧烈的社会调整"⑥,但这一调整过程"时至今日仍在延续"⑦。

---

① 诺思:《经济史上的结构和变革》,商务印书馆,1999年,第159页。
② 同上。
③ 同上书,第168页。
④ 麦格劳:《现代资本主义:三次工业革命中的成功者》,江苏人民出版社,2000年,第7页。
⑤ 同上书,第7—8页。
⑥ 同上书,第8页。
⑦ 同上。

三、本书的宗旨

本书是一部以西欧经济史为考察对象,研究工业化和制度调整之间关系的专著。这是继《资本主义的起源——比较经济史研究》(商务印书馆,2003年)、《罗马—拜占庭经济史》(商务印书馆,2006年)之后作者又一部经济史著作,也是作者把过去长时间内在北京大学讲授外国经济史课程时写下的读书笔记和讲稿整理成书的成果之一。

关于本书的中心思想,可以作如下的表述:

在《资本主义的起源——比较经济史研究》一书中,作者已经对一种社会经济制度下的刚性体制、弹性体制、制度调整等概念作了阐释,并对由刚性体制转变为弹性体制的意义进行了分析。[①]但在该书中,仅就封建社会中的问题展开论述,并探讨了资本主义的起源,而没有涉及资本主义制度建立之后的制度调整问题。在作者所写的《论制度调整》一文中,虽然提到了资本主义社会的体制已经发生了变化,即目前的体制已经不同于19世纪的体制,[②]但并没有展开论述。因此,资本主义的制度调整便成为本书所要阐明的主要问题,这也是作者近年来关注的课题之一。[③]

[①] 参看厉以宁:《资本主义的起源——比较经济史研究》,商务印书馆,2003年,第52—53页。

[②] 参看厉以宁:"论制度调整",载厉以宁:《厉以宁经济评论集》,经济科学出版社,2005年,第56—57页。

[③] 参看黄伟业、蔡洪滨、杨东宁、刘玉铭:"《资本主义的起源:比较经济史研究》导读",载李庆云、鲍寿柏主编:《厉以宁经济学著作导读》,经济科学出版社,2005年,第338—339页。

本书以西欧国家的工业化过程作为背景,研究资本主义制度调整问题。为什么西欧资本主义国家会实现从刚性体制到弹性体制的转换?是什么社会力量在推动着这种转换?这种转换是不是已经结束,还是仍在继续进行之中?从刚性体制的资本主义过渡到弹性体制的资本主义,对西欧国家产生了哪些影响?这些都是作者在本书中试图回答的。

作者的结论是:虽然西欧各国的国情不一样,但资本主义制度调整却是普遍性的。其中有的国家调整得早一些、快一些,有的国家调整得晚一些、慢一些,但制度调整的趋势却是越来越明显的。体制转换了,制度调整了,资本主义制度依然是资本主义制度,这就是历史。[1]

---

[1] 参看厉以宁:"论制度调整",载厉以宁:《厉以宁经济评论集》,经济科学出版社,2005年,第57页。

第一章　工业化是对传统生产方式的突破

第一节　西欧国家工业化过程的回顾

一、为什么必须突破传统生产方式？

根据西欧国家的历史经验,在传统生产方式之下是不可能实现工业化的。

经济史研究者曾经列举出各种理由来说明为什么在传统生产方式之下实现不了工业化。其中,最有说服力的理由是这样两点：

第一,工业化是通过一系列巨额投资来实现的,姑且不说这些巨额投资从哪里来,是怎样聚集起来的,也不说投资建成的工业项目所生产出来的产品往哪里销售,谁来购买这些产品,最重要的是：谁是投资主体？他们为什么愿意投资？他们能够获得投资回报吗？这些都涉及工业化中的一个至关重要的问题,即私人财产权有什么保障？如果没有保障,谁愿意成为投资主体？于是产权界定和产权保护的重要性立即显现出来。要知道,在工业化过程中,保护私人财产权是非常必要的。这种保护将会

"激励人们积极地运用其财产和知识"①,目的在于创造更多的财富;同时,对私人财产权的保护"为经济自由提供了实质性内涵。当政府主体表现出限制个人自由权的苗头时,对私人产权的保护往往会成为自由的最强堡垒"②。这就说明了为了实现工业化而必须突破轻视私人财产权甚至任意损害私人财产权的传统生产方式的理由。

当然,在传统生产方式依然存在的情况下,有些国家的政府也有可能从事近代工业的投资(如18世纪和19世纪初的普鲁士王国),政府可以替代私人成为投资主体,但这只是暂时现象,而且投资效率肯定是较低的。只有突破传统生产方式,建立了资本主义制度,也就是消灭了那种"妨碍有效地利用自然资源和人力"③的传统制度,才能给私人财产权以保障(这里包括"调整不合理的税收制度,建立稳定的货币制度以及改革法制以保障商业契约的可靠性"④),从而才能鼓励私人投资者对工业项目的大量投资、连续投资,拉开工业化的序幕。也就是说,"有效率的经济组织是经济增长的关键"⑤。进一步说,怎样才能建立"有效率的经济组织"? 这一切"都与所有权有关"⑥,名义上的

---

① 柯武刚和史漫飞:《制度经济学:社会秩序与公共政策》,商务印书馆,2000年,第252页。
② 同上。
③ 奇波拉主编:《欧洲经济史》第3卷《工业革命》,商务印书馆,1989年,第244页。
④ 同上。
⑤ 诺思和托马斯:《西方世界的兴起》,华夏出版社,1989年,第1页。
⑥ 同上书,第3页。

所有权是不起作用的,必须能实现所有权,行使所有制。①

第二,通过大量投资、连续投资建立的各个工业项目,将生产出工业品,这些工业品能不能销售出去而保证投资者得到预期的利润?市场能否扩大以保证投资持续进行?这又是一个重要的问题。② 在传统生产方式之下是做不到这一点的。例如,地方的封建势力享有特权,"这种权力阻止真正国内市场的建立"③。再说,谁来购买已经被大量生产出来的工业品?政府购买吗?政府不可能买下那么多工业品。销往国外吗?那也只限于一部分工业品。因此,国内市场必须有足够的购买力,如果达不到这个条件,工业化难以持续进行。在传统生产方式之下,国内购买力始终是有限的,当时国内大多数人的收入中有70%甚至更大的比例用于食物支出。④ 谁来购买工业品?这同样反映了突破传统生产方式的必要性。

二、突破传统生产方式之后进行工业化的例证

在西欧经济史中,有些国家是在突破传统生产方式之后进行工业化的。英国、法国、荷兰、比利时就是例证。

(一) 英国

英国资本主义制度确立的时间通常被定在1688年的"光荣

---

① 参看诺思和托马斯:《西方世界的兴起》,华夏出版社,1989年,第4—6页。
② 参看奇波拉主编:《欧洲经济史》第3卷《工业革命》,商务印书馆,1989年,第63—65页。
③ 同上书,第244页。
④ 参看同上书,第94页。

革命"。这一年,英国国会派代表去荷兰,迎接詹姆士二世的女儿玛丽和女婿荷兰执政奥兰治亲王威廉三世来英国继承王位。1689年,英国国会通过了《权利法案》,规定国王无权废止法律,国会必须定期召开,国会议员的言论自由得到法律保证,所有重大问题都由国会决定,包括征税、招兵、对外政策等。从此英国资本主义的发展有了比较适宜的制度环境。

17世纪末英国的经济状况如何?根据格雷戈里·金(1648—1712年)的计算(他被认为是一位经济统计学家[①]):1688年,小农占英国家庭总数的30%,他们的收入占全国收入总数的6%,大约有1/4的英格兰人和威尔士人住在城市和大城镇内,全国有14%以上的人口以不直接生产物质产品的经济活动来维持生计。[②] 格雷戈里·金还估计,1688年时,英格兰人平均年收入为7英镑18先令,而荷兰人平均年收入为8英镑1先令4便士,法国人平均年收入为6英镑3先令。[③] 当时英国排在荷兰之后,为欧洲第二位富裕国家,尽管当时英国的经济总量不如法国。[④]

英国资本主义制度的确立,相对于法国而言,是较为平稳的,这对英国工业化的进展有利。18世纪,英国社会的一个显著特点是:"地主阶级和商人阶级间有相当融洽的关系。英国社

---

① 参看迪恩:"金,格雷戈里",载《新帕尔格雷夫经济学大辞典》第3卷,经济科学出版社,1992年,第57页。
② 参看哈巴库克和波斯坦主编:《剑桥欧洲经济史》第6卷,经济科学出版社,2002年,第5页。
③ 参看同上书,第5—6页。
④ 参看同上书,第6页。

会肯定较少阶级对峙,相互间的关系不很严峻。"①这不仅同1688年英国"光荣革命"的性质有关,而且同英国贵族的资产阶级化有关。因此,在18世纪,"即使国家的机构由地主阶级人士把持,国家的措施依旧对商人有好处"②。

具体地说,英国在摆脱传统生产方式的束缚之后,采取了有利于经济增长的政策。"到1700年英国的制度框架为经济增长提供了一个适宜的环境。工业管制的衰败和行会权力的下降使劳动力得以流动和经济活动得以创新。"③应当指出,最重要的措施是对所有权的确认,"并且为司法制度保护和鼓励生产性的经济活动提供了重要的框架"④。这正是同时代的法国、德国、意大利、西班牙等国所没有的或根本做不到的。此外,还应当考虑到英国农业的发展,以及土地所有制结构有利于推动工业化这一历史条件。在工业化开始以前,英国的土地关系已经发生了重大的变化,在英国流行的是大面积租佃经营的农场制,⑤于是种地人成了工资劳动者,租地农场主就是企业家。⑥

英国资本主义制度确立后,经过了大约七八十年时间,到了

---

① 奇波拉主编:《欧洲经济史》第3卷《工业革命》,商务印书馆,1989年,第255页注。

② 同上。

③ 诺思和托马斯:《西方世界的兴起》,华夏出版社,1989年,第170页。

④ 同上。

⑤ 参看厉以宁:《资本主义的起源——比较经济史研究》,商务印书馆,2003年,第247—250页。

⑥ 参看波塞洛普:"土地所有制结构与起飞",载罗斯托主编:《由起飞进入持续增长的经济学》,伦敦,1963年,第209页。

18世纪后期,英国的产业革命开始了。又过了半个多世纪,大致上从19世纪30年代起,英国走上了工业化顺利进展的道路,私人向工业项目的投资逐渐增多,英国工业品大量输出到西欧大陆和北美。这时,距离1688年"光荣革命"已经有150年。英国成为世界上最早的工业国。

一种比较流行的看法是:棉纺织工业在英国工业化初期起了十分重要的作用,棉纺织工业被看成是英国经济"起飞"阶段的主导部门。罗斯托就持有这一观点。[①] 但有些经济学家则认为这种观点并不准确。例如,迪恩和哈巴库克指出:把棉纺织工业视为英国产业革命期间的主导部门的说法之所以不准确,一是因为"它的原料是进口的,而且它的资本产出率低下;棉纺织工业的投资乘数效应不可能很大"[②];二是因为英国棉纺织工业当时在英国国民收入中所占比重并不大:18世纪60年代,这一比重也许还不到0.5%,到1802年可能达到4%—5%,到1812年达到7%—8%。[③] 迪恩和哈巴库克的结论是:棉纺织工业为英国提供了一种新的、重要的出口商品,但除此以外,"无论如何也很难说棉纺织工业对国民经济起到了任何意义上的主导作用"[④]。

那么,在产业革命开始后,也就是在工业化初期,究竟是哪

---

① 参看罗斯托:《经济增长的阶段》,中国社会科学出版社,2001年,第55—56页。
② 迪恩和哈巴库克:"英国的起飞",载罗斯托主编:《由起飞进入持续增长的经济学》,伦敦,1963年,第72页。
③ 参看同上书,第69—70页。
④ 同上书,第72页。

一个部门对英国经济增长起了最重要的作用呢？在迪恩和哈巴库克看来，带动英国经济增长，不能归因于某一个部门，而应当看成是许多产业的共同作用。要知道，当时的英国经济中，棉纺织工业固然在逐渐发展，采矿业和炼铁业也都在逐渐发展，农业同样是逐渐发展，甚至运河建设也对英国经济增长起了推动作用。① 所以在那个时期，难以确定究竟哪一个部门是当时英国经济的主导部门。② 况且，上述这些部门的变化都是缓慢的、渐进的，"18 世纪最后 20 年英国经济变化的规模和决定性作用，看来都被夸大了"③。

迪恩和哈巴库克的一个比较有说服力的论点是：在工业化初期，英国对外贸易所起的作用才是决定性的；④从 1780—1784 年到 1800—1804 年，英国对欧洲大陆的出口值几乎增加了一倍，对北美的出口增加了 58%，⑤增长的迅猛前所未有。其实，持有类似观点的不只是迪恩和哈巴库克，也有其他经济学家。例如，贝里尔在 1960 年发表的《国际贸易和经济增长率》一文中就曾写道："对第一次产业革命而言，贸易区域的市场状况是最重要的形势。"⑥迪恩和哈巴库克对贝里尔上述观点的评论是：

---

① 参看迪恩和哈巴库克："英国的起飞"，载罗斯托主编：《由起飞进入持续增长的经济学》，伦敦，1963 年，第 72—73 页。
② 参看同上书，第 73—74 页。
③ 同上书，第 76 页。
④ 参看同上书，第 78 页。
⑤ 参看同上。
⑥ 贝里尔："国际贸易和经济增长率"，载《经济史评论》，1960 年 4 月，第 358 页。

"这是对英国历程的许多解释中最令人满意的一种解释。"①可以说,正是由于出口市场的不断扩大,为19世纪中期英国经济的发展和工业化的推进作了充分的准备。②

最后需要提到,在19世纪40年代直到20世纪初,英国工业化的进展得益于两个有利条件。第一个有利条件是:在这段时间内,除个别年份外,英国一直处于低利率时期。英格兰银行3％的再贴现利率是常见的,而且这被看成是低息贷款的利率上限。③低利率显然对英国的工业化起了积极的推动作用。当然,也不能否认低利率在某种情况下对英国工业化的不利作用。例如,1852年全年,英格兰银行贴现率为2％,而法兰西银行贴现率为3％,于是一部分资本由伦敦流向巴黎。④甚至有的法国史专家曾说,此时伦敦已把资本市场中心地位让给了巴黎。⑤法国史专家的上述说法显然是夸大了,但至少英国史专家也承认在这段时间内伦敦和巴黎形成了二元中心的格局。⑥

在整个19世纪,直到20世纪初期,对英国工业化有利的另一个条件,就是英国当时拥有最多的殖民地和附属国,从而英国生产出来的大量工业品可以畅通无阻地销往这些地方,而不顾这时的西欧大陆国家和美国通常采取征收高额进口税以限制英

---

① 迪恩和哈巴库克:"英国的起飞",载罗斯托主编:《由起飞进入持续增长的经济学》,伦敦,1963年,第78页。
② 参看同上书,第77页。
③ 参看霍特里:《银行利率一百年》,伦敦,1938年,第133页。
④ 参看克拉潘:《现代英国经济史》中卷,商务印书馆,1986年,第464页。
⑤ 参看同上。
⑥ 参看同上。

国工业品进口的做法。①

第一次世界大战结束以后,英国的"黄金时代"开始消失。1929—1933年世界经济危机对英国的沉重打击,再加上第二次世界大战期间英国经济遭受巨大损失,而战后英属殖民地和附属国纷纷独立,这些迫使英国经济走上结构调整的道路,而英国的工业化也就在这种形势下进入后期。②

(二) 法国

西欧经济史上一个值得注意的事实是,在18世纪中期,法国的经济实力是大于英国的。"法国经济未显示长期稳定的经济增长是由于法国没有发展有效的所有权的缘故。"③1801年(在这以前的十多年间,法国经历了政局变化和社会动荡),法国的人口超过了2,700万人,而英国只有1,100万人,不到法国人口的一半。④ 1735—1785年间,法国的工业产量的增长率可能快于英国,至少与英国一样快。⑤ 到1789年,即法国大革命爆发的那一年,"法国的生铁产量仍然是英国产量的两倍"⑥。那么,为什么法国从19世纪起在经济发展方面会落后于英国呢?

---

① 参看E.A.G.鲁宾逊:"英国经济的变动的结构",载《经济学杂志》,1954年9月,第443—461页。
② 参看罗志如和厉以宁:《二十世纪的英国经济:"英国病"研究》,人民出版社,1982年,第10—12页。
③ 诺思和托马斯:《西方世界的兴起》,华夏出版社,1989年,第139页。
④ 参看哈巴库克和波斯坦主编:《剑桥欧洲经济史》第6卷,经济科学出版社,2002年,第8页。
⑤ 参看同上。
⑥ 同上。

法国政局的动荡不定应当被看成是第一个重要原因。

法国工业化进展之所以缓慢,的确不能脱离法国的社会政治环境来分析。1789年法国大革命使资本主义制度在法国建立,革命胜利后召开的制宪会议通过了《人权宣言》,宣称人们在权利方面生来就是平等的,但由于维护旧制度的势力强大,所以此后10年内政局一直动荡,社会秩序混乱。直到1799年拿破仑发动政变以后,情况才发生变化。从1799年拿破仑主政起,到1804年拿破仑做了皇帝,再到1814年他被迫退位为止,在这段时间内,法国资本主义制度终于确立下来。1804年在拿破仑主持下制定的《民法》(通称《拿破仑法典》),以法律形式确认了私人财产权和对私人财产权的保护。这就为法国的工业化准备了制度条件。

然而,有了制度条件,并不等于工业化就一定能够迅速推进。拿破仑同外国之间不断的战争,拖延了工业化的进行。特别是由于大陆封锁,法国缺乏发展工业的条件。只是在1830年七月革命之后,法国的工业化才有了比较顺利的客观环境。因此可以说,"法国工业革命最惊人的特点是其发展的缓进方式"①。

不仅法国的工业化是缓进的,而且法国农业的发展也是相当缓慢的,这在很大程度上同法国大革命之后小土地所有制的确立及其牢固性有关。"农业占法国国民收入的比重在1789年时估计为59%,到1845年时占46.5%,到1890年时仍然占到

---

① 哈巴库克和波斯坦主编:《剑桥欧洲经济史》第6卷,经济科学出版社,2002年,第12页。

国民总收入的35%。"①法国工业发展的缓慢持续了好多年:"迟至1954年,当农业占法国国民生产总值的比重不足14%时,根据人均工业产出计算,这个国家的工业化程度仍然低于瑞典、挪威和瑞士,只是比丹麦高一些。"②

除政局长期动荡之外,法国工业化进展缓慢的第二个重要原因,是小企业长时间在法国经济中占很大比重。据统计,在法国,1851年时"所谓的大型行业中,每一个企业只有11名工人,而与之对照,在所谓的小型行业中,每一个企业只有2名工人"③。这里所说的大型行业,是指采矿、冶炼、石料、制造业等行业,小型行业则指小作坊。1851年,在大型行业中,共有124,000个雇主、130万名雇工;在小型行业中,共有155万名师傅、280万名雇工。④ 可以看出,大型行业中存在着雇主—雇工关系,小型企业中存在师傅—雇工关系。

法国的企业布局分散,以家族经营为主,但生命力却异常顽强,甚至像1873—1896年间的大萧条也只能消灭其中的最弱者。⑤

法国工业化进展缓慢的第三个重要原因,是"法国人过多地将资本投向国外"⑥。例如,1878—1911年间,法国公债的债息

---

① 哈巴库克和波斯坦主编:《剑桥欧洲经济史》第6卷,经济科学出版社,2002年,第12页。
② 同上书,第13页。
③ 马赛厄斯和波斯坦主编:《剑桥欧洲经济史》第7卷上册,经济科学出版社,2004年,第447页。
④ 参看同上。
⑤ 参看同上。
⑥ 同上书,第304页。

回报率是 3.55%,而对外投资的回报率为 4.75%。① 这显然影响法国国内资本的供给,进而影响法国经济的增长。据估算,19世纪 70 年代末,由于对外投资增长,因此导致法国的国民收入每年减少 2% 左右;19 世纪 80 年代,国民收入每年减少 4%;而 1913—1914 年间,每年减少 6%。②

以上这些情况到 20 世纪 50 年代末才有重大变化。20 世纪 60 年代以后法国的工业化进展较快,法国成为世界主要工业国之一。

那么,在法国工业化过程中,尤其是在工业化前期,是不是如罗斯托所说的有一个主导部门在带动经济增长呢?马泽夫斯基在"'起飞'假设与法国经验"一文中写道:从理论上说,如果有一个部门能带动国民经济增长而充当主导部门的角色,那么它必须具备两个条件:第一,"它的增长速度必须明显高于总产值的增长速度"③;第二,"它还必须在价值增加总值中占有不容忽略的比重"④。然而,在马泽夫斯基看来,在当时的法国根本找不到同时符合上述两个条件的某个工业部门,⑤所以罗斯托的主导部门概念对法国是不适用的。

罗斯托把"起飞"定义为工业化开始后的短时间内经济的急

---

① 参看马赛尼斯和波斯坦主编:《剑桥欧洲经济史》第 7 卷上册,经济科学出版社,2004 年,第 304 页。
② 参看费斯:《欧洲:世界的银行家,1870—1914 年》(修订版),纽约,1965 年,第 36、48 页。
③ 马泽夫斯基:"'起飞'假设与法国经验",载罗斯托主编:《由起飞进入持续增长的经济学》,伦敦,1963 年,第 123 页。
④ 同上。
⑤ 参看同上。

剧变化。这一定义是否适用于法国？马泽夫斯基认为,"在法国根本不曾有过真正的'起飞';法国的经济增长是非常缓慢的,其起点远在过去"①。这是指,法国19世纪初期投资率之所以有所上升,是整个18世纪工业生产逐渐发展的结果,而18世纪法国工业之所以能够逐渐发展起来,则又是由15世纪以来的地理大发现、重商主义、金融制度、技术发明以及18世纪的"哲学革命"等因素长期造成的。② 这是渐进,而决不是短时间内的剧变。

法国工业化进程的缓慢早就被经济学界注意到了。克拉潘在评述19世纪法国工业化时写下了这样一段话:到了19世纪的最后25年,"巴黎主要还是一个充满作坊的城市,而不是一个充满工厂的城市,与1848年的情形并无二致"③。其他经济学家也有相似的评论。可以说,法国在整个19世纪仍然基本上是一个小农经济的国家,农业使用旧的技术,生产率低下,农民们很少参与市场经济。④ 甚至直到第二次世界大战结束,法国农业(包括林业和渔业)中所使用的人数仍然比工业中所使用的人数多出35%。⑤

---

① 马泽夫斯基:"'起飞'假设与法国经验",载罗斯托主编:《由起飞进入持续增长的经济学》,伦敦,1963年,第129页。
② 参看同上书,第123、138页。
③ 克拉潘:《1815—1914年法国和德国的经济发展》,商务印书馆,1965年,第275页。
④ 参看特里比尔科克:《欧洲大陆强国的工业化:1780—1914年》,伦敦,1981年,第434页。
⑤ 参看米契尔:《欧洲历史统计,1750—1970年》,伦敦,1975年,第155页。

(三)荷兰

16世纪末期通过资产阶级革命建立的荷兰共和国,是世界上第一个确立资本主义制度的国家。荷兰共和国建立后,致力于发展经济,经济比较繁荣。17世纪,荷兰在航海业方面是领先的,在金融业方面同样居于世界前列,在经济方面荷兰领先于英国。然而,"荷兰经济在18世纪是停滞的。这种观点得到了当时国民收入估算数的证实。这些数字证明,荷兰在1688~1792年长达一个多世纪的时期里,其人均国民收入只增长了14%"[①]。荷兰的阿姆斯特丹在17世纪曾经是西方的国际金融中心,但到了18世纪前期,伦敦成为阿姆斯特丹的对手,这两个城市之间有着激烈的竞争。[②]

英国同荷兰的竞争不仅反映于国际金融领域,而且涉及工业、商业、航运等多个领域。"这两个国家之间的差距在18世纪的前3个25年中一直在稳步缩小。到1780年,强大的荷兰商业公司陷入严重困难之中,荷兰的工业和贸易也处于令人叹息的境地。"[③]荷兰越来越落后于英国。

当英国已经成为世界上最早的工业国的时候,荷兰还在艰难地向工业化方向前进。可以从以下两个方面来加以说明。

一方面,荷兰由于自己所处的地理位置以及在商业和航运业方面所具备的优势,所以在荷兰资本主义制度确立之后,荷兰

[①] 哈巴库克和波斯坦主编:《剑桥欧洲经济史》第6卷,经济科学出版社,2002年,第7页。
[②] 参看恰普曼:《商人银行业的兴起》,伦敦,1984年,第1—15页。
[③] 哈巴库克和波斯坦主编:《剑桥欧洲经济史》第6卷,经济科学出版社,2002年,第7页。

的商人,尤其是从事海外贸易的商人,凭借自己的优势地位而获得了巨额利润,他们认为投资于国内工业是不合算的。至于同大商人经常来往的银行家们也持有相似的看法,他们不愿把经营的重点从商业转向工业,或者说,从海外贸易转向国内的工业企业,因为这同样是不合算的。在这种情况下,荷兰的手工业和工场手工业尽管仍是比较兴旺的,但它们长时间内没有继续前进,而依然停留于手工作坊和手工工场阶段。荷兰工人的技艺是高超的,但设备却是陈旧的。

另一方面,从18世纪末起,荷兰陷入欧洲各国之间频繁战争的困境中。荷兰时而被法国占领,时而又成为同英国、普鲁士结盟的国家而与法国作战。如果说拿破仑战争以前荷兰经济在长时期内还有微弱的增长的话,那么,"即使这种些微的增长也很快就被法国战争与大陆体系所抵消,因为它们扼杀了荷兰的货运贸易和阿姆斯特丹的金融霸主地位"①。这种情形直到拿破仑退位后才改变。也正是从19世纪20—30年代起,荷兰才比较顺利地走上工业化的道路,但阿姆斯特丹的国际金融中心的地位却永远被伦敦所取代了。

荷兰的经济发展仍然具有自己的特色。19世纪前期到20世纪中期,荷兰是一个经济比较发达的资本主义国家,但它的重点不是发展本国的重工业,而是以贸易、金融、轻工业和农业为主的国家。荷兰对荷属东印度(印度尼西亚)的殖民统治,使自己获得大量利益,因此直到第二次世界大战前,荷兰死死地抓住

---

① 哈巴库克和波斯坦主编:《剑桥欧洲经济史》第6卷,经济科学出版社,2002年,第7页。

殖民地不放,认为这是高额利润的源泉。第二次世界大战结束后,由于海外殖民地的丧失、摆脱纳粹德国统治后国内经济急需恢复以及严重的国内失业问题急待解决,荷兰经济不得不另走新路。荷兰经济结构的调整始于20世纪50年代后期。"鉴于农业的结构性衰退和当时商业与交通有限的前景,工业化是唯一明智的选择。"①荷兰政府采取大力加快发展工业的措施,鼓励、支持重工业、化学工业、机械工业、电子工业的成长。从这时起,荷兰的工业发展是有成绩的。1950—1970年的国民收入和工业产量指数增长如下:②

	国民收入 (单位:百万荷盾)	工业产量指数 (1963年=100)
1950年	17,056	47
1955年	27,528	64
1960年	38,823	87
1965年	63,358	116
1970年	103,440	175

可以这么说:"实际上,荷兰在(20世纪。——作者注)五十年代和六十年代以前还不是一个真正的工业化国家。"③荷兰成为一个真正的工业国,是20世纪60年代以后的事情。

(四)比利时

尽管中世纪后期到近代初期如今比利时王国所在地区的政治控制权曾一再变更,但在经济上,这一地区始终具有两个明显

---

① 奇波拉主编:《欧洲经济史》第6卷上册《当代各国经济》,商务印书馆,1991年,第34页。
② 参看同上书,第28页。
③ 同上书,第36页。

的特色:

第一,西部的安特卫普是国际性的大港,由此通向世界各地的船舶满载着东西方的货物,在这里装卸、集散。

第二,东部的列日和其他城市是手工业、后来是工场手工业相当发达的区域,这里的铁制品、纺织品、日用品远近闻名,这里工匠手艺的精巧在当时的欧洲是第一流的。

18世纪,安特卫普港一度衰落了,然而东部的手工业、工场手工业依然兴旺。1789年法国大革命发生后,比利时首先受到影响。拿破仑主政后,这里归法国统治,法国革命所带来的变革使得比利时原来的传统生产方式遭到很大破坏,以后一直未能恢复。拿破仑失败后,比利时并入了荷兰。直到1830年10月,比利时王国才独立。

独立后的比利时王国政局比较稳定。由于资本主义制度已经确立,加上过去又有较好的手工业和工场手工业基础,所以工业化得以比较顺利地进行。比利时很早就开始利用英国资本和引进英国技术人员,并使用英国的专利。比利时大量生产机器设备,除了留在国内使用外,还运往荷兰、德国、俄国。[1] 杜柏列茨认为,棉纺织工业虽然较早地在比利时兴起,但并未对比利时的"起飞"起决定性的作用,因为当时在比利时,棉纺织工业是以家庭工业方式为主,只是农业的一种补充,使用的是农业中的剩余劳动力,机器则是从英国进口的。因此,棉纺织工业在比利时的发展是一种孤立的现象,既起不到带动经济增长的主导部门

---

[1] 参看克拉潘:《1815—1914年法国和德国的经济发展》,商务印书馆,1965年,第76页。

的作用,也没有导致城市化。① 按照杜柏列茨的分析,比利时工业化的速度主要归功于稍晚兴起的以煤铁生产为基础的重工业的发展。②

比利时通过煤铁工业和机械工业的发展,到19世纪后期已经是一个工业国。但从经济发展模式上看,比利时"更接近德国模式而不是法国模式"③。这主要是由于"政府给予私营企业以慷慨的补助,这种补助部分地通过一种特殊的工业基金提供"④。一个明显的例子就是比利时的造船工业在19世纪前期得到政府的工业基金的支持。⑤

比利时经过第一次世界大战的沉重打击,损失惨重。20世纪20年代稍有恢复,却又遭遇到1929—1933年世界经济危机的冲击,"在短短几年之间,经济病症把比利时带进经济衰退的深谷。从1929年至1932年工业产量减少37%,出口量下降24%,出口值下降53%"⑥。经济萧条引起严重的失业问题,当时比利时的人口是809万人(1930年统计),失业人数则从1930年的74,000人增加到1934年的349,000人。⑦ 又隔了几年,

---

① 参看杜柏列茨:"在国际经济学会召开的讨论会上的发言",载罗斯托主编:《由起飞进入持续增长的经济学》,伦敦,1963年,第376页。
② 参看同上。
③ 哈巴库克和波斯坦主编:《剑桥欧洲经济史》第6卷,经济科学出版社,2002年,第364页。
④ 同上。
⑤ 参看同上。
⑥ 奇波拉主编:《欧洲经济史》第6卷上册《当代各国经济》,商务印书馆,1991年,第17页。
⑦ 参看同上书,第15页。

1940年5月比利时被纳粹德国占领,直到1944年9月才被盟军解放。第二次世界大战结束后的最初10年,比利时致力于恢复工作,力图重振经济。

20世纪50年代,比利时在经济方面面临的最大问题是技术更新和产业升级。这是因为,比利时在19世纪后期已经是一个工业国,钢铁工业和煤炭工业一直比较发达,甚至在第二次世界大战期间德国占领之下,比利时的钢铁工业和煤炭工业仍照常为德国占领当局生产。但历经这么多年,技术已经陈旧,设备已经老化,可是"比利时的经济结构从战前时期以来几乎很少变化,而它周围的邻国,部分由于战争破坏的影响,大规模地实现生产手段现代化"[1]。在这种形势下,如果比利时不及时调整结构,更新设备,重组工业企业,必将面临市场竞争的失败。

20世纪50年代末,比利时采取了重振经济的政策,这通常被经济学界称为"重新工业化"。主要措施有:吸收国外投资,主要是美国资本;发展炼油和石化工业;改造钢铁企业,以最新的技术炼钢;发展人造纤维纺织工业;新建金属加工企业等。比利时的国民收入在20世纪60年代有相当的发展,比利时的经济面貌也发生了巨大的变化。

第二次世界大战结束以后,比利时国民收入和工业产量指数变动情况如下:[2]

---

[1] 奇波拉主编:《欧洲经济史》第6卷上册《当代各国经济》,商务印书馆,1991年,第22页。

[2] 参看同上书,第15页。

	国民收入 （单位：10亿比利时法郎）	工业产量指数 （1929年＝100）
1946年	194	63
1950年	270	93
1955年	355	116
1960年	417	129
1965年	676	182
1970年	1,018	226

这样，从20世纪60年代后期起，比利时终于成为一个现代化的工业国。

三、边进行工业化、边突破传统生产方式的例证

在某些西欧国家，工业化的进展与传统生产方式的突破大体上是相伴而行的。这方面的例子有德国、意大利、西班牙、瑞典等。

（一）德国

1701年，德意志境内的勃兰登堡选帝侯腓特烈三世改称普鲁士王国腓特烈一世，此后历经腓特烈·威廉一世和腓特烈二世两朝，普鲁士王国的领土扩充，国力强盛，成为德意志境内最强大的诸侯。但这时的普鲁士王国仍是一个农奴制国家，而且农奴制在普鲁士不但没有削弱，反而加强了。

在普鲁士，传统生产方式之下的社会依旧是一个僵化的、缺少社会流动性的社会。比如说，在18世纪的法国，从下层升到上层的主要途径是买官。"从所有低贱的职业中崛起的有抱负和能力的企业家族成员，包括富裕的农民，不断地倒买倒卖官，直到两代人或更多代人以后能够买到行政法院审查官（maître de requêtes）的职位。这个官职是竞争最高官位——总监、国家

大臣和总检察长——的最好的入场券。"①在法国,"最高职位并不出售,但只要环境允许,也同样可以按价授予"②。然而在普鲁士,"买贵族身份、买世袭官职,以及18世纪中期以后买所有官职都是不允许的"③。在普鲁士,"在政府和社会中提高地位的主要手段之一是通过军队来实现"④。也就是说,在18世纪与19世纪初期的普鲁士,入伍是最好的出路。"任何人只要到达连长职位而且不笨的话,就拥有了一个主要财源,因为(虽然是非法的)他可以做雇佣军买卖。"⑤18世纪末,军队中超过50%的人都是雇佣军。⑥

18世纪末,在法国大革命的影响下,尤其是在拿破仑军队占领德意志南部和西南部的影响下,德意志境内不少地方的贵族地主力量大大削弱了。形势迫使普鲁士王国认识到改良可能是它继续存在和发展的唯一选择。

在德国经济发展和实现统一方面起过重大作用的最重要的事件是关税同盟的建立。由于19世纪初期德意志境内仍是诸侯林立、各邦自行其政的割据状态,对资本主义发展和工业化的推进形成极大的阻力。在工业最发达的莱茵区,最早提出取消各邦之间的关税壁垒的要求。普鲁士王国于1818年颁布法令,废除境内的关税区,实行统一税则。1826年和1828年,北德和

---

① 里奇和威尔逊主编:《剑桥欧洲经济史》第5卷,经济科学出版社,2002年,第520页。
② 同上。
③ 同上。
④ 同上。
⑤ 同上书,第521页。
⑥ 参看同上。

南德相继成立关税同盟。1834年,两个关税同盟合并,成立了以普鲁士王国为首的德意志关税同盟。关税同盟的建立成为德国走向统一的第一步,它大大推动了工业化。①

关税同盟建立后,德意志各邦的联系以及同国际经济的联系大大加强了。例如,1835年时,德国商船的吨位略高于1816年水平。而在此后20年内,德国商船的吨位翻了一番,到1870年达到了1816年水平的3.5倍。② 陆路运输方面,1835年德国铁路网才开始建设,到1851年已经建造了3,761英里铁路,到1871年达到12,253英里,比法国多出25%。③

铁路在德国工业化过程中所起的作用,要比在英国和法国所起的作用都大,因为德国在1871年以前还没有成为统一的国家,而通过铁路网的建设和运行,德意志境内各个邦国已经在经济上连接在一起了,而且当时德国铁路的效益也好于采矿、炼铁、纺织等行业。④

1850年,普鲁士王国对农奴制度作了较大的调整,允许农民以赎买方式来取得人身自由和小块份地。同年公布的《普鲁士邦宪法》,建立了两院制的议会。这样普鲁士王国通过渐进式改革,终于突破了传统生产方式的束缚,建立了资本主义制度。

---

① 参看邓克:"关税与市场",载 W. R. 李主编:《德国工业和德国工业化:19和20世纪德国经济、商业史论丛》,伦敦,1991年,第77—115页。
② 参看哈巴库克和波斯坦主编:《剑桥欧洲经济史》第6卷,经济科学出版社,2002年,第16页。
③ 参看同上。
④ 参看弗兰姆德林:"德国篇",载奥布伦主编:《铁路和西欧经济发展:1830—1914年》,纽约,1983年,第121—147页。

1871年普法战争结束后建立了资本主义的德意志帝国,只不过是水到渠成的事情。

德国全境的工业化开始于19世纪中期,进展速度较快。工业化进展最快的是德国的西南部,这里正是德意志境内最早摆脱传统生产方式的地方,但这并不否定德国就全国而言,是边进行工业化、边突破传统生产方式的国家。它"并没有同过去彻底决裂,封建制度也没有废弃"[①]。这种情况大体上延续到20世纪初期。

然而,德国工业化的道路是曲折的。德国作为第一次世界大战的战败国,战争结束后丧失了战前领土的13%,人口的10%,可耕地的15%,铁矿储藏量的75%,生铁产量的44%,钢产量的38%,煤产量的26%。[②] 同时,德国面临着巨额赔款和恶性通货膨胀。经过1923—1928年短暂的经济复苏之后,1929年10月至1932年又遭遇空前严重的世界经济危机的打击,接着希特勒在1933年上台,开始了纳粹的长期统治,德国逐渐转入了战时经济的轨道,为准备发动和进行第二次世界大战而动员了全部资源,实行统制经济。

希特勒是通过选举而执政的,德国选民支持他和他领导的政党,这同20世纪30年代初德国社会经济极其严峻的形势和德国选民对其他政党失去信心有关。由于失业问题长期得不到解决,经济萧条使下层社会生活困难,几乎陷入绝境。"1919年

---

① 费希尔:"德国的政府活动和工业化(1815—1870年)",载罗斯托主编:《由起飞进入持续增长的经济学》,伦敦,1963年,第84—85页。
② 参看奇波拉主编:《欧洲经济史》第6卷上册《当代各国经济》,商务印书馆,1991年,第149页。

6月至1933年1月,出于非政治性原因自杀的,仅登记在册的就有22.49万人。"①选民们被希特勒所欺骗,以为只要纳粹一上台,德国经济就会复苏。纳粹党"终于在那些对民族主义要求最为敏感的居民阶层中,即在职员、公务员、小商小贩、耕作者等小资产阶级分子中,找到了知音"②。这样一来,不仅把德国,而且把世界拖入了极大的灾难之中。

德国于1945年5月投降后,领土被美、英、法、苏四国分别占领。战争使德国经济遭到严重破坏。例如,在英美占领区,月平均工业总产量同1936年相比,1946年为33%,1947年为38%,1948年上半年为47%。③ 德国经济是如何迅速恢复和重新繁荣的,这同战后在美、英、法三国占领区合并组成的联邦德国对经济体制进行重大改革直接有关。

虽然从19世纪中期起德国已经突破了传统生产方式的束缚,建立了资本主义制度,并较快地推进了工业化,但从那时起,直到第二次世界大战结束,在德国经济中,国家控制和政府直接干预一直起着重要作用,政府高层官员同企业界巨头之间有形或无形的结盟对经济一直发生有力的影响。具体地说,就是政府"大量向重工业订货,以便有关公共工程与重整军备的计划付诸实现;求助于货币市场(即各家银行),以便为支付订货筹集资金(因为国库已空空如也);与工业界合作,以增加工业利润(因

---

① 贝特兰:《纳粹德国经济史》,商务印书馆,1990年,第24页。
② 同上书,第25页。
③ 奇波拉主编:《欧洲经济史》第6卷上册《当代各国经济》,商务印书馆,1991年,第165页。

为这些利润可转化为资本,用于认购为清理短期债务所需的各种债券)"①。这可以看成是 19 世纪后期以来德国工业化的特色,而在纳粹时期表现得最为突出。

从 20 世纪 50 年代起,在美、英、法三国的支持下,着重清除长期存在于德国的政权部门同大企业相勾结的体制。鼓励市场竞争,鼓励技术创新,鼓励私人投资,这样才能真正确立自由企业制度。但德国的情况有其特殊性,这是因为,"在德国公众中普遍存在国有化和制订计划的要求"②,公众的愿望在一定程度上促成了政府对市场经济实行指导的原则。于是,在第二次世界大战结束以后的联邦德国,有了符合市场竞争原则的自由企业制度,有了政府对经济的指导作用,再加上来自国外的大量资本投入和原来德国就具备的高素质技术人才,联邦德国的工业生产持续保持较高水平的增长:③

	工业生产指数
1950 年	100
1955 年	173
1960 年	246
1965 年	327
1970 年	431

而失业率在同一时期内是下降的,并处于较低水平:④

---

① 贝特兰:《纳粹德国经济史》,商务印书馆,1990 年,第 27 页。
② 奇波拉主编:《欧洲经济史》第 6 卷上册《当代各国经济》,商务印书馆,1991 年,第 171 页。
③ 参看同上书,第 193 页。
④ 同上书,第 193—194 页。

	失业者占雇员的百分比(%)
1950年	8.2
1955年	2.7
1960年	0.6
1965年	0.4
1970年	0.5

联邦德国又迅速进入世界工业强国和技术强国的前列。

德国工业化的历程说明了这样一点：即使德国是边进行工业化、边突破传统生产方式的国家，但传统生产方式的束缚却是长期存在的。只有真正确立了自由企业制度，才能最终在符合市场经济的条件下完成工业化。正如当时担任联邦德国政府高级官员的艾哈德在回忆这段历程时所说："解放市场的观点是跟政府管制的残余势力提出挑战的；在走向更大自由的道路上，有许多事情使我们很难一无保留地稳步前进。"[1]然而，奇迹也正是在竞争与管制的斗争中产生的。艾哈德把20世纪40年代末到50年代初联邦德国的政策调整称做一场"革命"，[2]是有根据的。

(二) 意大利

意大利境内各个城市共和国（威尼斯、热那亚、佛罗伦萨等）在中世纪后期工商业都相当繁荣，但传统生产方式依然存在，资本主义制度并未确立。16世纪后期，这些城市共和国相继衰落，接着，外国入侵，战争不断，直到19世纪前半期，意大利仍旧不是一个统一的国家，更不是一个资本主义国家。当时，意大利

---

[1] 艾哈德：《来自竞争的繁荣》，商务印书馆，1987年，第23页。
[2] 参看同上书，第28页。

北部大部分地区由奥地利统治;南部和西西里岛是那不勒斯王国,受西班牙控制;中部的罗马城和教皇辖区驻有法国和奥地利的军队,同时存在几个封建小国。保持独立的只有撒丁王国,其领土包括意大利西北部和撒丁岛。统一意大利的运动就以撒丁王国为基地,这一运动经过十多年的艰苦斗争,终于在1871年实现全境统一,意大利王国的首都迁至罗马。

意大利的资本主义制度是19世纪70年代才确立的。意大利实行国家扶植工业、交通业发展和农业保护政策,包括为航运业拨付津贴,为造船减免税收,以高关税率保护粮食生产(19世纪末,在欧洲主要国家中,意大利小麦关税税率最高[①])。在工业方面,自1878年起,重点放在棉纺织和制铁业,1887年以后主要扶植机器工业。但工业保护政策的效果不大:对工业的保护"关心的是保护它们已经确立的地位,而不是在更大范围内促进新的和先进的工业的发展"[②]。

意大利南部和北部经济发展的不平衡现象长期存在。南部经济落后,封建势力强大,即使在确定资本主义制度后,南部一直未能摆脱传统生产方式的统治,工业化迟迟无法取得进展,而且也拖了全国经济发展的后腿。在1863—1913年间,意大利人均产值年增长率只有0.7%,随后,在1913—1959年间,人均产值年增长率也决没有超过1.7%。[③] 如果以英国的实际产值为

---

① 参看奇波拉主编:《欧洲经济史》第3卷《工业革命》,商务印书馆,1989年,第277页注。
② 同上书,第278页。
③ 参看哈巴库克和波斯坦主编:《剑桥欧洲经济史》第6卷,经济科学出版社,2002年,第24页。

100,那么意大利实际产值的历史变动情况如下:①

1871—1875 年	54
1900—1904 年	38
1909—1913 年	42
1938 年	48
1959 年	55

意大利国内问题严重同南部的传统生产方式统治密切相关。"在统一时,南方和北方的差异更多的是文化和社会方面的,而不是经济方面的,尽管据估计南方地区的平均应税收入较之北方地区低大约21%左右。然而,在1871年,这两个地区间的平均收入差距是不是很大仍然是值得怀疑的,因为它们在经济结构上非常相似。"②这主要因为,受传统生产方式的束缚,南部无疑是落后的、停滞的,而南部又拖累了北部,使北部经济发展迟缓。这就是19世纪意大利的实际情况。

从19世纪后期到20世纪初期,意大利人大批移民到国外,包括到西欧其他国家和美国。据统计,1880—1920年间,移往美国的意大利人有450万之多,移往其他国家的意大利人在200万人以上。③ 这些来自意大利的移民,不管是由于家乡的贫穷所推动的,还是受到国外较好的工作和生活环境、较多的工资收入所吸引的,但意大利本身并不能因人口外迁而使国内经济状况有较大的改善,因为"人口过剩国家的人民一般必须通过在国内进行改组,而不是通过逃离本国来解决自己的

---

① 参看哈巴库克和波斯坦主编:《剑桥欧洲经济史》第6卷,经济科学出版社,2002年,第26页。
② 同上书,第24—25页。
③ 参看赫茨勒:《世界人口的危机》,商务印书馆,1963年,第254页。

人口—经济问题"①。何况,在意大利一些经济落后的地区,尽管人口外迁了,但当地的出生率始终是很高的,1880—1920年间,尽管有那么多人移居国外,意大利国内人口却从2,900万人增加到3,900万人。② 移民国外不解决意大利国内的经济问题。

意大利南部受传统生产方式的束缚,主要反映于土地关系上。意大利境内各地的土地所有权结构在工业化开始时是不一样的。在意大利北部的一些地方,从18世纪末期起就已经出现租地农场主,他们租地经营农场,当地的农民成为农场雇工;③而在意大利中部和南部,流行的是租佃分成制,"其主要特征是耕作单位面积不大,而且极不稳定"④。在分成制之下,土地属于地主,佃户缺乏改良土地的积极性,但也带来两个好处:第一,对地主来说,免除了自己进行监督的开支和麻烦;第二,对农民来说,分散了固定地租下的风险。⑤ 然而对于推进工业化而言,分成制是不利的:一方面,同工业化相适应的社会流动性降低了;另一方面,农业中没有人可以被称为企业家,这是因为,租地农场主本身就是企业家,小土地所有者本人实际上兼有企业家的功能,而分成制之下的地主和佃户都不是企业家。⑥

---

① 赫茨勒:《世界人口的危机》,商务印书馆,1963年,第256页。
② 参看同上书,第254页。
③ 参看波塞洛普:"土地所有制结构与起飞",载罗斯托主编:《由起飞进入持续增长的经济学》,伦敦,1963年,第210页。
④ 同上书,第213页。
⑤ 参看同上书,第214页。
⑥ 参看同上书,第209页。

第一章 工业化是对传统生产方式的突破

再说,19世纪70年代以后的长时间内,意大利西北三个城市(米兰、热那亚、都灵)及其周围地区的工业化过程,"在某种程度上同一个独立自主的小国中所进行的工业化过程颇为相似"①。它们不可能靠自己的工业化进展来影响南部地区的经济和社会。"两个意大利"并存,"两个意大利"不可能形成统一的市场。"实际上,两个意大利分别沿着自己原来的道路继续前进,它们中的每一个都按照自己的利益与世界的其余部分维持其原有的主要经济关系。"②从这个意义上说,意大利是一个典型的二元经济国家。③ 如果把整个欧洲分成"内部地带"和"外部地带"两个部分来考察,那么,到20世纪20年代,意大利的大部分地方都被列在"内部地带"之外,属于贫困的、经济落后的"外部地带"。④ 只有意大利北部才能列入"内部地带",也就是"文明地带"。⑤

第一次世界大战结束后,意大利经历了20世纪20年代的国内政治动荡、法西斯政党执政、30年代的世界经济萧条,接着又是第二次世界大战的爆发,意大利参加了轴心国阵营……到第二次世界大战结束的1945年,"意大利的国民生产总值退回

---

① 奇波拉主编:《欧洲经济史》第4卷上册《工业社会的兴起》,商务印书馆,1989年,第269页。
② 同上。
③ 参看奇波拉主编:《欧洲经济史》第6卷上册《当代各国经济》,商务印书馆,1991年,第199页。
④ 参看帕尔默和科尔顿:《近现代世界史》(第5版),纽约,1978年,第546页。
⑤ 参看同上书,第544页。

到1911年的水平,按实际价值计算比1938年减少约40%"①。

然而,从1945年,或者更确切地说,从1947年起,意大利出现了"经济奇迹"②:经济迅速增长,技术走在前列,产业结构不断调整,人均收入上升。为什么会出现这样的"经济奇迹"?一个重要的原因是外国资本大量涌入,包括欧洲复兴计划的捐赠,以及外国私人和公共机构的资本投入。另一个重要原因是意大利政府自1947年起采取了大量鼓励国内私人投资的政策,促进了工业发展。此外,还应加上意大利有充足的人力资源可以利用。从经济增长率的变化就可以看到"经济奇迹"的出现:③

1897—1913年平均年增长率	2.8%
1920—1938年平均年增长率	2.2%
1949—1963年平均年增长率	6%

意大利南部的改革是从20世纪50—60年代开始的。1950年进行土地改革,同年,国家设立了南部开发基金会,为振兴南部经济提供资金。20世纪50—60年代,"凡受国家全部或部分控制的公司都强制要在南部投资。准备改变意大利汽车运输全部面貌的巨大的公路建设计划,部分也是为了打破南部经济上的孤立"④。意大利只有从这时开始,才在全国范围内实现了工业化,虽然南部的发展仍然大大落后于北部。到了20世纪60

---

① 奇波拉主编:《欧洲经济史》第6卷上册《当代各国经济》,商务印书馆,1991年,第216页。
② 同上书,第218页。
③ 参看同上书,第217页。
④ 同上书,第228页。

年代,"意大利尽管还存在着许多未获解决的问题,但它毕竟是一个有着繁荣的资本主义经济的宪法民主国家"①。

(三) 西班牙

与意大利不同的是:西班牙早在 15 世纪就已经是一个统一的封建专制国家,并且一度军事力量强大,在海上称霸,占领了亚洲的菲律宾,以及除巴西以外的拉丁美洲大片土地。但西班牙的经济一直是落后的,传统生产方式占统治地位。不仅农村中仍维持农奴制,城市中存在着行业垄断和商人寡头的统治,而且政府对市场始终采取严格控制的政策。17 世纪以后,荷兰和英国兴起,西班牙战败,国力严重削弱,西班牙衰落了。西班牙的衰落和停滞"不过是全部所有权没有保障的征兆"②。

西班牙从 17 世纪以后的衰落,并未激起西班牙国内要求改变传统生产方式的政治斗争,反而使政府更加收紧了对经济的控制,政府以加重赋税的办法,维持一支军队和一套封建专制的官僚机构,以应付困难。

情况的变化出现在法国大革命爆发后拿破仑军队进入西班牙,占领马德里以后。这一方面促使西班牙各阶层联合起来,为赶走入侵的法国军队而战斗,另一方面,法国革命的思想也引起西班牙一部分有识之士的思考,认为只有取消封建义务和封建特权,建立民主政府,才是西班牙的出路。拿破仑失败后,在长

---

① 帕尔默和科尔顿:《近现代世界史》(第 5 版),纽约,1978 年,第 901 页。
② 诺思和托马斯:《西方世界的兴起》,华夏出版社,1989 年,第 144 页。

达数十年的时间内,西班牙国内坚持封建制度的守旧势力同要求民主共和的开明势力斗争不已,政局动荡不定,直到19世纪60—70年代,资本主义制度才在西班牙确立下来。然而,近代工业却从19世纪40—50年代起就在西班牙发展起来了,仿佛它并不需要等待政局的明朗化。

19世纪70年代以后,西班牙的工业化虽然起步了,但进行得并不顺利,以致被学术界认为是"西班牙工业革命的失败"[①]。为什么会有这样的结果? 可以从以下四个方面进行分析:

第一,19世纪中期以后,即使19世纪70年代资本主义制度确立了,但在西班牙掌握实权的集团推行的是为自己谋私利的政策。"旧的植根于贵族的寡头政权为新的植根于资产阶级的寡头政权取而代之。"[②]土地制度实质上没有大的变化,因为土地集中于"一个新的外在地主阶级手中"[③],而农民的状况并没有改善,国内市场狭窄,农产品出口依然是西班牙经济的依靠。

第二,19世纪末,由于美国和俄罗斯的农产品通过轮船和火车运销到西欧和世界各地,这些农产品价格低廉,竞争力远远大于西班牙的农产品。结果,西班牙农产品价格惨跌,"国内农民逃离土地,并同产业工人结成共同阵线"[④],加剧了政局的动荡。

[①] 奇波拉主编:《欧洲经济史》第4卷下册《工业社会的兴起》,商务印书馆,1991年,第129页。
[②] 同上书,第150页。
[③] 同上。
[④] 同上书,第153页。

第三，采矿业是当时西班牙经济的另一支柱，其重要性不亚于农业。19世纪后期和20世纪初期国内外资本大量涌入西班牙矿业，包括铜、铅、汞、铁、煤等行业。金属矿产品91％用于出口，而英国是最重要的买主。[①] 不仅如此，对西班牙矿业投资的外国公司（英国资本为主，法国、比利时资本次之）同西班牙政府签订的协议是不平等的，它们拿走了大部分利润。[②] 采矿业的暂时繁荣并未给西班牙工业的发展带来多大的好处。

第四，棉纺织工业本来是可以为西班牙工业化作出较大贡献的，但由于国内人民购买力不大，需求不振，在国际市场上又竞争不过英国的产品，所以"最后一线希望寄托在古巴和波多黎各的市场上"[③]，西班牙政府采取的措施是"强迫西班牙帝国最后残存的属地购买宗主国的产品"[④]。然而在1898年以后，这些最后残存的殖民地终于全部丧失，西班牙的棉纺织工业陷入了停滞和萎缩。

正因为如此，19世纪70年代以后西班牙的工业化是不成功的。

第一次世界大战期间，西班牙宣布中立，但战争对西班牙经济的消极影响不可忽视。这不仅反映于出口数量减少，更重要的是进口数量的减少。在这段时间内，西班牙国有工业有所发展，例如铁和粗钢的产量从1913年的24万吨上升到1917年的

---

① 参看奇波拉主编：《欧洲经济史》第4卷下册《工业社会的兴起》，商务印书馆，1991年，第173页。
② 参看同上书，第174—175页。
③ 同上书，第200页。
④ 同上。

47万吨，①但这改变不了西班牙在国际经济中的弱势地位。财政赤字庞大，货币贬值，低层居民生活困难，失业人数增加，这些长期遗留下来的问题在第一次世界大战结束后加剧了，20世纪30年代的世界经济萧条同样打击了脆弱的西班牙经济，并进而引发社会大动乱。1936年7月爆发了西班牙内战。内战于1939年4月结束，由此开始了长达36年的佛朗哥统治，佛朗哥对内实行独裁统治，对外闭关自守。这也就是第二次世界大战前长时期内西班牙被看成是欧洲"文明地带"之外的区域的原因。②

从历史的角度评价，西班牙经济复兴的基础却是在佛朗哥执政期间奠定的。西班牙真正走上现代工业发展的道路，也开始于佛朗哥执政时期。佛朗哥在西班牙的36年统治大体上分为两个阶段：

前期是1939—1951年。这一阶段经历的是第二次世界大战和战争结束后的西欧经济恢复时期。西班牙在第二次世界大战中宣布中立，政府在这一阶段的工作主要着手于保持国内局势的稳定，恢复农业生产，适当地从阿根廷等国进口粮食、肉类，以维持国内的稳定，这时政府还顾不上发展工业，即"为了充分进口食品，重新装备工业的微弱希望只好被牺牲了"③。

---

① 参看奇波拉主编：《欧洲经济史》第6卷下册《当代各国经济》，商务印书馆，1991年，第75页。

② 参看帕尔默和科尔顿：《近现代世界史》（第5版），纽约，1978年，第546页。

③ 奇波拉主编：《欧洲经济史》第6卷下册《当代各国经济》，商务印书馆，1991年，第107—108页。

后期是 1951—1975 年。这一阶段,在人民的强大压力下,佛朗哥于 1951 年 7 月宣布改组政府,准备在经济领域内进行改革,并准备同外国有较多的合作。从此,在二十多年的时间内,西班牙在工业化方面取得了实质性的进展,国内经济状况发生了较大的变化。这一时期内西班牙采取的重要措施包括:吸收外资;取消对许多商品的生产限制和价格管制;鼓励在国内新建和扩建工业企业,鼓励工业企业搬迁,以帮助国内不发达地区的经济发展;废除对外贸易中的外汇管制;加强同美国和西欧国家的经济交流与合作;增加农产品生产,以稳定农产品价格;等等。这些措施取得了显著的成绩。从以下数字可以看出西班牙经济中的变化:

第二产业从业人员占总劳动力的比例[①]

1950 年	26.55%
1960 年	32.98%
1970 年	37.28%

工业生产指数[②]**(1929 年＝100)**

1949 年	133
1959 年	320
1970 年	988

从 1959 年到 1970 年,西班牙的年平均经济增长率高达 10.79%。[③] 这就是经济学界所说的"西班牙奇迹"。因此,"人

---

① 参看奇波拉主编:《欧洲经济史》第 6 卷下册《当代各国经济》,商务印书馆,1991 年,第 121 页。
② 参看同上。
③ 参看同上。

们时常说,(20世纪)六十年代西班牙才真正走上了工业化的道路"①。

在西班牙20世纪60年代到70年代经济面貌发生显著变化的同时,西班牙的政治体制也发生了重大的变化。佛朗哥于1975年去世,他在西班牙长达36年的独裁统治宣告结束。具有重要意义的是,"在佛朗哥执政的最后一年,即当这个独裁者长久卧病的时候,以及紧跟着他去世以后,曾经实行过一项有限的政治改革方案"②。但这个方案无法满足国内公众的要求。好在佛朗哥生前曾经预料到自己死后西班牙可能发生的政治动荡,他保证要恢复被推翻的王朝,预定已于1931年退位的国王阿方索八世的孙子胡安·卡洛斯一世为接班人。这是一项有远见的政治决定。

佛朗哥去世后,胡安·卡洛斯一世登上国王的宝座,着手推行代议制政治。1977年,西班牙举行了41年来的第一次议会选举,民主中间派联盟(UCD)取得胜利。从此西班牙进入了西欧实行代议制政治的国家行列。③ 西班牙的政治改革是很值得研究的事件,没有发生暴力,没有血腥的镇压或清算,对经济发展也没有消极影响,一切都是在常态下进行的。西班牙国王胡安·卡洛斯一世认为,1975年的西班牙如果没有长期的社会准备,如果经济濒临崩溃,那么当大转折发生的时候,他个人是无

---

① 奇波拉主编:《欧洲经济史》第6卷下册《当代各国经济》,商务印书馆,1991年,第121页。
② 帕尔默和科尔顿:《近现代世界史》(第5版),纽约,1978年,第903页。
③ 参看同上。

法阻挡社会动荡和经济灾难的。① 这表明,佛朗哥执政后期对西班牙经济发展的重视为他死后的政治改革准备了必要的前提。

胡安·卡洛斯一世还认为,西班牙政治改革之所以能够成功,既由于民众有改革的愿望,也由于民众有智慧。胡安·卡洛斯一世本人不仅是前国王的孙子,而且还是佛朗哥亲自指定的接班人。佛朗哥去世后,饱受专制独裁之苦的西班牙人民并不把这位被佛朗哥指定的接班人当做独裁制的附庸、余孽而一并清除,他们愿意等待,耐心等待,给国王以充分时间来表现自己。② 国王果然推进了改革,没有辜负他们的希望。

佛朗哥在长期独裁统治期间,曾经镇压了不少左翼人士,在佛朗哥去世后,如何处理这个问题成为胡安·卡洛斯一世考虑的首要问题之一。他认为,为了伸张正义,清算是必要的,但坚持清算的结果很容易使西班牙再度陷入20世纪30年代内战后的仇恨氛围之中,这对政治稳定不利。胡安·卡洛斯一世终于作出这样的决策:西班牙需要和解,需要平稳过渡,在旧制度和民主制度之间不要有突破的转折点和断裂点。③ 这样,西班牙才有可能在各派别政治和解的大环境中走向代议制。

同时也应当注意到,西班牙工人社会党从20世纪70年代后期起也经历了一个转型的过程。西班牙工人社会党建于1879年,是西欧历史最悠久的社会民主党之一。在佛朗哥执政

---

① 参看林达:"面对历史的难题",载《随笔》2007年第3期,第87页。
② 参看同上。
③ 参看同上书,第90页。

年代里,它的主要领导人被迫流亡国外,国内则处于地下活动状态。西班牙政治改革开始后,工人社会党在国内恢复活动,准备参加大选。但它考虑到国内外形势已经不同于过去,因此不仅放弃了追究佛朗哥执政期间应承担的责任的主张,而且在指导思想上作了调整,即"试图淡化激进主义色彩,力争塑造一个大众的、家庭的和人道主义的政党形象"①。不仅如此,它还"转而向选民许诺解决诸如失业、教育、医疗和养老金制度改革等问题,避而不谈国有化问题"②。这一调整后的竞选纲领,使西班牙工人社会党在1977年选举中取得了政党中排名第二的成绩,仅次于民主中间派联盟。以后,西班牙工人社会党继续调整指导思想,多次成为执政党。③

(四) 瑞典

瑞典的资本主义发展和工业化是一个比较特殊的例子。

16世纪初,丹麦入侵瑞典,占领斯德哥尔摩,引起了瑞典各阶层联合起来反抗丹麦统治的斗争。1523年,起义队伍收复斯德哥尔摩,宣布瑞典独立,起义军领袖古斯塔夫·瓦萨被推举为瑞典王国国王,称古斯塔夫一世(1523—1560年)。古斯塔夫一世着手恢复经济,并改革瑞典教会。由于天主教大主教当初支持丹麦入侵,丧失人心,所以新教在瑞典传播很快。古斯塔夫乘机打击天主教势力,没收寺院财产,从而在新教徒的拥戴下巩固了自己的统治。到17世纪后期,瑞典王国的版图扩大到波罗的

---

① 顾俊礼主编:《欧洲政党执政经验研究》,经济管理出版社,2005年,第245页。
② 同上书,第246页。
③ 参看同上书,第248—249页。

海的东岸和南岸,成为当时欧洲的强国之一。1718年瑞典在同俄国、丹麦、波兰作战中失败,国力有所衰减。

1771年,古斯塔夫三世任瑞典国王(1771—1792年)。虽然他的母亲倾向于法国开明思潮,他本人崇拜伏尔泰,但他却不能容忍法国国王路易十六在革命中被推翻并遭软禁这一事实,准备出兵营救路易十六,不料在1792年3月遇刺身亡。古斯塔夫四世继位(1792—1829年),加入了对抗法国的同盟,拿破仑以此为借口,攻占了瑞典在波罗的海南岸的土地,而俄国军队又乘机进逼斯德哥尔摩,瑞典两面受敌,不得已把所统治的芬兰割让给俄国以求和。

19世纪20年代以后,瑞典较少参与欧洲的角逐。瑞典力求与英国和欧洲其他国家保持友好关系。在英国的帮助下,瑞典经济发展较快,瑞典的工业化大体上是从19世纪中期开始的。传统生产方式在整个19世纪都在逐渐发生变化,但却没有出现从封建制度过渡到资本主义制度过程中其他一些国家曾经发生的激烈动荡。瑞典也是一个边进行工业化、边突破传统生产方式的国家。

在北欧国家中,瑞典的工业化起步最早。瑞典拥有工业化所必需的铁矿资源,这对瑞典工业化是一个十分有利的条件。在瑞典工业化过程中,农业人口的比例不断下降:1861年,农业人口占75%;1891年,农业人口的比例下降到61%;1911年再降为48%。[①] 与此同时,瑞典的工业结构也发生了变化。"纸浆

---

① 参看哈巴库克和波斯坦主编:《剑桥欧洲经济史》第6卷,经济科学出版社,2002年,第26页。

贸易代替了伐木工业,有计划的木材和火柴生产代替了无计划的木板生产,精炼钢和机械工业取代了老式的生铁贸易。在20世纪初期,瑞典的水电资源得到了系统的开发"①,这些就是瑞典工业化取得进展的证据。

瑞典的经济增长引起了世界的注意。在1913年以前的半个世纪中,瑞典的人均产值年增长率看来比任何其他欧洲国家都要快。② 1913年以后,瑞典经济继续增长,"第二次世界大战爆发以前,瑞典的人均实际产值水平与英国已经相差不远,而且显然高于德国或者法国的水平"③。

部分西欧国家相对于英国的人均实际产值水平④

国家	1871—1875年	1900—1904年	1909—1913年	1938年
英国	100	100	100	100
法国	—	—	91	82
荷兰		76	77	80
丹麦	66	71	85	93
挪威	66	52	58	87
瑞典	61	63	76	97
德国	61	68	73	82
意大利	54	38	42	48

按不变价格计算,在1870年到1913年间,瑞典的年经济增长率平均为3.4%。⑤ 由于瑞典的年人口增长率只有0.7%,所

---

① 哈巴库克和波斯坦主编:《剑桥欧洲经济史》第6卷,经济科学出版社,2002年,第26页。
② 参看同上。
③ 同上。
④ 参看同上。
⑤ 参看奇波拉主编:《欧洲经济史》第4卷下册《工业社会的兴起》,商务印书馆,1991年,第2页。

以从1866年到1910年,瑞典的人均产值按不变价格计算增加了250%以上。① 这表明瑞典的经济增长在当时的西欧各国中居于前列。

为什么瑞典的工业化在19世纪中期以后进行得比较顺利？除了国内政局稳定和瑞典不参与国际战争这些重要因素以外,另一个原因是瑞典为实现经济增长所需要的资本供给是相对充裕的,资本主要来自瑞典民间,即商人资本在这个时期起了重要作用。② 例如,"瑞典北部的木材工业的背后支持力量就是商人钱财,木材厂主是从经营进口商贸或航运的人士转变过来的"③。

利用商业银行和外国资本,也是瑞典工业化过程中资本比较充裕的条件。瑞典的第一家商业银行成立于1830年,但商业银行在瑞典经济生活中真正起重要作用是在19世纪90年代以后。④ 外国资本的进入主要在1860—1914年。当时,瑞典利用外国资本的方式主要是在伦敦和巴黎市场上发行瑞典中央政府和地方政府债券,并主要用于国内铁路建设。⑤ 此外,瑞典银行在德国汉堡吸收了大量存款,并发行瑞典政府的债券,用于农业的改造和城市建设。⑥ 所以,在第一次世界大战结束前,

---

① 参看奇波拉主编:《欧洲经济史》第4卷下册《工业社会的兴起》,商务印书馆,1991年,第3页。
② 参看马赛厄斯和波斯坦主编:《剑桥欧洲经济史》第7卷上册,经济科学出版社,2004年,第775页。
③ 同上。
④ 参看同上书,第778页。
⑤ 参看贝里尔:"外国资本与起飞",载罗斯托主编:《由起飞进入持续增长的经济学》,伦敦,1963年,第296页。
⑥ 参看同上。

瑞典是一个利用外资较多的西欧国家。[①] 情况从20世纪20年代发生变化,瑞典此后保持债权国的地位,成为资本净输出国。[②]

瑞典经济结构的转型是从20世纪40年代后期开始的。从19世纪后期到20世纪30年代,尽管经济增长较快,但瑞典经济仍保留了农业—工业国的结构。从木材制品、纸张和纸浆、铁矿砂三项重要出口商品在瑞典出口值中的比例(1934—1938年)可以了解这一点:[③]

1934—1938年瑞典出口结构

木材制品所占比例	13.2%
纸张和纸浆所占比例	28.3%
铁矿砂所占比例	9.5%
以上三项合计所占比例	51.0%

从20世纪50年代开始,瑞典通过产业结构的调整和技术更新等手段,调整出口结构,提高产品质量,增加国际竞争力;同时,在国内进行企业重组,在国外设立分厂,以便更好地利用国外资源扩展业务。从投资方向来看,第二次世界大战结束以后瑞典的工业投资主要集中于机械工业,这样,瑞典经济逐渐实现了从农业—工业国向工业国的转型。

[①] 参看贝里尔:"外国资本与起飞",载罗斯托主编:《由起飞进入持续增长的经济学》,伦敦,1963年,第295页。

[②] 参看马赛厄斯和波斯坦主编:《剑桥欧洲经济史》第7卷上册,经济科学出版社,2004年,第786页。

[③] 参看奇波拉主编:《欧洲经济史》第6卷下册《当代各国经济》,商务印书馆,1991年,第29页。

1947—1950 年到 1967—1970 年瑞典出口结构的变化如下:①

年份 出口产品类别	1947—1950 年	1959—1962 年	1967—1970 年
木材制品所占比例	10.0%	8.4%	7.7%
纸张和纸浆所占比例	33.3%	23.0%	15.8%
铁矿砂所占比例	7.0%	7.6%	4.0%
铁、钢所占比例	5.4%	7.8%	8.9%
机械工程制品所占比例	27.0%	37.5%	42.7%
其他出口商品所占比例	17.3%	15.7%	20.9%

木材制品、纸张和纸浆、铁矿砂三项出口商品在出口值中的比例明显地呈下降趋势:三项合计,1947—1950 年占 50.3%,1959—1962 年占 39%,1967—1970 年占 27.5%。而机械工业制品的出口则由 1947—1950 年所占比例 27.0%上升到 1967—1970 年的 42.7%。这一变化是瑞典经济转型的重要标志之一。

瑞典经济转型的另一重要标志是农业就业人数的持续下降而农业劳动力的平均产量却不断上升:②

	农业就业人数 (1946—1950 年=100)	农业劳动力平均产量 (1946—1950 年=100)
1931—1935 年	132.5	69.1
1946—1950 年	100.0	100.0
1951—1955 年	83.5	119.4
1956—1960 年	67.5	139.1
1961—1965 年	54.4	166.7
1966—1970 年	42.5	204.9

---

① 参看奇波拉主编:《欧洲经济史》第 6 卷下册《当代各国经济》,商务印书馆,1991 年,第 29 页。

② 参看同上书,第 38 页。

瑞典经济转型的更重要指标,则是工业在经济中的地位的变化。这一变化同样是显著的,具体反映于工业就业人数在1966年以前是持续上升的,而工业劳动力的平均产量不仅一直上升,而且上升的幅度更大:①

	工业就业人数 (1921—1925年=100)	工业劳动力平均产量 (1921—1925年=100)
1921—1925年	100	100
1931—1935年	120	135
1941—1945年	167	156
1951—1955年	189	219
1961—1965年	202	337
1966—1970年	194	458

瑞典工业劳动力在1965年达到75万人,那是一个顶峰,以后工业劳动力人数是减少的。②

进入20世纪中期,瑞典在经济体制方面的重要变化,是混合经济模式确立了,也就是通常人们所说的"瑞典经济模式"形成了。"瑞典经济模式"的特色是:福利国家+所有权限制。关于福利国家问题,本书将在第九章和第十章中进行论述。这里着重讨论所有权限制问题。所有权限制不是所有制变更,而是对所有权职能的限制或重新划分。③ 具体地说,这是指:"不剥夺资本家的所有权,只使资本家所有权的若干职能社会化,把所有权的许多职能如占有、使用、出租、赠予、决策、协调、收益等分

---

① 参看奇波拉主编:《欧洲经济史》第6卷下册《当代各国经济》,商务印书馆,1991年,第45页。
② 参看同上书,第52页。
③ 参看汤益诚:《促进社会和谐的瑞典经验:制度变革与政策选择》,中国社会出版社,2008年,第45—47页。

离,国家通过政策、立法对某些所有权职能实行有利于社会利益的限制,或把它们分给不同的主体。"①这里所说的不同主体,包括工会、合作组织、消费者团体,也包括政府和国有企业。

根据瑞典社会民主党理论,通过对所有权职能的限制或重新划分,"既保留了私人资本的活力,又消除了资本家滥用私有权力对社会造成的危害"②。这些都是在瑞典社会民主党执政以后陆续实现的。社会民主党的这些政策得到国内各阶层大多数人的支持,因为富人希望得到社会的稳定,而"工人阶级运动为国家从自由放任过渡到某种合理化形式的经济干预和福利国家的发展提供了主要的原动力"③。

瑞典社会民主党自1932年上台后,除了少数几年外,一直保持执政党的地位。后来的社会民主党政府奉行以前执行过的政策,基本不变,"社会主义者不过继续巩固他们以前得到的政权"④而已。瑞典社会民主党的长期执政,在西欧左翼政党史上是绝无仅有的,靠的是瑞典经济模式,也就是社会民主党的政策效果。在20世纪30年代以来长达七十多年的时间内,"瑞典发生了一场'悄悄的革命'。政局稳定,人民群众很高的生活水准和福利待遇,社会的平等和合作,这些使瑞典社会民主党成了世

---

① 汤益诚:《促进社会和谐的瑞典经验:制度变革与政策选择》,中国社会出版社,2008年,第29页。
② 同上。
③ 拉什和厄里:《组织化资本主义的终结》,江苏人民出版社,2001年,第47—48页。
④ 熊彼特:《资本主义、社会主义与民主》,商务印书馆,1999年,第522页。

界社会民主运动的模范代表"[1]。在资本主义制度下,瑞典社会民主党善于总结经验,结合国情,对制度进行调整,"瑞典经济模式"的成效无疑值得人们作进一步的研究。[2] 但"瑞典经济模式"产生于瑞典,适用于瑞典,至多只适用于少数几个北欧国家。"美国的左派在号召引进'瑞典模式'的时候",他们"显然是幼稚的"。[3]

第二节 工业化初期的三大难题

一、问题的提出

资本供给、工业品市场、企业家队伍,是西欧各国工业化初期的三大难题。为什么这里只提资本供给、工业品市场和企业家队伍,而不提工业劳动力供给?主要有两方面的考虑:

一方面,在工业化开始时,西欧农村中存在着较多的准备外出务工的劳动力。即使在尚未摆脱传统生产方式的西欧国家,想离家或离开土地而进城或进入矿区做工的农民,也不在少数。加之,在工业化初期,对一般工人的技术要求并不高,在某些行业只需稍加训练就可以上岗了。

另一方面,雇主通常愿意雇用领取自由工资的工人,理由在

---

[1] 顾俊礼主编:《欧洲政党执政经验研究》,经济管理出版社,2005年,第212页。
[2] 参看同上。
[3] 格伦斯基编:《社会分层》(第2版),华夏出版社,2006年,第741页。

于"资本风险和资本耗费要小一些"①,而且,"再生产和儿童的养育完全由工人承担,其妻子和儿女不得不去'寻求'工作"②。此外,雇主还认为,由于存在着解雇工人的可能,这样,"解雇的危险能使工人做出最佳的劳动效益"③。

既然市场对工业劳动力有需求,而来自农村的劳动力供给又源源不断,所以西欧工业化初期的工业劳动力供给还不能被称做难题。

只有资本供给、工业品市场、企业家队伍三项,才真正成为难题。具体地说:

资本供给,即最初用于工业投资的资本来自何处?怎样把它们积聚起来,投资于工业?为什么拥有资本的人愿意投资于工业而不投入其他部门?

工业品市场,即工业项目投资建成以后,生产出来的产品销往何处?人们愿意购买这些工业品吗?怎样才能避免工业品的滞销?

企业家队伍,即谁来从事工业投资,谁来经营工业企业?最早从事工业投资和经营工业企业的是些什么人?

这三个难题是紧密联系在一起的,相形之下,企业家问题也许更为重要。企业家是生产要素的组织者或重新组织者。即使有了工业投资,工业产品也有销路,但如果生产要素的组合不合理,产量达不到合理的水平,赢利将下降,生产将停滞或下降,于

---

① 马克斯·韦伯:《经济与社会》上卷,商务印书馆,2006年,第191页。
② 同上。
③ 同上。

是只有引入新的生产函数,以防止停滞,而新的生产函数的引入却依赖于新的资本投入。① 这就反映了企业家的重要性。谁来组合生产要素？谁来发挥技术的作用？谁来从事创新？没有企业家,是不行的;企业家素质低下,同样是不行的。②

下面,让我们用具体的例证来说明西欧工业化初期的上述三大难题是怎样逐步缓解的。

二、突破传统生产方式后进行工业化的西欧国家是如何解决三大难题的？以英国为例

第一,资本供给

前面已经指出,工业化开始后的难题之一是投资于工业的资本来自何处。要知道,没有最初的投资和连续的投资,就不可能有工业化。在工业化以前,每个劳动者的人均投资额是很少的。比如要开一个矿或修筑一条路,招来一些工人,每人只要一把铁锹、一副箩筐,就可以干活了。一把铁锹、一副箩筐才花多少钱？非常少。以后,随着工业化的开始和推进,随着工厂的兴建、设备的添购,平均每个工人所需要的投资额必须增加,所以一定需要有足够的资本才能建立近代工业企业。资本从哪里来？怎样把聚集到的资本投入工业建设？这些都是需要解决的问题。

最早实现工业化的国家是英国。曾经有过这样一种看法,

---

① 参看库兹涅茨:《生产和价格的长期变动》,波士顿和纽约,1930年,第3—5页、第10—16页。
② 参看梅尔顿:"工业发明速率的波动",载《经济学季刊》1934—1935年,第465—468页。

认为最初用于工业化的资本是英国从海外掠夺来的。但通过经济学界的实证研究,认为这个观点不符合历史。英国最初用于工业化的资本主要来自国内的资本积累而并非来自海外。

英国的产业革命开始于18世纪后期。从18世纪后期到19世纪前期,英国工业化进展得比较顺利。当时,西印度和东印度都是英国从海外获取大量财富的场所,而且西印度比东印度更加重要。在西印度的英国商人,主要从事奴隶贸易和经营种植园,并贩卖种植园的产品,如甘蔗、烟草、咖啡等。从这里赚来的钱用到哪里去了?英国的西印度集团把赚来的钱主要用来在国内兴建豪宅,用于生活享受,用于竞选议员,或继续投资于西印度,而没有把钱投入国内的工业。东印度贸易的情况与此相似。据经济史的研究,英国最早投入工业的资本,是工业兴办人自己筹集的和靠工业发展逐渐积累起来的。关于这一点,本书第二章会有阐述。

为什么从事海外贸易和种植园的商人不愿意投资于英国国内的工业?这主要是出于利润率的考虑。英国的西印度集团和东印度集团并不是不投资于经济领域,但它们看中的是金融业和航运业,因为在它们看来,投资于国内的工业,既麻烦,又操心,工业投资周期长,利润率没有把握,不如投资于金融业、航运业、海外贸易和殖民地的种植园,利润丰厚得多。它们转而投资于国内工业,主要是19世纪后期的事情,而且同证券市场的发展有关。

英国工业化初期的工业投资,虽然主要靠工业兴办人自己筹集和靠工业发展积累,但资本的供给还是比较充裕的。"从资本供给的来源、企业领导以及工业企业组织内部的独立性来看,英国的工业享有最大的自由。"①这里所说的"最大的自由",是指英国政府对工业企业的筹资、兴建、发展和利润再投资不进行干预,一切由工业投资者自行规划,自行决策,自行寻找市场。政府不干预,就是英国工业化过程中明显不同于西欧大陆一些国家的地方。

第二,工业品市场

在英国,工业化开始后的主要工业品市场是国内,稍后才是国外。

由于英国当时燃料供给不足,以木材作为燃料已经面临森林被大量砍伐的困境,而浅层的煤也被采掘得差不多了,所以必须从深层采煤。深层采煤,需要用机械排水,并通过坑道用机械向外输煤,这样,近代意义上的采煤工业兴起了。这是英国工业化初期的重要投资项目。煤是有广阔市场的,市场就在国内。

纺织工业(包括麻纺织、毛纺织和棉纺织工业)也是英国工业化初期的重要投资项目。产业革命以前,英国的手工纺织业和工场手工纺织业都以国内为主要产品市场,需求量很大。采用机械纺织,首先是为了满足国内的需要,同时也是为了排挤从国外输入英国的东方国家纺织品。英国纺织品(尤其是棉纺织品)在国际市场上挤垮东方国家的手工纺织品,那是稍晚才发生的事情。

陶瓷工业作为英国工业化初期的重要投资项目,情况类似

---

① 格辛克隆:"俄国工业化的早期:回顾和对照",载罗斯托主编:《由起飞进入持续增长的经济学》,伦敦,1963年,第165页。

于纺织工业。

更值得一提的是英国的冶炼工业和机械制造业,这是英国工业化初期最重要的工业投资项目。为了制造出为市场需要的机械设备,必须有足够数量的铁,于是近代意义上的冶炼工业发展起来了,机械制造业也发展起来了。这些产品都以满足国内市场需要为主。

国内工业品市场的旺盛需求,是英国工业化的强大推动力。只有等到英国工业生产达到一定规模以后,国外市场才越来越重要。而且,在英国工业化时期,国外的工业品市场主要是靠工业企业自己去开拓的,工业企业凭借的是自己产品成本和价格的低廉,以及产品的新颖和质量优异。工业企业界已经不能再像一二百年前那样去抢占殖民地,扩大产品市场了。占领和维持海外殖民地的费用过高,不仅大商人负担不起,政府也难以承受。[1] 到 19 世纪后期,事实已经表明,英国产品销售在非殖民地市场所获得的利润率远远高于在殖民地市场所获得的利润率。[2]

德国的情况也可以作为国内工业品市场对于近代工业发展的重要性的例证。虽然德国工业化初期,"资产阶级在很大程度上始终不能直接参与制定政策,无产阶级几乎完全不能参与此事,不过我们决不能把它看作是发展经济的障碍"[3]。原因在

---

[1] 参看戴维斯和胡顿贝克:《财富和帝国的追求:英帝国主义的政治经济学:1860—1912 年》,剑桥大学出版社,1986 年,第 303—304 页。
[2] 参看同上书,第 42—43 页。
[3] 奇波拉主编:《欧洲经济史》第 4 卷上册《工业社会的兴起》,商务印书馆,1989 年,第 95 页。

于:只要有足够的工业投资和足够的工业品市场,工业化就能持续进行。在德国,通过各种渠道(包括政府渠道)而来的工业投资增长较快,在各类工业部门中,净投资总额从19世纪50年代初到19世纪末一直是上升的。① 而在市场方面,德国的国内市场历来都很重要,德国并不把国外当做主要市场。19世纪后期,德国的"对外贸易常常是入超,至少在1880年后由于无形输出(例如,劳务和投资收入的出口),才扭转入超的情况"②。随着德国的工业化的继续推进,出口工业品越来越重要,但直到1913年,原料和半成品的出口仍然是增长的。③

第三,企业家队伍

根据马克斯·韦伯在《新教伦理与资本主义精神》一书中的论述,资本主义精神是资本主义产生和发展的前提,如果没有新教伦理的影响,就不会有发展资本主义的动力。韦伯写道:新教徒,"不管是作为统治阶级还是被统治阶级,不管是作为多数还是作为少数,都表现出一种特别善于发扬经济理性主义的倾向"④。具体地说,在韦伯看来,"英国、荷兰、美国的清教徒的典型特征恰恰与纵情声色背道而驰。……法国的新教徒(别处的新教徒亦然)长期甚至至今还在一定程度上保留着所有加尔文

---

① 参看奇波拉主编:《欧洲经济史》第4卷上册《工业社会的兴起》,商务印书馆,1989年,第99页。
② 同上书,第116页。
③ 参看同上。
④ 马克斯·韦伯:《新教伦理与资本主义精神》,三联书店,1987年,第26页。

教会毫无例外地烙上的那种典型特征,特别是在多次宗教斗争的磨难中所烙上的特征"①。这种特征被归结为生活低调而又勤奋工作。韦伯认为这正是近代工业和资本主义发展的最重要因素之一。②

韦伯的《新教伦理与资本主义精神》一书想要说明的,只是工业化以前或工业化刚开始时西欧新教徒的精神状态有助于推动经济发展,但并未说明,也不可能说明这一时期西欧的企业家队伍是怎样形成的。熊彼特以略带讽刺或嘲笑的口气写道:"老实说,韦伯根本不是真正的经济学家。如果学术界的气氛不为经济学各种不同见解所搅混,显然应该称其为社会学家。"③既然不少人都称韦伯是经济学家,所以熊彼特把韦伯也列入经济学家行列,但称他是新历史学派成员之一,同桑巴特等人排在一起。④ 新历史学派重价值判断,自称是"历史—伦理性的"研究,而不仅仅是"历史性的"研究。⑤ 但熊彼特认为韦伯在理论上是有贡献的,因为"作为对经济制度进行分析的一门学科来说的'经济社会学'的兴起"同韦伯的著作和学说有很大关系。⑥

然而,工业化早期企业家队伍的形成同任何一种经济学说都没有任何联系,第一批企业家的出现只能说是市场经济的产物。例如,早期加尔文派社团成员都来自一些工匠家庭,虽然他

---

① 马克斯·韦伯:《新教伦理与资本主义精神》,三联书店,1987年,第27页。
② 参看同上书,第27—28页。
③ 熊彼特:《经济分析史》第3卷,商务印书馆,1995年,第103页。
④ 参看同上书,第98页。
⑤ 参看同上书,第93页。
⑥ 参看同上书,第103页。

们"虔诚、勤劳而且通常有文化"①,但"那可是一个死气沉沉的、大部分事情只能墨守成规的社会,是一个假日与宗教节日就是一回事、人的脚步像牛一样缓慢的时期"②。在这样的环境中,依旧是出不了一批企业家的。从普通工匠到工业企业家,不仅同个人的勤劳能干有关,还同市场发展和市场竞争环境有关。市场的发展对供给和需求都发生影响,而市场竞争环境则为一个人从普通工匠到企业家的转变创造了条件。③ 所以企业家成批出现,不可能产生在工业化以前,不管新教徒人数的多少。繁荣,或持续经济增长所造成的繁荣,只可能在工业化以后,因为"企业家成批的出现是繁荣产生的唯一原因"④。

这里不妨以英国为例。在工业化开始时,从事工业投资和经营工业企业的,起初都是些小业主、小作坊主、小商人,上流社会瞧不起他们。当时英国有钱的大商人、银行家、海外种植园主和贵族世家子弟,根本不把这些小业主、小作坊主、小商人放在眼里,他们想:我们怎么能和这些人搞在一起开什么工厂呢?

然而,英国最早的工业企业家正是由这样一些小业主、小作坊主、小商人转化而来的。他们筹集资本,添置设备,招募工人,办起了工厂,辛苦经营,企业渐渐做大了。应当注意到,机械工匠也是英国最早的工业企业家组成人员之一。"有些企业的机

---

① 里奇和威尔逊主编:《剑桥欧洲经济史》第 4 卷,经济科学出版社,2003 年,第 447 页。
② 同上。
③ 参看麦格劳:《现代资本主义:三次工业革命中的成功者》,第一章,江苏人民出版社,2000 年。
④ 熊彼特:《经济发展理论》,商务印书馆,1991 年,第 256 页。

械部门甚至还分离出来成为一家独立的企业。"①机械工匠、机械维修人员相继成为独立的小企业主。还可以说,机械的"维修铺是孕育中的工厂,而且许多小机师都通过利润积累并且向同情他们和依靠他们的企业家借钱而成为工业家"②。因此,英国工业化早期有时也被称为"工业革命的英雄时代"③。

一旦工业企业做大以后,企业主们就懂得必须培养自己的孩子,让他们进好学校读书,要结交上流社会人士。尽管第一代工业企业家仍然被上流社会瞧不起,第二代勉强被上流社会认可,到了第三代就不同了,他们不仅被上流社会所接受,甚至有些人还成为上流社会的体面人物。随着工业品市场不断扩大,工业投资的利润率越来越吸引人,尤其是随着证券市场的发展,那些大商人、银行家、贵族世家子弟也参与了工业投资,工业企业家队伍更加壮大了。

从西欧国家的工业化过程中企业家涌现的情况,可以看出企业家涌现的非连续性。至少在19世纪是如此。熊彼特提出一个问题:"为什么企业家的出现不是连续的,也就是说,只是在每一个适当选定的时间间隔内出现,而且是成群地出现?"④熊彼特从以下五个方面进行分析:

1. "只有少数人具备这种领导才能,而且只有少数人在这

---

① 哈巴库克和波斯坦主编:《剑桥欧洲经济史》第6卷,经济科学出版社,2002年,第390页。
② 同上。
③ 马赛厄斯和波斯坦主编:《剑桥欧洲经济史》第7卷上册,经济科学出版社,2004年,第238页。
④ 熊彼特:《经济发展理论》,商务印书馆,1991年,第253页。

样一种状况里,也就是在一种本身尚未成为繁荣的状况里,能够沿着这个方向获得成功。"①但只要少数人成功了,就会鼓舞更多人来从事开拓性工作。

2. "在一个企业家成功的出现之后,不仅伴随以简单地出现其他企业家,而且出现的数目不断增加,尽管他们日益更不合资格或更不合乎要求条件。这就是实际情况"②,也就是说,最初成功的企业家是十分杰出的,以后跟着而来的,就不一定那么杰出了,而后一类的人数却多得多。

3. "创业者不仅在他们首先出现的生产部门里为他人消除了障碍,而且由于这些障碍的性质,事实上也在其他部门里消除了障碍。许多事情可由后者所摹仿;这样的例子也可以对他们产生作用。"③

4. "发展过程越是变得为人们所熟悉,并变得对一切有关方面只是一个计算问题,障碍随着时间的进程越是变得微弱,那么,激发创新所需要的'领导'就越少。"④这意味着,工业化刚开始时,企业家确实是稀有的,他们是难得的人才,但越到后来,企业家会越来越多,企业家的出现也就不那么引人注意了。

5. 企业家"新组合的成群的出现,很容易并且必然要对繁荣时期的根本特征作出解释"⑤。这就是说,投资大量增加,生产生产资料的企业显得异常兴奋,引起购买力大大上升,从而导

---

① 熊彼特:《经济发展理论》,商务印书馆,1991年,第254页。
② 同上。
③ 同上书,第255页。
④ 同上。
⑤ 同上书,第256页。

致企业家成群涌现出来。①

以上的分析可以说明为什么工业化过程中企业家间断性地成批出现的原因。

三、边进行工业化、边突破传统生产方式的西欧国家是如何解决三大难题的？以德国为例

第一，资本供给问题的又一解决途径

德国即使不是英国产业革命之后最早向英国学习的国家，至少也是最早学习英国的国家之一。"1784 年在杜塞尔多夫附近的拉廷根出现了一家机械化的棉纺厂；1792 年在西里西亚北部，一座焦炭高炉开始投入生产，同时仿造出了几台纽康门的大气压力式蒸汽机和瓦特蒸汽机。任何有关德国工业革命的叙述都必须从这几件大事开始。"②

由于德国是一个边进行工业化、边突破传统生产方式的国家，所以同英国相比，德国在解决资本供给方面有两个特点。

一是各邦政府在工业方面的投资较多。例如，19 世纪前期，普鲁士政府一直是大矿山的所有者，政府直接管理企业。虽然这种做法阻碍了私人企业的发展，但却使德国的采矿业能有充足的资本投入并迅速发展起来。

二是各邦政府在改革农奴制度时，为了不使庄园主受到损失，建立了地产抵押银行，帮助准备转入工商业的庄园主，贷款

---

① 参看熊彼特：《经济发展理论》，商务印书馆，1991 年，第 256 页。
② 奇波拉主编：《欧洲经济史》第 4 卷上册《工业社会的兴起》，商务印书馆，1989 年，第 61 页。

给他们。这样,德国工业化过程中又多了一条融资途径。

德国统一后,政府更加注意工业化的资本供给问题。它认识到,如果没有银行业对工业的参与,德国难以使关系到军事实力的重工业迅速成长。从19世纪后期到20世纪初期,柏林的银行业在向电力企业和重工业企业提供资金方面发挥了重要作用。①

此外,还应当提到德国一些重要行业的卡特尔化在工业化资本供给方面的作用。② 卡特尔化在德国并不是在市场竞争中自发形成的,而是在德国政府鼓励和支持下建立的,这是德国政府的工业保护措施之一。③ 卡特尔化使德国的大企业赢利大增,并促使它们把利润用于工业再投资。

第二,工业品市场的又一解决途径

在19世纪初德国的国内市场十分狭小。以普鲁士为例,1816年农村人口占73.5%,④而且当时农村改革尚未开始,农村人口的购买力很低。到了1861年,普鲁士仍有69.3%的人口住在农村。⑤ 因此德国工业化过程中的一个迫切问题是为新建的工厂生产的产品寻找市场。德国政府在开拓工业品市场方

---

① 参看米尔瓦德和邵尔:《欧洲大陆的经济发展:1850—1914年》,伦敦,1977年,第48页。

② 参看科卡:"资本主义和1914年前德国工业化中的官僚政治",载《经济史评论》,34,1981年,第453—468页。

③ 参看亚伯拉罕:《魏玛共和国的崩溃》,普林斯顿大学出版社,1981年,第180页及以下诸页。

④ 参看哈巴库克和波斯坦主编:《剑桥欧洲经济史》第6卷,经济科学出版社,2002年,第17页。

⑤ 参看同上。

面所起的作用大大超过英国。

在德国工业化初期,英国、法国、荷兰、比利时的工业品曾大量输入德国,德国为了把进口工业品排挤出去,想在价格上和产品质量上取得竞争优势,但这并不是短期内能做到的,因为直到19世纪中期,德国工业仍以简陋的小工厂为主,国产工业品竞争不过进口品。①

德国竭力想用政府采购方式来扩大本国工业品的销路。19世纪中期以后,德国各邦政府的政府采购量相当庞大,包括军队供应的采购(武器、被服、营房建造等)和铁路建设投资,政府还投资建设一些工矿企业。例如,1840年,普鲁士的铁路线有92%是私人公司经营的,到1850年,这一比例降为65%,到1860年,竟下降到5.5%。②"铁路使德国的工业家们掌握了巨大的煤炭和铁矿资源,并使他们有可能在工业革命相对较早的时期即进行大规模经济扩张。"③

由于政府采购和政府投资的增加,德国的生产资料的市场迅速扩大。据统计,在德国,从1835年到1860年,德国生产资料工业产值的增长是消费品工业产值增长的3倍以上。④

第三,企业家队伍的又一解决途径

前面已经提到,在工业化开始时,英国有不少小作坊主、技

---

① 参看哈巴库克和波斯坦主编:《剑桥欧洲经济史》第6卷,经济科学出版社,2002年,第16页。
② 参看同上书,第18页。
③ 同上书,第17页。
④ 参看同上书,第19页。

工和活跃于城乡的小商人,他们在工业化之初赶上了好机会,可以一显身手,成为最早的工业企业主。① 德国的情况与此类似,工业化初期投资工业和经营工业企业的,也是一批小作坊主、小商人、小矿主。与英国不同的是,德国的工业企业家人数远远少于英国。加之,德国各邦政府竭力想推进工业化,所以政府扮演工业投资者和工业企业经营者的角色,以取代私人企业家。这是德国工业化的特色。例如,1850年,国营煤矿的产量就占到普鲁士煤炭产量的五分之一;1907年,德国工业、商业和交通运输业的工作人员,有十分之一是在国有企业中。② 这种以政府来代替私人企业家起作用的情况,不仅在德国,而且在后起的工业化国家中是常见的。③

此外,在德国工业化时期还经常发生政府官员到大企业任职和政府培训大企业高层经理的情形。"在第一次世界大战前数十年,鲁尔区高层工业领导中大约有三分之一曾经作为政府机构人员服务过或被培训过。"④为了让企业家能更好地使企业发展,德国政府有意识地让更多的企业家进入地方议会,这在工业区尤为显著。例如,"1852—1913年,在鲁尔区主要的企业家中,24%的高层经理和16%的公司业主被选入市议会"⑤。

这种做法利弊兼有。从有利的方面看,政府充当工业企业家

---

① 参看弗林:《产业革命的由来》,伦敦,1966年,第81页。
② 参看费希尔:"德国的政府活动和工业化(1815—1870年)",载罗斯托主编:《由起飞进入持续增长的经济学》,伦敦,1963年,第83页。
③ 参看同上。
④ 拉什和厄里:《组织化资本主义的终结》,江苏人民出版社,2001年,第32页。
⑤ 同上。

的角色,对德国工业化的进展起了推动作用;而从不利的方面看,"大量的事实证明,国营企业压制着刚刚开始发展起来的私营企业的竞争,因而阻碍先进技术的传播"①。不仅德国如此,后起的工业化国家只要采取类似的做法,都会产生这些有利和不利的后果。

从以上所述可以了解到,在边进行工业化、边突破传统生产方式的西欧国家,无论是解决资本供给问题、工业品市场问题,还是企业家队伍问题,国家都起了重要的作用。按照道格拉斯·诺思的说法,"国家规定着所有权结构。国家最终对所有权结构的效率负责,而所有权结构的效率则导致经济增长、停滞或经济衰退"②。在边进行工业化、边突破传统生产方式的西欧国家,所有权结构已是既定的,政府有必要让既定的所有权结构产生效率,于是便采取各种办法,使国家直接参与工业化,以解决工业化过程中所遇到的难题。

对于边进行工业化、边突破传统生产方式的德国、意大利等国,格辛克隆认为自己的"落后紧张"(strain of backwardness)和"大冲刺"(a great spurt)③学说可能是适用的。④ 格辛克隆这

---

① 奇波拉主编:《欧洲经济史》第4卷上册《工业社会的兴起》,商务印书馆,1989年,第83页。
② 诺思:《经济史上的结构和变革》,商务印书馆,1999年,第18页。
③ "a great spurt"一词,笔者在"资产阶级经济学家关于'起飞'的争论和罗斯托在《经济增长的阶段》第二版中的答辩"一文中曾译作"大突发",该文载于北京大学经济系经济史经济学说史教研室编:《国外经济学评介》第1辑,上海人民出版社,1980年,第58—136页。"大突发"一词出现于该书第106、107页。"大突发"现改译为"大冲刺"。
④ 参看格辛克隆:"论意大利的工业增长率(1881—1913年)",载格辛克隆:《从历史观点看经济的落后》,哈佛大学出版社,1962年。

一学说的要点是：

"第一，一国经济越落后，其工业化就越强烈地呈现这种趋势，即作为按较高的工业产量增长率进行的一种骤然的大冲刺急速地开始的；

"第二，一国经济越落后，其工业化中对工厂和企业大规模的强调就越明显；

"第三，一国经济越落后，其工业化中就越明显地把重点放在生产品上，而不是放在消费品上；

"第四，一国经济越落后，其工业化过程中对居民消费水平的压制就越大；

"第五，一国经济越落后，特殊制度因素（其目的在于增加资本对新生工业的供给，以及给予企业家以较集中的和消息较灵通的指导）在工业化中起的作用就越大；一国越落后，上述因素的强制性和内容广泛性就越显著；

"第六，一国经济越落后，其农业就越不容易在工业化过程中，通过使新生工业得到日益发展的内部市场的好处（这又以不断提高的农业劳动生产率为基础）而起到积极的作用。"①

关于"落后紧张"，格辛克隆的解释是：在先行的国家进行工业化时，许多必要的条件已经存在，然而在后进的国家开始工业化时，却缺少这样的前提，于是它们只可能通过加大政府的作用来创造前提。落后使这些国家在国际竞争的环境中感到紧张、吃力，政府作用的加大是不可避免的。正是由于"落后紧张"，

---

① 格辛克隆：" 俄国工业化的早期：回顾和对照"，载罗斯托主编：《由起飞进入持续增长的经济学》，伦敦，1963年，第152—153页。

"大冲刺"也就可以理解了。①

这样就产生了一种有趣的现象,先行国家进行工业化的前提,却成了后进国家工业化推进的结果。②

格辛克隆有关经济落后性的解释,在西方经济学界同样引起了争论。赞成者(如罗索夫斯基)认为,格辛克隆的分析有广泛的应用价值,适合于对日本以及其他亚洲国家和非洲国家工业化过程的研究。③ 反对者(如巴斯贝)则认为,格辛克隆的分析过于笼统,在经验方面难以确定。④

第三节 传统生产方式对工业化的消极影响的长期存在

一、生产要素流动和重组的困难

无论是突破传统生产方式以后进行工业化的西欧国家,还是边进行工业化、边突破传统生产方式的西欧国家,由于传统生产方式的长期存在已经给国内的社会、经济、政治、文化造成了巨大影响,而这些影响决不是短期内就能消除的,这些影响无疑会对工业化的推进起着阻碍作用。工业化过程中生产要素的流

---

① 参看格辛克隆:"俄国工业化的早期:回顾和对照",载罗斯托主编:《由起飞进入持续增长的经济学》,伦敦,1963年,第166—167页。
② 参看同上书,第168页。
③ 参看罗索夫斯基:《日本的资本形成(1868—1940年)》,纽约,1961年。
④ 参看巴斯贝:"经济落后和发展的特征",载《经济史杂志》,1969年9月。

动和重组所遇到的困难,就是一个明显的例证。

要知道,生产要素缺乏足够的流动性,在西欧国家工业化之初是常见的。即使一些国家在版图上已经统一了,但地方势力依然强大,城市和乡村之间缺少生产要素流动和重组的渠道。当时,城市经济的辐射力是有限的,往往只局限到城市这些"点"上,至多在城市和城市之间的"线"上,至于包括乡村在内的"面",则是城市经济力量达不到的。换句话说,工业化的进行需要有统一的生产要素市场(如劳动力市场、土地市场、资本市场、技术市场等),但工业化初期却没有这样的条件。英国的资本主义制度到19世纪初期已经建立一百多年了,情况尚且如此,西欧其他国家生产要素流动和重组的困难,可想而知。

再说,生产要素的重组有赖于企业的策划和组织,企业家是关注企业管理制度变化,以及筹集资本,以便扩大企业规模的人;①同时,企业家还是对企业组织结构的变化给予极大关心的人;②因此,缺少合格的企业家,生产要素的重组是十分困难的。在工业化初期,不仅西欧大陆国家缺少合格的企业家,连英国也这样,正如前面提到的,在工业化开始时,在英国,较多的是称职的小业主、有一定技术水平的熟练工匠和善于联系城乡的小商人,但都还不是合格的企业家。合格的企业家是逐渐涌现出来的。

尤其是在边进行工业化、边突破传统生产方式的西欧大陆国家,由于农民仍被束缚在庄园土地上,不仅技术工人不足,甚

---

① 参看彭罗斯:《企业成长理论》,牛津,1959年,第30—31页。
② 参看同上书,第32页。

至一般的工业劳动力也不足。这同样是传统生产方式所带来的结果。

除此以外,在工业化开始时,尽管农村劳动力比较廉价,"然而在这样的环境中,劳动力供给并不必然是富有弹性的"①,原因在于:当时的"消费品的选择面不宽,人们习惯于多样化开支,对闲暇而不是高收入的更大偏好使得劳动者对高工资的刺激反应不敏感"②。因此,劳动力的供给不足是常见的。

二、财富观念

在中世纪的西欧,有关财富的观念不利于经济发展。按照中世纪的伦理标准,"道德家们从来不认为自我发财是一个值得赞美的目标,或发财成功是一个天赐的报酬。相反,他们谴责贪婪,认为它是积累财富和保留财富的过分欲望"③。这显然是当时在意识形态和社会生活中占统治地位的基督教会的伦理观。至于一般舆论,则不像教会那样极端,而是带有折中的倾向。"一般舆论更为关注的不是拥有的原则,而是拥有的物品的用途。对他们而言,财富是中性的,无好坏之分。因为它们是使生活变好或变坏的手段,因此,需要判断的是它们的使用方式。"④

在中世纪的西欧,商人这种职业始终是被社会瞧不起的,其

---

① 里奇和威尔逊主编:《剑桥欧洲经济史》第5卷,经济科学出版社,2002年,第365页。
② 同上书,第365—366页。
③ 波斯坦、里奇和米勒主编:《剑桥欧洲经济史》第3卷,经济科学出版社,2002年,第484页。
④ 同上。

地位甚至比低等的工匠(如鞋匠、漂洗工、鞣革工、染工等)还要低下。当时,"没有一个职业比商人职业更受到人们的质疑。……道德家们害怕的是投机,而为了避免这个风险,神职人员被要求远离任何形式的贸易;教会信条中也表现出同样的谨慎"①。

至于广大小农,在西欧大陆的工业化开始前和工业化初期,则"仇视英国在18世纪发展的那样的资本主义农业"②。在他们看来,土地是最重要的财富。他们不愿意放弃自己那一小块土地,哪怕是租佃来的土地;他们还十分珍惜在农村一直享有的自治权,所以"他们基本上是反对资本主义的"③。他们同样反对一些激进主义者提出的平均地权的主张。在西欧大陆,"1800年以来的小农的历史表明,欧洲的小农进行了顽强的护卫行动,去反对19世纪的城市及其伸向乡村的全部触角——官僚和资本家、土地改革者和社会主义者"④,因为他们害怕自己的土地被拿走,害怕这些土地被拿走分配给城市贫民。⑤

上述财富观念在西欧各国工业化过程中长期存在,它对工业化的进行带来不利影响。当人们有钱后,很少想到要用于工业投资。小农只安心经营自己的土地,有钱后除了买地就是建房。富人认为投资于工业太费事,即使当个工厂老板,社会地位

---

① 波斯坦、里奇和米勒主编:《剑桥欧洲经济史》第3卷,经济科学出版社,2002年,第497—498页。
② R.福斯特:"小农",载《新帕尔格雷夫经济学大辞典》第3卷,经济科学出版社,1992年,第887页。
③ 同上。
④ 同上。
⑤ 参看同上。

也不会提高多少,何必这样做呢?

证券市场出现后,情况并未好转,因为早期的证券市场是不规范的,证券诈骗案使人们感到买证券的风险太大,人们不敢涉足。一般人的想法是:证券不如实物,而实物中最可靠的是土地和房产,这种多年形成的财富观念不是短时间内就会改变的。

财富观念往往同等级观念结合在一起。等级观念也是从西欧中世纪时期传承下来的。拥有大片土地的是最受社会尊敬的,拥有房产的人同样被社会重视。再次一级的,就是有技能的人,包括工匠、技师。例如在英国,整个19世纪,这种财富与等级相结合的观念始终未变。以技能来说,由于"在一个劳动力普遍过剩的经济中,技能特别短缺"[1],所以某些有技能的工匠、技师便高人一等了。"当时相当一部分在建筑、家具、玻璃或印刷以及其他行业中的熟练手工艺人,都在从事着为富人提供奢侈品的工作,而不是为大众提供批量生产的工业品,对于富人来说,看重的是他们的技能而不在意支付给他们的费用。"[2]以泥瓦匠和他手下的劳工为例,"劳工在酒吧是不许与泥瓦匠进入同一个房间的,如果只有一间屋子,劳工们只能到外面去喝酒"[3]。这些都是传统社会保留下来的等级观念的例证。

三、竞争意识的薄弱

在传统生产方式下,农村以自给性生产为主,农民缺少市场

---

[1] 马赛厄斯和波斯坦主编:《剑桥欧洲经济史》第7卷上册,经济科学出版社,2004年,第147页。
[2] 同上。
[3] 同上。

意识和竞争意识。"农村既作为防范'寄生的外人'的盾牌,又作为小农生活的调节者"①,如果有外来者试图打破这种平衡和相对宁静的生活,都会遭到农民的反抗,以至于会形成"农村联合成一条共同的战线去对抗所有的外人"②。这种情况延续了许多年。

在城市中,由于长时期内行会起着支配作用,手工作坊和商铺都是某一个行会的成员,作坊主和店主的竞争意识是受抑制的,竞争活动也是受限制的。后来,虽然行会组织失去了原来的地位和作用,甚至行会组织也逐渐消失,但小业主们的竞争意识依然是薄弱的。

这里应当提到工业企业经营的风险性。当手工业者经营小作坊时,"几乎所有的制造成本都是可变的——主要是原材料和劳动力——现在它们却越来越多地沉淀为固定设备"③。固定设备投资额越大,对投资者和经营者来说,流动性或灵活性就越小,也就意味着风险性越大。在经营小作坊时,如果遇到了市场萧条,"可以以很少的代价停止生产,而只有在条件变得有利时才恢复生产。现在,它却成为它的投资的囚徒,这是一种传统商人—企业家认为非常难以接受甚至不可能接受的局面"④。

缺少竞争意识对工业化初期西欧国家的消极影响不容低

---

① R. 福斯特:"小农",载《新帕尔格雷夫经济学大辞典》第 3 卷,经济科学出版社,1992 年,第 886 页。

② 同上。

③ 哈巴库克和波斯坦主编:《剑桥欧洲经济史》第 6 卷,经济科学出版社,2002 年,第 261 页。

④ 同上。

estimated. 这种消极影响主要反映于以下两方面:

一方面,对小业主们来说,他们对风险的害怕和求稳自保的心理状态,使他们往往产生小富即安的想法,在工业企业的经营和发展上趋于保守、守成,不愿再冒风险;他们不能适应新的形势,因为竞争的加剧使他们感到力不能及,只得适可而止。要知道,一个工业化时期的企业家,应当既会筹集资本,又会市场营销,还要善于管理职工队伍,[①]而小业主们由于缺乏竞争意识、风险意识,所以不少小业主跨越不了从小业主上升到工业企业家的门槛。

另一方面,这又同前面所说的财富意识联系在一起。小业主们有了一些钱财,他们宁肯购买土地和房产,这样既稳妥,又可增加自己的声望,而不愿投资于企业的扩大经营。

上述消极影响要经过较长时间才渐渐消失。

再说,工人在工业化初期同样是缺少竞争意识的。他们本能地相信这样一种说教:"只有那么多工作,一个人因为更快工作所获得的东西就是从他的同伴口里抢夺面包。"[②]他们害怕计件工资,害怕业绩考核,更害怕技术进步。[③] 这种思想同样存在了很长时间,直到19世纪后期,随着工业化的推进才有所改变。

[①] 参看阿特金森和霍斯利兹:"企业家能力和个人性格",载《企业家历史探索》1958年4月,第107—112页。
[②] 哈巴库克和波斯坦主编:《剑桥欧洲经济史》第6卷,经济科学出版社,2002年,第521页。
[③] 参看同上。

四、行政效率

在工业化初期的西欧,尤其是在那些边进行工业化、边突破传统生产方式的国家,行政机构的效率一直是低下的。这不仅由于传统的行政审批和管理方式在不少方面仍然沿袭着过去惯用的那一套,而且也由于立法进程缓慢,许多能够促进工业投资和建设的法律法规与规章制度没有出台,有关处理企业劳资纠纷的法律法规也没有出台,这些都阻碍了工业化的进展。从这个意义上说,市场化的改革比政府出钱帮助建立工业企业更加重要。以工业化初期的英国和西欧大陆国家相比,"不是资本本身使英国的迅速进步成为可能。钱本身没有做任何事情;事实上,在这方面,欧洲大陆的企业家比他们的英国同行的处境更好,因为他们常常可以从国家得到直接补贴或者是垄断性特权"[①]。那么,究竟是什么因素使英国在工业化初期发展得更好呢?是依靠市场,抓住市场机遇,也就是说,"使英国经济与众不同的最重要因素就是它对于经济机会极端敏感并做出响应"[②]。

就行政效率而言,工业化初期英国的行政效率也是很低的。正如熊彼特所说,在19世纪的英国,"没有发生扫除十八世纪臃肿的官僚机构的革命,这种官僚机构是毫无效率的,浪费的,是一大堆乱七八糟的挂名差事,是同不受欢迎的重商主义政策、甚至同政治上的腐败贪污连在一起的"[③]。连英国尚且如此,西欧

---

① 哈巴库克和波斯坦主编:《剑桥欧洲经济史》第6卷,经济科学出版社,2002年,第282页。
② 同上。
③ 熊彼特:《经济分析史》第2卷,商务印书馆,1992年,第263页。

大陆国家当时就更差了。一般地说,当时西欧各国的官员中大多数人不熟悉如何管理工业企业,他们或者因循守旧,或者凭借手中权力谋取私利,甚至还同传统势力勾结在一起阻挠私人企业的发展。因此,行政效率的提高以行政体制的改革为前提。但改革异常困难。可以这么说,"当时没有一个认真负责的行政官员会认为……在当时的社会经济状况和公共行政管理状况下,任何管制和监督方面的富有雄心的冒险活动能够取得除失败以外的其他结果"[1]。这个问题要拖延很久才逐渐得到解决。

提高行政效率所涉及的问题之一,就是应对政府官员进行培训,使他们懂得市场规则和工业化过程中对于所遇到的问题的处理办法。在工业化初期,西欧大陆国家要比英国更重视这一问题。西欧大陆国家认识到,"只有政府,才能支付得起官员们昂贵的考察旅费,甚至远达美国进行考察的旅费"[2]。政府支付官员培训和考察的费用,对以后行政效率的提高是起了一定作用的。

在工业化开始后,英国政府本来不打算过多地干预社会生活,但政府有作为或不作为同样会引起社会一部分人的不满。例如,19世纪后期英国政府规定英格兰每一个出生的儿童不但必须登记而且必须接种牛痘。这本来是一件有利于人口管理和公共卫生的规定,但也被认为是对自由横加干涉。[3] 又如,英国当时制定了这样一项法律,即在船舶到埠24小时以内,凡上船

---

[1] 熊彼特:《经济分析史》第2卷,商务印书馆,1992年,第262页。
[2] 哈巴库克和波斯坦主编:《剑桥欧洲经济史》第6卷,经济科学出版社,2002年,第358页。
[3] 参看克拉潘:《现代英国经济史》中卷,商务印书馆,1986年,第492页。

要求水手让他在那里投宿的人,都要受处罚;还有,经营海事用品(如锚、帆、缆绳或旧缆绳等)的人,不得从显然未满16岁的人手里购买海事用品,否则要受处罚。这些规定都有利于维护社会治安,但却引起把海员看做"仿佛只是儿童一样"的议论。①

企业同样存在提高行政效率、管理效率的迫切性。工业化刚开始时,来自西欧各国农村的工人是不适应近代工业的管理方式的,即使是来自手工作坊的工人,他们刚踏进工厂时也不适应。他们会认为自己传统的权利被取消了,他们认为再也不能用传统习俗来保护自己了。② 这样,既影响工业企业的管理效率,又影响工人的工作效率。

五、传统生产方式对工业化的消极影响是缓慢地消失的

以上所提到的这些不利于工业化的消极影响,有一个缓慢地消失的过程。即使在突破传统生产方式之后进行工业化的西欧国家,由于财富观念的转变、竞争意识的加强和行政效率的提高都滞后于资本主义制度的建立,所以不可能在建立资本主义制度之后使传统生产方式对工业化的消极影响就立即消除。至于在那些边进行工业化、边突破传统生产方式的西欧国家,传统生产方式对工业化的消极影响的消失就更加滞后了。

然而,工业化本身却在不停地为自己的进展而创造条件、开辟道路。工业化的进程是不可阻挡的。传统生产方式的消极影

---

① 参看克拉潘:《现代英国经济史》中卷,商务印书馆,1986年,第492、519、520页。
② 参看哈孟德夫妇:《近代工业的兴起》,商务印书馆,1959年,第226—227页。

响终于逐渐消失,西欧几个主要国家在经济发展方面的差距也逐渐缩小了。英国在经济发展方面原来遥遥领先于法国和德国,到了19世纪70年代前期,英、法、德三国之间的这种差距已经缩小。这表明工业化进程有自身的规律性,传统生产方式或大或小的消极影响,迟早都会消失。

关于英、法、德三国经济发展方面差距的缩小,可看下表:

1850—1873年英、法、德三国的经济状况

	铁路里程 (英里数)	煤炭生产或 消费量[b] (1,000吨)	蒸汽动力 功率[e] (1,000匹马力)	生铁产量 (1,000吨)	原棉消费量 (1,000吨)
英国					
1850年	6,621	37,500[d]	1,290	2,249	266.8[f]
1869年	15,145	97,066	4,040	5,446	425.8[f]
1873年	16,082	112,604	—	6,566	565.1[f]
法国					
1850年	1,869	7,225	370	406	59.3
1869年	10,518	21,432	1,850	1,381	93.7
1873年[a]	11,500	24,702	—	1,382	80.3[g]
德国					
1850年	3,639	5,100[c]	260	212	17.1
1869年	10,834	26,774	2,480	1,413	64.1
1873年[a]	14,842	36,392	—	2,241	117.8

注:a.由于1871年阿尔萨斯和洛林被割让给德国,德国1873年数字因此而增大,法国1873年数字因此而减少。

b.对德国,是指产量数;对英国和法国,是指消费数。

c.根据普鲁士占德国总产量的比率为82%(1860年的比率)而推算出。

d.根据1854年后的数字而推算出。

e.只是1850年和1870年(根据1869年的数字而得)的估计数。

f.大不列颠的数字,而不是联合王国的数字。

g.1872年的消费量。

资料来源:哈巴库克和波斯坦主编《剑桥欧洲经济史》第6卷,经济科学出版社,2002年,第399—400页。

第二章 工业化和资本形成

第一节 投资是工业化的第一推动力

一、资本形成概念

资本形成(capital formation)是经济学书刊中经常出现的一个术语。它和投资这个概念有密切的关系,但并不是投资的同义词。简要地说,资本形成要比投资这个概念窄一些,也更专业一些。

资本形成是指一国"每年国内所增加的可再次用于生产的固定资产存量总数"[1]。这表明,并非任何投资都能算做资本形成,而只有"在工厂场地、成套设备、机器、工作间等方面的支出,只要目的是增加它们的数量和质量"[2]的资本支出,以及"用作对已开垦地的改良、对矿山的改善等活动之上的支出"[3],才是资本形成。

---

[1] 马赛厄斯和波斯坦主编:《剑桥欧洲经济史》第7卷上册,经济科学出版社,2004年,第307页。
[2] 同上。
[3] 同上。

根据库兹涅茨的解释,"资本形成率只和可再生产资本的增加有关"①。至于某些不能再生产的自然资源(如土地或矿山)对生产率的增长也在起作用,而且不能再生产的资本价值按不变价格计算也会增加,但在计算资本形成时不把那些不能再生产的自然资源的增值包括在内。②

在现代经济学中,计算资本形成时,主要包括以下项目:

1. 基础设施

    1.1 建筑物(包括市政工程)

    1.2 交通设施(包括了铁路与其他交通体系的基本设备)

2. 在成套设备和机器上的投资

    2.1 公路和水路交通工具

    2.2 商用船只

    2.3 铁路公司

    2.4 其他成套设备和机器

1+2=国内资本形成

国内资本形成+来自国外的投资=资本形成总额③

这种计算未把用于农业用地改良的投资包括在内,但仍可以说明工业化过程中的资本形成。至于工业投资中的流动资本(或称非可折旧资本)支出,则未计算入资本形成项目内。可见,投资概念宽于资本形成概念。

---

① 库兹涅茨:《各国的经济增长》,商务印书馆,1985年,第71页。
② 参看同上书,第71—72页。
③ 参看马赛厄斯和波斯坦主编:《剑桥欧洲经济史》第7卷上册,经济科学出版社,2004年,第364页。

由于经济史研究者们对工业化时期资本形成所提出的理论模型不一,概念界定不一,指标取舍标准不一,所以资本形成数量的计算也不会有唯一正确的结果。① 但不管怎样,"资本形成对经济增长的贡献取决于资本存量的增长率及产出对资本的弹性"这一点是没有疑问的。② 希克斯曾指出:"现代工业之所以必然朝固定的方向发展,就因为我认为的这一特征,即它依赖于固定资本的使用。"③这表明资本形成的重要性。不仅如此,希克斯还强调:"要使耐用设备一直都在使用之中,就必须有一个或多或少的常设的机构和一批常备的劳动力来使它运转。这在社会和经济两方面都产生了极为重要的后果。"④资本形成对工业化的意义由此可知。

以下,让我们从投资谈起。

二、"投资是工业化的第一推动力"的含义

为了形成固定资本,以及为了使固定资本得以运转,不仅需要起始时的投资,而且需要后续的投资、不断追加的投资。因此,人们通常把投资称做经济增长的第一推动力、工业化的第一推动力。

投资可能是投资者把自己拥有的资本投入,但在大多数场

---

① 参看马赛厄斯和波斯坦主编:《剑桥欧洲经济史》第7卷上册,经济科学出版社,2004年,第477页;同上书第7卷下册,经济科学出版社,2004年,第3—4页。
② 参看马赛厄斯和波斯坦主编:《剑桥欧洲经济史》第7卷下册,经济科学出版社,2004年,第8页。
③ 希克斯:《经济史理论》,商务印书馆,1999年,第141页。
④ 同上。

合,投资是投资者利用各种不同方式融资的结果,或者是一部分靠自己的资本投入,一部分靠融资。然而,在西欧工业化刚开始时,"由于信用创造机制相对不发达,资本供给在很大程度上与货币供给是同一的"[1]。这就是说,货币供给不足,同时也就是资本供给不足、融资不足。货币供给不足表明通货紧缩,资本供给不足则使得投资者感到恐慌,因为工业项目无法继续建设,或使得已经建成的工业项目无法运转。[2] 这正是西欧国家在工业化开始时不得不认真对待的问题。

如果再作进一步分析,那么"投资是工业化的第一推动力"这一表述实际上有三方面的意思:

1. 从企业物质资本的角度来分析,投资之所以是工业化的第一推动力,因为没有起始时的投资和以后连续的投资,就无法置备工业企业所需要的物质资本并让它们顺利运转。厂房、设备、原材料、燃料、动力系统,无一不是靠投资置备和投入生产的。

2. 从人力资本的角度来分析,因为只有投资才能提供工业企业所需要的技术工人和专业人员。即使能招募到农民,他们也必须经过一定的职业技术培训,才能成为用人单位所需要的劳动力。为培训人员,需要有教育投资,包括教育设施的投资。

3. 从社会经营资本的角度来分析,更能说明投资是工业化的第一推动力。这是因为,工业化不等于新工厂一一建立、新矿

---

[1] 里奇和威尔逊主编:《剑桥欧洲经济史》第5卷,经济科学出版社,2002年,第366页。

[2] 参看同上。

山——被开采,工业化是社会的投资过程,所以社会经营资本是工业化过程中不可缺少的。比如说,交通干线的建设、港口和港口设备的建设、通信网络的建设、城市公用设施的建设等等,都有赖于社会经营资本的增长。没有用于这些方面的起始投资和后续投资,工业化是无法进行下去的。①

社会经营资本的投入对工业化和持续经济增长起着三方面的作用:一是它成为工业化和持续经济增长的必要前提;二是它为工业化和持续经济增长提供服务性的生产能力;三是它使得所形成的资产具有规模经济。② 但社会经营资本的投入是有风险的,利润率不确定使得私人投资者不敢贸然投资,在这种情况下,不仅需要政府给私人投资者以保证,而且需要政府提供帮助以便产生规模效益。③ 加之,社会经营资本的投入量是巨大的,通常不是个别私人投资者所能承担的,因此需要金融机构的支持,但由于风险的存在和收益的长期性,金融机构一般不愿介入。这正是西欧各国工业化开始时所遇到的难题之一。④

还应当补充说明,工业化开始前,西欧各国民间借贷利率高得惊人。据坎蒂隆在1730—1734年间所著《商业性质概论》一书所述,当时伦敦鱼市场给贩鱼商的贷款利率是一年260%。⑤

---

① 参看奇波拉主编:《欧洲经济史》第3卷《工业革命》,商务印书馆,1989年,第65页。
② 参看库特纳:"社会经营资本与经济增长",载罗斯托主编:《由起飞进入持续增长的经济学》,伦敦,1963年,第262页。
③ 参看同上书,第265—266页。
④ 参看同上书,第266—267页。
⑤ 参看坎蒂隆:《商业性质概论》,商务印书馆,1986年,第97页。

而巴黎小商贩承担的贷款年利率竟高达430%。① 可见,在工业化开始时,投资者一般很难按承担得了的利率从民间融到资金。

在讨论"投资是工业化的第一推动力"时,有必要强调产权明确的重要性。考特在分析英国工业化开始时,曾经强调产权关系到投资能否发挥应有的作用问题。他写道:"在经济变化的过程中,人口的多少并不重要,重要的是人口的适应性;资本投资并不重要,重要的是愿意承担由此产生的一切后果。"②私人投资也好,公共投资也好,都离不开对投资所产生的后果的承担,这就是产权问题重要性的表现。英国工业化开始前就已经对私人产权进行保护,这样,产权的界定和得到保护使得投资的责任和投资结果的归属都清晰了,这才能使投资人作出投资的决策。从这个意义上说,"我们必须把18世纪的(英国)经济史视为一大批人所作出的经济决策的结果"③。

由于投资范围广泛,所以要弄清楚投资和经济增长之间的关系。在投资和经济增长之间,"存在着复杂的因素关系,我们不能轻率地就得出更多的资本形成本身就会导致相应加速的生产增长的结论"④。这主要取决于投资的结构,即投资的去向或用途。比如说,资本形成如果大量存在于房屋建筑方

---

① 参看坎蒂隆:《商业性质概论》,商务印书馆,1986年,第97页。
② 考特:《简明英国经济史(1750年至1939年)》,商务印书馆,1992年,第19页。
③ 同上书,第20页。
④ 凯恩克罗斯:"起飞中的资本形成",载罗斯托主编:《由起飞进入持续增长的经济学》,伦敦,1963年,第244页。

面,或者存在于流动性存货的增加,那么生产就难以出现明显的增长。①

从另一个角度看,在对经济增长起作用的因素中,投资虽然是一个关键性因素,但却不是唯一的因素。例如,制度的变革可能引起较大幅度的经济增长,但不一定反映于投资的大量增加;劳动生产率的提高,可能同投资有密切关系(如购置新设备),也可能同投资的关系不大(如生产组织的改进)。因此,"在投资仅仅是起作用的若干因素之一的情况下,把产量增加归功于高投资,这一点在多大程度上是正确的,确有必要加以怀疑"②。

当然,提出这些争议并不意味着投资不再是工业化的第一推动力。可以归结为这样一个道理:工业化开始后,有了投资并不说明工业化一定取得重大进展,因为这还取决于其他因素;然而,如果没有投资,那么工业化就无法进行。

三、工业化初期的行业组织

在工业化初期,行业组织对工业化中的资本形成的贡献是很小的。原因很简单:在突破传统生产方式之后进行工业化的西欧国家,原来的工业行业组织(手工业行会)实际上已经不存在了,或者,即使存在,也不可能对工业化开始后的资本形成起什么作用。至于边进行工业化、边突破传统生产方式的西欧国

---

① 参看凯恩克罗斯:"起飞中的资本形成",载罗斯托主编:《由起飞进入持续增长的经济学》,伦敦,1963年,第244页。
② 同上。

家,那里的手工业行会可能继续存在,但它们的作用往往是抵制近代工厂的建立而不可能为工业化中的资本形成作出贡献,以后,当传统生产方式被逐渐突破以后,这些手工业行会一般就不存在了。

那么,工业化开始后,由工匠上升为新兴的工业企业家是不是建立了自己的行业组织?如果建立的话,它们是不是在工业化的资本形成方面起过作用?根据西欧经济史的资料可以了解到,工业化开始时新兴的工业企业家主要是工匠出身的小老板,他们也曾建立自己的行业组织,但都类似于中世纪的行会。例如,在英国工业化初期,由工匠们成长为小企业主的那些人,在某些城镇有行业联合会之类的组织,但它们是限制竞争的。1822年设菲尔德的一些行业联合会的规定中载明:"除本章程另有规定外,凡属本行业联合会各行各业的成员,均不得同时有两个以上的学徒"①;还规定,学徒未满法定年限的,"不得在本行业联合会的任何行业中开始制造"②。从这些规定不难看出,它们"很像是十五世纪行会章程中的一段摘录"③。克拉潘认为,如果说19世纪初期英国的行业联合会同中世纪的行会在规定方面有什么区别的话,那就是:中世纪的行会明文禁止成员雇用散工(即拥有自己的工具,甚至有自己的家庭作坊,却替行会成员的作坊干计件活)按计件制作产品,而19世纪初期英国的行业联合会却容许店主们雇用散工。④ 这可能是由于工业化开

---

① 克拉潘:《现代英国经济史》上卷,商务印书馆,1986年,第224页。
② 同上。
③ 同上。
④ 参看同上。

始后行业组织已经控制不了对散工的雇用而不得不承认现实的缘故。

较大型的工商业企业的行业组织稍后才建立和发挥作用。只有到那时,这些行业组织才为工业企业争取本行业的利益而活动,①但对于资本形成的作用仍然是微弱的,甚至还不如中世纪某些商会或行会所起的作用,因为在中世纪的城市中,这些商会或行会还投资建造会所、公共仓库、码头,训练和雇用消防人员、公用事业服务人员等。

四、金融业和工业化中的资本形成

前面已经指出,在西欧各国工业化初期,金融机构并没有向新建的工业企业注入较多的资金。当时,教会掌握了大量资产,包括土地和货币资金,但教会不愿投资于工业。即使在当时被认为很有赢利前景的采矿业和冶炼业,教会对此也不感兴趣。"教主比起世俗地主来更不大愿意投资于采矿与冶金,不愿意像他们那样以有利的条件租出去。"②哪怕在"一些宗教人物因政治权力而拥有王室特权"③的情况下仍然如此。

再说,在工业化开始前,金融业对客户的融资,包括借款方和贷款方,都十分谨慎。④ 这不仅因为投资利润和贷款偿还期

---

① 关于这一点,本书第五章第一节在讨论工业化过程中的利益集团时会有论述。
② 波斯坦和米勒主编:《剑桥欧洲经济史》第 2 卷,经济科学出版社,2004 年,第 626 页。
③ 同上。
④ 参看里奇和威尔逊主编:《剑桥欧洲经济史》第 4 卷,经济科学出版社,2003 年,第 347 页。

限的不稳定,更主要是因为信用体系不完善。再加上战争频繁,贷款担保物兑现没有把握,以及金银比价的变动,使借贷双方都小心翼翼。很能说明问题的是,17世纪的一份银行给储户的单据中竟有三份存折:一份按黄金记账,一份按白银记账,第三份按西班牙本洋记账。①

在工业化开始时,大型金融机构一般不贷款给工业企业(因为当时的工业企业主要是小老板经营的),而只愿意贷款给经营海外贸易的大商人,②但有些工业企业还是可以从小型金融机构贷到少量款项。在某些情况下,绅士和贵族如果有钱可贷出,工业企业也可以从他们那里贷到款,不过往往难以分清究竟是长期贷款还是直接投资。③ 至于民间融资,尽管利率高,但只要仍在工业企业可以承受的范围内,也不是没有可能贷到的。但这与其说是靠市场关系得到的贷款,不如说是靠习俗和人际关系得到的贷款。此外,租赁也是当时采用的一种可行的融资方式。例如,在1770—1795年的英国,正是工业化开始阶段,在棉纺织业中,"这个阶段对固定资本的需求相对较少,对原材料和某些机器的资本需求,则可以通过信用贷款的方式解决,而工厂场地与成套设备则可以通过租赁获得"④。到了19世纪初期,工业企业需要的少量贷款,可以从金融机构方面得到满足。在

---

① 参看里奇和威尔逊主编:《剑桥欧洲经济史》第4卷,经济科学出版社,2003年,第347页。
② 参看奇波拉主编:《欧洲经济史》第3卷《工业革命》,商务印书馆,1989年,第208页。
③ 参看同上。
④ 马赛尼斯和波斯坦主编:《剑桥欧洲经济史》第7卷上册,经济科学出版社,2004年,第231页。

法国,19世纪末期法国刚开始制造汽车时,由于工厂规模不大,所以企业主"往往在范围不大的亲朋圈内就可以筹集到成立一家企业所需要的资本"①。

金融业对工业化中资本形成的作用,越到后来越明显。稍晚进行工业化的德国,银行扮演的角色较为突出。要知道,德国在工业化初期,投资并未主要投入工业部门。据统计,1851—1855年,德国总投资的分布情况是:②

农业	21.2%
铁路	20.2%
建筑(包括非农业房屋、公共建筑、地下建筑)	42.5%
工业	16.1%(其中,厂房占5.6%,机器和原材料投资占10.5%)

到了1906—1910年,德国的投资结构发生了很大变化,总投资的分布情况是:③

农业	9.8%
铁路	8.8%
建筑(包括非农业房屋、公共建筑、地下建筑)	39.7%
工业	41.7%(其中,厂房占11.4%,机器和原材料投资占30.2%)

德国投资结构的上述变化是正常的,金融业在推进工业化中的作用越来越大。德意志银行的建立以及它对德国大工业企

---

① 马赛厄斯和波斯坦主编:《剑桥欧洲经济史》第7卷上册,经济科学出版社,2004年,第343页。
② 参看霍夫曼:"德国的起飞",载罗斯托主编:《由起飞进入持续增长的经济学》,伦敦,1963年,第115页。
③ 参看同上。

业的支持很能说明问题。德意志银行1870年4月在柏林成立。在这以前,德意志境内虽然已有一些私人商业银行,但规模都很小,以至于德国企业要在对外贸易中得到资金的帮助,只好"求助于伦敦的金融家。当时的德国银行尚不具备处理国际交易的组织机构"[1]。德国的银行家认为这是很丢脸的事情,于是酝酿要成立德国自己的大银行,为德国在国际金融领域内争得一席地位。在这种动机的支配下,德意志银行成立了。[2]

德意志银行一开始就是一家股份制银行,股东们承担有限责任。这是德国第一家这种形式的商业银行。在业务上,它是一家综合性的银行,不仅从事短期信贷,而且还从事投资银行业务,尽管它过去并不熟悉这项业务,但它还是大胆地涉足这一金融业务领域。[3] 具体地说,它从事股票发行和销售,包括包销大公司的证券并承担风险,它还买卖债券,包括包销新发行的公司债券。例如,1879年,它为克虏伯公司包销2,250万马克的公司债券;[4]1890年,为曼奈斯曼公司发行了3,500万马克的股票。[5]

由于德意志银行规模大,资本雄厚,又从事投资银行业务,并且向一些大工业企业参股、控股,行使表决权,因此它在德国

---

[1] 麦格劳:《现代资本主义:三次工业革命中的成功者》,江苏人民出版社,2000年,第254页。
[2] 参看高尔:"德意志银行:从创立到第一次世界大战",载高尔等主编:《德意志银行:1870—1995年》,伦敦,1995年,第2—5页、第7页。
[3] 参看同上书,第29—30页。
[4] 参看同上书,第30—31页。
[5] 参看同上书,第38—39页。

经济中的影响是巨大的。① 它对德国工业企业的壮大和对德国工业化的推进起了重要作用。在谈到商业银行对德国工业化的重要作用时,格辛克隆指出了另外一点,即在一些商业银行的支持下,德国工业企业的独立性显然提高了。② 也就是说,由于有了金融机构的帮助,德国的工业企业在资本供给方面有了保证,所以对政府的依赖程度有所降低,工业企业开始成为独立自主的企业而活跃在国内外市场上。

五、从海外得到的财富在多大程度上转化为工业资本?

工业化开始前,西欧国家中有一些已在海外占据了广大殖民地,另一些国家虽然没有直接占据殖民地,但通过贸易等途径获得了大量财富。在这一过程中,从事殖民地采掘业、种植业和贸易的商人和地主积累了不少财富。因此,历来有一种说法,即西欧国家从海外得到的财富转化为国内的工业投资,从而大大推动了工业化的进展。英国被认为是最典型的例子。英国当时在亚洲、非洲、美洲和大洋洲都有殖民地,在那里经营采掘业和种植业,英国从殖民地向国内输入原材料、半成品和食物,再加上城市的兴旺和同贸易有关的服务设施的改善,使英国有可能进行规模日益扩大的世界贸易。③ 英国的工业品主要出口到北美,包括西印度群岛在内。1700年,英国向北美的出口额只占

---

① 参看高尔:"德意志银行:从创立到第一次世界大战",载高尔等主编:《德意志银行:1870—1995年》,伦敦,1995年,第36—37页。
② 参看格辛克隆:"俄国工业化的早期:回顾与对照",载罗斯托主编:《由起飞进入持续增长的经济学》,伦敦,1963年,第165页。
③ 参看赖格来:《人民、城市和财富》,牛津,1987年,第142—156页。

英国出口总额的10%，到1800年，英国向北美的出口额超过了英国出口总额的一半。① 18世纪90年代，美国进口的制成品中，几乎有90%来自英国。② 这些数字难道不能说明英国从海外得到的财富多么庞大吗？

但实际上，英国从海外得到的财富中的绝大部分并未转化为国内的工业资本。工业化开始前和工业化初期，英国从海外得到的财富归王室、享有特权者、从事海外贸易和经营的大商人、种植园主所有，他们并未把赚来的钱财用做国内的工业投资，而且其中有相当大的部分被用于家族和个人的奢侈性消费。下面这段描述是符合当时实际情况的：工业化刚开始时，西欧从事海外贸易的大商人"死亡后的财产清册和家庭记录给了我们富有的商人拥有财产的一个活生生的图景，他们有极好的城市豪宅和乡村别墅，无数的仆人，昂贵的布料，富丽堂皇的家具和古玩。他们是艺术品的主顾，喜欢珍贵的珠宝和金银餐具"③。难道这仅仅是为了贪图享受？不尽如此。"这种财富的展示不仅仅摆阔和自我放纵，它还具有心理功能，它可以提高商人的声望，增加对他们的偿付能力的信心，珠宝和金银器皿还是贷款的潜在抵押品，而且随时可以变现。"④ 不容忽视的是，这些获得财

---

① 参看托马斯和麦克劳斯基："海外贸易和帝国：1700—1860年"，载弗劳德和麦克劳斯基编：《1700年以后的英国经济史》(第2版)第1卷，剑桥大学出版社，1994年，第91页。

② 参看迪恩：《第一次产业革命》(第2版)，剑桥大学出版社，1979年，第57—59页。

③ 里奇和威尔逊主编：《剑桥欧洲经济史》第5卷，经济科学出版社，2002年，第325页。

④ 同上。

富的大商人还必须从事政治方面的"投资",如争取当上议员,或至少成为政府部门主管官员的好友、密友等等。

当然,从事海外贸易和经营的大商人的一部分利润也有用于商业性投资的,但并不是投资于国内,而是投资于国外,如扩大海外贸易和经营规模,或购买土地、新建种植园和矿山,或创办原料加工企业等。即使他们也投资于国内,那么主要是购买土地,收购庄园,或添置房产。这是因为,"对一些商人来说,拥有地产意味着将其获得的财富重组,提升其社会地位,使其显贵;而另外一些商人则期待其地产通过城市化或上涨的农产品价格获得直接的资本收益"①。当然,还有一些在商业上较有远见的商人会把一部分利润用于参与海上和陆上运输,或者用于放债,或者以预付款形式向国内工业企业订购产品,以便取得更多的商业利润等等。②但真正投资于国内工业企业的从事外贸的商人,为数极少。

六、工业化开始时工业资本来自何处?

西欧国家在工业化开始时,投资于工业的资本主要来自小业主们自身的筹集和企业赢利的转化。

创业时所需要的资本数额并不多。在英国,"特别在棉纺工业中,几乎任何人都可使自己成为工业家。装置一台纺纱机的全部所需只是小小的一笔资本(可从放债人那里去借)和雇用一

---

① 里奇和威尔逊主编:《剑桥欧洲经济史》第5卷,经济科学出版社,2002年,第326页。
② 参看同上书,第325页。

位有足够技术堪当工头的工人"①。在法国,"许多大纺纱和织布厂巨富世家开始时都是低微的手艺人家庭(不是庄稼人)"②。在瑞士,"首批出现的纺纱厂相当简陋,也是由富裕农民或手艺人开设的(他们常常既是农民又是手艺人)"③。这正是西欧工业化起步阶段的实际情况。

尽管这些企业主当时大多数是小老板,但他们自身仍有一定的积累,这些积累是多年经营手工作坊所形成的;或者,他们有些亲朋好友、同乡同里,通过个人交往和人际关系而借到资金,"这种通过私人关系产生的资本流动性绝大部分可能是由于早期的工业企业只需要比较少量的资本"④。而只要他们投资和经营的新式工业企业建成后,产品的销售就会使他们获得利润。"利润的再投资一直到十九世纪末期都是绝大多数英国投资的主要资金来源。"⑤事实表明,成功的工业企业家从来都是关注利润转化为再投资的。⑥

前面已指出,在英国、法国等地,大商人和银行家拥有的资本在相当长的时间内不介入工业,"直到十九世纪中叶才向工业投资"⑦。

---

① 奇波拉主编:《欧洲经济史》第3卷《工业革命》,商务印书馆,1989年,第328页。
② 同上书,第329页。
③ 同上。
④ 奇波拉主编:《欧洲经济史》第4卷上册《工业社会的兴起》,商务印书馆,1989年,第167页。
⑤ 同上。
⑥ 参看麦格劳:《现代资本主义:三次工业革命中的成功者》,江苏人民出版社,2000年,第69页。
⑦ 奇波拉主编:《欧洲经济史》第3卷《工业革命》,商务印书馆,1989年,第325页。

除了他们认为工业投资风险较大,投资回收期长,而且耗费精力较多而外,还有一个原因,即"1850年左右以前,没有合适的银行结构和工业信贷机关是各类资产阶级互相不通声气的重要原因"①。另有一个原因同样不容忽略,即大商人和银行家"通常不信任暴发的工业家,认为那些人新得的财富似乎是对他们的财产的蔑视,是对他们决心要保卫的现状所进行的挑战"②。

上述情况在西欧是带有普遍性的,即使当时有的银行愿意从事对工业企业的贷款,那也只是短期信贷而已。③ 等到新式工业企业的产品越来越有销路并有大笔利润可赚时,才逐渐使金融界巨头对工业企业产生兴趣,中长期贷款才注入工业。不仅如此,这一事实也吸引着越来越多的有钱人(包括贵族、绅士、富商和地主)对投资工业感兴趣,于是进入工业的资金就渐渐多起来了。

有钱人向工业投资的形式之一是通过投资银行进行的。在这方面,西欧大陆国家走在英国前面,因为西欧大陆国家可以动用的资本要比英国少,这就迫使它们在这个领域内进行创新,"从而使它们最终具有了超过其先驱者的实际优势:这就是股份投资银行的创办"④。

在西欧大陆国家中,走在最前面的是比利时。那里有两家

---

① 奇波拉主编:《欧洲经济史》第3卷《工业革命》,商务印书馆,1989年,第325页。
② 同上。
③ 参看康芒斯:《制度经济学》下册,商务印书馆,1981年,第448页。
④ 哈巴库克和波斯坦主编:《剑桥欧洲经济史》第6卷,经济科学出版社,2002年,第363页。

投资银行:一家是1822年成立的比利时兴业银行,另一家是1835年成立的比利时银行,它们都在采矿和重工业领域进行投资。19世纪40年代比利时煤炭工业之所以能迅速发展,并能成为欧洲大陆最大的煤炭生产国,以及比利时炼铁工业和机器制造业能在一定程度上同英国展开竞争,主要归功于通过股份制投资银行而把境内外的资本引入了国内的工业部门。① 紧跟着比利时的是法国的投资银行,它们成立的时间在19世纪40—50年代,而从19世纪60年代起,在西欧,"这种金融机构已经遍及整个商业界了"②,以至于被称为19世纪西欧"金融革命"的内容之一。③ 股份制投资银行的优势不仅在于它们"较之传统私营银行更大也更为富有"④,而且,传统私营银行害怕对工业企业贷款,更不必说向工业投资了,而像股份制投资银行这样的金融机构,"则使工业信贷成为它们自身存在的主要依据"⑤。

19世纪西欧"金融革命"的另一内容,是利息率下降、货币供应增长以及与之联系在一起的"银行服务和信用的客户范围的急剧扩大"⑥。

货币供应增长首先与黄金储备增长有关,从而以黄金储备为后盾的银行券发行量也增长了。例如,从1850年到1870年,法国银行券发行量从4.5亿法郎增加到15.5亿法郎,增长3倍

---

① 参看哈巴库克和波斯坦主编:《剑桥欧洲经济史》第6卷,经济科学出版社,2002年,第363页。
② 同上书,第412页。
③ 参看同上书,第411页。
④ 同上书,第413页。
⑤ 同上。
⑥ 同上书,第411页。

以上。① 更突出的是普鲁士,普鲁士纸币发行量从1850年的183.7亿塔勒增加到1870年的1,632.6亿塔勒,增长达8.8倍之多,②而且这还是专家估算出来的,很可能被低估了。③

利息率随货币供应的增长而下降。这一时期,英国短期票据的利息率只有2%,法国为3%,德国由于渴求资本,稍高一些。④ 同过去相比,利息率"降到令人难以置信的地步"⑤,这无疑促进了工业化中的资本形成。

银行服务和客户范围的扩大,在19世纪60年代,"在欧洲大陆上出现了一场巨大的更有效率的金融资源净化运动:新的银行网络能够吸纳迅速增加的储备和无数中小商人以及生产者的流动资本;它们在历史上第一次能够使农村地区能够与城市一样方便地进入货币市场。"⑥

从19世纪60年代以后,又经历了将近半个世纪,"到第一次世界大战前夕,银行界与工业界之间有许多交错重叠的利益。结构变得完全不同了,工业与银行业中间不再存在明显的界线"⑦。尽管在不同的西欧国家,由于历史情况的差异和各国经济发展的历程的不同,工业和金融业在各国的相对地位仍有区

---

① 参看哈巴库克和波斯坦主编:《剑桥欧洲经济史》第6卷,经济科学出版社,2002年,第409页。
② 参看同上。
③ 参看同上书,第409页注③。
④ 参看同上。
⑤ 同上。
⑥ 同上书,第411页。
⑦ 奇波拉主编:《欧洲经济史》第3卷《工业革命》,商务印书馆,1989年,第242页。

别,但具有普遍意义的是:"一个金融世界已经诞生,它既是工业家的世界,也是银行家的天地。"①这种情况一直延续到今天。

第二节 地方商人在工业化的资本形成中的作用

一、传统生产方式下的地方商人

地方商人不同于那些从事海外贸易和经营的商人,后者一般都是大商人、有特权的商人,而地方商人主要是在国内甚至国内某一地区活动的中小商人。他们通常是不结交政府官员的,政府官员也不把他们放在需要特别照顾的名单内。他们之中有些人即使也同地方政府关系较密切,并从地方政府那里得到某些关照,但同那些从事海外贸易和经营的商人相比,无论是经济实力还是对政策的影响力,都要小得多。

在西欧各国,传统生产方式之下的地方商人历来就同城乡手工业者和农户有紧密的商业联系,有些地方商人还以预付货款、产品包销、设备租赁等方式控制了城乡手工业者,成为分散型的手工工场主。还有些地方商人还兼营手工作坊、手工工场或矿山。在传统生产方式之下,甚至在工业化开始时,小企业实际上比大企业处于较有利的地位,因为它们规模小,易于适应市场状况而作出灵活反应。在当时的西欧,"对生产规模的主要限制不

---

① 奇波拉主编:《欧洲经济史》第 3 卷《工业革命》,商务印书馆,1989 年,第 242 页。

是高昂的生产成本,而是高昂的销售成本。分散的人口和令人头痛的交通——陆路交通很糟糕,水路又只能到达有限的区域——使就算是最有效率的企业也受到限制"[1]。在这样的环境中,地方商人和小企业相结合的优势就突出了。要知道,规模经济概念在那个时期是不被人们所重视的。小企业,尤其是同地方商人有密切联系的小企业,在成本上具有自己的长处;"只有在想要开发一个足够有利可图的需求时,大量的营业资本开支才是合理的"[2]。

再说,在传统生产方式之下,地方商人和放债人之间几乎没有多少区别。在英国,"从17世纪起,英国就存在着金首饰商,这就是英国银行的雏形"[3]。他们不仅卖金首饰,而且还吸收存款,发放贷款。"这些金首饰商都是伦敦人。"[4]而伦敦以外的银行都叫做乡镇银行,规模很小,只在本城和本地区开展业务。重要的是:在那里,"银行业务与商业业务之间没有明确的界限。任何人,不论男人或女人,只要有了一小笔钱,他就可以以银行家的身份在邻里之间开展业务"[5]。这对于城乡手工业者、小作坊主、小手工工场主的经营起着重要作用。

二、工业化初期的地方商人

在西欧国家,工业化初期地方商人在工业资本形成中的作

---

[1] 里奇和威尔逊主编:《剑桥欧洲经济史》第5卷,经济科学出版社,2002年,第389页。
[2] 同上。
[3] 考特:《简明英国经济史(1750年至1939年)》,商务印书馆,1992年,第102页。
[4] 同上。
[5] 同上。

用是不可忽视的。可以从以下两方面进行分析：

一方面，工业化初期创办和经营新式工厂的小业主们同地方商人的联系较多。加之，有些创办和经营新式工厂的就是地方商人，包括通过发包形式控制了分散的家庭手工业者的包买商。[①] 当时，新式工厂的设备可能是工匠们设计制造的，也可能是租赁来的，而原材料则要靠地方商人提供，工厂生产出来的产品，或者采取过去常用的"前店后厂"的方式销售出去，或者就要靠地方商人来推销。尤其是产量增长后，更要同地方商人合作，因为只有这样，工厂的经营者才能专心致志地把产品制造出来，省得分散精力去从事原材料采购和产品销售工作。[②]

另一方面，正如前面已指出的，由于当时创办和经营新式工厂的小业主们往往自身资本有限，融资比较困难，所以他们同地方商人的交往便成为解决融资问题的一个渠道。地方商人对产品销路是了解的，他们在了解新式工厂的产销前景之后，愿意从资本方面给这些新式工厂以支持，给予贷款。

应当注意到，地方商人在工业化初期组建了一些小型的乡村银行，为本地的工业企业融资。在英国，"伦敦城外的'乡村'银行家们频繁与那些拥有工业企业的家族接触，并且很多时候这些银行本身就是由工业家或商人开设的"[③]。以前，民间信贷

[①] 参看哈巴库克和波斯坦主编：《剑桥欧洲经济史》第 6 卷，经济科学出版社，2002 年，第 282 页。

[②] 参看里奇和威尔逊主编：《剑桥欧洲经济史》第 5 卷，经济科学出版社，2002 年，第 389 页。

[③] 麦格劳：《现代资本主义：三次工业革命中的成功者》，江苏人民出版社，2000 年，第 69 页。

主要是短期的,但到了工业化初期,这些乡村银行主要从事长期信贷而不是短期信贷,原因何在?主要原因在于:当时工业企业的业绩同产品的销售状况有关,为了打开销路,贷款期限必须长一些,否则贷款很可能收不回来,因此乡村银行家们"不得不取消只开展短期信贷的战略"①。工业化初期,英国乡村银行发展很快:1750年,全英国的乡村银行最多不超过十一二家,18世纪80年代超过100家,1810年超过600家,到19世纪30年代已经超过1,000家。②

不管是小业主还是地方商人,他们作为工业化初期的新式工厂的投资者和经营者,都必须承担投资风险和经营风险,这被认为是所有早期企业家都要履行的一个重要功能。③ 承担风险、承担决策责任同决策权、管理权在工业企业初创阶段通常结合在一起,这就需要在制度上有保障,于是当时普遍实行的是所有者和管理者合于一身的制度,因为只有这样,才能"将面临的风险降低到最小"④。因此,当时新式工厂的组织形式,或者是个人所有制,或者是少数几个人的合伙制,这正是小业主和地方商人在投资和经营企业时常用的一种传统的企业组织形式。⑤

经济学界曾有这样一种说法,即认为在评论英国工业化过

---

① 麦格劳:《现代资本主义:三次工业革命中的成功者》,江苏人民出版社,2000年,第69页。
② 参看同上。
③ 参看马赛厄斯和波斯坦主编:《剑桥欧洲经济史》第7卷上册,经济科学出版社,2004年,第224页。
④ 同上。
⑤ 参看同上书,第224—225页。

程时,往往把固定资本在工业化初期的作用夸大了。[1] 理由是:最早出现的新式工厂多半是小工厂,要建成这样的小工厂并不需要很多固定资本投资。这种说法是有根据的。当然,情况逐渐发生变化。包括英国在内,西欧各国工业化过程中,随着铁路建设的开展和轮船建造的开始,固定资本投资的重要性显著增加,无论是修铁路,建火车站,造轮船,修港口还是建仓库,无一不需要巨额固定资本投资。[2] 同时,新建的工厂规模日益增大,添置的设备越来越多,需要的投资额越来越大,这已经不是地方商人所能承担的了。

三、小工业企业主的分化

正如西欧中世纪晚期地方商人介入城市手工业之后手工业者分化加剧一样,在工业化初期,一旦地方商人以不同方式和通过不同渠道介入了新式工业企业,小工业企业主的分化同样加剧了。英国的情况是比较典型的。

小工业企业主的分化并不意味着小工业企业被淘汰,而仅仅意味着有些小工业企业主致富了,企业发展了,企业规模扩大了,与此同时,有些小工业企业倒闭了,卖掉了,或被兼并了。虽然大工厂能以较低的成本生产出更多的商品,并以较低的价格销售出去,但小工业企业却依然顽强地生存下来,即使卖掉了,又被买主继续经营着。也就是说,尽管这种分化"意味着许多店

---

[1] 参看奇波拉主编:《欧洲经济史》第 3 卷《工业革命》,商务印书馆,1989 年,第 64—65 页。
[2] 参看同上书,第 65 页。

铺的终结,但同时也意味着许多新式店铺的开始"①。

工业化继续推进过程中,小工业企业存在的理由至少有以下两点。第一,"机器制造和维修需要有大量小型工匠企业的辅助"②。例如,以前制造机器或利用机器生产产品的小工厂在竞争中歇业了,但却以机器修理厂的名义,接受机器维修业务维持下来。第二,"大规模工业发现自己宁可将其大部分工作分包出去,而这往往又有着合理的经济原因"③。因此,在大工厂的周围经常有一些接受其外包工作的小工厂,它们同大工厂共生存。除了以上两个理由以外,还应当提到小工业企业自身也具有较大的适应性,例如,投资少而不必担心市场萧条时蒙受巨大的固定资本损失;依靠家庭成员劳动,他们既感到比较自由,又可以接受工厂工人无法接受的工资水平等。④

在市场竞争中因失利而被淘汰的小工业企业,通常通过转型而渡过难关,继续生存下来。这种转型也往往有赖于地方商人的帮助。在地方商人的介入下,一些濒临倒闭或已停产歇业的小工业企业得以转型、新生,继续生存下来。相形之下,一些得不到地方商人帮助的小工业企业,在市场竞争中失利后往往难以摆脱厄运。

法国工业化的开始时间稍晚于英国,但很多情形同英国相似,例如新建的工业企业绝大多数是小型企业,"工业企业家来

---

① 哈巴库克和波斯坦主编:《剑桥欧洲经济史》第6卷,经济科学出版社,2002年,第328页。
② 同上。
③ 同上。
④ 参看同上书,第329页。

自社会各个阶层,其中数量特别大的一部分来自技师和中产阶级的生意人。前者在机器制造行业占绝对优势,后者则在纺织行业较为普遍"①。有些行业则是工匠、技师们创业在先,地方商人介入在后。例如,"在19世纪,冶金行业仍在某些方式上延续着传统铁匠铺主的古老生意风格,但是新群体也如期而至,这就是铁商或者说商人"②。小工业企业主的分化也很明显,有地方商人帮助的,即使遇到了困难,也能挺过去,甚至还有所发展。而得不到地方商人帮助的,只好听之任之,能支撑住的就支撑下去,支撑不住的就停业倒闭。

在市场竞争中,有些小工业企业逐渐成长起来,成为大工业企业,有些地方商人变成了有实力的大商人、大企业家,有些家族企业成为全国知名的大企业,尽管仍保持家族经营。例如,法国的由小企业发展而成的"多尔富斯-米埃(Dollfus-Mieg)、莫特—波絮(Motte-Bossut)、施奈德(Schneider)以及旺德尔(Wendel)等,达到了可以与外国同类企业相匹配的规格与等级"③。法国有些成功的大企家家族,甚至比美国的卡内基家族和洛克菲勒家族、德国的克虏伯家族、赛森家族、克鲁格家族表现得更为审慎与有活力。④

四、工业企业家地位的变化

随着西欧工业化的进展,小企业的地位、小工业企业主的地

---

① 马赛厄斯和波斯坦主编:《剑桥欧洲经济史》第7卷上册,经济科学出版社,2004年,第343页。
② 同上。
③ 同上书,第473页。
④ 参看同上书,第474页。

位都逐渐发生变化。前面已经指出,由于新式工业企业的产品有竞争力,销路好,地方商人相继介入,这是工业企业家地位变化的重要原因。

可以用19世纪英国棉纺织工业的情形为例。工业化初期,英国棉纺织工业中以小企业为主,"将近2/3的赢利生产单位雇用人数不足50人"[1],这还不包括存在于"农村茅屋中的成千上万台手工织布机仍然在工作"[2]。而且当时兴办一家小工厂不需要很多投资,某些行业"一个人有了100英镑就可以满怀信心地去碰他的运气"[3]。进入棉纺织工业的最低资本额可能还要少些。但是技术的继续进步和更有效率的新机器设备的出现,使小工业企业的压力增大了,"这些压力中,最重要的是新技术开发所要求的巨额资本"[4]。

在这种情况下,小工业企业单纯依靠地方商人在资金方面给予帮助就不够了。包括棉纺织工业在内,几乎各行各业的较大规模的工业企业都面临企业组织形式的调整问题。尤其是在工业化过程中的新兴行业,调整企业组织形式尤为迫切。个人所有的形式在新兴行业中首先表现出不适应,负有无限连带责任的合伙制企业组织形式也不适应了,因为"这种完全责任延伸到每一个合伙人的私人财产,延伸到'他的最后一个铜板和最后

---

[1] 哈巴库克和波斯坦主编:《剑桥欧洲经济史》第6卷,经济科学出版社,2002年,第330页。
[2] 同上。
[3] 哈孟德夫妇:《近代工业的兴起》,商务印书馆,1959年,第134页。
[4] 马赛厄斯和波斯坦主编:《剑桥欧洲经济史》第7卷上册,经济科学出版社,2004年,第241页。

一寸土地'"①。事实确实如此,合伙人是不愿意企业规模迅速扩大的,因为他所承担的风险也随之增加了。"由此不难理解,他们没有多大愿望去冒这个风险。"②

于是股东负有限责任的股份制工业企业应运而发展起来。加之,由于证券市场的发展,大型工业企业有了新的融资渠道,资本筹集的困难也就逐渐缓解了。在西欧国家,原来对工业投资不感兴趣的海外贸易商人、大地产主、银行家和贵族世家成员,纷纷看中了工业投资的赢利前景,再加上有了证券市场这个投资渠道,有了股份有限公司这种形式,从而进入了工业界。工业企业规模大了,工业界的影响大了,一批不同于过去小工业企业主的真正的工业企业家出现了。当然,在这支工业企业家队伍里,也有一些是经过多年拼搏而成功的早期近代工业的创业者,他们的父辈或祖父辈是工匠、小作坊主或地方上的小商人。从这时起,工业企业家在社会上的地位提高了,但是小工业企业在西欧各国仍大量存在着,继续雇用着不少劳动者,并为国内生产总值的增长作出贡献。

要知道,在西欧工业化过程中,小工业企业主的队伍实际上是不断扩大的。熟练技工越来越多,专业人才越来越多,自行创业的也会越来越多。而市场需求增大,又为自行创业者创造了更多的机会。特别是社会上每一次重大的技术创新,既对原有的小企业造成压力,迫使它们更新技术以适应新的形势,同时又使准备自行创业的人加紧寻找机会,抓住机会,技术创新成了小

---

① 马赛厄斯和波斯坦主编:《剑桥欧洲经济史》第7卷上册,经济科学出版社,2004年,第241页。
② 同上。

企业的催生器,促使小企业主队伍扩大。此外,营销方式的创新也是西欧各国工业化过程中小企业主成长的一个重要因素。克拉潘曾以19世纪的法国为例来说明这一点。他举例说,在巴黎,商人波西高(A. Boucicaut)原来只是一家布匹商店的合伙人,但"他在自己的货物上都标明价目,而不是像习惯通行的那样就每一件东西讨价还价。他对他的雇员按销售额付给佣金;他还懂得广告术"①。这样,他很快成为巴黎的大商人。又如,波纳诺(M. Bonnerot)在1840年时还只是一个小商人,"他给的秤足,实行薄利多销",业务扩展很快,以至于同行们认为这是一种"不公平的竞争"而为此"感到愤怒"。②另一个例子是巴黎香料商人坡太(M. Potin),他自行调配、制造商品,并在自己的工厂中设有化学实验室,以保证商品质量。他宣称:"一个香料商应当是一个化学师。这在当时是一个新原则。"③这样,他的生意和信誉越来越好。这几个例子无非说明这样一点:在西欧工业化初期,由于市场不断扩大,小企业只要能抓住机会,更新自己的营销方式,甚至只要重质量、重信誉、与众不同,就能发展起来。

第三节 政府在工业资本形成中的作用

一、政府参与工业化投资的多种方式

无论是突破传统生产方式之后进行工业化的西欧国家,还

---

① 克拉潘:《1815—1914年法国和德国的经济发展》,商务印书馆,1965年,第407页。
② 同上书,第408页。
③ 同上。

是边进行工业化、边突破传统生产方式的西欧国家,政府都在工业资本形成中起过重要作用,而在后一类国家中,政府起的作用更大一些,也更突出一些。

政府在工业资本形成中所起的作用首先反映于立法方面。以法国和德国来说,中世纪后期的采矿曾经比较兴旺,但后来由于私人投资缺少法律的保护,私人矿业公司的发展受到了阻碍。[①]这种情况当时并未引起政府的注意,"只是到了18世纪和19世纪,法兰西和德国先后修订了矿业法律使得政治环境更利于私人资本家创业之后,两国的矿产量才再一次出现迅速增长"[②]。

西欧国家的政府在工业资本形成中的作用还反映于公司立法方面。大约在19世纪60年代中期,英国通过公司制度的立法"让单个企业的管理结构发生变化。从那时起,股份经济形成的道路就是敞开的"[③]。德国比英国稍晚一些,即自1870年开始,有关股份公司组织的法律对公司机构及其形成方法作了强制的规定,而1884年起又进一步强化了这些规定,从而推动了德国大工业企业的发展。[④]

从具体的政府投资来说,西欧各国政府所起的作用,可以从物质资本、人力资本和社会经营资本三个方面来分析。

在物质资本方面,政府直接投资于某些行业的工厂建设,包括军事工业、新兴行业和国内不能自给的行业。这样的工业企业是国有的或国家控股的。政府投资,政府参与经营管理,是这

[①] 参看波斯坦和米勒主编:《剑桥欧洲经济史》第2卷,经济科学出版社,2004年,第626—627页。
[②] 同上书,第627页。
[③] 马赛厄斯和波斯坦主编:《剑桥欧洲经济史》第7卷上册,经济科学出版社,2004年,第242页。
[④] 参看同上书,第726页。

些企业的特征。虽然这些企业中有不少后来又转售给私人了，但不能否认在工业化初期政府在这方面是起了重要作用的。

在人力资本方面，政府主要投资于教育，以提高国民素质和培养各类专门人才，适应工业化的需要。

最值得一提的是政府在社会经营资本方面的作用。19世纪西欧各国的铁路建设就是典型的例子。根据罗斯托的观点，"在铁路作为一种主导部门的地方，政府通常扮演重要的角色：作为最低收益率的保证人；通过补贴的方式，或直接提供资金，以及直接从事铁路建设和运行"①。而且，政府对铁路建设的参与或提供巨额津贴的时间相当长，工业化前期都如此。② 也许只有英国是个例外。"在英国，私人市场力量决定铁路网的形式和范围，提供建造铁路的必要资源。"③而在法国和德国，建造铁路需要的大量投资则靠政府筹集，"铁路建造在技术上达到'可行'的时机和铁路对经济迅速增长的潜在重要性，势必使它成为国家的一项新任务"④。比利时和意大利则是另一种情况。19世纪30年代，比利时决定国家建设铁路网；开始时允许私人投资修建铁路，私有铁路线从1850年的150公里左右增加到1870年的2,100公里。⑤ 但1870年以后，比利时政府开始收购与国家竞争的私有铁路。⑥

---

① 罗斯托："主导部门和起飞"，载罗斯托主编：《由起飞进入持续增长的经济学》，伦敦，1963年，第17页。
② 参看同上。
③ 奇波拉主编：《欧洲经济史》第3卷《工业革命》，商务印书馆，1989年，第264页。
④ 同上。
⑤ 参看同上书，第265页注。
⑥ 参看同上。

意大利与比利时相似,起初是允许私人投资者和国家一起建造铁路的。1884年,意大利全国不到10,000公里的铁路线中,国有铁路占6,000公里。[1] 后来因私人经营不善,国有铁路收购了一部分私有铁路。1905年,全国17,000公里的铁路线中,国有铁路占到15,000公里。[2]

此外,在西欧各国工业化期间,政府都对城市建设和城市公用事业投入了资本,这些都构成社会经营资本的一部分。

二、政府用于工业化投资的资金来源

在西欧各国工业化过程中,政府用于工业化投资的资金主要有以下四个来源:

1. 发行国债;
2. 税收;
3. 举借外债;
4. 自然资源向资本的转化(其中常用的是土地转让和采矿权的授予)。

先考察国债的发行。

国债的发行实际上是使居民的储蓄从家藏的和存入银行的一部分流入国库,政府再把由此筹集的资金用于工业化建设。

然而,在当时的一些国家,通过发行国债而筹集到的资金更多地是政府用于弥补财政赤字,而财政赤字的增加主要不是由于经济建设拨款,而是由于军事开支浩大。因此,国债发行只是

---

[1] 参看奇波拉主编:《欧洲经济史》第3卷《工业革命》,商务印书馆,1989年,第276页。
[2] 参看同上书,第277页。

当时政府用于工业化的资金来源之一,而不是主要来源。

可以举英国工业化初期的国债收支为例。1827年,英国的国债总额是7.8亿英镑,当年的国债负担大约是2,900万英镑,几乎占到英国财政支出5,600万英镑的一半以上。[1] 其余一半左右的开支是:陆海军军费1,600万英镑,税务征收费将近400万英镑,剩下的不到700万英镑则用于文官薪俸、文职机关经费、给某些工业的津贴,以及根据国会特别条例的临时支出。[2] 可见,给某些工业的津贴额在政府各项开支中所占比例是很小的。

再考察税收。

在西欧各国工业化过程中,税收同样不是政府用于工业化的主要资本来源,而是来源之一,因为税收的主要用途是维持国家机器的运转,其中包括军事支出。何况,在工业化刚开始时,政府的税源十分有限,财政入不敷出,所以政府不可能用大笔税收来资助工业企业。近代早期西欧经济的特征之一就是许多国家有持续的财政赤字。政府对土地征税和对收入征税,但"在征收和政治方面都充满了困难"[3]。对外贸易虽然是合适的征税对象,但同样遇到困难,因为当时"国家或城市商业政策的目标,就是确保其在总的市场份额中占有尽可能大的比例,这就是国家所关心的事情"[4]。政府还必须考虑,向对外贸易征税,会不

---

[1] 参看克拉潘:《现代英国经济史》上卷,商务印书馆,1986年,第398页。

[2] 参看同上书,第398—399页。

[3] 里奇和威尔逊主编:《剑桥欧洲经济史》第5卷,经济科学出版社,2002年,第250页。

[4] 同上。

会引起其他国家的报复？会不会缩小本国在市场份额中的比例？这也是令政府为难的事。

税收中是不是有一些被政府用于社会经营资本的投入？这要根据不同国家在不同时期的具体情况而定。从资料上看，在工业化开始时，政府用于社会经营资本的投入是不多的。用政府的钱来修铁路、修公路、修港口等，在西欧某些国家，是工业化进行到一定阶段之后才出现的。

如果说政府利用税收政策来资助本国工业企业，那么主要反映于政府的保护性政策方面。例如在英国工业化初期，为了保护本国的制造业，政府对制成品（如呢绒、丝绸、麻布、玻璃等）的进口采取了征收进口税的政策。[1] 但这并非从增加财政收入的角度来考虑，"它们坦坦白白都是保护性质的"[2]。这就是政府对本国工业企业的支持。

关于外债和外资的考察。

在西欧各国工业化过程中，外债也是政府用于工业化的资本来源之一，但同样不是主要的资本来源。有些西欧国家的政府在工业化时期举借过外债，但外债的主要用途是非经济的，如购买军火，弥补财政赤字等。即使有些外债同经济方面的用途有关，但那主要是用于稳定国内经济局势，而不是用于工业建设。

---

[1] 参看克拉潘:《现代英国经济史》上卷，商务印书馆，1986年，第406—408页。

[2] 同上书，第407页。

外国投资在西欧国家的资本投入中所占比重很小。然而,外国投资是起作用的,这是因为,"外资大多数进入新的领域,而不是进入传统的农业和城市建筑部门"①。尤其重要的是,外资的进入意味着一国外汇的增多,于是政府就可以利用得到的一部分外汇从国外购买机器设备或急需的原材料、燃料等。从这个意义上说,外资实际上所起的作用超过了外资在资本投入中所占比例及其规模。②

关于外资问题,本章第五节中还将作进一步的分析。

最后,让我们考察一下自然资源向资本的转化。

这也是工业化时期西欧国家的政府所采取的用于工业化建设的一个资本来源。政府可以有偿地转让国有土地给申请者,也可以授予某一地区的采矿权给申请者,把由此得到的一部分资金用于工业项目或基础设施建设。尽管这种转让或授予当时不是通过市场竞争方式进行的,甚至只把这些土地或采矿权授予同政府官员有密切关系的申请者(主要是大公司),而政府官员还能从中得到大笔贿赂,从而引起社会的强烈不满,但这毕竟是政府获取资本的一种手段。

这种情况在西欧大陆国家比在英国更为常见,因为在英国,政府在经济中所起的作用要比在西欧大陆国家小得多。③ 但即

---

① 贝里尔:"外国资本与起飞",载罗斯托主编:《由起飞进入持续增长的经济学》,伦敦,1963年,第287页。
② 参看同上。
③ 参看费希尔:"德国的政府活动和工业化(1015 1870年)",载罗斯托主编:《由起飞进入持续增长的经济学》,伦敦,1963年,第83页。

使在英国,虽然工业化开始以后的运河建设和铁路建设主要由私人提供资金,并由私人投资者自己承担投资风险,但政府在自然资源向资本的转化方面却同样发挥主导作用,即国有土地的转让由政府批准,采矿权的授予也由政府批准,此外,政府还为私人企业提供担保,在某些场合政府也为运河建设和铁路建设提供一部分资本,这一情况不应当被忽视。[1] 同样不应忽略的是,政府帮助私营银行,私营银行再介入工业企业的创办和经营,从而政府间接地为私营大企业的资本形成起着重要作用。以19世纪的德国为例,"许多私营银行家往往同某一法院或政府有密切的联系。正如这些机构在很大程度上依赖于自己的贷款人一样,银行家们也依赖政府的照顾和政府所给予的垄断地位"[2]。这种垄断地位的给予,实际上所起的作用和银行家的获利程度,不亚于自然资源独占权的授予,或者说,类似于重商主义时代政府授予海外贸易公司的特许经营权。

第四节 地主阶级在工业资本形成中的作用

一、从传统生产方式走向工业化时期的西欧地主阶级

在西欧国家,在从传统生产方式走向工业化时期时,地主阶

---

[1] 参看凯恩克罗斯:"起飞中的资本形成",载罗斯托主编:《由起飞进入持续增长的经济学》,伦敦,1963年,第259页。
[2] 费希尔:"德国的政府活动和工业化(1815—1870年)",载罗斯托主编:《由起飞进入持续增长的经济学》,伦敦,1963年,第92页。

级仍然很有势力,并掌握巨额财富(地产)。在不少国家,地主仍保留贵族的头衔,社会地位高,门第显赫。至于他们是不是同时还充任政府官员,那就因人而异了,因为这毕竟已经不同于传统生产方式下的西欧。

然而,西欧国家传统的继承制度却给地主家庭的幼子们一个进入工商界的机会。在英国,"贵族和绅士都实行长子继承制:最年长的男孩继承父亲的头衔(如果有的话)和土地……迫使大多数子女不得不完全或者是部分地自己谋生"[1]。于是怎样安排幼子们,便成为贵族和绅士操心的事:安排到办公室工作,报酬较高,工作较为清闲,这当然是最理想的,但顶多安排三个孩子,"绅士甚至是贵族的第四和第五个儿子将不得不做学徒以学习贸易业务——当然不是在商店里从事贸易,而是从事国际贸易"[2]。不可否认的是,也有一些贵族、绅士和他们的子弟从事工业投资和企业经营,"当中的许多人像活跃的企业家那样做出决策。他们的部分重要活动领域包括开发矿山、开办铁工场和纺织厂、开掘运河、建设港口以及将其城市地产出租用做建筑活动"[3]。

此外,在工业化前期,充当官员的地主家族成员不在少数。一方面,由于他们受过良好的教育,在文化方面居于优势;另一方面,他们的上一辈或他们的亲戚在以往历届政府中往往担任过要职,有一定影响,而且地主家族之间对后辈们常常相互提

---

[1] 哈巴库克和波斯坦主编:《剑桥欧洲经济史》第6卷,经济科学出版社,2002年,第283页。
[2] 同上。
[3] 同上书,第284页。

携,相互照应,这也形成了一种特殊的社会关系。

二、地主阶级在工业化过程中的分化

在西欧,不管是突破传统生产方式之后进行工业化的国家,还是边进行工业化、边突破传统生产方式的国家,只要工业化在推进,地主阶级的分化就是不可避免的。这种分化从工业化一开始就已出现。

以英国为例。在工业化刚开始时,地主阶级的力量是强大的,他们是"不动产所有人,即世俗的或教会的土地所有人;这是国内势力很大的、人数众多的阶级,其经济势力由于受到累世特权所巩固,目前力量仍然非常之大"[①]。从另一个角度来考察,"在1803年制定的一个十八世纪英国名人表里,人们找不到一个工厂主或发明家的名字"[②]。可见,工厂主或发明家中有些人尽管那时已经是富人了,但仍得不到社会的重视。例如,同一时期,著名的工厂主韦奇伍德的儿子当上了多塞特郡郡长,但他"不得不忍受该郡绅士们不大隐匿的轻视,因为他毕竟不过是一个陶器工人而已"[③]。受社会重视的,依然是门第和出身。然而,重要的是,已经富有的工厂主是否受到地方绅士的尊重,这并不是工厂主所看重的,只要工厂主受到政府的重视就足够了。正由于这些工厂主能为英国政府作出贡献,所以他们受到政府的重视是必然的。虽然这会使地方绅士们嫉妒,但绅士们却无

[①] 芒图:《十八世纪产业革命》,商务印书馆,1983年,第296页。
[②] 同上书,第322页。
[③] 同上。

法阻止这类事情的一再发生。

地主阶级日益分化。一方面,随着工业化的进展,市场经济的涵盖面不断扩大,市场竞争也在加剧,地主阶级原来的收入来源主要是土地收入,包括乡间土地的租金收入或农牧业经营收入,但由于铁路等交通干线的修建和新工业区的出现,农庄的区位条件发生了变化,土地收入和农牧业经营收入相应地作了调整,有的地主受益多,有的地主受益少,有的地主甚至亏损。另一方面,在工业化过程中,旧城市规模扩大了,新城市兴起了,非农业收入的增长使得那些靠土地租金收入和农牧业经营收入的地主阶级感到有必要转移投资方向,有的人甚至卖掉土地,从事工业、贸易、金融、运输业。当然,也不排除有些地主家族因开支过大、挥霍过大而沦落到卖地还债的地步。

于是在西欧国家的工业化过程中,逐渐出现一批工业化时期的新型地主。这时出现的新型地主,已经不同于工业化以前西欧国家曾经出现的新型地主了。那时,由于受到粮食价格、肉类价格、羊毛价格等上涨的影响,一些地主感到把土地给小农耕种或放牧,不如把土地收回自营,不如自己经营雇工式的农业,从而出现了当时的所谓新型地主。这种情形无论在英国还是在西欧大陆国家都出现过。[1] 而在工业化过程中所出现的新型地主,则是把手中掌握的货币或通过地产抵押等方式筹集到的款项,从农业转向工业等非农业领域的投资。他们可以持有土地,仍有一定的来自土地的收入,包括出租土地的收入和经营农牧

---

[1] 参看厉以宁:《资本主义的起源——比较经济史研究》,商务印书馆,2003年,第249—250页、第255页。

业的收入,但非农业的收入则丰厚得多。这样,他们名副其实地成为地主兼工商业企业主,成为工商业投资者。

这里仍以英国为例。在英国,18世纪富裕阶级的净资产较大部分是由债券和土地构成的。① 这意味着:英国的富裕阶级中有不少人是贵族、地主,他们拥有的财富不仅是地产,而且还有债券。拥有债券这一事实表明,他们对金融的兴趣已经比过去增大了。正如本书前面已经提到的,银行在英国工业化初期的工业融资作用并不显著,相形之下,商业借贷、票据、年息债券、抵押贷款在工业化初期则重要得多。② 地主手头的资金主要是通过非银行渠道流入工商业企业的。③ 债券就是渠道之一。

19世纪,证券市场有很大发展,这使得有意于进入工业企业的地主阶级增加了一条工业投资渠道。新型地主用不着自己经营管理工业企业,而只需购买被看中的工业企业的股票就行了。并且,如果他们想退出,脱手股票要比卖掉工业企业容易得多。当然,新型地主家族中的年青一代,有的可能有专业知识,他们也会自己成为新建的工业企业老板。

三、新型地主同政府的关系

投资和经营工业企业的新型地主,不管家庭是不是安置在城市里,他们关心的问题已经主要不是天气的好坏和农牧业产品的行情,而主要是政府的经济政策有没有变化,以及国内外经

---

① 参看凯恩克罗斯:"起飞中的资本形成",载罗斯托主编:《由起飞进入持续增长的经济学》,伦敦,1963年,第258页。
② 参看同上书,第257页。
③ 参看同上书,第258页。

济形势的走向。因此,他们同政府之间的关系也相应地发生变化。在这些新型地主看来,政府不仅应当保护本国的农牧业,而且还应当保护本国的工业,这方面的政策包括:减少工业企业的税收,支持工业企业的建立和扩大规模,协调工业企业同社区之间的关系,帮助解决劳资纠纷,扶植新兴产业的发展,打开本国工业品的国外市场等等。所有这些问题都是地主阶级以往不关心的,而现在则成了新型地主关注的重点。

为此,新型地主竭力想在议会中占有较多席位,以便自己的要求和主张得以实现。如果说在工业化开始时,工业企业主和地主们之间在经济政策主张方面还有相当大的分歧的话,那么随着工业化的进展和新型地主人数的增多,工业企业主和新型地主的利益已逐渐趋于一致。至于旧式地主,他们在经济生活中的影响则越来越小了。

新型地主和旧式地主之间的区别之一还在于受到政局变化的影响大小不一。这里所说的政局变化,是指非正常的政府更换或非正常的政府领导人的更替。根据西欧国家的历史可以看出,在这样的政局变化过程中,地主家族(包括新型地主家族和旧式地主家族)所受到的打击通常大于非地主家族所受到的冲击。原因是:地主阶级的财富主要体现于土地的拥有以及与此有联系的爵位、封号、门第等。这类财富及其带来的利益最容易受到人们的注意,政局变化过程中所发生的利益再分配,在相当大的程度上同土地及其收益有关,并会影响到爵位、封号、门第的变动,这样就会使地主阶级受到损失。相形之下,旧式地主所遭到的冲击又大于新型地主遭到的冲击,因为旧式地主的利益集中在土地和与此有联系的爵位、封号、门第等等之上,而新型地主的财富已有一部分甚至大部分转移到工业企业和证券之上。这也是一些旧式地主为减少在可能发生的政局变化中的损失而转为新型地主的动机之一。

政府对于地主家族参与工业企业投资一般持欢迎态度。政府认识到,一方面,发展工业需要大量投资,地主家族如果把自己的资本从土地投资转移到工业企业投资或社会经营资本投资方面,显然有利于工业化的推进;另一方面,土地所有权过分集中所酿成的问题历来是社会动荡不安的重要因素,特别是拥有大片土地的地主们往往同时拥有爵位、封号、门第等无形财富,这通常会引起下层群众的不满,进而加剧社会矛盾,如果地主家族能把自己的投资重点从土地方面转入工业、金融、贸易方面,减少自己的土地拥有量,将有助于社会矛盾的缓解。正因为如此,在西欧各国的工业化过程中,政府一般都鼓励、支持地主家族参与工业的建设。

第五节 外国资本在工业资本形成中的作用

前面已经提到外国资本的进入问题,这里再就工业化时期西欧各国的外国资本在资本形成中的作用作进一步的分析。

一、外国资本进入的多种途径

这里所说的外国资本进入,是指在西欧各国工业化过程中,外国官方机构、企业或个人投资者以各种不同方式把资本投入某一国家,参与该国的工业化建设。在19世纪,外国投资主要是通过拥有金融资产进行的,来自外国的直接投资并不多。①20世纪前半期,情况发生变化。20世纪后期,外国直接投资才开始占据主要地位。②

英国是世界上最早实行工业化的国家,英国也可以被认为是在没有外国资本参与或支持下实行工业化的国家。③ 这一方面与当时英国并不需要外国资本进入有关,因为当时英国依靠出口取得了较多的外汇收入,不需要靠外资进入而得到外汇;④另一方面,英国的银行系统和资本市场在工业化开始时有了迅速改进,虽然银行家不愿冒风险为工业企业注入贷款,但这并不等于在有利可图的条件下银行系统和资本市场会放弃通过融资而获利的机会。当时,"既可以在伦敦,也可以在其他任何地方筹集到为庞大的工程所需要的相当数额的资本"⑤。这是英国不同于当时金融体系相对不发达的西欧大陆国家之处。

外国资本的进入增加了资本进入国的资本总额,并由此带来一系列效应。例如,增加了对本地劳动力的需求,扩大了就业;即使外国专业人才和技术工人也会进入资本进入国,而资本总额的增加无疑会提高对本地劳动力的需求。又如,外国资本的进入增加了本地的税收;即使一定时期内会对外国投资有税收方面的优惠,而资本总额的增加使得税收的增加是可以期待

---

① 参看艾弗逊:《国际资本运动》,牛津大学出版社,1936年。
② 参看海默:《本国企业的国际运作:外国直接投资研究》,麻省理工学院出版社,1976年。
③ 参看贝里尔:"外国资本与起飞",载罗斯托主编:《由起飞进入持续增长的经济学》,伦敦,1963年,第289页。
④ 参看同上。
⑤ 同上书,第289—290页。

的。再如,外国资本的进入也增加了对本地产品的需求;即使机器设备和某些原材料可能是进口的,但对本地的产品的需求仍会有一定程度的增加。总之,外国资本的进入会给资本进入国的经济带来积极的后果,关键在于外国资本进入哪些产业。

也许更值得注意的是通过外国投资的增长而带来的新技术的引进和加速本地技术队伍的成长。而且,这是对资本进入国长期起作用的一种效应。任何一个西欧国家,特别是后起的西欧国家,在工业化过程中都能设法在引入外国资本的同时,把培育本国的技术人才作为一项目标。

铁路建设就是一个突出的例证。英国是最早修建铁路的国家,西欧大陆国家的铁路建设过程中就有英国资本的进入。19世纪中期,英国不但向这些国家提供资本,提供原材料,还提供技术和技术人才,包括工程师和技术工人。英国资本的进入对西欧大陆国家的铁路建设起了重要作用。[1] 稍后,法国资本也对西班牙、意大利等国的铁路建设同样起了重要作用。[2]

可以说,"必须把铁路部门视为19世纪中叶经济领域方面的一种具有相当能量的扩张性力量"[3]。英国和西欧大陆国家都如此。尤其是在西欧大陆国家,在外国资本进入的条件下所兴建的铁路网,尽管一开始时利润并不丰厚,但却是带动整个经济进一步增长的动力,"就如铁路部门在(英国)国内建立和维持

---

[1] 参看哈巴库克和波斯坦主编:《剑桥欧洲经济史》第6卷,经济科学出版社,2002年,第406—407页。

[2] 参看同上书,第407页。

[3] 考特:《简明英国经济史(1750年至1939年)》,商务印书馆,1992年,第200页。

了大不列颠所特有的工业体系那样,世界新的经济体系在铁路部门的帮助下开始形成了,而大不列颠多年来始终是这个体系的中心"[1]。

国外向国内移民,也是资本流入的一种方式。这不仅是指人力资本的流入,而且也指货币资本的流入。

在西欧各国工业化过程中,有三种国际移民动向:

一是西欧各国之间的相互移民,主要是工业化起步较晚的国家向工业化开始较早的国家的移民,这些移民大多数是为了寻找工作和谋取较理想的职位,以便增加收入。但也有一些是从工业化开始较早的国家向工业化起步较晚的国家的移民,他们多半是专业人员和熟练技工,目的在于获得较多的报酬,或发挥自己的所长。

二是东欧国家向西欧国家的移民。要知道,19世纪,东欧国家的经济落后于西欧国家较多,而且东欧国家在政治上还受到专制政权的统治,国内的种族歧视和种族压迫还相当严重。因此,在东欧感到谋生困难或出于政治原因想到西欧避难的人纷纷来到西欧,其中还有一些移民是以西欧作为过渡,准备由此再转往北美的。

三是西欧向欧洲以外地区的移民。这些人又可以分为两类。一类是西欧国家向美国、加拿大、澳大利亚、新西兰等国的移民,尤其是向美国的移民,其中包括各种各样的人,有农民、工人、自由职业家、专业人员,也有从事工商业的企业主、投资人。

---

[1] 考特:《简明英国经济史(1750年至1939年)》,商务印书馆,1992年,第200页。

另一类是向西欧国家所属的亚洲、非洲、拉丁美洲的殖民地和附属国的移民。例如，英国人移往印度、马来亚、肯尼亚、罗得西亚、南非等地，法国人移往阿尔及利亚、突尼斯、越南等地，西班牙人移往拉丁美洲，葡萄牙人移往安哥拉、莫桑比克、果阿、东帝汶、巴西等地，荷兰人移往印度尼西亚等。这一类移民中，什么样的人都有，有富人，也有穷人。

移民为移入国家带来了人力资本和货币资本（只要他们不是赤贫者），这是有利于移入国的经济的。到了20世纪，向西欧国家移民的还有亚洲人、非洲人、拉丁美洲人。其中，有专业人员、工商业者、工人等。他们对移入国政治、社会、经济等方面的影响是多种多样的，不可一概而论。

随着证券市场的国际化的进展，外国资本通过证券市场的进入，成为19世纪末和20世纪西欧各国工业化过程中资本形成的又一渠道。国际性的证券市场同地方性的证券市场的规模差别很大，地方性的证券市场通常是小规模的，在这里上市的只是本地企业而已。此外，在国际性证券市场上买卖证券的客户，不仅有国际性证券市场所在国的客户，还有其他国家的客户，这样就可以吸引大量货币资本进入，加速国际性证券市场所在国的工业资本形成。

二、超经济意义的外国资本进入

这里所说的超经济意义的外国资本进入，通常具有两种含义。

第一种含义是：某一个强国为了控制另一个较弱的国家的经济，或者为了获得在另一个国家的特殊利益，便以投资的方式进入。在西欧各国工业化过程中的一个典型例子就是英国资本在19世纪向葡萄牙的投资,通过投资进而在葡萄牙经济占有重要的地位。

第二种含义是:某一个强国为了帮助另一个较弱的国家发展经济,使后者经济发展后能成为自己较得力的盟国,便以投资方式进入。在西欧各国工业化过程中一个典型的例子就是19世纪法国资本进入西班牙,其目的是想让西班牙早日实现工业化,以帮助法国同英国、德国抗衡。

然而,总的说来,在19世纪的西欧,超经济意义的外国资本进入的事例并不多。一方面,这是因为当时除英国以外,至多除英国、法国、荷兰、比利时以外,其他一些西欧国家还处于工业化初期。西欧国家的外国资本的数额不大,向外投资的资本只占一国总储蓄的很小一部分。[1] 另一方面,当时西欧国家吸收外国资本的形式或渠道比较少,常见的一种形式或渠道就是国际借款,包括向外国银行贷款,以及本国政府在国外发行债券。只要借入方到期还本付息,就不容易具有超经济的意义。而且,第一次世界大战以前,西欧国家在国际借贷活动中违约的案件相对较少。[2]

自从第一次世界大战结束以后,西欧国家之间的借贷活动大大减少了。原因主要在于:在通货膨胀的环境中,固定利率的贷款和债券对于贷出方没有好处。[3] 从而,直接工业投资和购

---

[1] 参看贝里尔:"外国资本与起飞",载罗斯托主编:《由起飞进入持续增长的经济学》,伦敦,1963年,第297页。

[2] 参看同上书,第298页。

[3] 参看同上。

买股票的方式渐渐占据重要地位。① 这些活动很难笼统地用"超经济意义的外国资本进入"一词来加以概念。

德国的情形可以被看成是一个特例。第一次世界大战结束后,德国成为一个战败国,经济有待振兴。特别是第二次世界大战结束后,德国不仅是一个战败国,而且国土被美、英、法、苏四国占领,复兴经济和稳定社会更成为最迫切的问题。美、英等国对战败后的德国进行投资,目的是想早日恢复德国经济(第二次世界大战结束后是西德经济),以对抗苏联。在性质上,这属于上述第二种含义上的超经济意义的资本进入。还应当指出,即使是第二次世界大战结束以后的西德,"外援的作用和重要性不应过于夸张"②。例如,对西德外援最多的1948—1949年(马歇尔计划的第一个年度),外援数额几乎还不到西德国民收入的5%。③ 对西德战后复兴真正起了重要作用的,不是外援,而是"与盟国的各种经济关系使得原西德摆脱了过去'依靠自己的力量'和自给自足的工业体系,充分发挥了与西方经济一体化和参加国际分工的好处"④。这表明,外援(外国政府的资本进入)的重要性远远不如国际合作和国际分工,而国际合作和国际分工中就包括了外国私人资本的进入。

第二次世界大战结束以后,有关工业化国家之间的资本进

---

① 参看贝里尔:"外国资本与起飞",载罗斯托主编:《由起飞进入持续增长的经济学》,伦敦,1963年,第298页。
② 陈凌:《德国劳动力市场与就业政策研究》,中国劳动社会保障出版社,2000年,第53页。
③ 参看同上。
④ 同上。

入问题的看法发生了很大的转折。过去长时间内,"人们强调向外国借款具有抑制性的效应,尤其是外国股票投资把增长的果实拿到海外,并干扰了本国政治等等"[1]。而现在,"吸引新资本的动力却是强烈的"[2],因为在继续推进工业化的压力下,各国普遍需要引进外国资本,以解决资本不足和外汇短缺问题。[3]

实际上,外国资本进入的利弊得失问题,历来就有争论,而且争论几乎不曾停止过。即使不涉及殖民地和附属国的经济发展问题,仅在工业国之间的资本进入问题上,争论同样是十分激烈的。

一种观点认为,外国资本进入某一个国家,必定具有自己的目的,姑且不谈是不是想要控制该国经济,即使从商业上说,目的无非是看中了该国的廉价资源和人力,占领该国的市场,从而获得更多的利润,既然如此,为什么不对外国资本的进入加以限制呢?

另一种观点认为,对这样的问题不应只从动机方面考虑,还应当从效果方面考虑。比如说,如果本国的资本已经过剩,赢利机会不多,外国资本为什么要进入?如果本国市场已经被价格较低的本国商品所占领,外国资本为什么要进入?可见,从商业上看,外国资本的进入一定有自己的理由。比如说,外国投资者认为该国的某些投资领域还有潜在的赢利机会而一直未被该国国内投资者所发现,或者,外国投资者拥有新的技术,能提供质

---

[1] 贝里尔:"外国资本与起飞",载罗斯托主编:《由起飞进入持续增长的经济学》,伦敦,1963年,第298页。
[2] 同上。
[3] 参看同上书,第299页。

量更好的商品,能够创造新的市场,从而能获取利润。因此外国资本的进入对外国投资者是有利的,而从效果上看,对资本进入国同样有利,既然如此,为什么要对外国资本的进入加以限制呢?再说,一国如果限制外国投资者前来投资,别的国家是不是也会限制该国的投资者前去投资,岂不是相互都受损失吗?

第二次世界大战结束后不久,从20世纪50年代起,西欧一些国家一直就西欧共同市场问题进行磋商。经过多年的磋商、讨论,西欧经济一体化的思想终于占据了上风。西欧国家在工业化的长期实践中懂得了不为外国投资设障碍将有利于本国的道理。这样,到20世纪末,尽管西欧社会上仍然有反对外国资本无障碍进入的呼声,但经济一体化的呼声已经成为主流。

第三章 工业化和技术创新

第一节 工业化过程中不断技术创新的动力

一、工业化中的技术创新是一个不间断的过程

从西欧各国工业化的历史来看,工业化中的技术创新是一个不间断的过程。技术创新有大、中、小之分,但技术创新是不会停止的。重大的技术创新一般要隔一段时间才会出现一次,但中小技术创新却不会间断。

在英国工业化初期,技术创新者主要是手工业者、小业主和技术工人。"早期木制纺织机器是由使用人自行制造的,或由织机制造匠、钟表匠、木匠、工具制造匠,以及兼有机器特长的各种各样工匠直接为他们订制的。"[1]这表明最初的工业技术创新由小工匠们来实现。"那个时代的'工程师'主要是唧筒制造匠。"[2]然而,这些最早制造机器的工匠们不会永远停止在制造

---

[1] 克拉潘:《现代英国经济史》上卷,商务印书馆,1986年,第199页。
[2] 同上。

机器之上,"学会制造机器之后,这些制造匠往往就兼营纺纱,所以这两方面是互相跨业的"①。工匠—技术创新者—小工业企业主,三者在工业化初期就这样巧妙地结合在一起了。

技术创新同制成品的标准化有关。这可能是工业化开始时西欧各国普遍存在的一种情况。要知道,除了当时熟练劳动力不足,从而需要加快技术改造和技术变革而外,"技术的原始特性和工业布局分散化的特征,带来的另一个后果是制成品缺乏标准化。生产场所超出了企业家所能照看的范围,非熟练劳动力只在原始的机械协助下工作,商人从来不能确定他的商品是否能满足某个市场的需求"②。这样,西欧各国当时的工业企业面临着两种市场风险:一是制成品不一定有市场,很可能销不出去;另一是,由于制成品缺乏标准化,"就算有市场,它也会拒绝商人所惟一能提供的那种商品"③,因为他们提供的制成品不标准。这个问题只能依靠技术进步来解决。在当时的条件下,"一个企业不能保证其产品标准化的主要原因不是缓慢的信息传递,而是原始的技术工序"④。为了减少市场风险,形势迫使工业企业加快技术创新,早日实现制成品的标准化。

技术创新也同技术推广紧密地联系在一起。任何一项技术创新实现之后,随之而来的便是技术推广过程。技术创新不间断,意味着技术推广也不间断。技术推广的结果,实际上把技术

---

① 克拉潘:《现代英国经济史》上卷,商务印书馆,1986年,第199页。
② 里奇和威尔逊主编:《剑桥欧洲经济史》第5卷,经济科学出版社,2002年,第366页。
③ 同上。
④ 同上书,第388页。

创新的范围扩大了。而且,技术推广既可能是单纯的技术传递,也可能是技术的再创新,或在原有技术创新基础上的提升。这同样是一个不间断的过程。

技术创新一旦成为经济生活中的事实,必然引起社会经济的一系列变化。这是一种连锁反应,它也是不间断的。事实表明,"任何人要有把握地来预测这种连锁影响,几乎都是不可能的。今天回顾起来,历史充满着对某个一定创新的效果的荒谬可笑的预测"[①]。一个很有说服力的例子就是:当工业化中期出现了汽车这种新产品并在社会上推广以后,谁能在那个时候就预测到这一事件的深远影响?谁又能预料到汽车进入普通家庭后给社会、经济、文化带来的一系列重大变化?"在汽车刚出现时,对此,当时任何人的知识都是不足的。这种知识,甚至今天也可能是不足的。"[②]不管怎样,技术创新仍不断地涌现,创新的技术仍不断地推广,社会经济的适应性变化或连锁反应也就从未间断过。

二、为缓解资源和动力问题而引起的技术创新

在工业化过程中为什么会不断出现技术创新?除了前面已经提到的为了缓解熟练劳动力的不足和为了实现制成品标准化而外,还应当指出,不断出现技术创新的另一个重要原因,就是为了缓解工业化过程中经常面临的资源紧张和动力不足问题。

---

① 库兹涅茨:《各国的经济增长》,商务印书馆,1985年,第374页。
② 同上。

英国工业化一开始就遇到木材供应严重短缺问题。木材是工业化以前的主要燃料,工业化刚开始时也如此。"那时,人们知道用来冶炼矿石的唯一燃料就是木炭。正因为这样,所以高炉设在英国南部的林木地区中;所以某些离森林太远的矿床都被完全放弃。要供给一个炼铁厂的燃料,必须有大量的木柴。每一冶炼厂的四周都对树木进行过真正的大砍伐。"[①]虽然英国人很早就已知道用煤作为燃料,但由于技术方面的原因,当时仅限于采掘浅层的煤,以至于浅层的煤几乎都被挖完了。深层的煤在当时的技术条件下无法采掘,于是只能继续大量砍伐树木作为燃料,供炼铁所需,也供家庭做饭、取暖所需。英国许多地方的森林被砍伐殆尽。为了造船,英国不得不到北欧去购买木材。燃料短缺,严重威胁到普通家庭的日常生活。据记载,有一个朗斯顿的工匠曾对别人说,"一般老百姓都不能举火,他自己在别人的火上把一只羊腿烧熟就付了三个便士"[②]。交通运输的困难加剧了燃料供应的不足。由于燃料无法及时运到那些缺少燃料的地区,以致英国南部的农业工人抱怨不已,因为他们只好依靠"那种面包干酪的单调饮食"[③]为生。

于是必须设法缓解燃料和动力问题。以采煤来说,人们试图采掘深层的煤,但必须先解决矿井排水的困难。风力和畜力都不足以把矿井中的积水排出来。这样,蒸汽机作为一项重大的技术创新出现了,并很快被推广了。靠蒸汽机排水,矿井可以

[①] 芒图:《十八世纪产业革命》,商务印书馆,1983年,第224页。
[②] 转引自克拉潘:《现代英国经济史》上卷,商务印书馆,1986年,第26页。
[③] 同上书,第110页。

打得更深,深层的煤(还有铜、铅、锌矿)被采掘出来了。① 这是英国工业化史上一次重大的技术创新,它是由资源供给紧张和动力不足逼出来的。因此可以说,"使用煤的创新性不亚于铁的大量生产。要不是煤燃料的广泛应用,重工业的扩展或许根本无从谈起"②。

在工业化开始后,为了节约资源的使用,人们不断寻求技术上的突破。节约资源对技术进步的促进作用是十分明显的。证据之一就是炼铁时木炭消耗率的下降。据记载,18世纪末和19世纪初,在英国,"使用传统技术生产每吨生铁需要消耗2.5~3吨木炭。混合燃料的使用(部分是焦炭,部分是木炭)使这一燃料—产出比下降到2:1。稍后引进的搅拌炼铁法又使这一燃料—产出比进一步下降到1.5:1"③。技术继续改进后,燃料—产出比又下降了,"到19世纪中叶甚至达到了0.75:1的高水平"④。

而为了便于大量煤炭和各种矿石的外运,以及为了解决用机器生产出来的众多制成品和半制成品的运销问题,铁路建设进入了高峰阶段。这同样是被逼出来的。以后,在西欧工业化过程中,内燃机的使用、电力的使用、发电厂的建设,都出于类似的目的。

---

① 参看哈巴库克和波斯坦主编:《剑桥欧洲经济史》第6卷,经济科学出版社,2002年,第308页。
② 波斯坦和米勒主编:《剑桥欧洲经济史》第2卷,经济科学出版社,2004年,第578页。
③ 哈巴库克和波斯坦主编:《剑桥欧洲经济史》第6卷,经济科学出版社,2002年,第304页。
④ 同上书,第305页。

在农业技术创新方面也可以举一个例子,这就是甜菜在法国的种植和推广,以及甜菜糖生产的发展。种植甜菜和炼糖的技术可能早在18世纪就已经被人们所认识。① 但直到19世纪初才因得到法国政府的支持而推广。原因在于:英国对法国实行海上封锁,使法国得不到从西印度群岛输入的蔗糖,法国食糖短缺,影响到法国居民的生活。法国当时是拿破仑统治,政府便鼓励农民种植甜菜,并建立甜菜糖厂,以缓解食糖供应的紧张问题。据记载,当时"英国曾经嘲笑这种食糖代用品,它的漫画家作了这样的图画:拿破仑的婴儿继承人不幸在口里衔着一块甜菜根,护士们说:'嚼吧,亲爱的,嚼吧,你的父亲说,这就是糖。'"②讽刺归讽刺,事实归事实,在食糖供应形势的逼迫下,法国的甜菜种植和甜菜糖制造业终于发展起来了。

三、为扩大市场和占领新市场而引起的技术创新

在西欧各国工业化过程中可以看到,引起和推动技术创新的另一个重要因素就是市场竞争的日趋激烈。在这种情况下,工业企业为了扩大市场份额和占领新市场而不断进行技术创新。关键在于产品的质量和价格。在工业化刚开始时,一般公众之所以对机器生产没有好感,有各种原因,"除了同失业和童工有牵连之外,当时还同产品的质量低劣有关系"③,即机器生

---

① 参看克拉潘:《1815—1914年法国和德国的经济发展》,商务印书馆,1965年,第39页。
② 同上。
③ 熊彼特:《经济分析史》第2卷,商务印书馆,1992年,第457页。

产出来的产品在质量上往往敌不过工匠们靠手工制作出来的产品。加之,工厂刚建立时,产品的成本还是比较高的,因此有些产品不一定具有价格优势。这样,工厂必须改进技术,改进设备,提高产品质量,降低成本,否则就会失去顾客,丢掉市场。

总的趋势是:市场在扩大,消费者对产品的需求刺激了生产,而顾客对产品的选择则引发了生产同一种产品的厂家之间的竞争。使用机器生产的工厂之间的竞争,比这些工厂同手工工匠之间的竞争更引起工厂主们的关注。这是因为,在市场扩大的过程中,手工作坊所占有的市场份额毕竟是有限的,更大的竞争在于谁能在扩大了的市场中占有更多的份额。生产成本确实在降低,谁家的产品质量更好才是关键之所在。① 工厂主们在实践中懂得,只有改进技术,添置新设备,才能生产出更好的产品,赢得顾客,击败竞争对手。生活用品如此,机器设备和原材料同样如此。厂家之间的竞争不停,技术创新也不会停止。

在市场竞争中,技术创新同管理创新、组织创新是密切结合在一起的。这个过程可以简要地归结如下:为了适应市场竞争的要求,工业企业采用了新技术、新工艺,生产过程的组织相应地进行了调整,企业管理方式也随之有所变化,于是产品进一步增加,产品质量的提高也得到了保证。因此,"首要的组织创新是对协调和控制大量生产的需要作出的反应"②。这种变化并不是首先发生于劳动密集型行业,而是发生于资本密集型行业,

---

① 参看熊彼特:《经济分析史》第 2 卷,商务印书馆,1992 年,第 458—459 页。
② 钱德勒:《看得见的手》,坎布里奇,马萨诸塞,1977 年,第 281 页。

这既因为资本密集型行业的企业一般投资多、规模大,还因为在这些行业中,"企业已不仅变成了多元的,而且变成了多功能的。它们已经走向成品销售和原料、半成品购买和经常性的生产"①。组织创新和管理创新往往是由技术创新引起的,但一旦实现了组织创新和管理创新,成本会再降低,市场会再加大,同时也会为进一步的技术创新作好准备。

工业化过程中汽车制造业的兴起是一个例证。汽车制造业的企业之间的竞争是激烈的。在20世纪西欧各国的市场上,陈列着多种类型和款式的汽车,有西欧国家自己生产的,有从美国进口的,也有美国公司在西欧设厂制造的,后来还有从美国和西欧以外的其他国家和地区进口的。每一种受到一定客户欢迎的汽车,必定在技术上、价格上或营销方式上有自己的特色。这正说明在汽车制造企业之间的激烈竞争中,各家企业都在不断地进行技术创新、组织创新、管理创新,甚至营销方式上的创新,否则就难以生存下去。不仅汽车制造业是这种情况,其他行业的情况也与此相似。

技术创新对工业企业来说,实际上是一个如何保持和增强自身的竞争力的问题。也就是说,即使一个工业企业目前已经在市场上占有一定的份额,但为了不至于被国内外后起的工业企业赶上和超过,它仍需要在技术创新方面继续努力。一种产品,尽管目前很畅销,难道不会有质量更好的、新的同类产品问世?难道不会有代用品出现?新的原材料代替旧的原材料,新的工艺代替旧的工艺,新的设备代替旧的设备,这些在工业化过

---

① 钱德勒:《看得见的手》,坎布里奇,马萨诸塞,1977年,第283页。

程中都不是罕见的。这就迫使任何一个工业企业都不能满足于现状,而必须在技术上不断有所突破,继续保持前列地位。

四、技术创新对小企业的双重影响

工业化过程中,随着市场的扩大,市场竞争也越来越激烈。那么,不断的技术创新对小企业有什么影响?在技术创新过程中,小企业是不是必然会被淘汰或者关闭破产?从西欧各国经济史上可以清楚地了解到,技术创新对广大小企业的影响是双重的,既有不利于小企业的影响,又有有利于小企业的影响。

技术创新对小企业的不利影响是明显的,因为技术进步了,新产品涌现了,小企业纷纷受到打击,它们适应不了新的市场竞争条件,有些不可避免地被淘汰出局。其实,又何止小企业才受到这种不利影响?竞争力下降的大企业不也同样受到本行业技术先进企业的冲击吗?被淘汰的大企业难道还少吗?

值得注意的是,技术创新对小企业也有有利的影响。不妨以西欧工业化过程中对电力的使用为例。电力有两个特点:一是电力的可输送性,二是电力使用的灵活性。电力的可输送性是指:"可以在一定的空间内输送能量而不会有大的损失"[1];电力使用的灵活性是指:"可以容易而高效地转化为其他形式的能量——热、光或者运动"[2]。正因为电力具有以上两个特点,所以"一方面,电力使机器和工具从地点的束缚中解脱了出来;另一方面,它使动力无处不在而且人人可以加以利用"[3]。电力的

---

[1] 哈巴库克和波斯坦主编:《剑桥欧洲经济史》第6卷,经济科学出版社,2002年,第484页。
[2] 同上。
[3] 同上。

推广应用,在19世纪后期不仅解决了许多企业的动力问题,还解决了企业发展中迫切需要解决的通信问题和照明问题,甚至大大推动了化学工业和冶金工业的发展。有了电,无论大小企业的成本都降低了,厂址容易选择了,对外联系方便多了,信息量也多了,从而企业的竞争力也就提高了。从此,大企业有了进一步扩展的可能,小企业也减少了被淘汰的危险,电力的使用救活了一批本来要破产倒闭的小企业,包括家庭作坊在内。这是因为,相对来说电力的价格是较低的,廉价的电力"为分散的家庭与零售业提供了新的生活与工作范围,改变了生产模式"[1]。除此而外,使用电力之后,"使大小生产单位之间的新型劳动分工成为可能……耐用消费品制造业中的现代分包结构是以小型机器生产企业的技术有效性为基础的"[2]。这表明,只要小企业能利用技术创新的成果,并能抓住技术创新后所开创的新形势和新机会,不仅能够同新的市场竞争环境相适应,还能获得进一步的发展。

在西欧经济史上不乏这样的例子。法国历来是一个有众多小企业的国家,然而,"电力马达和煤气引擎的使用,从最坏的一方面看是延缓了死刑,从最好的一方面看是赋予了永久的活力"[3]。可见,技术创新对法国的小企业是起了有利于其生存和

---

[1] 哈巴库克和波斯坦主编:《剑桥欧洲经济史》第6卷,经济科学出版社,2002年,第490页。
[2] 同上。
[3] 克拉潘:《1815—1914年法国和德国的经济发展》,商务印书馆,1965年,第295页。

发展的作用的。

在19世纪和20世纪初的德国,也可以看到类似的情况。技术进步了,小企业却因得到了价格比过去便宜的机器设备,反而生命力更强了。例如,缝纫机的发明和推广使用,使得德国的许多小成衣店、纺织业作坊存活下来;制靴机的发明和推广使用,也使得德国的许多小制靴厂存活下来。[①]

类似的例子还不少。比如说,有了洗衣机,小洗衣店的生意好了;有了电话、电报,小企业的信息成本降低了;有了汽车,小型的汽车修理厂到处设立,等等。

在技术创新过程中,抓住机会的小企业不仅能够存活下来,而且还能发展壮大。在原有的小企业关闭破产的同时,不断有新的小企业开业,还有一些小企业从小到大,成长起来。重要的不是技术本身,而是有没有企业家,有没有推出新技术和利用新技术的人才。在市场竞争的条件下,任何一个企业,不管企业大小,都要善于留住人才,引进人才,这样工资待遇就应持续提高。而"要使得工资率持续上升,从长期来看,人均产量就应增加。而人均产量的增加,则要求人均生产率的提高,这就反过来要求从低层次的技术向高层次的技术转移"[②]。小企业在有条件时,也有必要从事技术创新和产业升级工作,这是它们成长为大企业的一条既稳妥可靠、又能出奇制胜的道路。至于企业能否做

---

① 参看克拉潘:《1815—1914年法国和德国的经济发展》,商务印书馆,1965年,第338—339页。
② 莱宾斯坦:"技术进步、生产函数与发展",载罗斯托主编:《由起飞进入持续增长的经济学》,伦敦,1963年,第189页。

到这一点,则又"取决于企业家对变化中的经济状况的敏感性"①。成功的小企业在回顾自己的成长史时,一定能总结出领军人物的杰出作用。②

五、军用技术向民用技术的转移

在西欧国家,工业化开始以前和工业化过程中,一些领域的技术创新往往是先用在军事方面,然后才从军用技术转向民用技术。各种武器的制造,实际上是聚集了当时各种新技术的后果而实现的。原因很简单,民用的新技术在使用时必须考虑它们的商业价值,即是否收益大于成本,但军用方面则主要考虑它是否有效,是否优于现有的技术,而不考虑它们的商业价值。当然,这种情况并不是绝对的。如果有了新的发现和发明,用在民用方面赢利有保证,那么也会从民用技术应用开始,以后再向军用技术方面转移。

从西欧各国工业化的历史来看,技术创新先由军用技术开始,以后再转向民用技术的状况是比较常见的。例如在英国,19世纪中期,木材是造船的基本材料。但英国海军部门为了建造大型军舰,为了寻找足够大的木材,费了很大努力也难以如愿,海军部门为此"伤透脑筋"。③ 后来便采用铁板作为材料,铁壳军舰便

---

① 莱宾斯坦:"技术进步、生产函数与发展",载罗斯托主编:《由起飞进入持续增长的经济学》,伦敦,1963年,第189页。
② 参看麦格劳:《现代资本主义:三次工业革命中的成功者》,江苏人民出版社,2000年,第17页。
③ 参看克拉潘:《现代英国经济史》中卷,商务印书馆,1986年,第96页。

成为木质军舰的替代物,因为这样成本既低廉,又更为有效,此外,军舰着火的危险也小得多。① 于是就开始了铁壳挂帆军舰的阶段。稍后,铁壳挂帆商船也就相继被采用。又如,在英国,压缩钢原先是为大炮制造而设计的,以后才在民用方面找到用途。②

毫无疑问,新技术首先应用于军事方面同当时的国际形势直接有关。迫于紧张的国际形势和经常存在的战争威胁,西欧国家的历届政府都希望增加军事装备,使武器先进化,因此在研发、订购军事装备和武器方面不惜政府支出。

从企业的角度来说,企业认为技术创新首先用于军事方面是合算的,因为研究开发费用由政府承担,新产品由政府订购,利润率有保证。何况,任何新技术研究开发的成果,在产品投入市场时,利润率是未知的。这样,企业就将研究开发新技术的费用转给了政府。

第二节 技术创新中的人才供给

一、熟练技工的供给

西欧国家在工业化开始以后很快就感觉到熟练技工的不足。至于一般的工人,虽然在招募、组织和监督管理方面也有困难,③但相形之下,熟练技工不足这个困难要大得多。

---

① 参看克拉潘:《现代英国经济史》中卷,商务印书馆,1986年,第96—97页。
② 参看同上书,第110页。
③ 参看马赛尼斯和波斯坦主编:《剑桥欧洲经济史》第7卷上册,经济科学出版社,2004年,第232页。

在这里,将着重讨论以下两个问题:第一,第一代的机器发明者或制造者是些什么人;第二,西欧国家是如何缓解熟练技工不足这一瓶颈的。

先考察第一个问题。

以英国纺织机械的最初发明者或制造者来说,约翰·凯伊是一个"大自耕农"的儿子,刘易斯·保罗是一个"医师的儿子",塞缪尔·克隆普顿的父亲是一个在农闲时生产服装的农场主,而且家庭生活显然比较舒适,埃德蒙·卡特莱特是一位绅士的儿子,并且是牛津大学的毕业生。① 至于詹姆斯·瓦特这位蒸汽机的发明者,"他的父亲是一个数学教师、长老会长老和苏格兰卡特斯迪克(Cartsdyke)教会的司库,他自己是造船木匠学徒"②。这些情况表明,第一代纺织机械发明者或制造者"大部分出身于中产阶级"③。这还表明,"在18世纪时,对于良好家庭的孩子来说,成为一个织工或者工匠的学徒并不是一件丢人的事情"④。正如本书前面提到过的,第一代的工厂主多数是手工工匠、技师、小商人、小业主,第一代的"工程师"多数是来自有技术的工匠(如钟表匠、唧筒匠、磨匠、风车匠等等)一样。

再考察上述第二个问题。根据西欧国家的经验,要解决工业化开始以后熟练技工的不足问题,大体上有以下三种做法。

第一种做法,大量招收学徒,包括工厂招收学徒,或者有技

---

① 参看哈巴库克和波斯坦主编:《剑桥欧洲经济史》第6卷,经济科学出版社,2002年,第279页。
② 同上书,第279页注①。
③ 同上书,第279页。
④ 同上。

术和经验的师傅个人招收学徒。工厂学徒和师傅个人招的学徒,二者并存。在同一个场地干活的,两种学徒都有。这在英国工业化初期是可行的,而且收效很快,但缺点是这些学徒的理论训练不足。

第二种做法,工厂自己建立岗位培训机构,无论是新招收来的工人还是从学校毕业生中招来的职工,在进入该厂时都需要经过一定时间的岗位培训,以适应技术工作的需要。但这种方式一般只适合较大型的工业企业,很难适应小企业。一个典型的例子是英国工业化初期制陶业企业家韦奇伍德的经验[1],"他为学徒工创办了一所绘画制模学校。到19世纪90年代初,公司290名员工有四分之一都是从这儿毕业的,其中10%为女性"[2]。

第三种做法,建立职业技术学校,招收有一定文化水平的青少年进校学习,毕业后到工业企业充当技术工人。与招收学徒的方式相比较,以这种方式培养出来的技工有一定的理论训练,今后有较大的发展前途。与企业自己设立岗位培训机构相比,最大的好处是企业花费较少,因为对于私营企业来说,建立企业自己的岗位培训机构初始成本高,而经济回报期又太长,一般的私营企业认为不合算。[3] 而公立职业技术学校的创办任务落在

---

[1] 关于陶工学徒出身的企业家韦奇伍德的事迹,参看麦格劳:《现代资本主义:三次工业革命中的成功者》,江苏人民出版社,2000年,第30—53页。
[2] 同上书,第48页。
[3] 参看哈巴库克和波斯坦主编:《剑桥欧洲经济史》第6卷,经济科学出版社,2002年,第358页。

政府身上,经济上的负担由政府承担(包括政府给私立职业技术学校的补贴)。在一些西欧国家,职业技术学校还被纳入了国家的教育体系。①

法国和德国都很重视职业技术教育,它们通过各类职业技术学校培养出了大批熟练技工,就是很好的例证。工业化初期,"法国和德国特别创办了一种真正等级制的教育培训体制"②,具体地说,分为三级:

最高一级,是技术学院及其附属研究机构;

中间一级,是技工培训学校,在法国是技艺与职业学校,在普鲁士是省属职业技校;

最低一级,是公立学校或者是私立学校在工艺、设计以及初级计算方面提供的不同种类的地方性课程。③

在德国,对职业教育培训尤其重视。"1914年前,德国工厂多为小作坊式的集合体"④,这样工厂很难自己开展技术培训工作。但通过建立职业技校,所培养的学生进入各类工厂,成为熟练技工,这些人"颇以自己的精湛技术为荣,这些人是劳工中的精华"⑤。不仅如此,19世纪60年代以后,德国许多职业教育培训性质的学校都升格为技术高等院校,从这里培养出来的专门人才被送到一些大型工业企业任职,成为德国工业技术创新的

---

① 参看哈巴库克和波斯坦主编:《剑桥欧洲经济史》第6卷,经济科学出版社,2002年,第358页。

② 同上。

③ 参看同上。

④ 麦格劳:《现代资本主义:三次工业革命中的成功者》,江苏人民出版社,2000年,第156页。

⑤ 同上。

骨干力量。①

应当指出,在西欧一些国家,即使建立了职业技术学校,甚至有了完善的职业技术教育体系,但学徒制仍长时期保留着。以法国来说,"19世纪50年代,在钢铁行业中所发生的情况在一定程度上表明学徒制仍存在着,并且直至20世纪开始时,这种学徒制的职业进入体制模式在纺织行业的一些分支和在一些小型、分散的金属加工工场(车间)中,也还是持续存在"②。学徒制的不足也是明显的,所以到了19世纪后期,尤其是20世纪初期,在某些大型工业企业中,"学徒制已经从(车间)生产中分离出来,转而由企业自身的一个学校来统一组织"③。

二、技术人才的引进和外流

技术人才,包括技术工人和各类专业人员,在西欧各国工业化过程中,既有流入,也有流出。

早在工业化开始前,西欧国家技术人才的流入和流出已日益普遍。当时,荷兰的技术人才深受各国欢迎。据记载,"荷兰人在17世纪遍布各处;人们可以看到,他们在亨利四世时期和黎塞留时期的法国,积极地推动了公司的形成。同样,他们也出现在丹麦、瑞典和某些汉萨城镇。荷兰人为船只提供船长,而且

---

① 参看麦格劳:《现代资本主义:三次工业革命中的成功者》,江苏人民出版社,2000年,第156—157页。
② 马赛厄斯和波斯坦主编:《剑桥欧洲经济史》第7卷上册,经济科学出版社,2004年,第305页。
③ 同上。

如果荷兰政府不予禁止,他们还可提供部分船只;有时他们甚至为其他国家的殖民地提供部分高级管理人员"①。荷兰人除了作为专业人员、技术人员到外国工作而外,荷兰的大公司也雇用了外国人。"尽管为荷兰东印度公司的章程所正式禁止,外国人仍然被招聘为雇员。"②

以上情况不仅说明在工业化开始之前西欧对专业技术人员有巨大的需求,而且还说明:当时"纯粹的国家性的动机远不像今天那样强烈;宽容使自中世纪延续而来的迁移自由成为可能,并进而减缓了把人们的活动局限在国家范围内的经济趋势"③。

工业化开始后,技术人才的流入和流出,同收入的国际差异有直接关系。由于各国收入水平不一样,尤其是对不同行业和不同技术职务所给予的工资报酬不一样,以及技术人才自营企业的销售状况、纳税状况和赢利状况不一样,再加上生活条件的宜人程度不一样,就引起了技术人才的国际流动。

技术人才的流入和流出,对于后起的或正在进行工业化的国家是有利的,而技术人才的流出则被认为不利于本国的经济发展,因此,西欧国家在工业化时期经常采取措施,鼓励国外的技术人才流入,限制本国技术人才外流。当时,"工业和外交一样,也有秘密活动,法国、德国和俄国在英国都派有代理人,他们

---

① 里奇和威尔逊主编:《剑桥欧洲经济史》第4卷,经济科学出版社,2003年,第221页。
② 同上。
③ 同上。

准备重金以贿赂愿意冒险(出国工作)的工人"①。这当然要冒风险,例如,瓦特手下有两名装备蒸汽机的技工受到俄国代理人的聘请准备出国,"由于他们企图出国这件事而予以逮捕"②。

关于引进技术人才的效果,可以举西欧大陆国家工业化开始时为例。"在18世纪70年代和80年代,许多德国人以及法国人和比利时人涌入英国工厂内,并且将新的生产技术偷回母国。"③不仅如此,工业化初期德国新建的纺织工厂内,"装配着英国机器并且由英国技师操作"④。应当承认,这种情况即使不能对西欧大陆国家的工业化产生决定性的影响,但影响依然是很大的:"早期复制品中最有效的那些机器设备几乎都是英国移民技师的工作成果,而且欧洲其他国家在长达几十年的时间里一直依赖英国的技术供应。"⑤尤其是德国,19世纪前期"机器制造业的一些著名企业,要么是由在英国受过训练的工程师指挥生产的,要么这些工程师本身就是英国人"⑥。甚至到了1850年,"德国的机器制造商仍然广泛使用英国的机器作为自己的范例"⑦。

还可以举铁路建设为例。英国是最早修筑铁路的国家,在

---

① 哈孟德夫妇:《近代工业的兴起》,商务印书馆,1959年,第114页。
② 同上书,第115页。
③ 哈巴库克和波斯坦主编:《剑桥欧洲经济史》第6卷,经济科学出版社,2002年,第15页。
④ 同上书,第15—16页。
⑤ 同上书,第278页。
⑥ 霍夫曼:"德国的起飞",载罗斯托主编:《由起飞进入持续增长的经济学》,伦敦,1963年,第106页。
⑦ 同上书,第107—108页。

英国有大量熟练的铁路工人和铁路管理人员,而西欧其他国家在开始修筑铁路时则缺乏这方面的人才。因此,当19世纪中期法国建造巴黎—卢昂铁路时,共有5,000名英国工人前来参加筑路,其中大多数是"真正铁路工人"①。他们的工资待遇较高,生活较好,工作也熟练,以至于"这些人吃肉和做工的本事都使得法国人惊愕不置"②。

实际上,无论是政府采取的引进国外技术人才的措施还是限制本国技术人才外流的措施,在西欧各国工业化过程中都不同程度地存在过。随着工业化的进展和西欧各国经济发展水平的提高,技术人才的国际流动已变得越来越普遍。从国外引进人才的措施一般都继续存在,而限制本国技术人才外流的措施则渐渐消失或名存实亡了。

三、高等教育的发展

出于各种需要,其中包括政府管理部门的需要,西欧国家在工业化过程中对发展高等教育的重要性的认识变得越来越清楚,高等学校的建立和发展也越来越受到政府和社会各界的重视。

然而,发展高等教育的重要性决不仅限于培养本国工业化过程中所需要的各类专业人员或培养政府管理部门所需要的专业人员。发展高等教育的意义,更重要的在于提高整个社会的文化水平和提高国民素质,这对于本国政治、经济、社会各方面

---

① 克拉潘:《现代英国经济史》上卷,商务印书馆,1986年,第504页。
② 同上。

的重要性,时间越久就越能被人们所认识到。历史表明,西欧各国高等教育事业发展的效应是综合的,而不是单方面的。可以肯定地说,如果没有高等教育的持续发展,西欧国家政治、经济和社会的发展不可能达到后来那样的标准。

19世纪后期的德国就是一个明显的例子。德国对高等教育的重视是这一时期德国工业化得以迅速推进的重要因素。关于这一点,用俾斯麦的话来说,就是:"有学校的国家才拥有未来。"① 正因为高等教育发达,大批科学研究人员、技术人才、管理专家进入大工业企业工作,所以德国是最早建立公司内部研究开发机构和内部实验室的国家,也是企业侧重于科学理论研究的国家。② 不仅如此,大学、科学团体和大公司之间的互动,在德国也开展得比较好;对于促进技术创新有积极意义的各种学会,通常就是在德国的企业和政府共同赞助之下发挥作用的。③

社会崇尚科学,尊重科学,尊重知识和人才,这些就是高等教育发展之后西欧国家的最大收获之一。

同时也应当指出,在西欧国家,高等教育的发展也会带来失业问题。熊彼特在20世纪40年代初就指出了这方面存在的问题。他写道:"由于高等教育增加对专业、半专业劳务的供给,最

---

① 关于俾斯麦政府对教育的重视,参看特里比尔科克:《欧洲大陆强国的工业化:1780—1914年》,伦敦,1981年,第62—64页。
② 参看兰德斯:《不受限制的普罗米修斯》,剑桥大学出版社,1969年,第274页。
③ 参看开克:"德国技术创新的国家制度",载纳尔逊主编:《国家创新制度:比较分析》,纽约,1993年,第130—133页。

后增加整个'白领'职业劳务的供给,超过从成本—收益考虑决定的界线,高等教育发展可能是造成局部失业的特别重要的原因。"①其实,这个问题很可能与经济周期的不同阶段有关:在经济萧条阶段,不仅高等学校毕业生,甚至连职业技术学校的毕业生都不容易找到工作;而到了经济繁荣阶段,高等学校毕业生和职业技术学校毕业生一样,都会有较好的就业机会。

工业化以后,包括高等教育在内的整个教育体系的最大缺陷在于教育沦为"工业主义的仆从"②。具体地说,在工业化社会,教育的目的只不过是培养工业化所需要的劳动力,其中有技术人员,也有各类管理人员,还包括行政官员,教育主要关心的,"不是保存传统的价值,也不是让经典流芳百世"③。正是在这样一种教育体系之下,"相对而言,人文学科和艺术在其中只占据很小的位置"④。本书的最后一章(第十章)将会提到,教育体系的上述缺陷在工业化后期引起了西欧国家社会各界的较大关注。

四、劳工市场的发展和二元劳工市场的形成

在西欧,随着各国工业化的进展,劳工队伍迅速扩大了,劳工市场也有较大的发展。"工业革命将所有的人变成劳动力,包

---

① 熊彼特:《资本主义、社会主义与民主》,商务印书馆,1999年,第237页。
② 格伦斯基编:《社会分层》(第2版),华夏出版社,2006年,第697页。
③ 同上。
④ 同上书,第698页。

括妇女和儿童;事实上,第一批工厂几乎是专门使用童工和女工。"①这是工业化开始时西欧各国的普遍现象。妇女和儿童成为工资赚取者的结果,"既破坏了(传统的)权威关系,又使每个人的工资都处于低水平"②。

工业化开始后,劳工市场的发展有赖于供给和需求两方面的扩大。企业和行政管理部门对劳动力的需求一直在扩大。虽然工业化进程中劳动生产率上升了,但由于市场对工业品的需求不断增长,所以对劳动力的需求随之上升,只是由于受到经济周期波动的影响,因此失业率也有所波动。

至于劳动力的供给,则由于受到人口增长率放慢的影响,以及农村人口外流到一定比例之后继续外出者人数趋于减少的影响,本国的劳动力供给已不像工业化初期那样充裕。但来自西欧以外地区(19世纪后期和20世纪前期以东欧为多数,20世纪以后北非劳动者移民人数渐渐增多)的劳动力补充了劳动力的供给。

劳工市场的发展还同西欧国家工会组织的发展和工会在劳资谈判中力量的增强有关。正因为有了工会组织的支持,劳动者权益受维护的状况改善了,这也有利于劳工市场的发展和完善。

在这个过程中,二元劳工市场形成了。二元劳工市场是指:劳工市场分为两个不同的层次,即头等的劳工市场和次等

---

① 格伦斯基编:《社会分层》(第2版),华夏出版社,2006年,第594页。
② 同上。

的劳工市场,职业也相应地分为两类,即"好职业"和"坏职业"。"好职业"是指那些收入较高、工作条件较好、有较多的进修和提升机会,以及在人们看来社会评价较好的职业。相形之下,"坏职业"是指那些收入较低、工作条件较差、没有或绝少进修和提升机会,以及在人们看来社会评价较差的职业。与此相应的是:"好职业"的劳工市场就是头等的劳工市场,"坏职业"的劳工市场被称为次等的劳工市场。① 由于"好职业"和"坏职业"并存,就业者向往的是"好职业",只有在自己条件不够或"好职业"没有空缺位置时才不得已选择"坏职业",或者,就业者宁肯放弃进入"坏职业"的机会而等待就业,以便日后找到"好职业"。②

事实上,二元劳工市场只不过是一个笼统的说法。根据西欧的情况来看,劳工市场是多元的或多层次的。③ 说得更确切些,如果细分,那么无论是头等劳工市场还是次等劳工市场都可以作进一步的分解,每一类劳工市场又可以分成若干阶梯,这种细分也许更有助于说明行业之间的差别。④ 也就是说,严格的二元劳工市场是并不存在的。⑤

---

① 参看厉以宁和吴世泰:《西方就业理论的演变》,华夏出版社,1988年,第154页。
② 参看同上。
③ 参看克雷尔和索洛克编:《个人收入分配文集》,阿姆斯特丹,1978年,第441—442页。
④ 参看布鲁斯东:"三元经济",载《贫困和人力资源文摘》,5(4),1970年,第15—35页。
⑤ 参看奥斯特:"二元经济理论的因子分析检验",载《经济学和统计学评论》,1979年2月,第33—39页。

从西欧工业化历史上说,二元劳工市场在19世纪已经出现,这在很大程度上同农民因缺乏技能而在职业选择上受到限制有关。例如在德国,整个19世纪,"那些迁离农村者所能受募进入的职业种类范围仍然还是局限于那种'肮脏'、仆务、繁难以及户外工作上"①。据1907年调查,在德国人口超过10万人的城市中,进城的农民在各个不同行业、工种中的比重为:②

制砖、啤酒酿造、钢铁锻制行业	60%以上
机工、建筑、采石与黏土、玻璃制造、邮政和电信、铁路、电车、搬运、递送服务行业	50%—60%
金匠、银匠、金属针和金属线制造、印刷、精密仪器制作、照相、地毯制作与织造	不到20%
所有技术人员	不到10%

在德国,当时的企业雇工是由雇主及其指派的工头去招募的,他们"一般不会去雇用那些明显与工作事务不相适应的职业申请者"③。农民主要充当笨重体力劳动的工人,固然这与他们缺少技能有关,但其中不免有歧视的成分。

当然,经过一百多年的劳工市场发展,有关二元劳工市场的划分已经不符合20世纪70年代西德的情况,因为进入次等市场的工人的收入不一定少于进入头等市场的工人收入,他们所得到的各种津贴比进入头等市场的工人要多一些。④尽管如此,二元劳工市场作为一种分析方法仍是有用的。

---

① 马赛厄斯和波斯坦主编:《剑桥欧洲经济史》第7卷上册,经济科学出版社,2004年,第563页。
② 参看同上。
③ 同上。
④ 参看克雷尔和索洛克编:《个人收入分配文集》,阿姆斯特丹,1978年,第443页。

从历史上看,二元劳工市场的形成对西欧各国的工业化既有积极的影响,也有消极的影响。

积极的影响主要是:

第一,由于受雇者在劳工市场上在职业选择上受排斥和受歧视的程度同他们的受教育程度和个人经验有关,[①]所以二元劳工市场的存在在客观上推动了劳动者学习和掌握专业知识、专业技能,为他们从所谓的"坏职业"转入"好职业"创造条件。

第二,二元劳工市场的存在促使政府、社会团体和企业主们为改善"坏职业"的工作条件而努力,否则,"坏职业"中的恶劣工作条件不改善,既容易酿成重大的安全事故,也会造成劳动者不愿从事该种职业,造成劳动力供给不足。这在客观上起了推动企业改善工作条件的作用。

在这里需要指出的是:问题并不在于企业规模而在于行业的差异。工人在大企业中工作还是在小企业中工作,这并不意味着前者一定是"好职业"而后者一定是"坏职业",也不意味着在大企业或小企业中工作的劳动者的素质有高下之分。"关于工人们的备忘录,在谈到他们从小企业的学徒生转而变为大企业的雇工时,也没有揭示出他们有什么次等的感受。"[②]可见,在工人的心目中,企业小不等同于"劣",企业大也不等同于"优"。[③] 行业的好坏和工种的好坏才是主要的。因此政府和企

[①] 参看麦克纳布和萨恰罗波洛斯:"英国的种族收入差异",载《牛津经济文汇》,33,1981年,第413—425页。

[②] 马赛厄斯和波斯坦主编:《剑桥欧洲经济史》第7卷上册,经济科学出版社,2004年,第567页。

[③] 参看同上。

业主们努力的重点,应当放在企业工作条件的改善方面,而不是放在企业规模的变大方面。

二元劳工市场形成和存在的消极影响是不容忽视的,而且其消极影响通常大于其积极影响。这些消极影响是:

第一,由于二元劳工市场的划分基本上与行业有关,而工会也因不同行业而组成,所以"好职业"和"坏职业"的从业人员难以团结和融洽,不同行业、不同职业的工会团体也难以协调一致,造成工会组织的分裂状态。不仅如此,工会的保守性和妇女较少加入工会这一事实,使得妇女在劳工市场上受歧视的状况长期存在。[1]

第二,那些本身就业条件较差的劳动者,由于只可能在"坏职业"中谋职而不可能进入"好职业",甚至一直被锁定在少数特定的"坏职业"中谋生,[2]从而产生了强烈的不满,或产生了绝望情绪、敌对情绪,使社会动荡不安。

也应当注意到,从西欧国家的历史来看,"好职业"和"坏职业"之区分长期存在,但"好"、"坏"职业的区分又是相对的,有些原来被认为是"坏"的职业隔了一段时间可能被看成是"好"的职业。一个明显的例子是社会上对铁路工人的看法。在英国,最初修建铁路的工人都是来自山地和边远地区的穷人。当铁路修到某一个村庄时,他们就跟随着铁路的修建工程的进展而住在那里,长期内他们被村民看成是低人一等的干苦力活的。甚至在1842年的一份调查报告中官员还这样写道:"这种职业的性

---

[1] J.F.马登在其所著的《性别歧视经济学》一书(莱克辛顿,莱克辛顿出版公司,1973年)中,对这个问题作了深刻的分析。
[2] 参看贝格曼:"就业中白人收入歧视的效应",载《政治经济学杂志》,79(2),1971年,第294—313页。

质是那样败坏道德,不如没有还好些。"①村里的农民也有类似的看法,说什么铁路工人来了,私生子多了,犯罪事件增长了。农民们不但瞧不起铁路工人,甚至"以厌恶的眼光"看待他们。②正经人家的家长是不让自己的儿子去干这一行的。

然而过了一段时间,铁路工人这一职业渐渐成了英国农村青年所向往的职业,也许是因为这一行收入比较多,职业相当稳定,也许还因为有些铁路工人积蓄了小笔财富之后又回到农村,成了小牧场主,令人羡慕不已。③

在西欧国家,随着工业化的进行,"好职业"的岗位在增加,"好职业"的范围在扩大,在"好职业"中找到工作的人数也在增多。相形之下,"坏职业"尽管还存在,但那里的收入也在增加,更重要的是工作条件在改善。当然,被认为是"脏活"、"累活"、"危险性较大的活"仍继续存在,西欧国家的本国人仍然不愿到这些行业去从事"坏"的工作,来自西欧以外的外国移民补充了这些职位的空缺。上述这些情况实际上使工会组织处于十分为难的境地。④

第三节　技术创新和融资

一、工业化开始后的技术创新融资

技术创新是需要追加投资的。从事技术创新的企业主或个

---

① 克拉潘:《现代英国经济史》上卷,商务印书馆,1986年,第584页。
② 参看同上。
③ 参看同上书,第585页。
④ 参看罗志如和厉以宁:《二十世纪的英国经济:"英国病"研究》,人民出版社,1982年,第423—430页。

人如果难以解决融资问题,技术创新就无法实现。可以说,"控制资金的能力是创新扩大过程的一个有力杠杆,这可以从大量的涉及生产发展、生产和销售方面的必须在销售之前做出的财务支出中,推知其重要意义"[①]。

前面已经提到,在西欧工业化初期,技术创新的融资,或者靠工业企业自身的积累,或者靠民间信贷,而人际关系在民间信贷融资方面起着重要作用。除此以外,合伙制作为一种技术创新融资的渠道,也有一定的意义。

银行业较晚才对企业的技术创新进行融资。这不仅因为银行业在工业化初期时不愿贷款给当时被社会瞧不起的小老板、小作坊,而且更因为技术创新的风险巨大,银行不愿从事这种风险大的贷款业务。这个问题只有在工业化进展到一定阶段后才逐渐解决。即使如此,在银行融资方面,大企业始终比小企业占优势。一个企业在技术创新过程中,其融资能力"取决于内部资金的形成和外部资金的取得。大企业在这一点上具有一种优势,这首先是由于它们的利润比较大,再有就是由于它们具有优越的借款能力"[②]。

随着工业化的推进,大企业在技术创新融资方面的优势也越来越明显。这是因为,技术创新在研发阶段时,以及在推广时,小企业即使有机制比较灵活这一优势,但由于企业规模有限,融资能力也有限,从事大的创新和推广不是小企业之所长,所以"是大企业推动了创新扩大过程,至少在某些阶段是如此。

---

① 哈里斯:"不平衡发展",载《新帕尔格雷夫经济学大辞典》第4卷,经济科学出版社,1992年,第811页。

② 同上。

尽管这一过程仍然是由很多企业的扩大推动的,但是事实证明某些企业在这一过程中要比其他企业强"①。

那么,到什么时候小企业在技术创新融资方面的困难才有所缓解呢?这主要是在19世纪末期和20世纪初期证券市场有了较大发展以后。通过证券市场融资,小企业从事技术创新的积极性增加了。通过证券市场融资,有两类投资者可以获得技术创新的直接利益。一类是在证券市场上市的从事技术研发的企业,包括小企业,它们可以从证券市场上筹集到所需要的资金,而不必再求助于银行贷款,也不负担贷款利息费用。另一类就是购买那些从事技术研发的上市公司股票的投资者,他们虽然为此承担了风险,但却有可能通过所看中的上市公司的发展而获得巨额回报。

证券市场的发展为技术创新开辟了新的途径。通过证券市场融资,不仅使得一些工业企业有足够的资金从事技术研发,而且还催生了高新技术产业中一批有发展潜力的企业。尽管不同阶段的高新技术产业的内容不一样,但这并不妨碍一批又一批的高新技术产业企业的涌现。

二、技术创新和金融创新

西欧各国工业化的历史表明,工业化过程既是技术创新过程,并且在一定程度上也是金融创新过程。金融创新及其产品,有些是西欧国家自己设计并推出的,有些则是美国设计并推出,

---

① 哈里斯:"不平衡发展",载《新帕尔格雷夫经济学大辞典》第4卷,经济科学出版社,1992年,第811页。

再传入西欧的。

应当指出,金融创新并不仅仅是为了促进高新技术产业的发展和促进技术创新而产生的。金融创新可能有多种动机,归结起来无非只是一个动机,即实现利润的最大化或把损失降到最小。可能有以下三种情况:

第一,金融创新及其产品是为了扩大金融机构的业务而设计并推出的,而扩大业务的目的仍然是为了实现利润的最大化;

第二,金融创新及其产品是为了减少竞争的压力而设计并推出的,在这种情况下,目的很可能是为了减少市场竞争中的损失,并使得金融机构能够渡过暂时的困境;

第三,金融创新及其产品是为了迎合或满足大投资机构或私人投资者以一定资本而能获取尽可能多的利润,或者为了迎合或满足某些工商企业或私人在短期内能筹集较多资金而设计并推出的,在这种情况下,金融创新及其产品的设计和推出者也能从中取得佣金、手续费或管理费。

无论是出于哪方面的考虑,客观上对于技术创新都会有利,因为准备从事技术创新的企业和个人可以通过不同的方式筹集到所需要的资金。在技术创新的重要性已经日益被金融机构所认识的时候,金融机构也愿意通过金融创新及其产品的推出,既满足技术创新的需要,又增加自己的利润和影响力。

在西欧国家,第二次世界大战结束后的经济恢复和重建是一个重要的转变阶段,从这时起,技术创新加快了,金融创新也加快了。可以举法国为例。

法国从20世纪30年代大萧条起,经济就一蹶不振。接着发生了第二次世界大战,法国被纳粹德国占领,在这段时间内,法国经济同样是衰败的。"法国在(20世纪)30年代和40年代根本得不到这些先进技术,因为那时它的经济发展停滞不前,而且当时它和国际市场处于隔绝的状态。"① 直到第二次世界大战结束后,尤其是从20世纪50年代开始,法国为了赶上世界经济技术进步的步伐,经历了企业的重组、产业结构的调整和产业的升级,金融对法国技术进步的作用越来越大。在技术创新过程中,法国的经济面貌发生了巨大的变化。

从20世纪50年代以后,法国的经济有以下三个主要的倾向:

"1. 用资本代替劳动的倾向愈加明显;

2. 法国的企业家像其他欧洲国家的企业一样,一方面保持高比率的内部集资,另一方面也不得不争取外部的财源;

3. 制成品目前出现了向多样化发展的倾向,这种情况越来越居于主宰的地位,替代了过去的在同一生产部门进行再投资发展的陈旧策略。"②

上述三个主要倾向中,第一个倾向和第三个倾向显然涉及的是技术创新的加快,而第二个倾向,说得更确切些,即私营企业自我集资率的下降和外部集资率的上升,反映了金融部门对工业企业的影响的增大。③

三、技术创新融资引起的经济波动

技术创新及其融资活动对经济运行是有深刻影响的。在不

---

① 卡龙:《现代法国经济史》,商务印书馆,1991年,第268页。
② 同上书,第310—311页。
③ 参看同上书,第313页。

少情况下,经济的波动是由技术创新及其融资活动引发的后果之一。这在西欧经济史上可以较清楚地察觉到。

经济波动实际上是同经济增长联系在一起的。有经济增长,必定有经济波动,因为经济增长不可能始终按照同一个速度进行下去,即使在最严格的经济管制之下也做不到这一点。一段较长时间内,年经济增长率的高高低低就不可避免地形成了经济的波动。同时,按照经济中的不同产业、不同行业的经济增长率来看,经济增长不可能以平衡的状态进行,各个部门的发展不可能保持同一速度,这就是经济增长的不平衡性。① 正是这种增长的不平衡性促成了整个经济的较快增长,因为一个有影响的产业的增长必然带动了同它有联系的产业的相应增长。②

本书在《前言 工业化和产业革命》中已经指出罗斯托在这个问题上作过研究,他提出了主导部门假设。根据他的观点,"一个与新技术相关联并且经历了迅速增长的效应,超过了这个部门本身"③。他把这样的部门称做主导部门。尽管对罗斯托的主导部门假设,经济学界有争议,例如,究竟存在还是不存在经济增长中的主导部门,如果存在的话,什么样的部门才有资格称做主导部门等等。关于这一点,本书前言中也已经提到。这里所要讨论的是,不管称不称做主导部门,经济中,尤其是工业化过程中,总有一些部门增长较快,一些部门增长较慢;一些部

---

① 参看赫希曼:《经济发展的战略》,耶鲁大学出版社,1958年,第4章。
② 参看同上书,第6章。
③ 罗斯托:"主导部门和起飞",载罗斯托主编:《由起飞进入持续增长的经济学》,伦敦,1963年,第3页。

门的增长对其他部门的影响较大,一些部门对其他部门的影响较小,①这是正常现象。值得进一步研究的,是增长较快并对其他部门有较大影响的部门在增长中的融资问题。

根据熊彼特的解释,一个部门,尤其是与技术创新关系密切的部门,它的扩张离不开融资。融资顺利,资本投入多,部门扩张快,从而带动了关联部门的增长,经济增长率也就提高了。反之,则经济增长率势必呈现停滞或下滑的趋势。加之,各个部门的融资状况总有差异,资本投入量也就有差异,经济的不平衡增长就是必然的,经济的波动也可以从中得到部分的解释。② 熊彼特对技术创新和经济波动之间关系的上述说明,可以在19世纪初期到20世纪前期西欧经济发展史上得到验证。③

不仅如此,熊彼特还对一个国家同另一个国家、一个地区同另一个地区,甚至一个国家或地区内的产业部门同另一个国家或地区内的产业部门之间彼此相互影响的关系作了分析。他认为,由于各部门之间都有金融方面的联系,技术创新又同融资和资本投入之间有密切的关系,所以只要金融方面有什么波动,很快地就会影响有关的地区和部门。熊彼特写道:"一个经济地区的纯粹经济原因可以引起另一个地区的危机。这种现象是屡次和广泛地被认识到的。很明显,这不仅可以发生于两个不同国家之间,而且也可以发生于一个国家的不同部分之间,并且在一

---

① 参看罗斯托:"主导部门和起飞",载罗斯托主编:《由起飞进入持续增长的经济学》,伦敦,1963年,第1页。
② 参看熊彼特:《经济发展理论》,商务印书馆,1991年,第266—268页。
③ 参看同上书,第244—246页。

定的情况之下,还可以发生于一个经济区域内不同工业部门之间。"①

可见,与技术创新和经济增长相伴而行的融资活动,使得工业化过程中的经济波动复杂化了。要知道,技术创新有自己的运行规律,融资活动也有自己的运行规律。涉及技术创新的融资活动的特点在于:融资的对象既可能是在技术创新方面具有良好绩效和信誉可靠的企业,也可能是技术创新或技术推广中的失败者,还可能是借技术创新和技术推广之名而把所贷到的资金移作他用的企业。这样,挂着技术创新和技术推广的名义而进行的融资活动就有较大的不确定性,金融机构所承受的风险也是比较大的。当然,融资业务的开展对金融机构来说,总有成功的例子,但"第一次的成功就往往产生一种蜂聚的现象(可以用汽车工业的出现为例来说明)"②。在蜂聚现象的后面,紧跟着的很可能是一个萧条阶段。③ 这也是合乎规律的。而一旦金融机构或主要贷款对象的资金链断裂了,就会影响全局,引起巨大的经济动荡。这种情况在西欧各国工业化过程中决不是罕见的。

正因为技术创新和融资活动二者各有自己的运行规律,因此,技术创新周期和经济周期不可能同步,更不可能吻合。在这个领域内还有许多问题有待于深入探讨,更有待于实践的检验。但有一个新情况是研究西欧工业化的学者们所关心的,这就是:

---

① 熊彼特:《经济发展理论》,商务印书馆,1991年,第246页。
② 熊彼特:"经济变动的分析",原载《经济学和统计学评论》,17(4),1935年,中译文见熊彼特:《经济发展理论》,附录,商务印书馆,1991年,第294页。
③ 参看同上书,第294—295页。

在第二次世界大战结束以后的这段时间内,由于西欧国家普遍采取了政府宏观经济调控以缓解经济衰退、促进经济增长的做法,所以经济波动尽管始终存在,但显然已具有新的特点。具体的表现在于:一方面,经济波动的幅度一般都降低了,在20世纪后半期尚未出现过像1929—1933年这样严重的萧条;另一方面,各国之间的经济联系比过去紧密多了,第二次世界大战以前发生经济动荡的时期,各国之间较少采取联合行动来应付经济的波动,甚至各国采取的宏观经济调控措施也很少事前协商过,事后也没有采取协调一致的做法。这些特点都是值得研究的。

还有,在第二次世界大战结束以后的国际新形势之下,经济波动的特点也反映于金融业波动所起的作用要比过去大得多。如果说发生了经济衰退,可能更多地反映于金融领域的动荡;如果说发生了经济的持续较快增长,则可能更多地反映于技术创新的融资顺利,也就是反映于金融的扩张。这些都需要作进一步的分析。

技术创新的阶段分析有助于了解技术创新和经济周期之间的关系。根据库兹涅茨对一些对国民经济有重要影响的技术创新全过程的考察,发现创新大体上可分为以下四个阶段:[①]

1. 预想阶段。这是技术创新的科学技术先决条件的准备阶段,它是必不可少的,否则难以出现大的创新。

2. 初步应用阶段。这是创新在商业上首次被成功地应用的阶段。

[①] 参看库兹涅茨:"技术创新和经济增长",载库兹涅茨:《增长、人口和收入分配文选》,纽约,1979年。

3. 扩散阶段。这是创新在商业应用上被推广的阶段。在这一阶段,产品质量继续提高,成本继续下降。正因为有了这样的成绩,才有可能在商业上被推广使用。

4. 过时阶段。在这一阶段,技术创新的潜力基本上已经耗尽,从而开始走下坡路。如果没有新的技术创新出现,经济的持续增长就会遇到困难。

库兹涅茨关于技术创新的四阶段分析反映了技术创新的实际情况。那么,技术创新的四个阶段分别同融资活动有什么关系,进而同经济的周期变化有什么关系呢?可以循着库兹涅茨的四个阶段的更替进行探讨。

在技术创新的预想阶段,需要有一定的融资,以便为技术创新作好准备。但在这一阶段,融资量不会很大,而且金融机构在这一阶段一般不会进行较多的融资,因为风险大而利润率还没有保证。这样,对经济周期的影响也不大。

在技术创新的初步应用阶段,需要有一定的融资,以便创新能在商业上被成功地应用。与上一阶段相似的是,这一阶段的融资量也不会很大,从而对经济周期的影响也不大。

对经济周期影响急剧增大的是技术创新的第三阶段,即扩散阶段。这时,技术创新的推广必然引起了投资的热潮,融资量大大增加,而且金融机构也乐意给予大量融资,因为风险已经明显减少,利润率的前景是看好的。这时,投资热把经济引向高峰,经济周期的繁荣阶段来临了。

而到了技术创新的第四阶段,即过时阶段,融资活动大为减少,因为投资热已经过去。经济周期相应地就由高峰转入低谷。当然,这只是一种理论上的假设,并不等于经济真的就变为萧条。实际情况往往是:技术创新的总数在不断增加,即使是对经济有较大影响的重大创新或比较重要的创新,在同一时间内也会有若干项,它们的阶段是错开的、不重叠的。也就是说,在同一年份,有的重大创新或较重要的创新处于过时阶段,有的重大创新或较重要的创新却处于扩散阶段,这样,它们对经济的不利影响和有利影响相互抵消了。结果,经济波动依然存在,但经济的周期性却不像过去那样明显了。

20世纪后半期西欧的经济活动大致上就是这种情况。

在这里,还有必要考察一下西欧各国工业化过程中的衰落产业(或称夕阳产业)的问题。衰落产业一词,通常有两种含义。第一种含义是:某个产业的产品正在被其他产业的新产品所替代,也就是新的代用品替代了该产业原来的产品,从而该产业的市场日益萎缩。第二种含义是:某一国家的某个产业的产品正在被成本较低、价格较低的另一个国家该产业的产品所替代,从而该国产品的市场也就日益萎缩下去。[①] 这两种含义都是正确的,而且这两种含义的衰落产业可能合而为一,即某一个国家某个产业之所以成为衰落产业,因为它的产品既被其他国家成本较低、价格较低的同类产品所替代,也被其他产业的新的代用品所替代。

西欧各国在工业化过程中很早就认识到需要保护本国的产业,包括正在衰落的产业。但采取什么措施呢? 历史上曾经采取过的措施有:实行保护关税或限制进口,以保护本国的某些正

[①] 参看瑟罗:"衰落产业",载《新帕尔格雷夫经济学大辞典》第1卷,经济科学出版社,1992年,第819页。

在衰落的产业,而对于国内的竞争则往往采取津贴衰落产业的做法。后来,西欧国家也逐渐懂得保护政策并非对待衰落产业的良策,保护政策很可能使经济陷入恶性循环,即一个产业越衰落,就越要求保护,而越保护,就越衰落。① 用形象化的比喻来说,"保护衰落产业很像捏一个气球,一个地方凹进去,另一个地方同样地鼓起来"②。正确对待衰落产业的政策应当是加快技术创新,因为只有夕阳技术,没有夕阳产业。只要技术创新了,再加上企业的重组,包括资金的注入,衰落中的产业是有可能振兴的。

第四节 工业化过程中的环境保护问题

一、工业化过程中环境保护问题的提出

发展工业,在环境保护方面首先遇到的是土地问题。在西欧传统经济时代,农民使用的耕地和牧场土地面积很大。当时,"一个人可以靠 1 公顷、2 公顷或 3 公顷那么少的土地生活吗?不可能。即使亲手种地并且得到比地主从其领地上得到的收益还多也不可能"③。为什么那么多的土地还认为不足以养活农民呢?原因很多。一个原因是农民家里孩子多。据一份农村调

---

① 参看瑟罗:"衰落产业",载《新帕尔格雷夫经济学大辞典》第 1 卷,经济科学出版社,1992 年,第 819 页。
② 同上。
③ 波斯坦主编:《剑桥欧洲经济史》第 1 卷,经济科学出版社,2002 年,第 572 页。

查,15世纪中期德国境内的德累斯顿农民每家有3.61个后代、布雷斯高的弗雷堡每个农民每家有4.14个后代,而同一时期尤克特兰德的弗雷堡城镇居民每家只有1.74个后代。① 由于疾病、瘟疫、缺医少药等原因,农村人口有时大批病故,造成农村人手不够,这也是一个原因。但更为重要的原因是农业劳动生产率低下。农业的技术十分落后,耕具是原始的,肥料不足,缺少休耕期,再加上大规模砍伐树林而引起的土壤干燥等等,使得农产量很低。"在这种情况下,如何能够填饱一张新嘴? 又能为更多的已婚夫妻提供什么?"②因此,在开始工业化之时,村民首先要保护自己的耕地和牧场,防止工业企业和采矿业企业对土地的占有。村民从自身利益出发,抵制外来投资者侵占土地。

在西欧各国工业化初期,只有很少人关注工业发展带来的环境污染。而且,当时人们在提到环境保护之类的问题时,一般可能存在着一种"向后看"的取向,也就是意图恢复工业化以前的那种对待自然界的态度。③ 从根源上考察,绿色运动最早的形式往往受到浪漫主义的强烈影响,即想抵抗工业化对传统生产方式的影响。④ 工业化开始以后的早期调查报告中已经提到工厂排放污水和废气,以及工厂周围堆积如山的工业废渣等现象,但社会上多数人当时更为关心的是工厂附近的贫民区的恶

---

① 参看波斯坦主编:《剑桥欧洲经济史》第1卷,经济科学出版社,2002年,第571页。
② 同上书,第573页。
③ 参看郎友兴:《安东尼·吉登斯:第三条道路》,浙江大学出版社,2000年,第190页。
④ 参看同上。

劣居住条件以及工人和家属生活贫困等问题,并寻找解决这些问题的途径。可以说,解决城市供水和排水问题,建立公共卫生设施,铺设道路,以维护公众的健康,是19世纪环境保护工作的主要目标。①

工业化过程中环境污染的治理问题较晚才被社会所关注。这在很大程度上同工厂内部职工和工厂附近的居民患上各种病症有关,有时也同工厂下游鱼类死亡有关。经过科学家的分析,这些病症都是由工厂生产过程中排出的废气、污水、废渣引起的。在第一次世界大战期间,曾有少数生态学家和环境学家关注上述问题,指出了经济、社会、环境之间正在发生的冲突。②到了20世纪中期,环境污染和生态破坏所带来的恶果越来越明显,也被越来越多的人所察觉。这一时期,在西欧发生了几件重大的生态事故,例如,20世纪40年代对法国罗纳河三角洲的环境破坏,即把原来的沼泽地改为稻田的事件,使沼泽地面积由原来的60,000公顷减少到1967年的38,000公顷。这样一来,稻谷虽然增产了,附近的工厂也纷纷建立起来了,但生态却遭到了严重破坏,"人们却不得不付出如此多的社会费用作为补偿"③。又如,1960年年初英国大批野鸟和哺乳动物在田间死亡或濒临死亡事件,就同英国的农用化学工业有关。④ 再如,莱茵河的被污染和1970年的中毒大灾难,被认为是由瑞士的制药厂、法国

---

① 参看奇波拉主编:《欧洲经济史》第5卷下册《二十世纪》,商务印书馆,1988年,第312页。
② 参看同上。
③ 同上书,第323页。
④ 参看同上书,第315页。

的采矿和电力利益集团、德国的化学工业等造成的。①

随着科学的发展、技术的进步以及学术界对环境问题研究的深入,再加上舆论界对环境破坏造成的后果的揭露,使得社会上有越来越多的人对工业化过程中的环境污染和环境保护问题有了新的认识。正如1957年卡尔·波拉尼在所著《大转变》一书中所写的:"如果听任市场机制成为人类命运及其自然环境乃至购买力的数量和用途的唯一指导者,那将导致对社会的破坏。"②对人类而言,环境破坏的结果必定是灾难性的。比如说,"大自然会被分割成七零八落,周围景观污损不堪,河流被污染,军事安全没有保障,粮食和原料的生产能力遭到破坏"③,这样,年复一年地使环境恶化,不用说后代子孙无法再在这块土地上生存了,就连本代人的生存都成了问题。很明显,波拉尼的预言和警告不是没有根据的,人们深感震惊,感到市场一旦成为"不受管制的",环境污染不被制止,社会必定陷入大灾难之中。

在社会上越来越多的人认识到环境破坏的严重性和保护环境的重要性的基础上,20世纪60年代以后,在西欧出现了一批环境保护的积极分子,其中有科学家,有国会议员,有工会组织的活动家,也有居民代表。他们奔走、呼吁、请愿,甚至发动抗议、游行。他们同世界上其他国家的环境保护积极分子聚集在一起,通过各种方式,要求各国政府过问这一问题。终于,从20世纪60年代末开始,西欧各国政府相继对环境保护和环境治理

---

① 参看奇波拉主编:《欧洲经济史》第5卷下册《二十世纪》,商务印书馆,1988年,第313页。
② 波拉尼:《大转变》,纽约,1957年,第73页。
③ 同上。

问题转变了态度,从消极转向积极。

经济增长的极限问题正是在这样的背景下被提出的。1968年4月,来自10个国家的30位科学家、教育家、经济学家、企业家和政府官员,讨论了人类目前的和未来的困难处境和正在面临的严峻挑战。这次会议产生了一个非正式组织:罗马俱乐部。罗马俱乐部提出了一系列要研究的问题,其中有:"富裕中间的贫穷;环境的恶化;对制度失去信心;不加控制的城市扩张;就业无保障;抛弃传统的价值观念;以及通货膨胀和其他货币和经济的混乱"[1]等世界性难题。对环境的研究同经济增长极限的研究紧紧地结合在一起了。然而,权衡取舍有相当大的难度。人类社会不可能就此停步;经济增长,不管速度的快慢,哪怕是保持较低的增长率,仍然会对环境造成损害。而地球则是有限的,资源消耗和污染的产生等等"越是接近于地球承受这种活动的能力的限度,权衡取舍就越是明显和无法解决"[2]。因此,这些问题的提出,既是对以往工业化过程的一种反思,也是对人类社会前途和命运的一种选择。

经济增长极限问题的提出,在西方经济学界有一定的反响,因为这不仅涉及今后在经济增长中必须认真考虑环境的承受能力问题,而且还涉及对经济增长的是非善恶的评断。长期以来,在官员和一般人的心目中,经济增长是"善",抑制经济增长是"恶",于是流行的观点是:"商品生产得越多越好;经济增长幅度

---

[1] 瓦茨:梅多斯等著《增长的极限》一书"前言",载梅多斯等著:《增长的极限》,商务印书馆,1984年,第4页。
[2] 梅多斯等著:《增长的极限》,商务印书馆,1984年,第62页。

越大越好;经济增长就是'社会追求的目标';只要经济增长,就能给社会带来幸福。"①经济增长极限论的提出,就是对这种流行的价值判断的质疑,也是对传统的经济增长思潮的怀疑。两种思潮的冲突呈现在20世纪70年代以后社会各界的面前。对经济增长的怀疑,作为一种思潮,"是现代资本主义条件下社会经济危机深刻化的必然反映"②,也是西方经济学界对200年来工业化进程的一种反省。

那么,究竟谁该为经济增长和工业化给环境造成的后果负责呢?是生产者、消费者,还是政府?这似乎是一个有争论的问题。加尔布雷思在其1973年出版的《经济学和公共目标》一书中这样写道:"汽车主对于汽车使用所产生的一般后果尽可以表示遗憾,却不存在个人的责任感,因为他个人在总的损害中所增入的一份是微不足道的。"③厂家呢?他们会认为自己已经为汽车的生产和销售缴纳过各种各样的税了,他们已经尽到责任了,怎么能受到责备呢?于是,责任自然而然地落到了政府身上,治理环境和保护环境的任务也不可避免地落到了政府身上。公众同样把眼光都盯住政府,因为"政府而不是市场成为公共利益的仲裁者和保护者……这是在环境和别无比较可取的替代者这两个因素的压迫下,现代政府不得不执行的补救办法"④。

---

① 厉以宁:《论加尔布雷思的制度经济学说》,商务印书馆,1979年,第208页。
② 同上。
③ 加尔布雷思:《经济学和公共目标》,商务印书馆,1980年,第282页。
④ 同上书,第285页。

二、环境治理被提上政府议事日程

环境保护和生态问题大体上是从20世纪70年代起在一些西欧国家迅速和彻底地占领公共舆论阵地的。[1] 这是一场社会运动,普通的民众积极参与了这场运动,并起了重要作用。核电站的建设和防止核电站的污染,成了导火索。"许多生活在建设中的或已经运营的核电站附近的男女公民由于了解到关于核能风险的公共讨论的结果,并且根据对切身利害的强烈个人感受,成了当地公民倡议运动的积极分子。"[2]除直接或间接受害者以外,使得生态问题成为社会关注焦点的,是知识分子阶层。正是这些"离生产较远的文化和社会职业领域中特别的成员,尤其是年轻一代……不仅推动了关于工业文明生态基础所遭受的威胁的公共讨论,而且通过新的非常规政治活动形式,直到公民不服从行动,以强有力的而且往往起轰动作用的方式从政治上动员公众力量来突出这一论题"[3]。

群众的环境保护意识提高后,在西欧国家,工业企业向乡村转移污染的做法终于被制止了。如果工业企业试图把造成环境污染的厂房或车间迁往乡村,或者,工业投资者试图在乡村建立某个会造成环境污染的工业企业,是得不到环境保护部门批准的,这一类迁厂计划或建厂计划都将被否定。而且,即使投资者能够通过环境保护部门这一关,那么在迁厂或建厂后,当污水、

---

[1] 参看迈尔:《社会民主主义的转型》,北京大学出版社,2001年,第78页。
[2] 同上书,第79页。
[3] 同上。

废气的排放成为事实,也会遭到农民和附近城镇居民的强烈反对,最终仍会在社会压力之下关闭。这应该被看成是西欧各国社会进步、文明进步的表现。

实际上,对环境造成破坏和污染的工业企业,不仅不可能由城市迁移到乡村,哪怕它们依然留在原来的城市内或郊区,在环境保护部门和当地居民的监督下,同样会遇到困难。高额的罚款,给当地居民的巨额赔偿费,再加上企业名声大跌,企业形象变坏,由此造成企业无形资产的损失,都迫使这样的工业企业面临如下的选择:要么投入大笔资本来改造、更新原有的设备,增添清洁生产、净化环境的设备,以及治理已被企业污染的土壤和河流,要么关闭企业,停止生产。此外,别无选择。①

在工业化过程中,企业一般都不愿意承担增加环境保护投入和环境治理投入的责任。也有的工业企业试图以贿赂或变相贿赂的方式来结交政府主管部门的官员,使得那些会造成环境污染的工业投资项目得以批准建立或能够把造成环境污染的工厂迁往乡村,但到了工业化后期,这条路在西欧已经走不通了。西欧各国群众环境保护意识的增强、舆论监督作用的加大,以及对政府的监督机制的建立和政府官员本身素质的提高,使得历史上一再出现的建厂行贿事件大大减少了。而且,一旦建厂行贿成功而事后又被揭发出来,受贿者和行贿者的损失都非常巨大,以至于谁都不愿意冒这个风险。这同样是西欧各国社会进

---

① 参看厉以宁和章铮:《环境经济学》,中国计划出版社,1995年,第213—219页。

步和文明进步的表现。

某些西欧国家早在工业化开始以前就已在亚洲、非洲、拉丁美洲占据了大片殖民地,工业化开始后又继续在海外占据殖民地。当工业企业的污染问题被揭发出来以后,这些造成环境污染的企业为了平息国内民众的愤怒和质问,设法把造成环境破坏和污染的工厂迁往海外,其目的不仅是为了减少国内民众的不满,而且还为了更充分地利用海外的廉价资源和劳动力,扩大利润。然而,自从20世纪70年代以来,情况发生了变化。一方面,到这时,一些原来被某些西欧国家占为殖民地的国家已相继独立,成为主权国家,即使在这以前独立的国家,它们的主权意识也大大加强了。因此,西欧国家的工业企业再也不能任意地在那里建立严重破坏环境和造成污染的工厂,或任意地把国内造成环境污染的企业迁移到那里去,因为当地的政府会抵制,当地的人民会抗议,甚至会采取过激行动。另一方面,世界上已有越来越多的人认识到环境保护和环境治理正在成为全球性的问题,所有各国(不管是穷国还是富国)的人民都不应受到环境破坏和污染的损害,因此,假定某个国家把会造成污染的工业企业设在别的国家或迁移到别的国家去,将会引起该国人民反对转移污染的浪潮,包括对试图转移污染到国外去的工业企业的群众性抵制。当然,现在还很难断定西欧国家的工业企业向海外转移污染的做法已经不再存在,但向海外转移污染所遭到的阻力越来越大则是可以肯定的。

到了工业化后期,西欧各国的人民对环境保护的意义的认识越来越深刻。人们认识到环境保护不仅涉及全世界的利益,而且涉及子孙后代的利益。对子孙后代利益的关心,实际上是一个与"代际公正"有关的问题。① 具体地说,这个问题的要点是:"我们如何确保未来世代能拥有发展上的自由,从而无须面对突然的、严峻的和难以应付的资源瓶颈,或避免使后代将在其中生存的自然系统趋于崩溃?"②正因为这个问题已如此尖锐地摆在这一代人面前,所以环境保护将被提到更高的层次上来考虑,因为"将一个遭破坏的环境留给后代是不公正的"③。这一代人破坏了环境,耗竭了资源,使后代人失去了赖以生存的条件,无疑是对后代人犯罪。

禁止有污染的工业企业的建立和禁止把造成污染的工业企业转移到国外,只是环境保护的内容之一。除此以外,还必须把过去已经破坏的环境治理好,包括江河湖泊的治理、沿海水域和海岸的治理、山地草原的治理、沙漠化和石漠化地区的治理、城乡居民聚居地区环境的治理等。这是一个庞大的工程,需要大量的、连续的投资,还必须有专门的机构和人员来从事这项工作。在西欧国家,一般都是在工业化后期才启动这项工程的。

主要的问题是:环境治理费用来自何处?由谁承担?对造成环境破坏的责任者,无疑要追究责任,要让他们付出罚款,并负责治理好被破坏的环境。但问题并非如此简单。例如,有些地区的环境破坏是历史上久已造成的,或经过历代战争遗留下来,如树林被乱砍滥伐,自然景观被毁坏等等;又如,沙漠化、石

---

① 参看柯武刚和史漫飞:《制度经济学:社会秩序与公共政策》,商务印书馆,2000年,第105页。
② 同上。
③ 同上。

漠化的形成是多年不注重生态所造成的。这些损失是找不到赔偿者的。就拿江河湖泊的治理来说,这么大的治理费用不可能让目前设在附近的工业企业全部承担,因为这也是历史遗留下来的问题。因此,政府不可避免地成为环境治理费用的主要承担者,而政府支付的环境治理费用则是由纳税人承担的。[1] 西欧各国政府之所以在工业化后期对环境治理采取由政府承担主要费用的做法,在一定程度上也同经济发展和政府财力增强有关。

三、技术创新与环境监管并重

无论是防止环境破坏和污染的发生还是消除已经发生的污染和治理好已被破坏的环境,根据西欧各国工业化过程中的经验,必须技术创新和环境监管并重,缺一不可。

与环境保护和环境治理有关的技术创新,既包括生产过程中的技术创新,以及储藏、运输和使用过程中的技术创新,也包括环境治理方面的技术创新。这样,就可以更有效地利用资源,节约资源,可以防止或减少污水、废气的排放,减少废渣的沉积,以免污染环境,还可以利用污水、废气、废渣,从中提取有用的物品。通过技术创新,也可以对无法再利用的污水、废气、废渣作无害化的处理,使之不再对人类有危害。没有新的技术、新的设备、新的设施,是做不到这些的。

可见,无论从哪个角度来看,技术创新对环境污染的防止和

---

[1] 参看厉以宁和章铮:《环境经济学》,中国计划出版社,1995年,第161—164页。

清除都十分重要。同样十分重要的是环境的监管工作。环境监管包括两个方面：一方面，对可能对环境造成污染或对环境造成破坏的国内生产单位的生产状况、国内消费单位的污染物排放状况，以及运输单位在运输过程中的可能造成污染的运输物品的安全状况等进行监测，追究责任，寻找治理的对策；另一方面，则是日常对环境实行监管，随时了解水源、大气、土壤、植被等受破坏和受污染的状况，寻找治理方案。这两方面的监管工作是不能偏废的。此外，由于环境污染不仅来自国内的污染源，而且也可能有来自国外的污染源，比如一条流经多国的河流所遭受的污染就可能有国外的污染源，酸雨的发生也可能污染源在其他国家，这些都需要对国外的污染源及其对本国的影响进行分析、研究，寻找对策。这同样是环境监管工作的一部分。

政府承担着环境监管的责任。政府负责还是无所作为、不作为，是关键所在。同时，政府在担负环境监管责任时，应当拥有先进的设施、设备和技术手段。环境保护和治理工作中的技术创新具有重要意义。

随着社会对环境保护和环境治理的日益重视，在西欧国家，环境保护产业在工业化后期逐渐兴起，并且其增长速度相当快。环境保护产业是指其产品和劳务用于防止环境污染、治理环境和改善生态状况、保护自然资源等方面的产业部门，它通常有狭义和广义之分。狭义的环境保护产业指环境保护设备、仪器和产品的制造业，又可简称为环境保护工业。广义的环境保护产业则不仅包括环境保护工业，而且还包括一切与防止环境污染、治理环境和改善生态状况、保护自然资源等方面有关的产业，例如,水土保持,土壤改良,防止沙漠化、石漠化和治沙治荒,生态林建设,自然保护区建设,综合利用污水、废气、废渣,废品回收和利用,以及为环境保护和环境治理服务的相关产业等。

对于已经给环境造成污染的工业化国家和地区而言,发展本国的环境保护产业将有利于经济、社会与环境的协调,而且也推动着下一步经济和社会的发展。科学技术的进步为环境保护产业的发展提供了必要的技术条件。而政府对环境保护的重视,导致了有利于发展环境保护产业的若干政策的出台(如税收优惠、政府采购、政府资助环境保护产业部门的研究开发等),进而促进了环境保护产业的发展。环境保护设备、仪器和产品制造业,也就是环境保护工业,在工业化后期不仅有广阔的国内市场,而且有广阔的国际市场。[1] 这是因为,保护环境和治理环境越来越成为世界各国共同关注的大事;各个国家,包括发展中国家,都需要购买先进的、有效的环境保护和治理的设备、仪器和产品。这是有广阔发展前景的市场,同时也是一个竞争性的市场,环境保护设备、仪器和产品的销售取决于质量。西欧一些国家利用自己的技术优势,在这个领域内居于世界的前列,从而赢得了国际市场的较大的份额。

在西欧国家,民间环境保护活动从工业化后期展开以后,对政府和议会发生了有力的影响。在这方面,中产阶级起了重要作用。正是他们,对环境破坏于本国和全世界所带来的损害越来越感到担忧;正是他们,较早地意识到工业化过程中环境污染

---

[1] 参看厉以宁和章铮,《环境经济学》,中国计划出版社,1995年,第79—81页。

给人类安全造成的严重后果。① 也正是在他们的带动下,西欧不少国家先后成立了多种形式的民间环境保护组织,并吸纳了社会各界关心环境保护的人士参加有关活动。

在西欧,群众自觉参与环境保护活动,意义是深远的。可以从以下三个方面来理解这一意义:

第一,没有广大群众的自觉参与,环境保护事业只可能停留在政府和学术界的层面上,而不可能在西欧工业化后期形成一种社会共识、一种公共目标。有了群众的自觉参与,西欧国家的环境保护的开展就成为全社会的一致行动了。例如,对工业企业排放污水、废气和废渣的行为的监督,家庭生活废品的回收,对野生动物的保护和对濒危物种的拯救,环境卫生和净化等等,只有在群众自觉参与之下才能取得更好的成效。

第二,群众自觉参与环境保护活动也是对政府是否尽到了保护环境和治理环境的责任的有效监督。在议员换届、政府换届的年份,环境保护和环境治理是选民们关注的热点问题之一,选票决定了议会和政府候选人的政治前途,这样就促使参加竞选的人不得不考虑民意,在竞选时就许诺要致力于保护环境和治理环境,并在当选以后履行自己的承诺。特别是在绿色政党组成后,环境问题更受到各个参加竞选的政党的重视。

第三,群众自觉参与环境保护活动,对一切已经造成或可能造成环境破坏的企业及其领导人,同样是一种有效监督。对企业来说,它们如果已经破坏了环境,在群众监督之下,将不得不

---

① 参看贝克尔曼:"经济学家、科学家和环境灾难",载《牛津经济文汇》,24(3),1972 年,第 327—344 页。

投入资本来治理环境,消除污染;它们如果仍在建厂或扩大生产规模的过程中,在群众自觉参与环境保护活动的情况下,它们将会认真考虑这样做的后果,重新决策。总之,企业社会责任问题是每一个企业必须认真考虑的,否则企业不仅会失去市场,甚至会因遭到公众抵制和政府的处罚而受到更大的损失。

四、走经济社会可持续发展的道路:政府态度的转变

群众自觉参与环境保护活动推动了环境保护事业的发展,而环境保护事业的发展又进一步调动了群众参与环境保护活动的积极性。这是一个良性循环。在这个过程中,政府对经济社会发展的思路和态度也都发生了变化。从西欧各国工业化后期政府对环境保护的态度变化可以清楚地看到,政府对环境污染问题的重视程度比过去大大提高。过去,甚至在20世纪50年代,西欧各国政府虽然也关注过城市管理不善而引起的公共卫生或工厂污染环境等问题,但当时的政府总有自己的打算,它们唯恐过多地关注这些问题的解决不利于经济增长。在政府看来,"越来越强的环保需求也可能是对连续甚至是加速的变革进行抵制的一种反映"[①]。政府认为自己的主要任务是发展经济,保证经济持续增长,维持高就业率;如果把防止污染和治理环境作为政府的主要任务,那就会不利于经济增长。因此政府总感到处于两难境地。加之,经济增长中所遇到的环境保护问题往往是难以预见的。比如说:"由于汽车成倍增加而产生的拥挤和

[①] 柯武刚和史漫飞:《制度经济学:社会秩序与公共政策》,商务印书馆,2000年,第103页。

污染,以及由于空中交通成倍增加而产生的拥挤和噪音,难道在这些技术创新刚使用的早期阶段就能预见到吗?"[1]尽管如此,科学知识和管理经验毕竟使政府逐渐懂得了预防可能发生的环境破坏和污染的道理,及早采取了预防措施,同时尽可能实现经济增长目标。这是政府管理的一大进步。

再说,与工业化初期和中期相比,政府的管理职能也大大扩展了、充实了,更切合经济和社会的实际情况。按照亚当·斯密的说法,在市场经济中,政府主要起着"看门人"、"守夜人"的作用。政府不干预企业的运作,而关心市场的秩序;政府不过问商品的生产和销售,而要对违法的生产经营行为进行惩处。20世纪30年代以后,西欧国家同美国一样,都把政府的宏观经济调控当做履行政府管理职能的一项重要内容,政府有责任对宏观经济中出现的失衡进行干预,包括降低失业率,抑制过快的通货膨胀,维持一定的经济增长率,消除国际收支不平衡等等。政府主要运用财政政策和货币政策来解决宏观经济的失衡问题。这是工业化开始以来西欧国家政府的政策目标取向的一次重大调整。

第二次世界大战结束以后,由于西欧一些国家在经济持续增长和工业化继续推进的过程中国内经济失衡问题和地区发展不平衡问题越来越突出,60年代以后环境污染问题也越来越引起国内人民的关注。相应地,西欧各国的政党也对自己的主张作了一些调整,以跟上国内变化中的形势。西欧各国的左翼政党(主要是社会民主党)在政策和策略的调整方面通常走在

---

[1] 库兹涅茨:《各国的经济增长》,商务印书馆,1985年,第375页。

前面。

就西欧的社会民主党内部来说,与国内不平衡发展和环境污染有关的经济增长政策问题的讨论日趋激烈,党内基本上形成了两派:一派认为,要维护工业社会在生态方面的生活基础,就要减少可能带来环境风险的工业生产;另一派则主张继续执行以往的经济增长路线,不需要变更。① 前一派主张摒弃"唯物质主义"的取向,转而把对社会和生态的责任放在首位;后一派则认为,经济增长仍然是首要的,因为只有这样才能提高收入,保持较多的工作岗位。② 于是,在社会民主党中,"引起激烈争论的生态问题在它们的党员和选民中间造成了分裂"③。

国内不平衡发展问题和环境遭到破坏、污染问题是联结在一起的。西欧各国在工业化过程中,国内不同地区的收入差距扩大了,而比较贫困落后的地区又往往是环境破坏严重、生态状况恶化的地区。于是随着西欧各国的政党对国内发展不平衡和环境破坏问题激烈争论的展开,尤其是左翼政党的内部争论一直在进行着,这时,一种所谓"非工业化"的呼声引起了人们的注意。"非工业化"并不是否定工业化,也不是从此不再发展工业,而是要降低制造业在国民经济中的比重,以避免结构的失衡,同时还应当使工业部门更有效率。④ "非工业化"实际上含有减

---

① 参看迈尔:《社会民主主义的转型》,北京大学出版社,2001年,第81页。
② 参看同上。
③ 同上。
④ 参看辛格:"英国工业和世界经济:非工业化案例?",载《剑桥经济学杂志》,1977年6月,第113—116页。

少工业生产对环境的破坏的意义。在区域发展方面,人们呼吁要尽快地促进国内比较贫困落后地区的经济发展,较大幅度地帮助国内比较贫困落后地区的居民提高收入水平。这样,运用政府力量来协调国内的区域发展,也列为政府应尽的责任之一。主张这种做法的人把这也看成是"非工业化"的内容。① 理由在于:以往国内一部分地区之所以发展快,因为实行了工业化,而工业化正是以牺牲国内另一部分地区的利益作为代价的。

"非工业化"虽然只是作为一种学说或一种社会思潮而对政府发生某种程度的影响,但不可否认的是,它的存在依然推动着政府制定政策的思路的逐渐变化。这种变化反映于以下两个方面:

一方面,政府要逐渐摒弃自工业化开始以来一直把经济增长率和国内生产总值放在唯一重要位置的旧思路。这方面的转变自20世纪70年代以后在一些西欧国家已经陆续实现了;尽管其中有被迫的成分,因为政党之间的竞争和绿色运动的兴起给执政党以很大的压力,但无论如何,思路的转变终于成为事实。

另一方面,政府也必须懂得,环境的保护特别是对已遭破坏的环境的治理,都必须以经济增长和国内生产总值为基础。所谓的"生态原教旨主义"②(即把生态保护置于绝对优先的地位

---

① 参看塞耶斯:《出口经济的盛衰:1880年以后的英国》,悉尼大学出版社,1965年。

② 参看柯武刚和史漫飞:《制度经济学:社会秩序与公共政策》,商务印书馆,2000年,第106页。

上,"并将凌驾于诸如自由、繁荣、安全和公正这类人类欲望之上"①的一种学说),显然是不可取的。政府思路的转变决不等于向"生态原教旨主义"屈服,而是要在经济增长和环境保护之间选择一条平衡的道路。政府了解到,"增长发生于开放系统之中,这意味着该系统是靠创造性知识来开发的"②。有了"创造性知识",环境的治理和恢复才有可能,资源才会得到循环利用,新资源才会被开发出来。结论必定是:"就经济增长而言,不存在任何无法应付的自然资源限制。"③

因此,自20世纪70年代以后,西欧国家在重视环境保护和环境治理的同时,继续重视经济增长和科技进步。政府的管理职能进一步扩大到支持科技进步和加强环境保护等领域,经济社会的可持续发展成为政党竞选中的响亮的口号,执政党也把它列入政府施政纲领中的重要内容。可持续发展,首先是发展。没有发展就谈不到发展的可持续性。因此,发展经济,推动科技进步,支持技术创新,开发资源和更有效地利用资源,保护环境和治理环境,这些都结合在一起,成为西欧国家的中央政府和各级地方政府的基本任务。即使将来某一天绿党上台执政,为了作出成绩,它也不能偏离这一基本任务,否则执政只可能是短期的。

西欧各国的情况有差异,不同的西欧国家在环境保护领域内的关注程度因国情而有所区别,即对环境保护的重视有先有

---

① 柯武刚和史漫飞:《制度经济学:社会秩序与公共政策》,商务印书馆,2000年,第106页。
② 同上书,第104页。
③ 同上。

后,投入有多有少,但思路已大致上相同,政府采取的措施也基本类似。这表明,随着工业化的推进,政府的管理职能不是减少了,而是扩大了。这可以被视为工业化后期西欧国家的政府管理的一种演进趋势。

第四章 工业化和社会流动

第一节 社会流动的重要性

一、两类社会流动

社会流动分为两类,即垂直社会流动和水平社会流动。

垂直社会流动是指人们所处的社会地位的变化,或职务的上升、下降,或所隶属的社会层次、等级的变化。充分的垂直社会流动的前提是不存在身份限制、财产限制、宗教限制、种族限制、性别限制,也没有意识形态的限制。在充分的垂直社会流动之下,各种职务都是公开的,通过竞争而取得的,职务向一切有资格的竞争者开放。对于有资格的竞争者来说,机会是均等的,并且存在着双向选择的自由。

水平社会流动是指人们的居住地区和工作地点的变动,其中包括职业的转换,即可以从这一行业转入另一个行业,又从第二个行业转入第三个行业等等。这里也包括了居住地选择的自由和迁徙的自由。但水平社会流动不涉及至少不直接涉及人们职位的升降和社会地位的变更。

充分的水平社会流动的前提是不存在身份限制、财产限制、居住地迁移限制、职业准入限制,以及宗教、种族、性别限制,也没有意识形态的限制。职业的选择和居住地的选择,机会是均等的。

二、工业化和社会流动的关系

在西欧工业化以前,即在传统生产方式之下,无论是水平社会流动还是垂直社会流动都受到极大的限制。农奴制度就是任何社会流动难以逾越的障碍。正如本书第一章已经指出的,西欧国家的工业化可以分为两种类型:一种类型是在突破了传统生产方式之后进行工业化的国家,另一种类型是边进行工业化、边突破传统生产方式的国家。这两种类型的国家都不可避免地会遇到社会流动受阻的问题。进行工业化,需要使社会流动变得较为通畅。以突破了传统生产方式后进行工业化的国家来说,资本主义制度的建立并不意味着社会流动的障碍会自动消失或立即消失。对农民和工人来说,资本主义制度建立后社会流动渠道的通畅,有赖于一系列法律法规的通过,这些都是依靠社会各界的多年努力才能逐步实现。此外,社会流动渠道的通畅还同劳工市场的形成和真正发挥作用有直接的关系。在西欧国家,"在工业革命初期,没有一个一体化的国内劳动力市场,即使工业革命后期形成了这样一个市场,它也没有非常顺畅地发挥作用"[①]。一种突出的现象是:国内不同地区的工资差别很大,"一个城市与另一个非常相似的城市之间,工资水平也同样

---

① 马赛厄斯和波斯坦主编:《剑桥欧洲经济史》第 7 卷上册,经济科学出版社,2004 年,第 123 页。

存在着巨大差异"①。这就促进了劳动力的地区转移,但在工业化开始时,即使在资本主义制度已经建立后多年,劳动者的地区转移依旧困难重重,要受到这样或那样的限制,从而工资水平的地区"差异都不是暂时的,不是市场力量所能消除的;相反,正如当时的人都知道的那样,这些差异经常自我强化,文化传统、社会预期甚至个人体力因素都可能像经济机会一样,发挥着重要作用"②。

至于在边进行工业化、边突破传统生产方式的西欧国家,不仅社会流动的障碍更大,而且试图解决社会流动问题的阻力也要大得多,因为以身份制、等级制等作为特征的传统生产方式仍旧存在,并对社会经济生活产生巨大的影响。再说,在这些国家,即使后来传统生产方式退出了历史舞台,身份制、等级制等作为传统生产方式的特征也消失了,但与身份制、等级制有关的限制人们社会流动的做法和观念却长期存在并发生作用。它们不是通过一场政治变革就会消失的,而只有通过市场经济的发展和法制建设的推进才能被淡化。以德国来说,对职业自由的限制,大体上保持到1850年以前,从19世纪50年代以后,随着传统生产方式退出历史舞台,特别是由于工业化的迅速进展,到了19世纪60年代初期,除少数地区以外,对社会流动和职业自由的限制终于消失。③ 而到了1870—1872年,整个德国境内才

---

① 马赛厄斯和波斯坦主编:《剑桥欧洲经济史》第7卷上册,经济科学出版社,2004年,第123页。
② 同上。
③ 参看哈巴库克和波斯坦主编:《剑桥欧洲经济史》第6卷,经济科学出版社,2002年,第402页。

都取消了对职业自由和居民迁移的限制。①

由此可以清楚地了解到,尽管工业化以后同工业化以前相比,资本主义制度建立后同封建主义时代相比,社会流动的障碍已经减少,但社会流动问题在工业化前期和资本主义前期依然没有解决。继续打通社会流动渠道,消除社会流动的障碍,一直是工业化过程中必须解决的问题。

第二节 工业化和垂直社会流动

下面,让我们就工业化和垂直社会流动,以及工业化和水平社会流动两个问题作进一步的阐述。先讨论垂直社会流动。

一、垂直社会流动的前提

前面已经指出,西欧国家在工业化开始时并不存在垂直社会流动的前提;在某些边进行工业化、边突破传统生产方式的国家,甚至垂直社会流动根本不可能出现,因为当时的社会还是一个等级严格的社会,或者可以称做层级化社会。②

竞争是实现垂直社会流动的条件,而垂直社会流动的前提则是机会均等,也就是各种限制垂直社会流动的限制的消失。这里不妨举英国为例。从历史上看,1688 年英国建立了资本主义制度,但是对垂直社会流动的限制却没有因资本主义制度的

---

① 参看哈巴库克和波斯坦主编:《剑桥欧洲经济史》第 6 卷,经济科学出版社,2002 年,第 403 页。
② 参看格伦斯基编:《社会分层》(第 2 版),华夏出版社,2006 年,第 264—265 页。

建立而消失。隔了 100 年,情况并没有多大改变。情况的变化发生在工业革命以后。考特在所著《简明英国经济史(1750 年至 1939 年)》一书中,曾以英国中部地区的工业企业家乔塞亚·梅森的成功历程来说明英国社会的变化。

梅森生于 1795 年,出身于一个地毯编织工人家庭,"在社会阶梯上处于最低的一级,而那时,社会阶梯陡得令人生畏"[①]。由于他的社会地位低,出身是工人家庭,少年时"在一家私塾里混过几年后便四处飘泊,寻找工作,他从来没有当过一天学徒。他曾经梦想使自己成为一名技术工人,后来这一梦想也落空了"[②]。那么,他是怎样一步步从社会阶梯的最低层向上走的呢?又是怎样成功的呢?这一切除了归因于他个人的勤奋和能干外,更重要的原因在于英国自从工业化开始后社会上出现了众多的机会,有能力的人,不管出身多低,社会地位多差,只要勤奋努力,能抓机会,参与竞争,就能够实现以前难以想象的社会地位的变迁,即垂直社会流动。梅森后来来到了伯明翰,在朋友的帮助下,从事制造钥匙圈工作,进入了制造业。他开始了解市场,熟悉市场现状和变动趋势,抓住机会,争取更大的发展。"当羽毛笔在办公室和账房间渐渐过时的时候,他靠机器制造的钢笔尖发了家。"[③]后来,他又踏入电镀业、炼镍业,成了当时在英国很有影响的工业企业家。他自己一生没有受过工程技术教育,但在实践中,他懂得了教育的重要性,教育能使人实现垂直

[①] 考特:《简明英国经济史(1750 年至 1939 年)》,商务印书馆,1992 年,第 205—206 页。
[②] 同上书,第 206 页。
[③] 同上。

社会流动。

1880年,当他85岁时,也就是他去世之前一年,他创办了一所科学学院,为人才培养出力。"这位维多利亚中期时代在大不列颠中部或其他地方从事工业的典型生意人……对于可能进行的有组织的科学研究或技术培训等问题简直一窍不通"[①],但他终于成功了。不应当忽略的是:第一,这时距工业革命的开始已将近100年了,距英国资本主义制度的建立快200年了,垂直社会流动的渠道终于开始通畅;第二,这一切依赖于市场经济的发展,依赖于工业化的推进,也依赖于企业界的观念已经发生了变化。

二、工业化过程中垂直社会流动的重要性

工业化过程中需要有较大的垂直社会流动性。可以说,没有垂直社会流动,是难以实现工业化的。即使在严格的经济管制之下推进工业化,也需要有职务的提升和随之而来的各种有形无形的奖励,这是因为,垂直社会流动首先同效率有关。垂直社会流动可能性的存在,有助于提高工作者的积极性、提高效率,从而鼓励创新、增加利润。

在工业化初期,垂直社会流动的主要表现是下层社会中有些人获得了较多的上升到独立经营的店主、工厂主的机会。这完全是市场经济发挥作用的结果。在英国,工业革命以后,有手艺的工人"有变成为独立经营者的公平机会,并且在几乎所有工

---

① 考特:《简明英国经济史(1750年至1939年)》,商务印书馆,1992年,第206—207页。

业中也都有相当的机会"①。这就是改变自己的社会地位的垂直社会流动的途径。有了这样的途径,就调动了他们自行创业的积极性。当然,这主要指那些有技术的工人而言,至于"无技术的广大建筑工人、船坞工人、肩挑负贩、下手和各式各样的从属人员却是没有这种机会的"②。

除了上升为独立经营的老板而外,下层工人上升为管理人员也是工业化过程中一条垂直社会流动的途径。在资本主义社会的生产经营中,所有权与管理权的分离很早就已出现。马克思在《资本论》第三卷中曾引述安·尤尔在1835年所著《工厂哲学:或论大不列颠工厂制度的科学、道德和商业的经济》③中的一段话:"'我们的工业制度的灵魂'不是产业资本家,而是产业经理。"④马克思接着评论道:"资本主义生产本身已经使那种完全同资本所有权分离的指挥劳动比比皆是。因此,这种指挥劳动就无须资本家亲自担任了。一个乐队指挥完全不必就是乐队的乐器的所有者;如何处理其他演奏者的'工资'问题,也不是他这个乐队指挥职能范围以内的事情。"⑤那么,工业化过程中大批新建的工厂究竟需要什么样的人来经营和管理,什么样的人适合成为新建的工业企业的经理,什么样的人适合在工业企业担任不同层次的管理人员,以及什么样的下层职工适合于被逐

---

① 克拉潘:《现代英国经济史》上卷,商务印书馆,1986年,第217页。
② 同上。
③ 尤尔:《工厂哲学:或论大不列颠工厂制度的科学、道德和商业的经济》(第2版),伦敦,1835年。
④ 引自马克思:《资本论》第3卷,人民出版社,1975年,第434页。
⑤ 同上书,第435页。

步提拔到较高的位置上,这些都依赖于公平的竞争。通过竞争,有才能而又被认为可靠的人就会得到职务的提升。这显然是有利于企业效率的提高的。

反之,假定工业化过程中缺乏垂直社会流动性,或者说,假定工业化开始以后垂直社会流动状况依然同工业化以前相同,那么就会大大挫伤有才能但处于社会下层的人员的积极性,使他们的才能无从发挥出来,而新建的工业企业则无法选择和录用自己所需要的人才。不仅如此,假定垂直社会流动难以实现,就会使社会上出现一大批对前途感到绝望的人。这些人会认为,无论自己怎样努力,包括刻苦学习和刻苦钻研技术,都不会有改变自己的社会地位的可能性和在职务上被提升的可能性,于是他们的积极性会丧失,工业企业的效率会下降或停滞,甚至还有可能因这些人(其中有些是有才能的人)对前途的绝望而引发社会的动荡。也就是说,相对于垂直社会流动所受限制较少的国家,在垂直社会流动所受限制较多的国家,下层采取的激烈运动也比较多。①

因此,打通垂直社会流动的渠道使之比较通畅,是工业化过程中社会关注的一个重要问题。

三、工业化过程中对垂直社会流动限制的逐渐消失

如上所述,缺乏公平竞争和机会不均等,是垂直社会流动受到严重限制的主要原因。在西欧各国工业化过程中,对垂直社

---

① 参看格伦斯基编:《社会分层》(第2版),华夏出版社,2006年,第269页。

会流动的限制之所以会逐渐消失,大体上是从以下两方面进行努力的结果。

一方面,由于垂直社会流动有助于效率的提高,而效率的变动又影响着投资者利润的多少,因此工业企业家们从实际经验中首先感到职务方面公开竞争和职位向一切有资格的竞争者开放的必要性,选拔人才归根到底对企业是有利的,对投资者是有利的。所以在西欧各国工业化开始后,最早扫除垂直社会流动的障碍的,就是工业企业家和投资者。甚至不少工业企业家本人就是出身于社会下层,原来的社会地位很低,他们自己就是冲破了传统观念和社会偏见的束缚而成功的。在传统生产方式被突破以后,这方面已经没有身份和等级的制度障碍了,剩下的主要是传统观念方面存在的各种歧视,如种族歧视、性别歧视等等,这些都会随着工业化的推进而逐渐改变。机会均等下的竞争也就有条件开展了。

从西欧各国工业化时期垂直社会流动的情况还可以了解,在一国国内垂直社会流动仍受到较多限制的条件下,跨国界的垂直社会流动反倒受限制较少,甚至在一国国内某个地区垂直社会流动受到较多限制的条件下,国内跨地区的垂直社会流动反而顺畅些。于是,"在国内感到受压抑,认为个人的发展前途具有局限的人,指望在国外可以得到发迹的机会"[①]。这首先同用人者的用人标准有关。比如说,另一个国家或另一个地区的工业部门或工业企业急于想得到发展而人才短缺,那些部门领

[①] 罗志如和厉以宁:《二十世纪的英国经济:"英国病"研究》,人民出版社,1982年,第183页。

导人或工业企业家就不会过多地考虑前来求职者的出身、等级、社会地位等条件,而主要从才能和可靠程度来取舍。用人"不拘一格"的原则在异国异地更容易实现。此外,一些在国内或地区内因种种歧视而受到排斥和另眼看待的有才能的人,到了异国异地工作,受到较好的待遇或进入了较有利于自己发展或创业的环境,通常也会加倍努力,争取做出好的成绩,这样,他们被提拔或由此改变原来的社会地位的机会就更多了。换言之,西欧人为什么在工业化过程中总希望到国外去发展,或到国内其他地区去发展,原因在于那里同故土相比,门第和出身就显得不那么重要了,至少自己不再受到那么严重的歧视了,在国内感到不得志的人在异国异地有更多的机会发迹,出人头地。① 某些有才能的人,先到国外或国内其他地区工作、创业。成功之后再回到本乡本土,可以较容易地上升到较高的社会阶梯。这正是一条迂回的垂直社会流动的道路。

另一方面,由于垂直社会流动的缺失会引起社会上绝望人数的增加,而社会上绝望者越多,就越容易导致社会的动荡不安,因此西欧国家的中产阶级以及社会上层日益感觉到及早消除有形和无形的对垂直社会流动的限制的必要性,他们为此奔走呼吁,终于引起了政府官员和议员们的注意,并在法律上为取消阻碍垂直社会流动的各种传统做法、为实现机会均等和公平竞争创造了条件。

要知道,从西欧工业化一开始,学术界就有人把实现垂直社

---

① 参看罗志如和厉以宁:《二十世纪的英国经济:"英国病"研究》,人民出版社,1982年,第183页。

会流动看成是实现公平的一项内容,把职位向一切有资格的竞争者开放看成是保证公平的必要措施。与用人"不拘一格"的工业企业家不同,工业企业家重视的是效率,而学术界人士重视的是公平。19世纪的思想家,包括当时的社会主义者,都把公平放在首要位置,并认为这就是社会目标。这种思想在20世纪一直被宣传并被不少人接受。正如约翰·劳尔斯在1971年出版的名著《正义论》中所归纳的:"正义是社会体制的第一美德,恰似真理是思想体系的第一美德一样。"①要争取公平的实现,这是正义的呼唤;要清除一切人为的限制、障碍、歧视,这同样是正义的呼唤。这种主张在19世纪广泛流行。那么,究竟什么是正义呢?正义就是"每一个人都有同等的权利享有与他人同样自由的最广泛的基本自由"②。具体地说,在劳尔斯看来,"在社会的各个部门,应当对每一个人,只要他们有相似的动机和才能,提供大体上同等的文化和成就的前景"③。可以说,劳尔斯继承了19世纪以来西方思想家在公平方面的学说,并根据20世纪的情况加以阐释和发挥。

因此,在西欧各国工业化过程中,对垂直社会流动的限制的逐渐消失,既是由工业企业家们从效率的角度进行努力的结果,也是由学术界人士从公平的角度或从正义的角度进行努力的结果。为了效率,垂直社会流动渠道应当通畅无阻;为了公平或正义,垂直社会流动渠道同样应当畅通无阻。

---

① 劳尔斯:《正义论》,哈佛大学出版社,1971年,第3页。
② 同上书,第60页。
③ 同上书,第73页。

但垂直社会流动渠道是不可能绝对地畅通无阻的。可以不讲出身,但家庭财产和地位、家长职业对孩子的影响不能忽视,它们在垂直社会流动中起着重要作用。可以不问籍贯,不问毕业自哪个学校,但不能忽视同乡会、校友会之类的团体在垂直社会流动中的作用。同乡之间的相互照顾,校友之间的相互提携,都是在垂直社会流动中常见的。因此,绝对的机会均等不一定能成为事实,垂直社会流动渠道也就并非完全畅通无阻。好在随着工业化的进展,垂直社会流动状况总是在向宽松的方向变化,20世纪好于19世纪,20世纪后半期又好于20世纪前半期。

从趋势上看,第二次世界大战结束以后的这段时间内,西欧国家的垂直社会流动,无论是向上流动还是向下流动,都比第二次世界大战以前要快一些,也就是说,垂直社会流动的机会要比第二次世界大战以前多一些,这正是垂直社会流动所受到的限制趋于减少的结果。

据调查,第二次世界大战以来的几十年内,法国、德国、瑞典、瑞士四个国家非农业人口父辈职业和子辈职业的变动情况如下:①

国家	向上流动(父辈是体力劳动者,子辈是非体力劳动者)	向下流动(父辈是非体力劳动者,子辈是体力劳动者)	总体垂直流动(非农业人口在工人阶级和中产阶级之间的流动)
法国	39%	20%	27%
德国	29%	32%	31%
瑞典	31%	24%	29%
瑞士	45%	13%	23%

---

① 参看格伦斯基编:《社会分层》(第2版),华夏出版社,2006年,第271页。

上述数字表明:"在代际之间,1/4 到 1/3 的非农业人口变为中产阶级或反之亦然。"①

上述数字还表明:在法国、瑞典、瑞士这三个国家,非农业人口的父辈职业和子辈职业相比,向上流动的比例大于向下流动的比例,而且比例的差距都比较大。只有德国非农业人口的父辈职业和子辈职业相比,向上流动的比例小于向下流动的比例,但比例的差距很小。

另据调查,第二次世界大战以来的几十年内,英国、意大利、丹麦三国城乡合在一起计算的父辈职业和子辈职业的变动情况如下:②

国家	向上流动(父辈是低声望职业,子辈是高声望职业)	向下流动(父辈是高声望职业,子辈是低声望职业)	总体垂直流动(城乡合并计算在高低声望职业之间的流动)
英国	20%	49%	29%
意大利	8%	34%	16%
丹麦	22%	44%	31%

上述数字表明,在上一代人和下一代人的职业比较方面,有1/6 到 1/3 的城乡居民在高低声望职业之间流动。

上述数字还表明,在英国、意大利、丹麦这三个国家中,城乡居民向上流动的比例都小于向下流动的比例。

那么,为什么在城乡人口合在一起计算时,会出现向上流动的比例小于向下流动的比例呢?一种或许可以说得过去的解释是:由于这是城乡居民合并计算的,而在经济增长和城市职业结

---

① 格伦斯基编:《社会分层》(第 2 版),华夏出版社,2006 年,第 272 页。
② 参看同上书,第 271 页。

构变动的大环境中,向上流动的可能性和向下流动的可能性都存在,对一个就业者来说,究竟是向上流动还是向下流动并不仅仅取决于是否存在着垂直社会流动尤其是向上流动的机会,而要在很大程度上取决于个人能否抓住机会。当然,向上流动的障碍仍然存在,"在不同的国家之间,父亲的职业是资产或障碍的程度是相当不同的"①。上述调查材料的编者承认"这确实是一个非常粗略的指标"②,尽管如此,并不妨碍人们从中了解垂直社会流动在西欧国家几十年来的大致情形。

四、工业化过程中垂直社会流动的特征

在西欧各国工业化过程中,垂直社会流动主要在中层进行。中层又可分为三个层次:中上层、中层、中下层。处于社会下层的人,力求进入中下层或中层,处于社会中层的人,力求进入中上层或上层。根据西欧国家的经验,只要中层(包括中下层和中上层)的职位是增加的,就有条件实现大多数人所向往的上升的社会流动。上层的职位始终有限的,要从中层进入上层,往往需要更好的机会和更大的努力。

工业化的进展和市场的扩大提供了上升的社会流动的可能性。这是因为:

第一,垂直社会流动中的向上流动,可以通过财富积累来实现。在工业化过程中,投资于工商业,经营工商业,都是积累财

---

① 格伦斯基编:《社会分层》(第2版),华夏出版社,2006年,第272页。
② 同上书,第270页。

富的途径。从法律上说,传统生产方式被突破之后,对社会下层人士来说,财富积累是可能的,因为法律对正当的工商业投资和经营是保护的,对私有财产是保护的。这样,只要工业化在进行,经济在增长,市场在扩大,通过投资和经营工商业而实现向上的社会流动的机会就会越来越多。当然,在经济增长和市场扩大的过程中,也会有一部分人在竞争中失败,从而他们得到的结果不是向上流动而是向下流动。

第二,工业化需要教育事业的相应发展。随着工业化的推进,政府的教育投资会相应地增长,而民间对教育事业也会日益重视。与此同时,社会上有更多的家庭愿意让自己的孩子受到更好的教育,获得某种专长,获得较高的学历。这样,处于社会下层和中层的家庭,将会成为教育事业发展中的受益者,这些家庭的下一代在受到较好的教育和提高学历层次后实现了向上的社会流动,其中主要在专业服务方面能获得好的工作、好的职位。

第三,在工业化过程中,随着经济的增长、人们收入的上升和需求的多样化,社会上将出现若干新的行业和新的职位。这种就业结构的变化是持久性的,也就是说,不断会有新的行业出现和新的职位出现,就业结构也将随之而变化。例如,随着工业化的进展,电信行业出现了,航空运输业出现了,电影业出现了,这些不都为社会提供了不少就业岗位和新的职务吗?再如,以金融业来说,工业化开始时的金融业是何等简单,银行业几乎就代表了金融业。而随着工业化的推进,金融业包含了许多新的行业,如保险业、期货交易业、信托业、证券业,还有各种基金,它们吸纳了多少人就业,又增添了多少个新的职位?这就为人们通过教育获得新的专业知识和技能后,进入这些新的行业,被提升为新的职务,创造了机会,创造了条件。

第四,在工业化过程中,公共管理的重要性日益被社会所认识到。单就政府管理来说,工业化实际上是同政府机构的扩编相伴而行的。政府需要有专业知识的公务员,需要有各类从事政府服务工作的雇员。就以公共卫生和环境保护这两个领域来说,这两个领域内的为政府工作的人员比工业化开始时增加了多少?再以公共交通服务和管理领域来说,为政府工作的人员又增加了多少?以上还只是政府本身和为政府服务的工作人员,除此以外,社会上还有多少中介机构和服务机构?这方面的人才是多种多样的,如各种慈善组织、社会教育基金组织、法律服务机构、会计服务机构等等。既然社会有这些需要,它们就会长期存在和发展,并提供了不少就业机会。

第五,在工业化过程中,技术不断进步,发明创造也不断增多,这又为人们的向上社会流动准备了条件,开辟了途径。在技术进步中作出贡献的和有发明创造的,可以通过这一途径实现向上的社会流动。他们可以获得奖金,得到荣誉,可以被提升职务,还可以自行创业,成为富翁。

总之,西欧各国工业化过程中,向上的社会流动可能性的增大,在很大程度上同经济的增长、人民收入的上升、经济结构的调整和企业的扩张有关。关于经济增长和经济结构调整的作用,前面已经作了分析。这里再着重谈一谈企业扩张有利于增加向上社会流动机会这一问题。正如库兹涅茨所指出的:"大型的工厂不可能由一个业主甚或由一个家庭的几个成员来经营。"①个人业主经营制或家庭经营制,多半适合于小型企业,而一旦企业规模大了,雇工人数多了,管理队伍必须有新人加入,以便适应企业扩张后所面临的新形势。这就为职工的向上社会流动开辟了通道。同时,为了企业的有效经营,"劳动力和管理人员必须在客观标准的基础上加以选择而不是依据家庭的标记"②。这依然是前面已经提到的工业企业家的用人标准(即既有才能又可靠的标准)在起作用。这就打破了或至少是削弱了传统的做法。职务和职位的任用不是看出身、看门第,不是在家庭或家族范围内选择,而是"强调在工作成绩的客观检验基础上(正规的教育、考试和资历证明书等等)"③进行选择。这就是工业化给西欧各国垂直社会流动带来的结果。

第三节　工业化和水平社会流动

一、水平社会流动的前提

相对于垂直社会流动而言,水平社会流动的实现似乎要容易一些,因为水平社会流动只涉及人们居住地点、工作地点的变动,以及人们从事的职业的转换、所在行业的转换,但不涉及人们职务的升降和社会地位的变更。正如本章第五节将会分析的,水平社会流动和垂直社会流动是相互影响的,在许多场合,

---

① 库兹涅茨:《各国的经济增长》,商务印书馆,1985年,第366页。
② 同上书,第367页。
③ 同上。

水平社会流动是实现垂直社会流动的条件之一。因此,对水平社会流动的限制同时也就限制了垂直社会流动,而如果严禁垂直社会流动,水平社会流动很可能会减少许多。

对水平社会流动的最大阻力是对水平社会流动的行政性的限制措施或半行政性的限制措施。这在边进行工业化、边突破传统生产方式的一些西欧国家表现得尤其明显。工业化开始时,那里的传统生产方式依旧存在,因此农民仍被束缚在土地上,不得自由离开本乡本村。这就是行政性的限制措施。而在城市中,尽管行会组织的势力已经大大不如过去了,但在某些行业中,行会或类似的组织仍发挥很大的作用,限制外人进入该行业经营或开设作坊,有的行业对学徒人数和学徒的家庭出身都有细致的规定。这就是半行政性的限制措施。在突破传统生产方式之后进行工业化的西欧国家,对水平社会流动的行政性的限制措施和半行政性的限制措施陆续消失了,但水平社会流动仍有一种阻力,这就是农民眷恋故土,不愿外出。这在很大程度上是受传统观念和习惯势力影响的结果。

应当指出,工业化初期,最初的水平社会流动主要表现为农民离开家乡到城市来寻找工作。或者说,农民迁往城市或矿区是当时最普遍的,也是人数最多的水平社会流动。促使这些农民离家外出的原因,无非是想借此机会改善自己的生活状况,甚至改变自己的命运。据历史资料,1740 年,英国一个农业工人的年收入在 12 英镑和 17 英镑之间,一个非熟练的非农业工人的年收入是 20 英镑,而一个煤矿工人的年收入略低于 22 英镑。[①] 这表

---

① 参看林德特:"英国的人口、工资和价格:1541—1913 年",载罗特伯格和拉布编:《人口和经济:从传统时期到现代的人口与历史》,剑桥大学出版社,1986 年,第 52 页。

明到工矿工作对农民是有吸引力的。这是1740年,即产业革命前夕的情况。也就在1740年,英国的成年男子中,大约只有30%的人在从事农业,有40%的人在工商业企业中工作,另有30%的人,大多数从事家庭仆役或从事其他工作。① 这一时期,外出就业的农民中,男工占多数,女工人数则较少,因为纺织工业的发展是1740年以后的事情。1740年以后,由于对矿产品的需求增大了,给矿工的报酬也增多了,于是就吸引更多的男子离乡进入矿区。在这里还需要提到,在18—19世纪的英国,在家庭充当仆役是来自农村的男子或妇女都乐意从事的工作,从门卫、厨师、马车夫、杂役、洗衣工、儿童的保姆、园丁、清洁工到随身保镖,宜男则男,宜女则女,待遇不低,而且吃住条件较好。贵族、富商家里雇用仆役人数较多,连普通的小康之家也雇用一两个仆役。所以从农村出来的人充当仆役是一种常见的谋生之道。

然而不应忽略,农民眷恋故土仍然在一定程度上阻滞了农民外出。特别是那些有一小块土地而且有自家的住所的农民,非到不得已时是不愿离开老家的。但改善生活的愿望毕竟是强烈的,而当已经外出做工的农民回到家乡,并显示自己在外面的经历和生活状况已有改善时,水平社会流动更是挡不住的。例如,"1800年后爱尔兰人纷纷向不列颠移民,当时爱尔兰人酷爱大家庭的程度丝毫不亚于不列颠人"②。一方面,从这里可以看

---

① 参看林德特:"英国的职业:1670—1811年",载《经济史杂志》,40,1980年,第685—712页。
② 考特:《简明英国经济史(1750年至1939年)》,商务印书馆,1992年,第11页。

出,农民要求改善自己生活的愿望比对故乡故土大家庭的眷恋更有吸引力;另一方面,这可能是由于爱尔兰的农民比不列颠的农民更加贫困。

还可以举18世纪末到19世纪初期的法国农民为例。这一时期,通过法国大革命和拿破仑执政,法国农民已经成为小土地所有者了,他们不愿离开家乡,不愿离开自己的土地。① 但由于战争频繁,一些年轻的农民从军了,在当兵期间了解到城市生活与农村生活的差别,所以复员时不愿再回到农村,而是到法国、瑞士或其他地方进入工厂工作。② 这可以被认为是水平社会流动的一条曲折的通道。在实行征兵制的西欧国家,这种情况尤为明显。③

二、工业化过程中水平社会流动的重要性

同前面在谈到垂直社会流动的重要性时已经分析过的一样,关于水平社会流动的重要性,仍然需要从效率和公平两个角度来进行讨论。

工业化过程中,在西欧各国的水平社会流动主要是农民向城市流动,农民从农业劳动向工商业和服务业劳动转移,后来还包括城市职工的跨地区、跨行业的流动。对农民来说,这一流动的意义是同生存或生活的改善有关的。在西欧,贵族、领主通常

---

① 参看奇波拉主编:《欧洲经济史》第3卷《工业革命》,商务印书馆,1989年,第340页。
② 参看同上书,第340—341页。
③ 参看克拉潘:《1815—1914年法国和德国的经济发展》,商务印书馆,1965年,第195页。

实行的是一子继承制(大多数是长子继承,也有少数是幼子继承),目的是为了避免庄园分解、缩小。但是,"适用于普通人的继承法大多规定了土地的均等分割(可分的继承),因而威胁到家庭生产单位每一代都要缩小"[1]。这样,家长在家庭中便起着主要作用,"家长(几乎总是父亲)……以对自己孩子们的个人权威来减慢这样的分割"[2],借此维持大家庭的继续存在。家长所采用的办法包括:"女儿们常被一笔不大的嫁妆排除了继承权;或者像较年轻的儿子们一样,一辈子保持独身。"[3]农村中的年轻人,无论少男还是少女,在这种形势下,只有外出打工,这既符合农村多子女家庭的家长的愿望,又可以为自己找一条谋生之路,找一个出头之日,以便将来有可能过上较好的生活。

工业化开始后,市场对劳动力的需求上升了,这既包括对熟练工人的日益增长的需求,也包括对半熟练工人的日益增长的需求。[4] 尤其是对半熟练工人的需求的上升,促进了农村劳动力向城市的流动,增加了跨地区水平社会流动的可能性。要知道,"工业化从一开始就产生一种新的现象,就是产生了半熟练工人,他们可以只经过若干星期的训练,便能按照机器工作的要求进行简单的常规操作"[5]。任何一个国家的工业化过程中,包括西欧各国在内,需求量最大的就是半熟练工人,所以"在工业

---

[1] R.福斯特:"小农",载《新帕尔格雷夫经济学大辞典》第3卷,经济科学出版社,1992年,第886页。
[2] 同上。
[3] 同上。
[4] 参看贝尔:《后工业社会的来临》,纽约,1973年,第15、17页。
[5] 同上。

化社会中,半熟练工人成为劳动力中最大的一部分"[1]。企业家们从提高本企业的效率出发,认为水平社会流动渠道必须及早通畅,否则连半熟练工人都雇不到,企业还有什么效率可言?

当然,随着工业化的进展,对技术进步和管理效率的要求越来越高,从而对熟练劳动力、技术人才和专业管理人员的需求也越来越多。同打破垂直社会流动的通道日益成为必要一样,打破水平社会流动的通道也变得日益迫切,只有这样才能满足企业发展和管理部门职能范围扩大的要求。否则势必导致各类人员的短缺,并且不可避免地会导致工业投资和管理部门效率的下降,从而引起工业投资者、经营者、管理者的不安。[2]

水平社会流动受到人为的限制,同样引起关心民主政治和人权的学者们的不满,他们认为这是社会不公平的具体体现。他们提出下层社会的人应当同上层社会的人一样有居住自由、迁移自由、择业自由的权利,有通过社会流动来改善自己生活的机会。他们督促政府尽早取消对水平社会流动的限制。事实上,限制水平社会流动和限制垂直社会流动一样,都会使得本来处境相当困难的下层居民(包括农民和城市贫民)得不到改善的机会,感到绝望,进而引起社会的动荡。政府在认识到这种限制可能引起的严重后果后,也不得不思考如何解决这一问题。

对这个问题还可以作进一步的分析。在西欧各国的工业化过程中,工业企业的布局日益重要。工业企业的合理布局是提

---

[1] 贝尔:《后工业社会的来临》,纽约,1973年,第15、17页。
[2] 参看莱文:"资本主义经济的增长理论",载《经济发展和文化变迁》,1975年10月,第42—74页。

高公司效率和增加利润率的因素，所以工业企业有必要选择合适的厂址，在生产经营过程中要根据情况考虑建立分厂或搬迁原来的厂址等问题。如果专业人才、技术工人和半熟练工人都因水平社会流动受限制，那么合理的工业企业布局就会受到阻碍，使企业的利润率下降。这个问题也必须在工业化过程中及早解决。毫无疑问，各类人才和劳动力能不能实现水平社会流动，同这些人本身愿不愿迁移是两个不同的问题。如果某些劳动者不愿意迁移，企业就不得不改变原先的布局方案，或者另外招聘一些职工来替代，但能否招到合适的人才又取决于水平社会流动能不能实现。由此可见，人才能否实现水平社会流动是一个先决条件，有了这个前提，才能考虑哪些人愿意迁移还是不愿意迁移。

三、工业化过程中对水平社会流动限制的逐渐消失

在西欧各国工业化过程中，对水平社会流动限制的消失要比对垂直社会流动限制的消失容易一些，因为所受到的阻力较小。水平社会流动的限制随着工业化的进展而较早地退出历史舞台。最希望迁移到城市以寻求个人和家庭发展机会的，是在贫困地区农村中处境最差的人，而最有可能实现迁往城市愿望的，则是距离城市较近而又有一定技艺的农民。但不管是哪一类人，只要对水平社会流动的限制放松了，这些人便会加入流动大军。

这里可以举法国为例。在法国，较早离开农村外出打工的并不是自耕农，而是农村中的雇工。正如布洛赫在所著《法国农村史》一书中所指出的："城市工资职位的引诱，原来供养农业工

人的农村工业的衰落,适应新经济方式的困难,公共道德意识的变化(不如过去那样紧密依赖于传统的劳动方式),新的追求舒适生活的兴趣,对农庄工人悲惨生活状况的不满,这一切都使农村雇佣劳动者处在艰难困苦之中。"[1]正是这样一些原因,促使农村中的雇工从工业化一开始就大量流出。"农村人口外流,在七月王朝时就已成了十分敏感的问题"[2],以至于从1850年起,法国农村出现了雇工不足和劳动力来源短缺的现象。[3]

在布洛赫所列举的导致农民外出的原因中,值得一提的是"公共道德意识的变化"。这主要是指在工业化以前的法国农村中,村民自治组织起着相当大的作用,农户在遇到困难时,村民之间互助互帮对农民渡过难关有不可忽略的意义,这不仅包括村民们在农业劳动方面伸出援助之手,而且在生活方面(如患病、丧事、婚嫁等)也互相帮助。这些援助完全出自村民们的道德意识,而在工业化开始后,传统的社区互助和邻里互助都淡化了,甚至消失了。这样,不少农民感到家乡已没有什么可留恋的,一有机会就外出另谋工作。

概括而言,尽管自19世纪中期起,法国农村中出现了雇工不足的状况,但这仍然挡不住农村人口继续外流的大趋势。由于农村雇工不足,业主们便更多地考虑吸引国外一些想寻找工作的穷人来到自己的田庄干活,而不是想把准备外出的本地农民的孩子留在农村劳动。据调查,19世纪70年代以后,法国农

---

[1] 布洛赫:《法国农村史》,商务印书馆,1991年,第267页。
[2] 同上。
[3] 参看同上。

村外流的"主要是不参加工作的人口,也就是农民的孩子而不是农民本身"①。当时,农民家庭的第二代甚至第三代离开农村外出谋生,是普遍现象。不仅男性离开农村,连妇女也纷纷外出了。正如当时法国一份农村调查报告所说:"农民的女儿先离开,她们在城镇里当仆人,然后在那里定居。"②造成这种现象的主要因素依然是收入的差距,而对水平社会流动的限制的减少则是前提。③

在西欧,为什么过去长期存在的对水平社会流动的限制会逐渐消失呢?大体上有四个原因:

第一,对水平社会流动限制的逐渐消失同社会各界对这个问题的关注以及为此作出不懈努力有关。正如前面已经提到的,企业界是为了提高公司的效率而要求取消对水平社会流动的限制,而学术界人士,包括致力于民主政治制度建设和人权维护的人士,把人们的居住自由、迁移自由、择业自由看成是公民的一种不容剥夺的权利,因此为之奔走呼吁。这就为取消对水平社会流动的限制提供了社会基础。政府和议会在来自企业界和社会其他各界人士的压力下,不得不认真考虑这一问题。

第二,政府本身还有自身的考虑,即为了社会的稳定和促进本国的经济增长,感到再限制水平社会流动对自己是不利的。尤其是那些因失去水平社会流动机会而陷于绝望状态的下层社会人士,如果不给予他们一条出路,那样将会激起他们对社会的

---

① 卡龙:《现代法国经济史》,商务印书馆,1991年,第111页。
② 同上。
③ 参看同上。

不满,对政府的不满,甚至酿成社会动乱,不如采取疏导的做法,以化解社会矛盾。

第三,从劳动者自身来说,只要经济增长和工业化继续推进,经济中就会不断涌现新的就业机会、创业机会,他们也就会竭力摆脱各种束缚,自行水平流动,离开本乡本土,到外地去寻找工作,这是任何力量也阻挡不了的。如果仍旧存在对水平社会流动的这种或那种限制,他们也不把它放在眼里,能回避的就回避,能绕开的就绕开,能抗拒的就抗拒,久而久之,这些对水平社会流动的限制就会形同虚设,不起什么作用了。最后,这些限制,或者被正式取消,或者就不了了之。

第四,农村金融在这方面给了准备离家外出的农民和已经外出的农民很大的帮助,使他们能够融到资金,用于安排生活或作为创业的资本。一种常见的农村金融业务就是向农民发放以土地或房屋作为担保物的抵押贷款。这就是说,准备外出或已经外出的农民可以用自家的土地或房屋作为担保物,通过贷款取得资金,等到进城工作一段时间或创业有所成就时偿还贷款。此外,农村的民间借贷也是比较流行的,农民可以通过民间借贷而贷到一笔资金,为外出作准备,这也促使了农民水平社会流动的实现。只要农村外出的人越多,而且外出的人手头拥有一些钱,便于租房、找工作、开业、安家,不至于流落街头,靠乞讨为生,市政当局也就会相应地转变对外来人口的看法,对水平社会流动的限制也就逐渐不存在了,至少不起作用了。

四、工业化过程中水平社会流动的特征

水平社会流动在较大程度上是双方选择的结果。如果只有

单方面的选择,无论是劳动力供给方的选择还是劳动力需求方的选择,都不可能持久。西欧工业化时期的移民潮就是一个明显的例子。

工业化过程中的移民潮是必然的,也是劳动力供给方和需求方双向选择的结果。移民潮既有国内的,也有国际性的。英国是最早进行工业化的国家,英国也是最早出现移民潮的国家。英国工业化初期,除了吸收了西欧大陆国家来的技术工人而外,还吸收了来自爱尔兰的非熟练工人。英国国内的移民潮也是相当明显的。"尽管定居法规对于人口流动有严格的限制,但在英国仍然出现了相当规模的人口迁移;特别是兰开夏已经成为一个内陆边疆,它在机器和工厂时代到来以前很久就已经从相邻的郡县以及爱尔兰和苏格兰吸引了成千上万的人。"[1]其中爱尔兰人的外迁在很大程度上是由于饥荒所致。[2]

法国的情况同英国相比有些不同。特点之一在于:尽管19世纪法国农村人口就不断迁移到城市,但农村人口大体上还是比较稳定的。[3] 农村人口向城市的较大流动是进入到20世纪以后。仅以1900—1913年为例,在这期间,法国每年约有4万名农业劳动者转入其他部门。[4] 这同法国工业化的进度在20世纪初的加快有关。特点之二在于:法国在工业化初期所吸收

---

[1] 哈巴库克和波斯坦主编:《剑桥欧洲经济史》第6卷,经济科学出版社,2002年,第275页。

[2] 参看奇波拉主编:《欧洲经济史》第3卷《工业革命》,商务印书馆,1989年,第68页。

[3] 参看马赛厄斯和波斯坦主编:《剑桥欧洲经济史》第7卷上册,经济科学出版社,2004年,第383页表65。

[4] 参看同上书,第384页。

的来自国外的移民,"仅仅局限于一些事业技能者,其数目也较小。这些人可能是荷兰的造船木匠、德国的采矿工人或金属工匠,或者是在诸如细丝纺织等奢侈品制造上有一技之长的意大利人"①。还有前面已经提到过的来自英国的机器制造工匠和铁路工人。②这些来自国外的技术人才恰好补充了法国工业化初期技术人才的短缺。

在西欧国家的工业化过程中,还出现了另外两股国际移民潮:一是东欧国家向西欧的移民潮,二是西欧国家向美国的移民潮。东欧国家向西欧的大量移民不仅是由于贫穷,而且还有逃避政治压迫(逃避沙皇俄国和奥斯曼帝国的压迫)的因素。至于西欧各国向美国的大量移民,除了应归因于贫困和没有出路以外,还为了向往较好的生活,包括对美国政治制度的向往。19世纪西欧究竟有多少移民到了美国,没有精确的统计数字。③可供参考的估算数字是:19 世纪大约有 2,800 万欧洲人迁入美国,其中大多数是西欧人。④

由于水平社会流动取决于双向选择,所以在向国外移民时,既要有劳工移出国的向外移民的意向和对移居国家的选择,又要有移民接纳国的吸纳外籍工人入境的意向,以及符合移民入境的各项规定。如果仅仅有劳工移出国的劳工外移意向但劳工

---

① 马赛厄斯和波斯坦主编:《剑桥欧洲经济史》第 7 卷上册,经济科学出版社,2004 年,第 376 页。
② 参看本书第二章第二节。
③ 参看奇波拉主编:《欧洲经济史》第 3 卷《工业革命》,商务印书馆,1989 年,第 68 页。
④ 参看同上。

接纳国不接受这些移民,那么移入者即使入境,也只是非法移民。然而在工业化过程中,由于对劳动力的需求一直在扩大,所以在一些国家,非法移民逗留的时间久了,不少人也就定居下来了。这是当时国际水平社会流动的一个特点。

20世纪以后,国际移民的势头有增无减。这里仍以法国为例。第一次世界大战期间,法国急需从国外引进劳工,移入总数大约50万人,约占军事工业劳动力总数的1/5。[1] 其中包括西班牙人、葡萄牙人、希腊人、中国人、阿尔及利亚人等。而第一次世界大战结束以后,来自东欧国家和西欧其他国家的移民就更多了。1921—1930年间,进入法国的移民共有191.6万人,其中有114.8万人进入工业,76.8万人进入农业。[2] 这与法国农业中劳动力不足的情形是相符的,因为法国的青年农民进城了,留下的空位由外国移民来填补。

从移入者总数来看,法国这一时期的移入者总数仅次于美国,占世界第二位;但从相对程度上看,则占世界第一位,因为每1,000个居民中有5.12个移入者,而美国每1,000个居民中则有4.92个移入者。[3] 在移入人口中,波兰人的数目急剧增加。1920—1931年间,迁移到法国的外国人每5人中有1人是波兰人。从总数上看,这一时间移入法国的波兰人达到411,600人,次于意大利人(721,000人),高于西班牙人。[4]

---

[1] 参看马赛尼斯和波斯坦主编:《剑桥欧洲经济史》第7卷上册,经济科学出版社,2004年,第402页。
[2] 参看同上。
[3] 参看同上书,第403页。
[4] 参看同上书,第403—404页。

国内的水平社会流动与国际的水平社会流动相比,虽然在法律上要简单得多,但双向选择却是相同的。国内的水平社会流动中,如果没有接纳方的同意而只是移入者的一厢情愿,同样不可能持久。在英国工业化过程中曾出现一种值得注意的现象,即在同时存在向国内和国际移民的可能性时,移民选择的是国际移民而不是国内移民,尽管国际移民成本要比国内移民成本大得多。[1] 例如,工业化开始后,英国南部的农民照理说应当向工业化的北部地区移民,"实际情况是这种移民并没有发生"[2]。南部农民还是准备离乡外出的,但是当他们"最后决定移民时,他们更愿意把他们的脚步迈向美国或加拿大,而不是兰开夏郡"[3]。为什么会出现这种情形?一种解释是:最初可能认为两地的发展前景不同,尽管到美国或加拿大的移民成本高一些,但发展前景似乎更好,所以选择了去美国或加拿大;到了移入地以后,同乡或亲戚朋友中到美国或加拿大的人数渐渐多起来了,那里的人际关系比去兰开夏郡好一些,迁移的心理成本随之下降,于是后来的移民宁肯选择美国或加拿大而不愿选择英国北部的兰开夏郡。

---

[1] 移民成本包括交通费用、信息费用、心理成本等。心理成本指迁移者的心理负担。参看厉以宁:"人力资本理论的产生和发展",载北京大学经济系经济史经济学说史教研室编:《国外经济学评介》第2辑,上海人民出版社,1982年,第32—33页。

[2] 马赛厄斯和波斯坦主编:《剑桥欧洲经济史》第7卷上册,经济科学出版社,2004年,第128页。

[3] 同上。

第四节 社会流动和工业化过程中人力资本作用的发挥

一、工业化的进展依赖于人力资本作用的发挥

依据人力资本理论,物质财富是物质资本和人力资本共同创造的;人力资本和物质资本相比,物质资本固然重要,但人力资本更加重要:物质资本有可能在战争中被毁掉,只要人力资本还存在并发挥作用,物质资本可以被重建,甚至会有更大的增加。在西欧工业化过程中,这一点表现得十分清楚。

以英国工业化初期的情况为例。芒图在所著《十八世纪产业革命》一书中写道:在英国,"农村的农夫、铁匠、织工和剃须匠虽然构成英国大工业家的第一代,但要成功,就必须高度地具有某些适合于新任务的才能,这些才能使得他们大家都有某种同源的相似"①。那么,究竟是哪些共同具有的才能使得第一代大工业家获得成就呢?发明才能固然是一项重要的才能,但工业家的才能主要不在此。芒图认为,"他们并不是通过发明能力而显出的,他们主要是善于经营利用他人的发明"②。这并不是说他们同发明无关。"工业家中有些人即使不是非常重要的发明的创造者,至少也是具有真正实用价值的改良者。"③除此以外,

---

① 芒图:《十八世纪产业革命》,商务印书馆,1983年,第304页。
② 同上。
③ 同上。

为了扩大生产规模，他们必须有筹资融资的能力；企业建成后，雇工人数增加了，他们还必须善于组织生产，管理好企业。这些不仅是必要的，而且通常是非常艰苦的，因为在当时的条件下要训练来自农村和城市贫民区的劳动力，甚至还有退伍士兵，在企业内建立分工制度，整顿劳动纪律等等都不是轻而易举的事情。① 最后，工业家的才能还要突出地反映于寻找市场之上。这时的工厂主已经不能再像他们的前辈那样自己带着产品到处去推销了。②"假如他以前没有商人的本事，那么，他就必须获得这种本事，必须能把关系扩大到全国，甚至扩大到国外。"③工业化初期英国那些从小业主上升为工业企业家的人，正是在实践中陆续具备了这些才能而获得成功的。

由此可见，发明、创造、推广、筹资融资、组织生产、训练工人、市场营销等等，全都来自人力资本的发挥。没有人力资本而仅靠物质资本，工业化不可能开始，即使开始了，也会停留于某一水平上而无法继续前进。还应当指出，人力资本中的知识、技能和经验是可以通过言传身教或文字记载而传授给他人的，一切发明创造都会被他人接受并获得新的进展。工业化的知识、技能和经验正是这样从前人传授给后人，并且从这一地区传播到另一地区。人力资本也是可以不断增加的，教育、职业培训、自学和个人经验的积累，都是导致人力资本增加的方式。但不应忽略，社会流动往往是人力资本增加和人力资本发挥作用的重要条件。人力资本增加同社会流动之间的关系可以归结为：

---

① 参看芒图：《十八世纪产业革命》，商务印书馆，1983年，第306页。
② 参看同上书，第307页。
③ 同上。

一方面,社会流动(包括垂直社会流动和水平社会流动)渠道的通畅程度越高,对人力资本作用的发挥越有利;另一方面,人力资本的作用得以发挥又将促进更多的人倾向于社会流动,并促使社会流动的限制逐步减少。当然,正如前面已经指出的,无论是对垂直社会流动的限制的减少还是对水平社会流动的限制的减少,都不是容易的,需要经历社会各界多年的努力才能逐步做到这一点。

二、人力资本的作用得以发挥的制度因素

社会流动限制的减少和最终消失,即社会流动渠道由初步畅通到完全畅通,都属于制度因素起作用的范围。但制度因素对社会流动的影响,并不仅限于社会流动是否畅通问题。制度因素所涉及的,是同人力资本的增加和人力资本发挥作用有关的制度环境建设问题。也就是说,没有合适的制度环境,人力资本难以增加,人力资本的作用难以发挥出来。

这里可以用职业培训这个问题作为例证。让社会下层的劳动者接受社会培训,是便于他们就业,找到合适的工作,改善自己的生活,以及使他们有更大的发展机会的方式。通过职业培训,社会下层劳动者的水平社会流动的可能性和垂直社会流动的可能性都增加了。因此,正如希克斯所说的,在西欧工业化过程中,"从一个等级过渡到另一个等级,这在很大程度上是一个培训问题"[①]。

然而事情并非如此简单。培训能否有效,培训的结果能否

---

① 希克斯:《经济史理论》,商务印书馆,1999年,第126页。

使社会下层的劳动者得到实惠,培训活动会不会遇到来自不同方面的阻力,是制度环境同人力资本作用的发挥是否相适应的问题。这是因为,"如果从一个等级移到另一个等级果然是很容易的话,那么每个等级都可以通过向上一个等级的流动来扩大其就业;只要处在底层,低等级的劳动力就总会有机会被吸收"①。但这仅仅是一种理论上的设计而已。事实上,社会下层的劳动者即使获得了某种培训的机会,通过认真的培训,人力资本作用的发挥仍然会遇到阻力,前途障碍重重。阻力来自何处?障碍是谁设置的?这不是某个机构、某个单位或某个有影响有势力的人所设置的,而是制度环境所造成的。"实际上各个等级都对这种流动设置障碍,尽管障碍并非不可克服,但通常相当顽固。"②希克斯在分析制度环境改造的艰难时,不无感慨地写道:"等级区分(我不愿用'阶级结构'而宁愿用不太触动感情的比较一般的表述方式)的一般影响是使低级劳动力需求的扩张(它最后可能会把城市无产者吸收掉)遭到抑止。"③

制度环境的改造是多方面、多层次的。这种改造之所以困难,既由于制度本身有一种惯性,也由于在制度支配下的人们也有一种惯性。制度惯性和个人惯性二者交织在一起,制度就更加牢固,更加不易触动了。

关于制度惯性,也就是制度经济学中所说的路径依赖(path dependence),在诺思的《制度、制度变迁与经济绩效》一书中有

---

① 希克斯:《经济史理论》,商务印书馆,1999年,第126页。
② 同上。
③ 同上。

细致的分析。他写道:"路径依赖性意味着历史是重要的。如果不回顾制度的渐进演化,我们就不可能理解当今的选择(并在经济绩效的模型中确定它们)。"①简要地说,路径依赖是指:一种制度是多年累积而形成的,一旦形成了,它就成为定式,持续发挥作用,人们也就不知不觉地循着制度下惯有的方式行事,于是就成了制度惯性。②关于这个问题,本书第九章和第十章在讨论资本主义制度调整时会有较多的论述。

这里要分析的是个人惯性的作用。个人惯性,又称个人惰性,这是指个人易于陷入自己多年来所养成的习惯之中,一切按自己过去的做法来做,按自己一贯的思路来思考,不想改变,也不愿改变。前面曾经提到的工业化初期农民眷恋乡土,不愿外出就业的情形,就是例证。甚至英国也不例外,"实际上,产品比劳动力的流动自由得多。劳动者不喜欢在工厂就业,并设法回避远距离迁移"③;此外,农村劳动力的外出更多是季节性的,在短期内工业劳动力的供给没有弹性,提高工资也不能吸引那些不愿离乡外出的农民前来。④

但随着工业化的进展,工业化初期存在的制度惯性和个人惯性都会渐渐地发生变化,这也就是制度环境的逐步转变。以企业经营管理的"世袭制"来说,经过长期实践,"即使在私人企

---

① 诺思:《制度、制度变迁与经济绩效》,上海三联书店,1994年,第134页。
② 参看柯武刚和史漫飞:《制度经济学:社会秩序与公共政策》,商务印书馆,2000年,第476页。
③ 马赛厄斯和波斯坦主编:《剑桥欧洲经济史》第7卷上册,经济科学出版社,2004年,第125页。
④ 参看同上。

业经营中,管理职能的'世袭制'也被认为是不利于企业发展的"①。这是历史的必然,因为在企业投资者看来,利润率至上,于是他们"也愿意让那些不是来自同一社会等级、但被认为有经营才能的'最适宜者'来担任企业的负责职务"②。至于企业规模大小,则不是一个主要问题。虽然在较小的企业中,许多企业仍然由资本家直接管理,父子相承,而大企业中却比较倾向于任用有才能的人当经理,然而这不是绝对的,在某些场合,"较小的企业害怕在竞争中垮台,所以重视发挥企业经理的'才能'"③。

还需要指出,制度环境有利于人力资本发挥作用的表现不仅是在法律上取消对社会流动的限制,对机会均等的规定,以及给予全体公民同等受教育的权利等等,还包括政府实行了有利于改善中低收入家庭的措施。城市住房建设有利于人力资本发挥作用,而城市住房建设是在政府支持下进行的,政府这样做,正是为了缓解各类人才进入城市工作的困难,也就是为了缓解"劳动力熟练程度的结构和就业结构在数量和地点上"④所存在的矛盾。这种矛盾不仅出现于工业化前期,而且到了工业化后期更加突出。例如,在第二次世界大战结束以后,西德政府为了加快经济复兴,需要大批熟练劳动力,"1949 至 1964 年建造了800 万套住房,使劳动力能够流动,减少了上述矛盾,发掘了'人

---

① 罗志如和厉以宁:《二十世纪的英国经济:"英国病"研究》,人民出版社,1982 年,第 191 页。
② 同上。
③ 同上。
④ 阿贝尔斯豪泽:《德意志联邦共和国经济史(1945—1980)》,商务印书馆,1988 年,第 71 页。

力资本'的潜力"①。

  政府增加教育投入,同样是有利于发挥人力资本的作用和挖掘人力资本潜力的。教育的普及使社会下层的家庭能够提高自己赚取收入的能力和取得较多收入的机会。这样,在个人和家庭收入前景的吸引下,人们将设法通过不同形式的教育来增加自身的人力资本并使之发挥作用。② 为什么这里提出家庭收入前景问题,因为根据西欧各国工业化时期的经验,家庭收入的不同不仅影响家庭成员的社会流动,而且还影响家庭成员的人力资本存量和人力资本的发挥程度。这都是制度因素起作用的结果。例如,在英国工业化初期的劳动者迁移中,"家庭收入——而不是个人收入的多少——常常起重要作用"③。这是因为,一个社会下层人士的家庭中,如果参加劳动挣收入的成员少,意味着受赡养的家庭成员多,于是劳动者流动的可能性就会大一些,因为家长要外出挣钱养家糊口,年龄大一些的孩子也要外出做工,以减轻家庭负担。当然,同样不能忽视制度因素的影响,即家庭收入多了,子女一般受教育的年限较长,他们一生的收入也会较多。④ 这表明家庭收入多,家庭成员的人力资本存

---

  ① 阿贝尔斯豪泽:《德意志联邦共和国经济史(1945—1980)》,商务印书馆,1988年,第71页。
  ② 参看布劳格:"人力资本理论的经验研究状况",载《经济文献杂志》,1976年9月,第827—855页;格里利彻斯:"受教育的回报估算:若干经济问题",载《计量经济学》杂志,1977年1月,第1—22页。
  ③ 马赛厄斯和波斯坦主编:《剑桥欧洲经济史》第7卷上册,经济科学出版社,2004年,第125页。
  ④ 参看克雷尔和索洛克编:《个人收入分配文集》,阿姆斯特丹,1978年,第395—396页。

量大,挣钱机会也多。① 此外,由于各国国情不同,即对人力资本发生作用的制度环境有差异,因此家庭结构对人们的影响也会不同。以瑞典和美国为例,家庭环境和家庭结构对瑞典人的收入的影响就不如美国那么大。②

在考察工业化过程中人力资本的作用得以发挥的制度因素时,还有必要对激励机制的建立和完善进行分析。激励机制的建立和完善,同社会流动渠道是否通畅有密切关系,但又不限于社会流动方面,因为它和工业化时期企业或任何一个用人单位能否有效地调动每一个工作人员的积极性和创造力有关。它既关系到效率的增长,又体现了机会的均等。在企业管理方面,泰罗制的提出和在西欧国家的推广,就同工作秩序的稳定和激励机制的完善联系在一起。工业化时期泰罗制的推广,可以被看成是在企业长期积累的知识、技能和经验的基础上使人力资本得以进一步发挥作用的结果。

三、人力资本的作用得以发挥的文化因素

从广义的制度因素的角度来看,影响人力资本发挥作用的文化因素也可以归入制度因素之内。但在考察西欧各国的工业化时,由于文化因素具有特殊性质,所以在本节中把文化因素单列出来,进行专门的分析。

在有的制度经济学书籍中,把影响经济和社会的文化因素

---

① 参看克雷尔和索洛克编:《个人收入分配文集》,阿姆斯特丹,1978年,第395—396页。
② 参看同上。

称做"文化资本"(cultural capital)①,并认为它对于经济增长和社会发展具有不可替代的作用。文化资本或文化因素是无形的,它体现于某种组织之中,体现于某些行为规则之上,但更重要的是,它体现于某些观念之中,②这些观念影响人们的思维、行动和人际关系,从而也就不可避免地影响人力资本的增长和人力资本作用的发挥。

文化资本与人力资本是有区别的。其中一个区别是:人力资本主要由与工作任务相关的个人技能(包括知识和经验)所构成,文化资本则是一种社会的架构,而不是像人力资本那样同一定的个人结合在一起。③ 二者的另一个区别是:人力资本是人力投资的产品,这里既有公共投资(如公共教育经费等),又有个人投资(如个人为此缴纳的教育支出等),而文化资本的投入则是不明确的,目前的公共文化投资(如用于文化事业维持和发展的公共文化经费等)或个人文化投资(如个人为了文化生活而支出的费用等)似乎对文化资本形成的作用不明显,因为文化资本是历史形成的,是社会多年累积、沉淀而成的,看不出某一年的特定用途的文化投资对此有多么重要的作用。④ 也就是说,"文化资本更像无需努力就能从社会化中得到的副产品"⑤。

---

① 柯武刚和史漫飞:《制度经济学:社会秩序与公共政策》,商务印书馆,2000年,第199页。
② 参看同上书,第199—200页。
③ 参看格伦斯基编:《社会分层》(第2版),华夏出版社,2006年,第473页。
④ 参看同上书,第474页。
⑤ 同上。

具体地说,影响工业化过程中人力资本发挥作用的文化因素有以下这些:

第一,宗教伦理观念

这就是马克斯·韦伯在其名著《新教伦理与资本主义精神》一书中所强调的,在宗教信仰、信念、伦理观念的支配下,一个人可以发挥很大的主动性、积极性、创造性,体现在他身上的人力资本可以发挥很大的作用。① 在西欧各国工业化过程中,这一点表现得很明显。

第二,社会信任

应当注意到,在西欧各国工业化过程中,社会信任始终是对人力资本作用的发挥有着重要影响的一种文化因素。尽管工业化开始后,城市中行会团体的作用越来越小了,传统农村的自治组织、互助组织的影响力也越来越淡化了,但民间的互相信任和互相帮助的风气或习惯却依旧存在。社会信任作为一种人们共同遵守的道德准则,仍在影响着人们的生活和生产,并使困境中的劳动者能得到帮助,走上生活改善的道路。

第三,乡土观念

乡土观念由来已久,这是传统农业社会所传承下来的一种留恋本乡本土的观念。工业化开始后,这种观念一直对农民家庭起着重要作用。前面多次提到,农民的浓厚的乡土观念使他们不到不得已的时候不愿离乡外出做工。这也许是一种阻碍人力资本增长和阻碍人力资本发挥作用的力量。但还可以从另一

---

① 参看马克斯·韦伯:《新教伦理与资本主义精神》,三联书店,1987年。

个角度来考察,这就是:如果农民最终还是选择离乡外出做工或自行创业的道路,他们依然惦记着家乡,不会忘记家乡的亲戚、朋友、邻居。当他们在外面遇到经济不景气而无法继续工作和生活的时候,他们会把自己的家乡当做一个"避风港"或庇护所,又返回自己的家乡,这是一种保存自己,也就是保存人力资本存量的做法。尤其是当他们在外面创业成功而成为有名望的或有财产的人的时候,包括已迁居国外多年的人,总记得自己少年时或自己的父辈、祖父辈生长的地方,帮助那里的人改善生活,帮助当地发展公益事业,或者帮助他们外出工作、创业。这就是导致人力资本发挥作用的一个例证。

第四,小业主意识

由于西欧工业化初期第一代工业企业家多半来自小作坊主、工匠、小商人,以及由于进城做工或创业的农民带有小农意识,所以小业主意识成为西欧各国工业化过程中影响人力资本作用发挥的另一个重要的文化因素。不可否认,小业主意识的长期存在具有不利于人力资本发挥作用的一面,例如,使人们眼光比较短浅、狭窄,经常认为小富就应知足,冒险精神不足,创新思想缺失等等。但还应当看到,小业主意识的长期存在也有促进人力资本发挥作用的另一面。这主要表现于:在工业化推进和经济增长的大潮中,往往也需要有一种克制性的、保守性的思潮来调和。经济不可能一直处在亢进、过度兴奋的状态,如果那样的话,离崩溃就不远了。社会需要有人敢于冒险,有人远离风险;有人敢于创新,有人倾向守成;有人"疯狂"了,有人冷静、无动于衷。正因为小业主意识的长期存在,经济中才有一种内在的平衡,而不至于无论繁荣时或衰退时都陷入一发而不可收拾的境地。① 小业主意识,从这个意义上说,并不能被简单地看做消极因素。比如说,有小业主意识的人更着重实体经济,避开虚拟经济,这既是一种不足,但又未必不是一件好事。

以上从四个方面分析了工业化时期对人力资本发挥作用有影响的文化因素。它们显然是不可忽视的。它们不仅会影响西欧各国工业化过程中的垂直社会流动和水平社会流动,而且更会影响工业化的进程,影响经济的运行。

第五节 工业化过程中垂直社会流动和水平社会流动的交叉影响

一、工业化过程中垂直社会流动和水平社会流动互为前提

这里所说的工业化过程中垂直社会流动和水平社会流动互为前提是指:如果没有最初的水平社会流动(如居住地的迁移和职业的转换),那么最初的垂直社会流动(如职务的提拔和社会地位的上升)也就难以实现;反之亦然,如果没有最初的垂直社会流动,最初的水平社会流动也会遇到困难,因为在无法实现个人的垂直社会流动的背景下,水平社会流动将缺乏吸引力,人们会认为,居住地的迁移和职业的转换究竟有多大意义呢?其实,早在西欧封建主义时代,这种垂直社会流动和水平社会流动的交叉影响就已十分明显了。庄园里的农奴们为什么竭力想逃往

---

① 参看厉以宁:《社会主义政治经济学》,商务印书馆,1986年,第321—322页。

城市,不正是因为在城里居住了一年零一天就可以成为自由人而不再是农奴了吗?① 但最早的城市居民又是从农村中出来的农奴身份的手工业者,他们进了城市,逐渐创业致富,成为更多的尚未离开庄园的农奴的羡慕对象。② 试问,没有最初的水平社会流动,会有以后的垂直社会流动吗? 没有垂直社会流动的吸引,以后会有源源不断的水平社会流动吗?

在西欧各国的工业化过程中,究竟是先有垂直社会流动还是先有水平社会流动,这是一个说不清楚的问题。要知道,工业化是相当长的过程,其中包括了工业化以前的准备阶段,也就是从工业化以前的时期向工业化时期的过渡阶段。无论是垂直社会流动还是水平社会流动,早在这个过渡阶段就已经有了。因此,在西欧工业化开始时,垂直社会流动和水平社会流动都不是从零开始。但进入工业化时期以后,一个明显的特征就是垂直社会流动和水平社会流动都是加速进行的,由于阻碍这两种社会流动的障碍逐渐消失,所以社会流动的速度似乎越来越快。

社会流动的加速除了社会流动的障碍逐渐消失以外,还有一个重要原因,这就是个体化的加速。个体化的意思是:"个人从氏族、本地村社和其他传统权威的许多压力下解放出来……本来是以家庭为中心的文化,现在转向以个人为中心的,和一种新的机动相关的文化。"③这是工业化过程中不可避免的现象,即使在西欧各国个体化的出现远远早于东方国家,但相对于工

---

① 参看厉以宁:《资本主义的起源——比较经济史研究》,商务印书馆,2003年,第276—277页。
② 参看同上书,第82页。
③ 赫茨勒:《世界人口的危机》,商务印书馆,1963年,第52—53页。

业化以前来说,个体化的趋势仍然是明显的。在西欧工业化推进的同时,城市化也取得了很大进展,于是"人们愈来愈少参加地方的、亲密的和邻居的团体;事实上,由于他们被吸引到分化的,具有特殊利益的集团或者大而分散的次级集团中,他们和上面那些团体完全疏远了"①。可以用更简明的方式来表述什么是个体化:个体化是个人"趋向于和亲族集团分离"②。

为什么个体化会进一步推动工业化时期的垂直社会流动和水平社会流动?一方面,正如前面已经指出的,准备外出谋生的人或准备转换职业以寻求更大发展的人,在进行社会流动时,对乡土的留恋和对家族、家庭的牵挂减少了,家族、家庭对他们的牵制力和影响力也削弱了,这些都有利于社会流动的渠道变得通畅些。另一方面,垂直社会流动和水平社会流动的交叉影响,或二者互为前提的作用,在个体化过程中也更加突出。这是因为,对准备进行社会流动的人来说,他们的后顾之忧少了,未来对他们的吸引力增大了,他们考虑得更多的是:要迁移外出,有哪几个地点可供选择?究竟哪一处最适合自己?要转换职业,有哪几个机会可供选择?哪一个行业最有利于发展?这正是工业化过程中每一个准备社会流动的人最关心的问题。

西欧工业化过程中,垂直社会流动和水平社会流动的相互推动和互为前提,对工业化的进展是有积极意义的。这不仅大大缓解了一般劳动力和专业人员的供求矛盾,从而推动了效率的提高和产值的上升,而且还有力地激发了一般劳动力和专业人员的积

---

① 赫茨勒:《世界人口的危机》,商务印书馆,1963年,第52页。
② 同上。

极性、创造性,从而推动了创新和创业活动。与此同时,一般劳动力和专业人员的收入水平都在不同程度上有所上升。实现了水平社会流动之后,他们的居住地点、工作单位变换了,职业更换了,这既改善了工作环境,更为今后的垂直社会流动准备了条件。而有了垂直社会流动的可能性,他们学习和钻研专业知识和技能的主动性相应地增加了,这进一步有助于他们收入的提高。

以工业化时期的印刷工人为例,可以说明这一行业的工人在水平社会流动和垂直社会流动方面的互动关系。当时,只要进入这一行业并获得印刷工业的专业知识和技能之后,他们"在任何别的印刷厂或别的城市差不多都可以适用"[①],包括到别的印刷厂工作和到别的城市自己开设印刷厂,他们很容易利用这种机会,先实现水平社会流动,再实现垂直社会流动。加之,印刷工业的工资水平相对于其他行业而言,在当时的情况下是比较高的,"因而他们由这一地区转移到别一地区,比较地轻而易举。结果是印刷工人的流动性很大"[②]。印刷工人流动性大这一事实,对工业企业主来说具有双重影响。一方面,印刷工业的企业主可以用高价招聘到各地有技术专长的工人,使自己的产品质量提升,获得较强的竞争力,利润也就增长了;另一方面,印刷工人的流动性大,印刷工业的企业主为了稳住自己的技工队伍,要根据劳动力供求状况及时调整给技工的工资数额,否则技工就外流了。还应当提到,在当时的情况下,由于印刷工人流动性大和工资收入较多,"印刷工人胡花滥用的风气"也比其他行

---

① 凡勃伦:《有闲阶级论》,商务印书馆,1981年,第68页。
② 同上。

业的工人"更加普遍"。①

　　关于工业化过程中垂直社会流动和水平社会流动的互动关系,还可以以建筑工人的情况为例。建筑工人队伍的流动性一直是很大的,他们必然随着工程项目的更换而不断改变工作地点。正是由于水平社会流动的经常性,所以垂直社会流动的机会也就较多。在英国,"在任何一种行业中工匠的上升为包工小雇主或终于成为大规模经营的营造商的事例,没有比资本主义高潮时期的十九世纪更加常见了"②。正是工业化的推进、建筑业、装修业和房地产业的兴旺,使得建筑工人有了更多垂直社会流动的机会。因此,当时英国不少砌砖匠、木匠或其他工匠"都成了建筑师,尤其是在对于市房建筑殊少规定的伦敦及其附近"③。实际上,这种情形在西欧大陆国家的工业化初期也是很普遍的。建筑业市场的持续繁荣造就了垂直社会流动的大好机遇。据1831年英国人口调查资料,伦敦共有871个"营造商",他们已从最初的小工匠上升为"体面的营造商",有的承包建造店铺,有的则承包建造住宅。④ 在英国,营造商的出现"不仅仅以伦敦一地为限。他们到处都自然而然地增长起来"⑤。

二、初始流动和持续流动的关系

　　无论是垂直社会流动还是水平社会流动,都有初始流动和

---

① 凡勃伦:《有闲阶级论》,商务印书馆,1981年,第68页。
② 克拉潘:《现代英国经济史》上卷,商务印书馆,1986年,第211页。
③ 同上书,第211—212页。
④ 参看同上书,第212—213页。
⑤ 同上书,第213—214页。

持续流动之分。垂直社会流动和水平社会流动中的初始流动和持续流动之间的关系可以表述为：持续流动是初始流动的效应的体现，即初始流动带动了持续流动。

在这方面，垂直社会流动和水平社会流动是有区别的。主要的区别在于：垂直社会流动由于受到高层职务和位置的限制，由初始流动所带动的持续流动在经过一定的阶梯之后就相应地受到限制，甚至就停止了。这是因为，高层职位有限，最高层职位极少，大量的垂直社会流动发生在下层向中层的过渡。然而，由于水平社会流动主要是居住地的迁移、工作单位的变更和职业的转换，所以在工业化过程中，初始流动所带动的持续流动受到的限制要少得多。当然，这并不意味着水平社会流动中的持续流动不受任何限制。实际情况不是这样。例如，随着工业化的进展和劳动力市场供求关系的变化，农民进入城市寻找工作时，尽管迁移是自由的，工作单位和职业的更换都是自愿的，但由于大城市的生活费用高，居住条件不尽如人意，所以农民想进入大城市工作和居住就会受到客观条件的限制。加之，在人们心目中的"好职业"也是有限的，不一定所有想转入"好职业"的人都能如愿以偿。不管怎样，相对于垂直社会流动中的持续流动而言，水平社会流动中的持续流动仍然要容易些。

一个人初始流动的成功就会对准备流动的其他人起着示范作用。比如说，一个农民进入城市之后，寻找到较满意的工作，或者自行创业，当了小老板，收入增加了，生活改善了，就会吸引家庭成员、家族成员、同乡等等循着同一条途径流动。如果初始流动失败了呢？无非是两种结果：一是换一个迁移地点，换一个工作单位，或者换一种职业，再寻找机会；二是返回原来居住的地区或重操旧业,等待机会再度外出。也有从此不愿再外出的,但那可能是少数。

在工业化时期的英国,来自国内边远地区和农村的流动大军从来就没有停止流动过,"从无工可做的村庄和已经变得就工业来说地点失宜的城镇中进行的迁徙和移民出境都是不乏其例的"[1]。社会流动的浪潮难以遏制。有人成功,有人失败;有人被提升,有人被淘汰;有人在新的地区找到了用武之地,有人又返回故乡。这种情况越到后来越明显,因为后来有了救济金制度。返回故乡靠救济金为生,尽管过的是"一种很低级的生活"[2],但也比在外面找不到工作而到处流浪好得多。

如果移民到国外去,移民的第一代和以后各代同当地居民之间的收入比较,是经济学家关心的一个问题。奇斯威克曾对移入美国的家庭(其中许多是由西欧移入的)收入状况作过研究。[3]"奇斯威克发现,移民的第一代成员在美国生活的头20年里所赚的钱,要少于类似的本国出生的居民。到20年的时候,他们的收入将与本国出生的居民持平;20年以后,他们的收入将超过本国的居民。"[4]这也许是因为来自外国的移民工人在异国的环境下更努力工作的缘故。也正因为移民工人和第二代在异国有较多的收入,这就会吸引移民工人家乡的人继续前来。

---

[1] 克拉潘:《现代英国经济史》下卷,商务印书馆,1986年,第665页。
[2] 同上。
[3] 参看奇斯威克:"美国化对外国出生者收入的效应",载《政治经济学杂志》,1978年10月,第897—921页。
[4] 参看同上;罗森:"人力资本",载《新帕尔格雷夫经济学大辞典》第2卷,经济科学出版社,1992年,第739页。

再往后,移民的第三代已经习惯于移入国的工作环境和生活环境,压力减轻了,努力程度也减小了,于是移民第三代同本国出生的工人的收入已彼此相同,"而且外籍身份的印象也被洗刷掉了"①。尽管奇斯威克的研究是就移居美国的状况而进行的,但对于工业化时期西欧各国之间的相互移民或其他国家向西欧国家的移民来说,这一研究"也具有明显重要的意义和价值"②。

另据克拉潘的分析,社会流动一旦开始,持续流动就会接着进行下去。例证之一是19世纪爱尔兰人向加拿大的移民。爱尔兰人在19世纪初主要流向英国,后来开始流向美国,当初来到加拿大的人数并不多。当他们在加拿大的工作和生活有了较好的安排后,对家乡的示范作用便开始了,仅1834年这一年,移居加拿大的爱尔兰人就有20,000人之多。③ 来到加拿大的爱尔兰人越来越多,向家庭汇款的人也越来越多,他们帮助穷困的家乡人和亲戚朋友前来加拿大,爱尔兰裔的加拿大人更多了。④ 另一个例证就是:19世纪波兰人、斯拉夫人、意大利人、西班牙人纷纷来到法国寻找工作,其中不少人在法国农村当雇工,其中有季节性的雇工,也有愿意留下来做长期雇工的,后来还取得了法国国籍,于是又吸引了更多的外国人前来。⑤ 19世纪德国农

---

① 罗森:"人力资本",载《新帕尔格雷夫经济学大辞典》第2卷,经济科学出版社,1992年,第739页。
② 同上书。
③ 参看克拉潘:《现代英国经济史》上卷,商务印书馆,1986年,第605页。
④ 参看同上书,第606页。
⑤ 参看克拉潘:《1815—1914年法国和德国的经济发展》,商务印书馆,1965年,第195—196页。

村中外来移民工人的情形与法国相似，他们也是来充当雇工的，只是待遇差一些，而且主要是从波兰来的。①

三、工业化因社会流动性增大而不断推进

西欧各国工业化的经验表明，社会流动性是随着工业化的进展而不断增大的。相应地，社会流动性的增大又进一步推动了工业化的进展。因此也可以说，西欧各国的工业化在社会流动性增大的环境中不断取得进展。

实际上这是工业化和社会流动性之间的良性互动关系，二者相互推动，使经济增长，也使社会日益进步。在这方面，水平社会流动性增大和工业化进展之间的良性互动关系是比较清晰的，而垂直社会流动性增大和工业化进展之间的良性互动关系则不是很明显。事实可能如此，但这应归因于在垂直社会流动中由中层向上层的流动所受限制较多，并且高层职务和位置都有限。然而，事实也反映了另一个方面，即在垂直社会流动中，由下层进入中层的可能性一直是增大的，否则就很难理解在西欧各国工业化过程中社会的中间阶层或中产阶级不断扩大的现实性。关于这个问题，本书第七章"工业化和中产阶级"会有专门的分析。即以由中层进入上层的流动来说，机会仍然存在，只是机会相对较少和竞争分外激烈而已。在工业化初期，一个人无论怎样努力，进入上层的机会很少，可能一辈子都没有这种希望，因为工业化初期这方面垂直社会流动

---

① 参看克拉潘：《1815—1914年法国和德国的经济发展》，商务印书馆，1965年，第237—239页。

的限制太多了,成功者屈指可数;而到了工业化后期,尽管机会还是较少,竞争同样激烈,但进入上层的可能性却在逐渐增多。一个明显的例子就是通过创业成功而进入上层社会的人增多了。

经济是有周期性波动的,有繁荣阶段,也有衰退和萧条阶段。在垂直社会流动中,是经济繁荣阶段较容易实现人们的向上流动目标呢,还是经济衰退和萧条的年份里较容易实现人们的向上流动目标?在分析这个问题时,要从西欧各国工业化的正常年份来考察,而把政治上大动荡的年份排除在外(例如,应把法国大革命、德国纳粹政府上台、20世纪30年代的西班牙内战、第二次世界大战结束后对战争罪犯的审判等事件排除在外),那就可以看出,经济繁荣阶段,向上流动(由下层升入中层,由中层升入上层)的人多于向下流动(由中层降入下层,由上层降入中层)的人;而在经济衰退、萧条阶段,向下流动的人多于向上流动的人。

再看水平社会流动情况。究竟是经济繁荣的年份内易于实现水平社会流动还是经济衰退和萧条的年份内易于实现水平社会流动?结论同样是繁荣年份较容易,而衰退和萧条年份较难。原因是:水平社会流动中,就业率较高是繁荣年份的特征,于是从农村进城找工作的农民易于实现自己的目标,想转换职业的人也比较容易满足自己的要求。反之,衰退和萧条年份内,经济处于紧缩之中,失业率高,无论想找工作的农民或想转换职业的人都不容易实现自己的目标。

可以用19世纪至20世纪初西欧的国际移民作为例证。1821至1910年间,从德国这一移出人口较多的国家的向外移

民数字是:①

1821—1830 年	8,500
1831—1840 年	167,700
1841—1850 年	469,300
1851—1860 年	1,075,000
1861—1870 年	832,700
1871—1880 年	626,000
1881—1890 年	1,342,400
1891—1900 年	529,900
1901—1910 年	297,600

从上面的数字看出,在德国,"经济繁荣的年代一般也是向外移民的高峰年度"②。1851—1860 年和 1881—1890 年这两个 10 年都是德国也是世界经济的繁荣阶段,德国向外移民的人数也最多。为什么繁荣阶段向外迁移的人更多呢?答案是:经济繁荣的年份,"这对于每一个想在一个新的国家里作出新的开始以达到一个繁荣阶段的人来说无疑是重要的"③。也就是说,移民在繁荣时期更容易找到较满意的工作,更容易转换职业,也更容易自行创业。

19 世纪德国的向外移民中,许多人是移往美国的。除德国人以外,当时还有大批来自其他欧洲国家的移民来到美国。从美国方面看,繁荣时期之所以对外国来的移民更有吸引力,不仅是由于移民易于找到工作和易于创业,还由于 19 世纪的美国有两个特殊的条件:第一,移民来到美国需要一大笔费用,从美

---

① 参看奇波拉主编:《欧洲经济史》第 4 卷上册《工业社会的兴起》,商务印书馆,1989 年,第 102 页。
② 同上。
③ 同上。

国东部迁入西部还需要增加支出,"只是在繁荣时期,想移居(美国)西部的人才能弄到一大笔钱"①,因为只有在这样的条件下才能融到资金。第二,由于到美国西部去创业的移民希望能在西部购买到一块土地,而美国的"公地的出售数额和边疆线的推进在繁荣时期要比萧条时期大得多"②。

以上这些告诉我们,工业化和社会流动始终是相互促进的,经济繁荣更加有利于垂直社会流动和水平社会流动的实现。

四、传统生产方式下的"宁静生活"被打破以后

工业化开始以前,不管是在传统生产方式已经被突破的西欧国家还是在传统生产方式有待于突破的西欧国家,社会生活基本上仍处于"宁静状态"。这里所说的"社会生活的宁静",只是一种描述,既不含褒义,也不含贬义,而且"宁静"也是相对而言的,因为在工业化开始以前,西欧各国都正处于工业化的准备阶段,相对于再向前追溯的西欧中世纪时期,社会生活已经不那么"宁静"了。然而工业化一旦开始,紧接而来的便是不断的垂直社会流动和水平社会流动,越来越多的人,包括农民、山区和边远地区的穷人、城镇中的工匠和小业主等等,都参加了社会流动队伍。这样一股社会流动的浪潮,打破了多年以来一直存在于城乡的宁静生活,有人适应,也有人不适应;有人观念变了,有人仍然持有旧观念,这也看不惯,那也看不惯。生活方式也在逐

---

① 厉以宁:"美国边疆学派的'安全活塞'理论",载《厉以宁经济论文选(西方经济部分)》,河北人民出版社,1986年,第9页。
② 同上。

渐地转变。对这一切,究竟应当怎样看待呢?

要知道,按照凡勃伦的说法,"所谓生活水准,本质上是一种习惯。它是对某种刺激发生反应时一种习以为常的标准和方式"①。习惯的力量是强大的,它无形或有形地支配着人们的思想和行为,影响着人际关系。工业化以前,甚至在工业化开始以后的一段时间内,西欧各国居住在农村或小城镇上的人,不管家庭收入是不是有所提高,也不管家庭的生活状况是不是有所改善,却总是留恋过去的那种生活,念念不忘以往的那种生活方式,甚至在家庭收入提高和家庭生活状况改善以后仍然认为自己的"生活水准"降低了,这正是因为"个人的生活水准是由种种不同的习惯或表现的习惯方式和习惯方向构成的"②。这表明,所谓的宁静生活被打破之所以会引起那个时代西欧各国人们心理的不平衡,不能仅仅从家庭收入的升降或家庭生活状况的变好变坏的角度来分析,而必须从更深的层次着手考察。

具体地说,用宁静生活所概括的西欧各国工业化开始前的社会生活景象,包含了许多内容。比如说,大家庭是普遍的,一大家人生活在一起,父母把子女都聚在一起,一家人和同乡同村的人相处得不错,有事相互照顾,有困难相互帮助;子女长大了,同邻居或邻居的亲戚朋友的子女婚配;一个人一辈子从事一种职业,干同样的工作,除了经商、当兵以外,人们很少到远方去;每逢宗教节日,全村的人欢聚在一起,尽情欢乐;平时每周上教堂做礼拜,大家交谈和交流信息……这一切都表明了生活的宁

---

① 凡勃伦:《有闲阶级论》,商务印书馆,1981年,第79页。
② 同上。

静和有序。但工业化开始后,社会流动也开始了,社会流动性随着工业化的推进而日益增大,上述这种宁静生活便被逐渐打破,生活变了,习惯慢慢被淡忘了,人们的观念也变了,而且变化的速度在加快。

举一个例子来说明。在工业化以前,一个人平时所接触的人是十分有限的,往往是同一个村、同一个街区的,不是亲戚,就是邻居,或者是朋友。而工业化进行到一定程度以后,情况就改变了,"个人与个人或家族与家族往往会在漠然的情况下会面,但是除了会面以外,很少别的意义上的接触"①。社会流动所带来的是个人同外界的接触多了,交往多了,但人际关系却比过去淡漠了。似乎大家都整天忙忙碌碌,谁也不感到有什么闲暇同新接触的邻居、朋友、同事聚在一起,这种变化很容易使年长者感到今不如昔。

还可以再举一例。与传统生产方式之下生育率较高不一样,西欧国家在工业化进展到一定阶段后,生育率呈现逐渐下降的趋势,从而给社会生活带来多方面的影响。"生育率的下降反映了家长对子女的期望的改变,而这种期望的改变一部分是由外部环境的变化所引起的。"②这里所说的外部环境的变化在很大程度上同社会流动性的增加有关。以水平社会流动来说,单身人士或少子女家庭便于从一处迁往另一处,便于寻找新的就业岗位,便于提高自己的生活水平,而早婚和多子女则不利于迁

---

① 凡勃伦:《有闲阶级论》,商务印书馆,1981年,第66页。
② 莱宾斯坦:"人口增长与起飞假设",载罗斯托主编《由起飞进入持续增长的经济学》,伦敦,1963年,第182页。

移和更换工作。① 而从垂直社会流动来说,情况与此相似,即为了个人的发展和职务的提升,接受学历教育的年限延长,接受成人教育和参加职位培训的机会增多,以及在工作方面往往需要付出更多的努力,这样,晚婚和少子女都是必要的。除此以外还应注意到,社会流动性的增大使得家庭继承原有职业的情况难以继续下去,子承父业越来越少见,所以人们都愿意选择更有利于个人发展的工作岗位而不愿意多生育而增加负担。②

工业化以后宁静生活的打破,究竟是一件好事还是一件坏事,不同年龄的人和不同居住地区的人可能有不同的评价。但从经济学的角度来看,姑且不去评论这一现象是好还是坏,而可以得出如下的结论:这是符合经济发展规律的,也是有利于经济进一步增长的。

---

① 参看莱宾斯坦:"人口增长与起飞假设",载罗斯托主编:《由起飞进入持续增长的经济学》,伦敦,1963年,第182页。
② 参看同上。

第五章 工业化和利益集团

第一节 工业化过程中的利益集团

一、工业化过程中利益集团的含义

在西欧工业化过程中,各个国家相继形成了一些利益集团。这里所说的利益集团是指:社会上有一些人,他们彼此有着共同的或基本一致的政治经济利益,有共同的或基本一致的主张、愿望或政策建议,通过不同途径的努力,最终能使自己的利益得以维持和扩大,于是这些人便形成了某个利益集团。

在工业化过程中,西欧国家内利益集团的出现是难以避免的,"在每一个国民经济组织中,都有既得的利益的存在"[①],历史上是如此,现实生活中同样如此。因此,任何一个明智的政府所要考虑的是:"决不能让这些既得利益来决定经济政策。"[②]话虽这么说,但要做到这一点却不容易,因为在西欧国家的现实环境中,政府要完全不受利益集团的影响来制定政策,几乎是不可

---

① 艾哈德,《来自竞争的繁荣》,商务印书馆,1987年,第99页。
② 同上。

能的。

　　实际上,在西欧,利益集团的形成要早于工业化的开始。早在17世纪,甚至更早一些,在西欧一些国家就出现了一些所谓的特许公司。英国被认为是首先采用特许公司的国家,时间可以上溯到16世纪。① 特许公司,顾名思义,就是被政府授予特许权而进行海外贸易和扩张活动的公司,规模有大有小,经营业务的地区也有宽有窄,但性质是一样的。对这样的大型公司而言,特许经营的范围是一个地理概念,即规定在某一个地域内进行活动。对个别的公司或对不同的公司来说,所赋予的特许经营权,"也许是某种特殊项目或贸易的开发——毛皮、渔业、烟草、奴隶等"②。例如,东印度公司、西印度公司、南海公司,以及其他一些与此类似的各国特殊公司,就是典型的以地理区域划分的并各有专门项目或贸易开发的特许公司。利益集团的形成当时就同特许公司和特许经营权密切有关。比如英国的西印度集团,就是由一个居住在伦敦并同西印度公司特许经营有关的,以从事甘蔗种植业、制糖业和食糖经销为主要利润来源的商人们形成的利益集团。③ 特许权带来了特殊利益,特殊利益不仅是商业性的或纯经济性的,而且是还有政治性的:"经常是统治权的委托"④,即由特许经营的公司派出自己的人员充任所在地

---

　　① 参看里奇和威尔逊主编:《剑桥欧洲经济史》第4卷,经济科学出版社,2003年,第221—222页。
　　② 同上书,第223页。
　　③ 参看彭逊:"18世纪伦敦的西印度利益集团",载《经济史评论》,1921年7月。
　　④ 里奇和威尔逊主编:《剑桥欧洲经济史》第4卷,经济科学出版社,2003年,第224页。

区的行政、税务、司法等部门的长官,甚至这些公司还拥有自己的军队和船只。

特殊利益的存在,意味着一个个特定的利益集团的形成条件的具备。这种情况一直持续到工业化开始以后。西欧各国的工业化过程中,出现了各种各样的利益集团,其中包括了因特许公司在一段时间内的继续存在而保留下来的那些特殊的利益集团,但利益集团远不是只有这种性质的。利益集团一词的涵盖面有大有小。例如,工业化开始以后,在英国,工业企业主可以统称为一个工业企业主利益集团。这是一个涵盖面很广的利益集团,凡是从事工业投资的人都可以被列入。但其中投资经营纺织业的人又可称为纺织业企业主集团,以区别于铁业企业主集团、机器制造业企业主集团、煤矿业企业主集团等等,每个利益集团都同某一行业有关。再细分,还可以分为兰开夏纺织企业主集团或其他地区的纺织业企业主集团等,它们的涵盖面就更小一些。涵盖面越小,成员的共同利益就越多,企业主的主张、愿望或政策建议就越趋于一致,成员们的结合也更紧密一些。

那么,能不能把利益集团视为阶级的同义语呢?看来还不能如此简单地把二者等同起来,因为不同的阶级可能是不同的大利益集团,但同一个阶级内部也可以划分成若干个较小的利益集团。正如前面所说,工业企业主尽管属于同一个阶级,但由于行业细分和地域细分,可以按行业类别或地区类别分为若干较小的利益集团,彼此的利益是有区别的,从而主张、愿望和政策建议也各有不同。此外,利益集团是利益的结合体,而不像阶级那样同财产关系直接有关,同家庭和继承制度直接有关。①再说,从趋势上说,资本主义工业化过程中利益集团越来越可能成为跨阶级的、跨经济利益的一种集团,这样的集团是为某个特定目标而形成的。妇女组织可能是一个例子,它表达了各个不同阶级的妇女的利益,争取妇女的地位和权利,这样的组织也可以称做一种利益集团,但却是跨阶级的。又如,绿色组织、环保组织,也可以作为有特定目标的利益集团而产生并开展活动,它们的目标是争取人类社会有一个清洁的环境,达到人和自然界的协调,但不能认为它们同某一个阶级有关。再如,一些有专门技术和知识的人形成了某个利益集团,争取自己的利益得以实现,但不同阶级的人都参加,或者,通过政治途径也可以获得某种地位和权力,他们属于利益集团性质,然而难以把他们归属于某一个阶级。②

二、工业化过程中不同利益集团的形成

工业社会越来越成为一个利益多元化的社会。为什么在工业化过程中会形成各个不同的利益集团?这同社会利益多元化的格局的形成直接有关。

在西欧进行工业化的初期,无论是突破传统生产方式以后进行工业化的国家,还是边进行工业、边突破传统生产方式的国家,国内的利益格局都是比较简单的,大体上都是二元利益格局,即一端是大土地所有者、有特权的大商人、银行家,另一端是

---

① 参看贝尔:《后工业社会的来临》,纽约,1973 年,第 361 页。
② 参看同上书,第 361—362 页。

小农、手工业者、矿工或其他雇工,处于中间状态的中小商人、中小企业主和专业人员,力量不大。他们虽然也有独立的利益和独立的要求、主张,但在某些情况下同这一端有共同利益,在另一些情况下又同另一端有共同利益。直到工业化进展到一定阶段,中间阶层人数多了,力量大了,他们才以独立的利益集团姿态活跃在社会、政治、经济生活中。关于这一点,本书第七章"工业化和中产阶级"中将会展开论述。

英国是最早进行工业化的国家,利益集团的作用也最早在英国的社会、政治、经济生活中显现出来。在工业化开始前和工业化初期,"英格兰贵族那时在观点上已经明确地转变为资产阶级了"[①]。这里所说的"观点上"的转变,是指原来的贵族阶级中的许多人已经认同了资本主义制度,转而看重工商业,并且亲自参与工商业投资和经营,逐渐把自己的经济利益同工商界人士视为同一。这可以说是英国社会从二元利益格局转变为多元利益格局的最初的表现。稍后,技术人员和管理人员等专业人员的日益增多,又为社会的多元利益格局的形成增添了新的因素。

具体地说,工业化进展到一定阶段后的社会利益格局发生了如下的变化:

变化之一就是上面提到的贵族阶级中的不少人在经济利益上同工商界人士逐渐趋于一致。

变化之二也就是上面提到的包括技术人员和管理人员在内的各类专业人员的增多,并具有自己特定的经济利益。

---

① 奇波拉主编:《欧洲经济史》第3卷《工业革命》,商务印书馆,1989年,第176页注。

变化之三是小手工工匠们的权力的削弱。① 他们不再像工业化开始前那样能成为影响城市经济的重要力量。

变化之四是工业企业主的力量的壮大,他们已经不同于过去的小业主了。他们自身的利益倾向越来越明确,他们的主张、愿望和政策建议越来越清晰,同其他利益集团的区分越来越显现,他们对未来社会经济变化的影响也越来越大。尽管工业化初期英国和其他西欧国家的权力分配更有利于金融家和大商人,而只是"在较小程度上有利于工业资本家"②,但情况正在发生越来越有利于工业资本家的变化。

变化之五是产业工人队伍的形成和他们的力量迅速增大,他们也不同于以前的手工作坊雇工了。产业工人有自身的愿望、要求和主张,并在社会、政治、经济生活中发挥作用。

在这里需要指出,在工业化初期,工厂多半设在远离首都的地区,工业企业主们是分散的,产业工人也是分散的,无论是工业企业主还是工厂的工人,对中央政府的影响都不易显现。例如在英国,当时"大部分工厂都分布在英格兰北部和西部,远离世界政治、文化、金融中心——伦敦。这种隔离削弱了他们对国家事务的影响力,其中包括对经济政策的影响力"③。这种情况无疑是不利于工业企业主的。对产业工人也不利,因为他们的诉求很难让中央政府听到。形势的逼迫和工厂地理位置的特

---

① 参看奇波拉主编:《欧洲经济史》第3卷《工业革命》,商务印书馆,1989年,第176页。
② 同上。
③ 麦格劳:《现代资本主义:三次工业革命中的成功者》,江苏人民出版社,2000年,第70页。

点,使工业企业主感到有必要跨地区采取一致行动。[1] 出于同样的理由,工厂雇工也感到联合行动的必要性。这些都使得工业化时期所特有的工业企业主利益集团和产业工人利益集团迅速形成。

三、有形的利益集团

利益集团可以是有形的,可以是无形的,也可以是既有形又无形的。利益集团的有形化,是利益集团发展到一定程度的产物,因为最初的利益集团一般都是从无形开始的。有形的利益集团有某种组织形式,如商会、工会、农会等等,也可能以俱乐部、联谊会、论坛之类的形式出现。无形的利益集团则不存在类似的组织形式。所谓既有形又无形的利益集团,是指某些利益集团可分为核心层和外围层或联系层两类人员,核心层的成员可以有某种组织形式,而较多的外围层或联系层的成员则是靠他们同核心层成员的联系而形成的,他们不参加核心层的组织形式。

在西欧各国工业化过程中,无形的利益集团很早就出现了。由于它们是无形的,不采取某种组织形式,只是靠人们相互通气、交流信息、商量对策而发挥作用。有形的利益集团通常产生于无形的利益集团形成之后,即那些有共同利益或基本一致利益的人,为了更好地维护和增加自己的利益,逐渐联系得更紧密,终于组成了一个有形的利益集团。

---

[1] 参看麦格劳,《现代资本主义:三次工业革命中的成功者》,江苏人民出版社,2000年,第71页。

一个典型的例子是工业化过程中的工会团体的组成。最初,作坊、工厂、码头或矿山的雇工们,由于利益一致,经常互通信息,有事一起商量,稍后就有了职工互助会之类的组织。这一类职工互助会甚至在产业革命之前就已存在,它们"并不是十八世纪和十九世纪初期工业革命的产物"①。在法国,它们的存在是违背结社法规的,但活动的时间却很长久。② 在英国,这些组织同样属于非法,它们"在十八世纪时无视整套结社法的存在,而仍在稳步地前进"③。这一类职工互助会的宗旨原来只是发挥雇工们的互助精神,共同解决生活中和工作中遇到的困难,后来逐渐带有维护雇工利益、同雇主抗争的色彩,因此政府认为"这类结社是既有危害性而又危险的"④。后来的工会组织同当初的职工互助会有一定的历史渊源关系。

另一个典型的例子就是由英国工业企业主博尔顿和韦奇伍德领导的英国制造商公会的建立,建立的时间是1785年,会址设在伦敦。在这以前,工业企业主们虽然已经有了较多的联系,反映过自己的处境困难状况,但他们"不愿意卷到政治里去"⑤,在他们看来,"重要的是政府的政策应该适合他们的利益"⑥。因此,由无形的工业企业主利益集团转变为有形的利益集团是必然的。1785年成立英国制造商公会的背景之一是:这一年,

---

① 克拉潘:《现代英国经济史》上卷,商务印书馆,1986年,第262页。
② 参看同上。
③ 同上。
④ 同上。
⑤ 奇波拉主编:《欧洲经济史》第3卷《工业革命》,商务印书馆,1989年,第335页。
⑥ 同上。

英国和爱尔兰签订了通商条约草案,该通商条约规定两国之间的互惠制度,"特别是要使两国工业品进口税相等"①。爱尔兰欢迎这样的通商条约草案,英国工业企业主则普遍反对。正是在这种情况下,英国制造商公会建立了,反对英国—爱尔兰通商条约草案便是它明确的主张。最终,该通商条约草案被英国国会所抛弃。②

关于英国制造商公会作为一个有形的利益集团的性质,芒图在所著《十八世纪产业革命》一书中有过深刻的分析。他写道:"制造商公会与其说是代表公众的意见,倒不如说是代表联盟利益的。"③在工厂主之间,意见其实并不统一,然而,"对最有利于工业一般利益的政策,工厂主们的意见虽然并不经常一致,但当他们的阶级利益处在危险中时,他们就不难谅解了"④。这种谅解或妥协,是完全可以理解的。一个明显的例子就是对当时工人在罢工时损毁工厂财产的行为采取一致的行动。例如1782年(英国制造商公会成立之前三年),英国棉布制造商协会请求议会通过法律来惩处在罢工时破坏织机或毁损货物的工人,这时棉布制造商们表现了"一种很有意义的密切的团结"⑤。

在有形的利益集团形成以前,虽然这时可能已经存在无形的利益集团,这些人有共同的或基本一致的利益,从而有共同的或基本一致的主张、愿望和政策建议,但由于没有形成组织,产

---

① 芒图:《十八世纪产业革命》,商务印书馆,1983年,第319页。
② 参看同上书,第319—320页。
③ 同上书,第319页。
④ 同上书,第320页。
⑤ 同上。

生不了公认的领袖人物或代表人物。这个问题只有等到有形的利益集团形成之后才得到解决。因为有形的利益集团并非先有组织,再产生领袖人物或代表人物,而往往在无形的利益集团活动的基础上,先有了大家拥戴的、信任的代表人物,再由他们领头建立了某种团体、组织,这些人也就成了最早的领袖人物了。

从无形的利益集团逐渐转变为有形的利益集团的过程中,在西欧工业化时期,宗教信仰可能起了一定的作用。例如,工业化开始后,"英国许多企业家是非国教教派的信徒,而一些法国企业家则是新教徒。他们从这种对宗教式社会的持异议立场取得力量,最后取得内聚力"①。正是依靠这种凝聚力,所以某种团体或组织得以较顺利地组成:"他们到处组成独创的、有力的和受到极度尊敬的压力集团。"②

在法国,工业化开始时还存在一些与古老传统相符的工人团体,它们不按行业组成,有自己的一套入会仪式,还有自己特殊的规章制度。参加者组织严密,带有封闭性,但却共同维护本团体的利益。这样的工人团体一直存在至19世纪下半期。③现代工会组织逐步替代了它们。

四、无形的利益集团

无形的利益集团尽管是松散的、没有一定组织形式的,但它

---

① 奇波拉主编:《欧洲经济史》第3卷《工业革命》,商务印书馆,1989年,第335页。
② 同上。
③ 参看克拉潘:《1815—1914年法国和德国的经济发展》,商务印书馆,1965年,第98—100页。

们在西欧各国工业化进程中的作用仍不容忽视。

一个突出的例子是英国工业化刚开始时,由于当时是以小作坊、小工厂、小商店为主,雇主与雇工之间仍然保留许多工业化以前即已存在的关系,在那个阶段,"纯粹的工资'奴隶'还只是少数人"①,"勤奋的学徒可能有理由认为如果不娶师傅的女儿,最好还是自己开业"②,所以那时的劳资关系并不紧张。然而,随着机器越来越多地被使用,机器生产的成本低,机器生产出来的产品又行销于市场,雇主赚钱越来越多,工厂中的雇工人数也不断增加,这就大大损害了过去靠手工技艺谋生的雇工们的利益,这些人逐渐形成了一个无形的利益集团。集团虽然是无形的,但成员们作为机器工厂的雇工却有着共同的利益,他们要求抵制机器生产,甚至采取暴力的手段,如捣毁厂房和机器,焚烧机器生产出来的产品,或把它们抛在工厂前面的街道上等等。社会上不乏同情他们、支持他们的人。

关于无形的利益集团,还可以举一个例子,即在工业化初期的英国,"直到维多利亚中期,社会上唯一最大的职业类别是家庭仆役"③。无论是富人还是普通人家,都雇用仆役,这在当时的英国社会上被视为最普通不过的事情。④ 据1851年调查,英国家庭仆役总数是:男性为134,000人,女性为905,000人。⑤

---

① 奇波拉主编:《欧洲经济史》第4卷上册《工业社会的兴起》,商务印书馆,1989年,第179页。
② 同上。
③ 贝尔:《后工业社会的来临》,纽约,1973年,第126页。
④ 参看同上。
⑤ 参看克拉潘:《现代英国经济史》中卷,商务印书馆,1986年,第40页。

女性仆役人数约占英国当时年满10岁以上的女性总数的九分之一。① 而且上述数字中还不包括按日计酬的女仆、男女职业护士和农场雇用的工人。② 仆役们当然有自己的共同利益,但那时却没有仆役联合会之类的组织。仆役们时常互通信息,提供待遇和生活条件方面的情况,然而仅仅停留在无形利益集团的阶段。

即使是英国早期的铁路工人,也是类似的状况。据1837年调查,当时从未听说过"在铁路工人之中有任何职工会的组织"③,但却有疾病互助组织,"它们对于它们的病员帮助无微不至"④。多数互助组织还设有丧葬部,对因工伤死亡的铁路工人给丧葬费,并给遗孀一笔津贴,这些钱是工人们自己捐助的,"没有理由相信这是一般承造商所行的政策"⑤。这些互助性的组织仍可以归入无形的利益集团之列。

另有一个例子,就是西欧不少国家在工业化进程中都有来自东欧的移民工人,这些人或者进入工业企业,或者在农村中充当劳动力以代替那些由农村进入城市工作的农民,或者在城市中谋取各种低层的职务。他们没有一定的组织形式,却有共同的利益,并为自己的利益而联络、奔走、呼吁。

前面已经指出,有形利益集团通常是以无形利益集团为依托的。有形利益集团以一定的集团组织形式为标志,但并不是原来的无形集团所有的参与者都进入这些组织。那么,有形利

---

① 参看克拉潘:《现代英国经济史》中卷,商务印书馆,1986年,第40页。
② 参看同上。
③ 克拉潘:《现代英国经济史》上卷,商务印书馆,1986年,第509页。
④ 同上。
⑤ 同上书,第510页。

益集团形成后,是不是无形利益集团就不再存在了呢?事实上并非如此。原来的无形利益集团往往作为外围依旧存在,并起着支持有形利益集团的作用。

无论是有形的利益集团还是无形的利益集团,归根到底,都与利益集团想控制(或一定程度上控制)国家和政府的经济政策有关。而这种控制又同收入的分配和再分配有关。[1] 据诺思分析:"十九世纪以前,农业在西方世界的生产中一直处于主导地位,这造成了为控制国家的斗争都与分配地产和收入(包括农产品和资源的运销收入)有关。"[2]西欧工业化初期的情形与此相似。到工业化进展到一定程度以后,"地租(和地主)的重要性相对下降,制造业和服务业增长,劳工所得收入份额增长,特别是人力资本的重要性提高,凡此种种,改变了生产结构,造就了新的利益集团;而这些集团又是上个世纪(指 19 世纪。——作者注)以来为控制国家进行斗争的基础"[3]。因此,可以认为,利益之争就是利益集团(不管是有形的还是无形的)存在的目的。

在西欧各国工业化过程中,利益集团的存在对社会、政治、经济产生了三个重要的结果:

第一,利益集团成员的代际收入的相关性是比较明显的。这是指:利益集团的上一代人的财产和收入状况对下一代人的财产和收入会有较明显的影响:父辈的职业会影响子辈的职业,而父辈的教育水平和工资水平也会影响子辈的教育水平和工资

---

[1] 参看诺思:《经济史上的结构和变革》,商务印书馆,1999 年,第 31 页。
[2] 同上。
[3] 同上。

水平。①

第二，利益集团成员之间形成的有形或无形的交往和联系，不仅会影响他们本人的生活和工作，也会影响他们的子女的生活和工作。利益集团成员之间的相互提携，相互照应，相互帮助，在工业化过程中是常见的。这既是利益集团在一定时间得以维持其存在的原因，也是人们想加入某一利益集团的理由。②

第三，利益集团的排他性始终是存在的，没有排他性就不能促成利益集团的长期存在，但这种排他性在西欧各国随着工业化的进展而呈现弱化的趋势。在工业化前期，利益集团的排他性可能是由于发展中对追加利益的独占而产生，也有可能出于单纯自保的考虑：这是因为，在竞争加剧和市场前景难以预料的情况下，一个利益集团既然已经形成，就有必要采取排他性措施，以维持本集团的存在。③根据凡勃伦的解释，利益集团的排他性，无论在社会的上层还是在社会的下层，不仅是习惯使之如此，而且也是利益使之如此。他写道："在任一时期以及任一民族中流行的一些礼法、风俗和习惯，总是或多或少具有一种有机统一体的性质，因此在结构的任一点上的显著变化，即使没有引起全面的改革，也将引起别的方面的某些变化或调整。"④这样就会引起原来的一些人的担心或恐惧，于是他们就会坚持排他性，坚持保守的态度，他们对开放也就是改革之所以有反感，"大

---

① 参看格伦斯基编：《社会分层》（第2版），华夏出版社，2006年，第249页。
② 参看克鲁泡特金：《互助论》，商务印书馆，1963年，第258页。
③ 参看凡勃伦：《有闲阶级论》，商务印书馆，1981年，第146、149页。
④ 同上书，第147页。

部分是出于对任何一种改革必然引起的重新调整时产生的那种骚扰、混乱的反应"①。

然而,任何一个利益集团的排他性都不可能是永远如此、一直不变的。主要原因在于社会在变化,利益集团也处于逐渐适应于形势的变化而不断调整之中。随着西欧国家的工业化的进展,利益多元化的格局逐渐形成,加之,社会流动性的增大(包括向上的社会流动较易于实现,水平社会流动的阻碍已逐渐消失)使得社会上不少人认为跨利益集团不一定不能生存,于是利益集团出现相对地弱化的趋势。这也是社会进步的一种反映。

根据以上的分析,可以得出如下的结论:一个利益集团,不管是有形的还是无形的,它的形成总是同利益分配和再分配密切相关的,而且它一旦形成,就会自我延续下去,因为这和成员们的利益有关。② 不仅如此,利益集团的存在将会产生有利的或不利的累积性的影响,影响着利益集团成员和他们的下一代的生活和工作。③ 这样也就使利益集团延续下来了,尽管利益集团的排他性在工业化进程中会逐渐弱化。

五、利益集团的利益交叉性

在西欧各国工业化进程中,由于垂直社会流动和水平社会流动的阻力逐渐减退,以及由于社会利益日益走向多元化,所以利益集团的利益交叉性的出现是不可避免的。利益集团的利益

---

① 凡勃伦:《有闲阶级论》,商务印书馆,1981年,第148页。
② 参看利普赛特和本迪克斯:《工业社会中的社会流动》,加利福尼亚大学出版社,1959年,第198页。
③ 参看同上书,第199页。

交叉性是指:一个利益集团的利益往往同另一个或另外几个利益集团的利益是交叉的、共享的。这种情况在传统生产方式下的西欧并不多见,因为当时社会明显地分为对立的阶级,如领主和农奴,领主作为一个利益集团而农奴作为另一个对立的利益集团,它们的利益几乎谈不上什么交叉性。但工业化开始后,尽管利益集团依旧存在,但利益集团的利益交叉性却渐渐出现了。比如某项经济政策的实施,可能既对这些利益集团有利,又对另一些利益集团有利。

利益集团的利益交叉性造成了以下三种情况:

第一,当不同的政策即将出台前或已经出台后,由于各个利益集团存在着利益交叉性,所以它们会有不同的新的组合。这一利益集团同另一利益集团在某些政策之下可能形成利益的对抗、冲突,但在另一些政策之下又可能有利益的接近、一致。

可以举19世纪德国的商会为例。德国的商会是拿破仑战争时期的产物,起初是反映中小企业主利益的行业组织,后来逐渐成为行业自律的团体,并负有培训职工的任务。最终,它成为代表不同区域、不同行业的中小企业和中小企业主利益的组织,成为在19世纪对德国社会经济生活有重要影响的一支力量。它主要从事协调在利益方面有矛盾的各个区域、各个行业的中小企业和中小企业主的要求,尽量利用利益集团的利益交叉性或关联性,把它们的主张、建议反映给政府部门。①

第二,由于各个利益集团的利益存在着交叉性,所以一旦社

---

① 参看麦格劳:《现代资本主义:三次工业革命中的成功者》,江苏人民出版社,2000年,第157页。

会利益分配和再分配的格局发生变化时,某些利益集团可能壮大,而另一些利益集团可能萎缩,甚至解体、消失。工业化初期、中期、后期的各个利益集团,都因利益分配和再分配格局的变化而处在不断调整彼此之间的关系的过程中。前面提到的利益集团排他性的逐渐弱化与此有直接的关系。排他性与包容性是相对而言的,利益集团排他性的弱化意味着利益集团的包容性的增强,而包容性的增强则来自社会利益多元化格局的出现以及利益集团的利益交叉性的存在。

第三,由于利益集团的利益存在着交叉性,因此某一个利益集团形成后,在社会利益分配和再分配格局的变化中,可能发生分化、重组。有的利益集团成员会认为另一个利益集团更符合自己的愿望和发展前景,从而脱离了原来的利益集团而向另一个利益集团靠拢,或参加了另一个利益集团。

关于土地所有者作为一个利益集团在西欧工业化时期的态度的转变,可以被看成是典型的例子。在西欧各国工业化刚开始时,土地所有者作为一个利益集团,有自身的特殊利益,而且这种特殊利益是多年形成的,因此同新兴的工业企业主集团存在较多的矛盾。但随着工业化的推进,土地所有者集团同工业企业主集团的利益交叉性日益明显地表现出来,于是,"在很多国家,贵族地主们在利用土地谋取利润,在矿业、工业或城市住宅的开发方面或在同新财富家族的结合方面显示了自己的实力"[①]。正是土地所有者集团的实力,使得工业企业主集团希望

[①] 奇波拉主编:《欧洲经济史》第3卷《工业革命》,商务印书馆,1989年,第91页。

同土地所有者们合作,共同获取更多的利润;也正是工业企业主集团有广阔的赢利前景并在政府决策中起着越来越重要的作用,所以土地所有者们也具有向工业企业主集团接近和联合的愿望。利益集团的利益交叉性的存在,并不意味着它们之间的矛盾的消失。这是因为,"尽管土地仍然是储集财富的聚宝盆,但是,在工业化时期的大变革情况是,地主们联合起来了,他们有时会受到银行家、工业家、商人的新财富的阻挠"[①]。这样就促使土地所有者集团的加速分化:一部分贵族地主宁肯死抱着自己的地产不放,依旧瞧不起暴发起来的工厂老板们,一部分贵族地主愿意同工业企业主们合作,在工矿业建设和房地产开发方面共同投资,分享利润,还有一部分贵族地主干脆投身于工业投资和房地产经营,逐渐成为工业企业主集团的一分子。

以上三种情况在西欧工业化过程中都不是罕见的。

除此以外,在西欧工业化过程中还应当注意到这样一种现象,即收入的不平等产生在先,随之而来的是人们收入的上升,或收入差距的缩小。[②] 这一变化在一定程度上同利益集团的利益交叉性有关:一方面,政府在工业化中期以后所实行的某些经济政策尤其是社会政策,一般不是仅仅着眼于某个特定的利益集团利益的实现,而主要考虑到某些利益集团的成员都有可能因此而得到好处,只是程度有所不同而已。这正反映了在社会

[①] 奇波拉主编:《欧洲经济史》第3卷《工业革命》,商务印书馆,1989年,第91页。

[②] 参看德阿莱希:"市场如何缓解稀缺",载奥斯特罗姆、菲尼和皮希特编:《制度分析与发展的反思:问题与抉择》,商务印书馆,1992年,第278—279页。

流动性日益增大的情形下利益集团利益交叉性的存在,同时,这也有可能反映出"成功的企业家们最初的营利,随后增加了对劳动力和对人力资本基础更加广泛的投资的要求"①。

最后,有必要指出,在研究工业化过程中的利益集团问题时,需要破除某些陈旧的观念,摆脱它们的束缚,否则是难以弄清楚事实真相的。比如说,有的研究者集中力量去分析社会集团成员的出身、成分,"他们首先设问,参加这些社会集团的是哪些人?这些人同其他人有什么区别?这些人是怎样组织起来的?"②等等。其实,这种分析方法不一定能说明实际情况,不一定能说明利益集团的目标和要求,也不一定能说明利益集团的分化、解体或消失。

第二节　工业化过程中的弱势群体

一、绝对贫困概念

绝对贫困可以分为个人的绝对贫困和集团性的绝对贫困。

个人的绝对贫困是指:一个人,或一个家庭(包括配偶和未成年的子女),收入低下,达不到本地区个人(或家庭)维持最低限度的正常生活的收入标准。这种标准不是固定不变的,因为维持最低限度的正常生活支出,包括生活必需的食品支出、衣服

---

① 德阿莱希:"市场如何缓解稀缺",载奥斯特罗姆、菲尼和皮希特编:《制度分析与发展的反思:问题与抉择》,商务印书馆,1992年,第279页。
② 巴勒克拉夫:《当代史学主要趋势》,上海译文出版社,1987年,第97页。

支出、住房支出、燃料照明支出、教育支出等,是随着社会经济的发展而变化的。

集团性的绝对贫困是指:一个利益集团(包括有形的和无形的利益集团)中的大多数成员,都达不到本地区个人或家庭维持最低限度的正常生活的收入标准。

造成个人绝对贫困的原因很多。有的由于居住在山地或边远地区,自然条件恶劣,收入极为低下;有的由于自然灾害,如洪水、地震、暴风雪、台风、大火等,使得家庭人员伤亡、财产尽失;有的由于家庭发生重大变故,如家庭主要劳动力死亡、伤残等;有的由于地区发生战乱,环境或生产生活条件恶化;也有的由于个人缺少谋生的本领,赚取不到收入,等等。

造成集团性绝对贫困的原因,除了所在地区自然条件差和自然灾害严重以外,还有社会经济方面的原因,如宗教压迫、种族歧视或政治上的迫害,或者受到经济萧条的打击,失业人数增多。此外还有经济发展方面出现的原因,如工业化过程中某些行业被淘汰,以致这些行业的从业人员找不到谋生之道,或者某个矿区因多年采掘,资源枯竭,造成矿场倒闭,大批矿工失业等。

西欧各国在工业过程中,绝对贫困现象是存在的。尤其是在工业化初期,只要读一读恩格斯的《英国工人阶级状况》(1845年)[1]和马克思的《资本论》第一卷第八章("工作日")、第十三章("机器和大工业")和第二十三章("资本主义积累的一般规律")[2],就

---

[1] 参看恩格斯:"英国工人阶级状况",载《马克思恩格斯全集》第2卷,人民出版社,1957年,第305—313页,第335—348页。
[2] 参看马克思:《资本论》第1卷,人民出版社,1975年,第8、13、23章。

可以对当时英国社会的绝对贫困状况有所了解。群起捣毁机器,反映了英国处于绝对贫困状况的工人的愤怒,也反映了他们的一种绝望心理。"工人们还未学会认识自己痛苦的真正原因。他们只懂得一桩事:机器有剥夺他们生计的危险。他们从而认定必须破坏机器。"[1]

在英国,发生于兰开夏的1779年工人暴动惊动了英国社会,据说参加暴动的工人有八千人之多。[2] 他们擂鼓助威,高举旗帜,并带着火器,攻入一些工厂,砸碎机器,并把它们扔进河里,最后被从利物浦派来的军队驱散了,少数人被逮捕,经过审判,被判处绞刑,但大多数人免于处罚。[3] 芒图认为:"工人反对机器以及一般地反对各种技术革新乃是这一整段历史上最著名的插曲。可是这并不是某一时期、某一国家所特有的事件。"[4]

在西欧大陆国家,在工业化开始之前就已多次发生纺织工因贫困而引起的社会骚乱。这些事件不仅仅由于个人的绝对贫困,而且由于集团性的绝对贫困。例如早在工业化开始前,"像佛兰德这个新的工业社会就经历了大规模的失业与贫困。许多手工业者都加入社会宗教兄弟会,但面对这样一个整体灾难兄弟会也无能为力"[5]。失业工人终于组织起来,掀起了大规模的

---

[1] 芒图:《十八世纪产业革命》,商务印书馆,1983年,第327页。
[2] 参看同上书,第329页。
[3] 参看同上书,第330页。
[4] 同上书,第326页。
[5] 波斯坦和米勒主编:《剑桥欧洲经济史》第2卷,经济科学出版社,2004年,第574页。

暴动,"当问及谁是4 000个武装起义者的头目时,萨福克叛乱的发言人说道'他的名字是贫困……'"①。

在工业化初期的农村,只要农民仍然保留小块土地,像法国、瑞士和北欧国家那样,他们还不至于处在绝对贫困状态。②例如在19世纪,"法国仍然是农业国家,农民尽管贫穷,却不失业。工业崩溃的时候,田地可以养活他们"③。然而农村中的雇工由于自己没有土地,则无论在哪一个西欧国家,在工业化初期都是最贫困的。他们的处境比工业化以前还要恶劣。这是因为,在工业化以前,农村中雇主和雇工之间还存在着宗法关系。"这种关系存在的时候,工人的贫困还不这么严重,也没有这样普遍;雇农和农场主共甘苦,雇主只是在万不得已的时候才解雇他们。"④不仅如此,"在宗法关系下,雇农和他们的家属一起住在农场主的庄园里,他们的孩子在那里长大,农场主当然也竭力在自己的庄园里给这一代找点活干"⑤。然而工业化开始以后,农村的雇主们也受到日益扩大的市场经济的影响,雇主和雇工之间的宗法关系逐渐瓦解了。在这种情况下,"农场主也乐于摧毁这种宗法关系,把雇农从农场主的庄园里赶出去,使他们变成短工"⑥。于是这些农业中的短工沦入绝对贫困境地,成为社会

---

① 波斯坦和米勒主编:《剑桥欧洲经济史》第2卷,经济科学出版社,2004年,第575页。
② 参看康芒斯:《制度经济学》下册,商务印书馆,1981年,第570页。
③ 同上。
④ 恩格斯:"英国工人阶级状况",载《马克思恩格斯全集》第2卷,人民出版社,1957年,第550页。
⑤ 同上。
⑥ 同上。

的最底层。

对西欧工业化时期的家庭贫困或富裕状况,还可以利用食物支出在家庭支出中的百分比的变化来加以说明,即食物支出在家庭支出中的比例越高说明家庭经济情况越差。这是19世纪中叶德国统计学家厄恩斯特·恩格尔根据实际调查而得出的观点(通称恩格尔定律),食物支出在家庭支出中的比例则被称做恩格尔系数。①

恩格尔对1853年比利时153个工人家庭状况作了分析。他把工人家庭分为三组:第一组要靠救济为生,第二组虽然贫穷但可以自给,第三组的生活相对说来比较宽裕。三组的食物支出占家庭支出的比例分别是:70.9%、67.4%、62.4%。② 后来,乔治·斯蒂格勒为这三个组加了一个说明,即第一组平均年收入是565法郎,平均年支出为649法郎;第二组平均年收入是797法郎,平均年支出是845法郎;第三组平均年收入是1,198法郎,平均年支出是1,214法郎。③ 由此看来,第一组确实是属于绝对贫困范畴,因为他们收入极低,入不敷出,要靠救济为生。第二组的收入依旧很低,同样入不敷出,所以也应列入绝对贫困行列。至于第三组,则可以不算做绝对贫困。虽然他们也是入不敷出,但入不敷出的金额占收入或支出的比例都比第一组和第二组小得多,而且第三组家庭的支出中,用于食物支出以外的

---

① 参看霍撒克:"恩格尔"、"恩格尔曲线",载《新帕尔格雷夫经济学大辞典》第2卷,经济科学出版社,1992年,第152—154页。
② 参看奇波拉主编:《欧洲经济史》第3卷《工业革命》,商务印书馆,1989年,第95页。
③ 参看同上。

支出占家庭支出的比例高于第一组和第二组,更不必说这些支出的绝对金额了。①

利用恩格尔系数作为衡量家庭贫困或富裕程度的重要指标,是有意义的。奇波拉在其主编的《欧洲经济史》中采用了1905年英、德、法三国用于食物支出占家庭收入的分组统计数字。结果如下:②

1905年英、德、法三国不同收入家庭的食物支出占家庭收入的比例(单位:%)

周收入(单位:先令)	英 国	德 国	法 国
20以下		68.7	62.7
20—25	67.3	64.5	60.8
25—30	66.2	62.3	58.6
30—35	65.0	59.2	57.9
35—40	61.0	57.7	56.1
40及40以上	55.9	56.3	52.8

有两点需要说明:

第一,恩格尔本人使用的是食物支出占家庭支出的比例,而这里所使用的是食物支出占家庭收入的比例。但在研究贫困问题时二者的差距并不大,原因在于在低收入家庭中,储蓄占家庭收入的比例很小。

第二,从同一个收入层次的国别比较来看,周收入40先令以下的家庭的食物支出占家庭收入的比例,英国最高,德国次之,法国最低;而在周收入40先令和40先令以上的家庭中,德

---

① 参看奇波拉主编:《欧洲经济史》第3卷《工业革命》,商务印书馆,1989年,第95页。

② 参看同上书,第96页。

国最高,英国次之,法国仍然最低。当然,这在一定程度上同三国的国情和工业化进展程度有关,但也不能否认农产品价格或食物价格仍存在着国际差异,这种差异会影响恩格尔系数的高低。

关于绝对贫困家庭在西欧各国工业化过程中会不会陷入"贫困的恶性循环"之中,则是一个至今仍有争议的问题。① 难点是:第一代人的收入水平同第二代人的收入水平的关联度究竟有多大? 这种关联度的测算不仅应当有准确的统计资料,而且还要设法排除掉若干偶然因素的影响。迄今为止,不少研究者认为,只要客观上存在着"平等的竞争机会",或者教育已经普及、福利政策已经实施,除个别家庭外,一般家庭是不会陷入"贫困的恶性循环"之中的。② 但什么是"平等的竞争机会",仍是一个难点,实际上不容易作出界定。比如说,市场真的完善了吗? 信息真的畅通、对称了吗? 社会流动的障碍真的消失了吗? 这些又会引起争议。

还需要指出,正如本节一开始已经说明的,绝对贫困分为个人绝对贫困和集团性绝对贫困两类。在西欧各国进入工业化后期、社会福利政策得以实施之后,集团性的绝对贫困已逐渐消失。但不能认为个人的绝对贫困会因此绝迹,也不能指望依靠政府的行动就能消除某些家庭的绝对贫困。③ 由于个人绝对贫

---

① 参看格伦斯基编:《社会分层》(第 2 版),华夏出版社,2006 年,第 348—350 页。
② 参看同上书,第 351—355 页。
③ 参看柯武刚和史漫飞:《制度经济学:社会秩序与公共政策》,商务印书馆,2000 年,第 95 页。

困的原因很多,而人与人之间的差别始终存在,所以"即使是在最精心设计的西方福利国家中,大街上仍有乞丐"[1]。

二、相对贫困概念

相对贫困概念和绝对贫困概念的区别是:绝对贫困是指人们收入低下,达不到本地区个人(或家庭)维持最低限度的正常生活的收入标准;相对贫困是指全社会人均收入的比较中,一些人的收入尽管有所上升,甚至超过了本地区个人(或家庭)维持最低限度的正常生活的收入标准,但仍然低于社会平均收入水平,因此仍会感到自己处于贫困状态。当然,这并不排除某些人尽管收入已达到社会平均收入水平,但仍会同比自己收入多的人相比,从而认为自己仍在贫困人群之内。所以,相对贫困在较大程度上属于一种心理上的感觉,很难用"维持最低限度的生活的收入标准"或其他类似的指标来界定。

同绝对贫困一样,相对贫困也可以分为个人的相对贫困和集团性的相对贫困。无论是个人相对贫困还是集团性相对贫困,都在较大程度上同人们的心理感觉有关。为什么个人或某一利益集团的成员们在同其他人或同其他利益集团比较时,会感到自己在收入和生活状况等方面不如其他人或其他利益集团成员?这既可能源于社会现实中的宗教偏见、种族歧视或政治上的压迫,也可能源于经济因素,如区域发展不协调,行业待遇差距过大,就业机会不均等,或公共福利设施的不平衡等。这正

---

[1] 柯武刚和史漫飞:《制度经济学:社会秩序与公共政策》,商务印书馆,2000年,第95页。

如瑟罗所说的："经济增长并不能解决每个人的问题,因为人们所需要的不仅是过高的收入,还有相对经济地位的提高。"①

然而,无论是个人相对贫困还是集团性的相对贫困,其基础依然是收入差距的客观存在,而不能过分强调人们的心理感觉。在西欧各国工业化过程中,收入分配问题一直引起社会的关注。这里以英国和德国 19 世纪末到 20 世纪初最高收入者收入在国民收入中的比例为例:②

	英国	
	1880 年	1913 年
5%最高收入者	48%	43%
20%最高收入者	58%	59%

	德国	
	1875 年	1913 年
5%最高收入者	26%	30%
20%最高收入者	48%	50%

这两组数据表明,在 19 世纪末到 20 世纪初这段时间内,英国和德国的经济都有很大的发展,但 20% 的最高收入者不仅年平均收入增长了,而且其收入在国民收入中的比例也增长了。尤其是在德国,最高收入者的收入在国民收入中比例的增长超过了同时期的英国(与 1880 年相比,1913 年英国 5% 最高收入者的收入在国民收入中的比例是有所下降的)。

另一项是有关英格兰和威尔士 1911—1913 年 25 岁和 25 岁以上人口中财富分配状况的统计。它说明在英国的英格兰地

---

① 瑟罗:《得失相等的社会》,商务印书馆,1992 年,第 184 页。
② 参看奇波拉主编:《欧洲经济史》第 3 卷《工业革命》,商务印书馆,1989 年,第 93 页。

区和威尔士地区财富分配的差距是相当明显的。这组数字可以同前面有关收入分配差距的数字对照。①

英格兰和威尔士 25 岁和 25 岁以上人口的财富分配状况(1911—1913 年)

按资金总额分组	人口数量(万人)	占总人口比例(%)	资金总额(百万英镑)	占总资金比例(%)	平均占有量(英镑)
25,000 英镑以上	3.20	0.2	2,685	41.3	84,000
10,000—25,000 英镑	5.70	0.3	930	14.3	16,300
5,000—10,000 英镑	8.15	0.4	635	9.8	7,800
1,000—5,000 英镑	42.60	2.3	1,030	15.8	2,400
100—1,000 英镑	176.60	9.4	670	10.3	380
100 英镑以下	1,638.25	87.4	550	8.5	34
总计	1,874.50	100.0	6,500	100.0	平均 350

无论是绝对贫困还是相对贫困,都是以不同组别的财产持有状况和年收入多少所显示的差距为基础的。② 上表就是很清楚的说明。值得注意的是:"某个群体相对收入的每次增加都会导致另一群体相对收入的减少,所得与所失正好相抵消。"③ 这是针对相对贫困而言的,对绝对贫困并不适用。

三、弱势群体概念

社会上的弱势群体同贫困者(主要指绝对贫困者,有时也包括相对贫困者在内)不是一个概念,尽管二者有密切关系。弱势群体是指没有权势的人群,其中大多数是穷人,但也有一部分是虽有钱却没有权势的人。

---

① 参看奇波拉主编:《欧洲经济史》第 3 卷《工业革命》,商务印书馆,1989 年,第 92 页。
② 参看同上书,第 91 页。
③ 瑟罗:《得失相等的社会》,商务印书馆,1992 年,第 184 页。

总的说来,西欧各国工业化时期的女工长期内就是一个弱势群体,甚至到了工业化后期依旧如此。据20世纪90年代初期的调查,女性在就业人数中的比例,大体上在49%到35%之间:瑞典最高,占48.6%;意大利最低,占35.7%;西德、法国和英国居中,分别占41.2%、43%和44.3%。① 然而妇女在就业方面是受到歧视的:一是反映于妇女集中于服务行业或担任其他行业的服务性工作,这似乎是"家庭之中的性别角色在正规经济中得到了再生产"②;二是从职务等级上看,"妇女无论是在体力劳动部门还是非体力劳动部门之中,都是大量进入那些最没有吸引力的职业"③。尽管在法律上,西欧国家一直奉行男女同工同酬的原则,但实际上妇女仍是受到歧视的。在公司遭到困难而需要裁减职工时,妇女经常受到不公平的对待。

如果把男性和女性包括在一起,西欧工业化过程中明显的弱势群体就是从农村中出来寻找工作的人群。他们是既无钱又无势的典型。尤其是那些由于各种原因而未能找到工作的农民,以及工业化初期在矿山等艰苦劳动岗位挣少量工资的工人。至于那些虽有钱却无权势的弱势群体,主要是由于宗教或种族原因而受到歧视。在某些西欧国家的工业化时期所发生的对犹太人这一弱势群体的歧视、欺凌和迫害,就是一例。相对于西欧大陆国家的犹太人而言,英国境内的犹太人的处境还是比较好的,但仍然被另眼相看,心理上承受着巨大的压力。多年以来,

---

① 参看格伦斯基编:《社会分层》(第2版),华夏出版社,2006年,第611页。
② 同上书,第617页。
③ 同上。

他们都是"聚族而居、自成一局"①,不仅有自己的教堂,自己的希伯来文的文告,还有自己的"按犹太教规的清净肉食店"②。这种与外界隔绝的状态反映出犹太人即使在英国也是一个特殊的弱势群体。

对一切弱势群体来说,保护性目标和积极性目标这两个目标是并存的。保护性目标是指:包括小业主、小商小贩在内的弱势群体"首先注意的是保护他的地位或威信——使他的事业得以继续存在、使他自己不致失业"③。积极性目标是指:"在他的脚步站稳时,他就要想到增进他的利益。"④这是很自然的,因为先要生存下来,接着就追求发展,所以两个目标中,保护性目标始终占首位,"如果没有达到这个目的,将丧失他的资本,从而失去他继续经营业务的权利"⑤。

那么,从经济上考察,为什么在西欧各国工业化过程中弱势群体会长期存在呢?这同市场歧视的长期性有直接的关系。女工也好,进城工作的农民也好,小业主和小商小贩们也好,只要是在完善的市场竞争机制之下,供求双方都按照价格和产品质量进行交易,那样就不会有市场歧视,弱势群体中的任何人只要通过自己的努力都可以摆脱弱势地位。但实际并非如此,因为市场总是不完善的,市场歧视难以消除。市场歧视是指:参加市

---

① 克拉潘:《现代英国经济史》下卷,商务印书馆,1986年,第549页。
② 同上。
③ 加尔布雷思:《经济学和公共目标》,商务印书馆,1980年,第93页。
④ 同上。
⑤ 同上。

场活动的交易者,由于个人的偏好或偏见,愿意同这样一些人打交道而不愿意同那样一些人打交道,即使利润会减少也在所不惜,因为交易者有自行选择的权利。① 如果再加上旧观念、旧习惯势力的影响,性别歧视、宗教歧视、种族歧视甚至地域歧视等等的影响,使市场歧视又增添了若干因素,从而更加难以消除。②

受到市场歧视和其他各种歧视的另一弱势群体,就是西欧工业化过程中涌现出来的大量移民工人及其家属。前面已经提及,最早的移民是西欧国家相互间的,稍后是来自东欧的、非洲的,再晚一些的有亚洲的、拉丁美洲的移民。移民工人作为到西欧各国寻找工作的劳动者,除了收入低、劳动强度大、生活条件恶劣以外,还有两个特殊的困难。一个困难是信息的不足或信息的误导,"移民会在毫不知情的情况下签约。当他们还在家乡时,可能就已经同意接受非常低的薪酬,却不知道新的国家通行的工资标准,或者被有关那个国家的生活状况和工作机会的虚假报导所误导"③。一些职业介绍中介组织、经纪人、"蛇头",在这里往往起了很坏的作用,这些经纪人、"蛇头"中有些还是移民的本国同胞。另一个困难是:如果移民工人的母国是一个弱国,而移入的国家是一个强国,那么母国政府一般难以对这些迁入他国工作的工人提供有效的保护。这就是说,"一个群体在政治

---

① 参看贝克尔:《歧视经济学》(第2版),芝加哥大学出版社,1971年。
② 参看米泽尔:"歧视",载《新帕尔格雷夫经济学大辞典》第1卷,经济科学出版社,1992年,第926页。
③ 格伦斯基编:《社会分层》(第2版),华夏出版社,2006年,第484页。

上越脆弱,那么它所拥有的势力也就越脆弱,然后只能接受不好的工资协议(或者根本没有什么协议……)"①。

在讨论移民工人问题时,需要把专业人员和熟练技工同一般工人区分出来。专业人员和熟练技工作为移民,也受到一定程度的歧视,不过由于他们有专门的知识和技能,处境要比一般工人好得多,尤其是他们的第二代、第三代是有可能融入移入国家的主流社会的。一般的移民工人是真正的弱势群体、社会的最底层,甚至本国的专业人员和一部分熟练技工也排斥这些非熟练移民工人,并且不愿意当地人把他们同后者共同看待。因此,"在分割的劳动力市场中,存在着企业主、高价劳工和低工资劳力这三个主要阶级之间的冲突"②。

四、弱势群体地位改善的基本途径

在西欧国家,从工业化一开始社会上就存在不同的弱势群体,而且弱势群体一直存在着,并未因工业化的进展趋于消失。工业化初期与工业化后期的区别在于:在工业化初期,各种弱势群体的人数众多,而到了工业化后期,尽管弱势群体仍然存在,但人数已经大大减少了。而且,即使这时社会上仍有弱势群体,但他们的家庭生活状况也比过去有了较大改善。

弱势群体生活的改善和社会地位的上升,是同工业化后期西欧各国政府的社会政策分不开的。在工业化初期,西欧各国

---

① 格伦斯基编:《社会分层》(第2版),华夏出版社,2006年,第485页。
② 同上书,第487页。

政府对弱势群体基本上采取不干预的做法。这在英国尤其明显。英国政府当时遵循的是政府只负责国防和治安,当好"守夜人"的经济自由主义原则。对于穷人,政府虽然也给一些救济,但以不妨碍自由市场经济的运行作为前提。当时英国国内倡导经济自由主义的人认为:"国家似乎没有必要干预经济生活,包括用纳税人的钱来救济无业的贫民,因为据说这样的事业应当是教会和慈善机构负担的,国家插手反而给自己增加负担,并且使救济事业官僚主义化。"[1]而社会上不少人则主张政府应负责救济穷人,终于在1834年英国政府实施了新的《济贫法》,即使如此,由于《济贫法》实施过程中贪污横行,对穷人的剥削反而加重了,以至于人们为此愤怒不已,称"济贫事业是罪恶的渊薮"[2]。

为什么英国政府当时不采取改善弱势群体生活状况和社会处境的有效措施?据考特的分析,同下述两个基本论点有关:

一是,"让钱留在纳税人的口袋里去产生更大的效益"[3]。因此,任何想多征税来救济穷人的政策都是违背效益原则的。

二是,"对私人资本家为满足国家利益而维持各类投资和就业水平的能力深信不疑"[4]。于是,似乎只要在自由市场经济机

---

[1] 罗志如和厉以宁:《二十世纪的英国经济:"英国病"研究》,人民出版社,1982年,第141页。

[2] 同上。

[3] 考特:《简明英国经济史(1750年至1939年)》,商务印书馆,1992年,第224页。

[4] 同上。

制起作用的情况下,经济增长中会逐渐解决穷人的生活困难。

正因为如此,所以当时的英国"对于全国资源的使用表示完全不负责,甚至故作姿态地表示不再负责"①。救济工作照样由教会和慈善机构主要从事,政府稍稍参与一下,但究竟如何改变弱势群体的地位,政府并不关心,甚至不准备为此操劳。

弱势群体的生活状况和社会地位在西欧工业过程中是不是也有所改善呢?应当承认,除开战争年份,只要处在和平时期,随着经济的增长,人们的收入是逐渐上升的。据统计,自从工业化开始后,在西欧国家,"广大人口在总产出中所享份额没有很大变化,但是,按人口平均计算的产出则大大增加了"②。人均产值的增加是弱势群体生活改善的经济条件,关于这一点,经济学界没有争论。尤其是对"大多数欧洲人的经济状况在第一次世界大战前都优于法国革命前"③这一论断,争议是很少的。从实际工资指数看,英国从1790年的37增长到1913年的100;法国从1820年的55.5增长到1900年的100;④这些也反映了工业化过程中弱势群体收入的增加,虽然都经历了一个世纪左右。

从西欧的实际情况可以得出如下的结论,即经济增长固然是弱势群体生活和社会地位改善的条件,但如果没有社会的发展和社会政策的实施,弱势群体生活和社会地位的改善仍有困

---

① 考特:《简明英国经济史(1750年至1939年)》,商务印书馆,1992年,第224—225页。
② 奇波拉主编:《欧洲经济史》第3卷《工业革命》,商务印书馆,1989年,第148页。
③ 同上。
④ 参看同上。

难，而社会发展则有待于政府的关注和政府投入的增加。这在20世纪30年代以后的西欧，尤其是第二次世界大战结束以后的一些西欧国家尤其明显。关于这一点，本书第十章将会有较多的分析，这里只需要指出这样一点：弱势群体生活状况和社会地位的改善，离不开教育的普及、医疗卫生设施的完善、社会保障制度的实施以及宗教歧视和种族歧视的消除等等，而这一切都需要有政府的介入和政府投入的增加。

政府后来之所以逐渐介入并逐渐增加了用于社会发展的投入，在相当大的程度上也是为了平衡国内各个利益集团之间的关系。政府作为各个利益集团之间的平衡者并发挥其平衡作用，在工业化以前的西欧就已存在。例如，在15—16世纪，当西欧一些国家的矿区发展起来以后，利益集团之间的关系紧张起来，社会矛盾比过去尖锐了。"此时采矿社区的分化路径不是两种而是三种。除了挣工资的人和资本家雇主外，还有王室特权持有者。"[①]这些王室特权持有者实际上代表王室，作为第三方来平衡和协调两个利益集团之间的关系。这样，"就采矿企业而言，它维持了权力平衡"[②]。平衡的结果必然是："尽管王公并不能代表挣工资的矿工来反对其雇主，但他们也不愿意私人公司在采矿社区强大起来。"[③]工业化以后，西欧国家的政府，不管主观上是否想解决弱势群体生活状况恶劣和社会地位低下之类的问题，但作为不同利益集团之间关系的平衡者，它们不可避免地

---

① 波斯坦和米勒主编：《剑桥欧洲经济史》第2卷，经济科学出版社，2004年，第616页。
② 同上。
③ 同上。

要充当平衡者、协调者的角色,以维持社会的稳定,确保政府的权威性,从而客观上有助于弱势群体的生活状况不至于坏到影响社会稳定的程度,最好仍能有所改善。

下面,不妨举一个具体的例子。工业化开始后,城市住房日益紧张,进城找工作的和已经找到工作的人苦于没有住房,贫民窟形成了,环境脏乱,工人的生活条件极差,而且社会问题滋生。政府担心这将引起社会各界的不满:富人认为这会使社会治安状况恶化,穷人认为这是政府亏待了自己,心存怨恨。于是,政府为了平衡社会各个利益集团之间的关系,不得不注意城市住房问题,但工作起初进行得并不顺利,关键在于政府拿不出这么多住房建造费用,也不愿拿出这么大的一笔费用。

据统计,在19世纪,城市中"一些势力联合起来抬高房租,收入中花费在房屋上的比例日益增加;在英国,1801年房租大约占总消费开支的5%;1851年增至8%;1901年增至9%"[1]。房租支出的增加使低收入者的生活更加困难。在19世纪,虽然英国政府曾经颁布法规或地方法规来保证满足市民最低居住水平的要求,在某些城市有过消除贫民窟的计划,[2]然而英国政府的财力有限,这项建造新工人住宅的计划受牵制的地方太多,以至于进展很慢。"1890年至1914年,英国只有5%的新工人阶级的住房是由地方当局提供的。"[3]困难不仅在于市政当局没有那么多钱,而且还在于:失业者的增加、广大临时工的存在、大批

---

[1] 奇波拉主编:《欧洲经济史》第3卷《工业革命》,商务印书馆,1989年,第123页。
[2] 参看同上书,第125页。
[3] 同上书,第126页。

爱尔兰移民的涌入,以及为了建设铁路终点站而在城市中大量拆掉廉价的房屋等等。① 可见,城市低收入家庭住房问题并不是工业化前期就能较好地解决的。只有到工业化后期,问题才能逐步缓解。②

五、弱势群体向非弱势群体的转化

弱势群体转化为非弱势群体是一个长期的过程,而且还包括了人们的心理感觉问题。这是因为,"只有把个人与某一群人加以比较,才能确知他是否受到了公平待遇,其报偿比例是否合理"③。而这种比较又是十分困难的:"个人有一种强烈的意识,认为经济利益应该正比例于它的耗费(即努力、吃苦、才能之类的),同工者应同酬。由于有多种耗费及不同的报偿(收入、尊重、地位、权力),问题马上就出现,即'同酬'应如何定义,报偿比例应如何确定。"④但不管怎样,我们可以把处于弱势地位的人数的绝对减少看成是弱势群体地位改善的重要标志之一。

原来处于弱势地位的不少人到哪里去了呢?无非有三种可能:一是移民到国外去了,二是因饥荒和疾病而去世了,三是生活和地位改善,转为非弱势群体中的一分子了。其中第一种情况和第二种情况在19世纪的爱尔兰是比较典型的。而第三种情况,在西欧各国都存在,不过主要发生在20世纪下半期。这

---

① 参看奇波拉主编:《欧洲经济史》第3卷《工业革命》,商务印书馆,1989年,第125页。
② 关于城市住房问题,在本书第六章中将有进一步的分析。
③ 瑟罗:《得失相等的社会》,商务印书馆,1992年,第192—193页。
④ 同上书,第192页。

些人之所以不再处于弱势地位,原因是多方面的。经济增长和政府的社会政策的实施,就是前面提到过的两大原因。除此以外还应当看到劳动者自身组织的力量及其巨大的作用。

例如,从 19 世纪后期以来,通过工会组织的发展、壮大,使得原来处于弱势地位的产业工人有了自己的组织,在工资、就业、劳动保障、工作时间长度、工作条件等方面得到了保护,从而有可能逐步脱离弱势地位。希克斯在所著《经济史理论》一书中曾就此论述道:"我们以前的'宏观分析'的失误就在于它忽视了产业工人(指随着工业化而壮大起来的在各种新行业中的广义的工人)是怎样能够始而以小团体形式继而以更广泛的社团形式使自己变成一个比仍然留在外面的临时工人享有更多的权利的阶级。"①当然,这里并未把工会组织以外的临时工等人包括在内,但加入工会的产业工人的生活和地位确实比以前改善了。经济增长过程中,对劳动力的需求增加了,于是,"在剩余劳动力开始被消除时,甚至在剩下的临时工人中间都可能有组织的扩散"②。这就是说,一轮一轮的经济增长有可能把临时工转为正式工,他们同样参加了工会,从而得到了工会的保护而改善自己的处境。

又如,原来分散的、力量单薄的、在市场中处于弱势的小农户,也因为有了协会、合作社等组织,形成了有影响的利益集团。在地方选举中,他们推出自己的代表参加议会的竞选,而选出的议员为他们的利益呼吁,影响政府的决策,从而也渐渐摆脱了弱

---

① 希克斯:《经济史理论》,商务印书馆,1999 年,第 142 页。
② 同上。

势地位。这并不否认小农户相对说来仍是较弱的,但工业化后期的处境要比工业化初期好多了。

事实表明,在经济持续增长、劳动者自身组织发展以及政府对弱势群体的关心程度提高的情况下,弱势群体是有可能向非弱势群体转化的。艾哈德在总结第二次世界大战结束以后西德经济复苏的经验时说过一句名言:"事情总是这样的,今天的奢侈品,就是明天普通需要的商品,也是后天普通消费的商品。"① 尽管耐用消费品、家用电器的使用数量的增加不是由社会上的穷人、弱势群体领先和带动起来的,但让穷人、弱势群体使用耐用消费品、家用电器等等,却是经济持续增长的结果,也是政府推动下社会改革所取得的成就的反映。②

时代变了,生活水平也在变化。技术进步了,更多的人可以享受到发展的成果。在英国,维多利亚女王刚临朝时期所见到的从伦敦贫民窟矮房子里"穿得破破烂烂的饥饿的女人爬出来晒太阳"③的情形,以及在屋子内,"在一个角落里有一小堆破布,这堆破布少得用一条女人的围裙包起来就可以拿走,可是这却是全家的床铺"④的情形,经过几十年基本上已不存在。进入20世纪后,"维多利亚后期贫民的跣足和'不能蔽体'的'褴褛'衣衫已经绝迹,或几近绝迹了"⑤。这表明,即使在20世纪初期

---

① 艾哈德:《来自竞争的繁荣》,商务印书馆,1987年,第61页。
② 参看同上书,第61—62页。
③ 恩格斯:"英国工人阶级状况",载《马克思恩格斯全集》第2卷,人民出版社,1957年,第308页。
④ 同上书,第310页。
⑤ 克拉潘:《现代英国经济史》下卷,商务印书馆,1986年,第670页。

的英国,也可以看到社会最低阶层的生活还是有所改善。虽然穷人们的购买力还不高,但"成衣商按合理价格照人们所希望穿着的衣装去装饰他们"①的情况比较普遍。社会确实在进步。

第三节 工业化过程中相对贫困的持久性

一、相对贫困的第一种表现:利益集团之间的相互比较

工业化过程中相对贫困之所以持久存在,首先同利益集团之间的相互攀比有关。由于各个不同的利益集团状况的改善不可能是同步的,一个利益集团的状况虽然比过去改善了,如果另一个利益集团在经济增长中受益更多,状况改善得更快,改善的幅度更大,那么前一个利益集团就会感到自己仍然处于相对贫困境地。这正是杜生贝的理论所阐释的道理,②也是莫迪利安尼独立提出的类似论点。③ 按照杜生贝和莫迪利安尼的相对收入假定:"一个人的偏好并不是独立于其他人的消费支出以外的,而是同其他人的消费支出联系在一起的。这就是消费的'示范作用'。"④

有关相对收入假定的论述,对于研究西欧各国工业化进程

---

① 克拉潘:《现代英国经济史》下卷,商务印书馆,1986年,第670页。
② 参看杜生贝:《收入、储蓄和消费者行为理论》,哈佛大学出版社,1949年。
③ 参看莫迪利安尼:"储蓄—收入比率的波动:经济预测问题",载(美国)国民经济研究所编:《收入与财富研究丛书》第11卷,纽约,1949年。
④ 厉以宁:《宏观经济学的产生和发展》,湖南出版社,1997年,第148页。

中的相对贫困问题是有启发性的,研究者应当重视人们的相对收入,"承认消费方式的社会性,承认一个人的消费支出对周围的人的消费方式有诱发作用"①,从而相对贫困便是一个持久存在的现象。

关键在于工业化和经济发展不可能使社会上所有的人和所有利益集团都同等程度地享受到发展的成果。除了人与人之间存在差异而外,地区与地区之间也存在地理位置和自然条件的差异,地区发展的不平衡是多年的发展累积而成的。加之,行业之间也有差异。各个不同的行业在工业化和经济增长中有些增长快,有些增长慢,有些是新兴的行业,有些行业则被淘汰,这样,不同技术工种和不同技术水平的工人在工业化和经济增长中的遭遇也就不可能一样,有些人的收入增长快,有些人的收入增长慢,有些人的职务很快被提升,有些人则失去工作。不同行业的投资者的情况也如此。结果,通过人与人之间的相互攀比、利益集团之间的相互攀比,相对贫困状态就持久化了。政府即使采取干预措施,至多只能使利益集团之间的差距不要过大,但无法使它们的状况的改善是同步的、同比率的。

由于工业化过程中不同利益集团的相互比较不仅表现于物质生活差距方面,而且还反映于文化生活、精神生活的差距方面,这样,政府更难以使不同利益集团生活状况的改善实现同步性。比如说,在工业化初期的英国,那种认为"工人的娱乐愈少,

---

① 厉以宁:《宏观经济学的产生和发展》,湖南出版社,1997年,第148页。

情形就愈好"①的想法相当流行,有些工业区的"地方官就根据这些理由拒绝发给有音乐会举行的那些酒馆以执照"②,以至于经济学家得出这样的结论:"或者没有什么事情比这种风靡一时的见解更直接地恶化了阶级关系。"③因为这大大加重了下层社会的相对贫困的自我感受。他们认为这是真正的不平等,是严重的歧视行为,所以对下层社会的成员来说,"每逢雇主或地方官不让他享受别的阶级可以享受到的娱乐时就会很快地引起他的愤恨"④。

结论只能是:"根本没有一种生活水准能绝对满足人们的需要。"⑤不仅穷人有这种感觉,连富人也如此。富人同比自己富的人相比,已经很富的人同更富的人相比,"只要他们的收入增长不如别人快,或不如想像的那么快,他们甚至觉得比收入增加之前更穷了"⑥。

二、相对贫困的第二种表现:期望值和现状之比

从西欧工业化过程中可以发现,某个利益集团或某个人的状况,虽然比过去改善了,但这个利益集团或它的成员改善生活的愿望却增长得更快,期望值和现状的差距反而扩大了,于是他们会认为自己仍然处于相对贫困之中。期望值同现状的比较,

---

① 哈孟德夫妇:《近代工业的兴起》,商务印书馆,1959年,第214页。
② 同上。
③ 同上。
④ 同上书,第215页。
⑤ 瑟罗:《得失相等的社会》,商务印书馆,1992年,第16页。
⑥ 同上。

是相对贫困持久存在的又一个原因。

这里所说的利益集团及其成员改善生活的愿望或改善生活的期望值,不是凭空产生的,而是在经济发展和社会生活水平普遍提高的条件下产生的。比如说,当社会上出现了某些新的耐用消费品之后,某个利益集团成员认为自己应该有能力同别人一样购买这些耐用消费品,也应该有权利享用这些耐用消费品,他们在这方面的期望值增加了。如果由于收入等原因而未能实现这种愿望,他们便认为自己是相对贫困人群中的一员。此外,更换住房或扩大居住面积的愿望、休闲度假和旅游的愿望,甚至让子女受到更好的教育的愿望,也都是同样的情形。期望值的增长和目前未能满足这些愿望的事实,使得一些人的相对贫困感觉持久存在而不易消失。

从这个意义上说,工业化过程中新消费方式和新消费品的使用所产生的示范效应是不可遏制的。如果再作一些引申,期望值和现状之比就不限于新消费方式和新消费品的使用了,对社会流动和未来的社会地位的期望值更值得注意。例如,"当人们力图通过利用教育和职业的机会,施展才能和炫耀财富、闲暇以及其他有威信的文化素养和活动从而获得更高的社会地位的时候,社会流动性就成了一种独特的现象"[①]。在这种情况下,有人通过社会流动而较顺利地实现了自己的愿望,但却有更多的人由于无法实现自己的理想社会流动而未能如愿,他们失望了,也就是期望值和现状的差距越来越大。他们自称为被边缘

[①] 赫茨勒:《世界人口的危机》,商务印书馆,1963年,第53页。

化了,被社会所抛弃了。①

因此,持久的相对贫困在更大程度上是一种社会现象,而不仅仅发生在个别人、个别家庭身上。

还可以这样认为:"集体是由个人组成的,集体的生活是至少在表面上各不相谋的情况下进行的各个个人的生活。集体的公认的生活方式所体现的是,集体中各个人对人类生活怎样才是正确、善良、合宜和美化的见解上的一致。"②这表明,生活在集体中的一分子不得不承受来自集体的压力,即来自所处的环境的压力。大家都这样,你也只好这样,除非你不愿意再隶属这个集体。也就是说,"环境对一个集体施行压力,促使集体的生活方式进行调整时,是以金钱的迫切要求这一形式向集体的成员进行冲击的"③。社会上,个人期望值的不断调整,正是在集体期望值不断调整的压力下进行的,而集体期望值的不断调整又时时受到环境的压力。这样,利益集团及其成员的期望值与现状的差距之所以难以弥合,也可以由此得到部分的解释。

三、相对贫困的第三种表现:现期收入同历史上高峰时期收入之比

工业化过程中相对贫困之所以持久存在,也同人们习惯于把目前的收入同自己曾经达到的高峰时期收入相比,而不同过去的较低收入相比有关。

---

① 参看赫茨勒:《世界人口的危机》,商务印书馆,1963年,第148—150页。
② 凡勃伦:《有闲阶级论》,商务印书馆,1981年,第142页。
③ 同上书,第143页。

一个利益集团及其成员的生活状况改善了,但不久之后生活水平又下降,即使下降以后的收入仍然高于起点时的收入,但却低于曾经达到过的更高的收入,于是他们会认为自己是相对贫困的人群。这是杜生贝的相对收入假定的另一个含义,即他所说的,"对一个家庭来说,从一种高水平上减少开支,要比一开始就抑制高消费更加困难"①。工资刚性、消费支出刚性、福利刚性等等,都可以从此得到解释。

经济总是在波动中前进的。在工业化过程中经历了许多个经济周期:从低谷到高峰,又从高峰到低谷,周而复始,循环不已。人们的收入也随着经济的波动和增长,有升有降,有起有落。这些都应被看成是经济发展中的正常现象。重要的是,从一个较长的时期来看,在人们按不变价格计算的平均收入的变动中,不仅这一经济运行周期中人们高峰时期的收入高于上一经济运行周期中人们高峰时期的收入,而且这一经济运行周期中人们低谷时期的收入也高于上一经济运行周期中人们低谷时期的收入。在西欧各国的工业化过程中,除个别年份或战争时期而外,一般都是如此。这正是经济发展规律性的表现。然而,人们并不循着这样的途径来看待自己的收入变化,而习惯于同以前曾经经历的高峰时期的收入相比。这样,即使历次高峰时期的收入相比是递增的,或者,历次低谷时期的收入相比仍然是递增的,但利益集团的成员总是感到"今不如昔",认为自己总是处于相对贫困状态。

---

① 杜生贝:《收入、储蓄和消费者行为理论》,哈佛大学出版社,1949年,第85页。

四、非经济意义上的相对贫困

以上所说的是收入的比较或生活状况的比较。通过这些比较,包括一个利益集团及其成员同另一个利益集团及其成员的比较、本人期望值与生活现状的比较、本人收入同自己经历过的高峰时期收入的比较,所得出的相对贫困基本上是经济上的。除此以外,还存在非经济意义上的相对贫困。

前面在讨论弱势群体概念时曾提到一些人由于受到宗教和种族歧视而成为社会的弱势群体,这种意义上的绝对贫困和相对贫困都是非经济意义上的。还有,前面还提到女工长期内是作为社会的弱势群体而存在。这里可以再展开论述一下。女工的困难和被歧视由来已久。在英国,从18世纪末到19世纪前期,妇女除了进入纺织行业工作,还被雇用于煤矿充当捡煤工。① 她们不仅要进工厂和煤矿工作,还要从事家务劳动。每周男工可以休息一天,女工就利用这一天在家里洗衣服或做其他家务活。虽然英国法律在19世纪40年代已禁止雇用妇女充当煤矿上的捡煤工,但实际上女工仍旧利用休息日去捡煤挣钱,"这是当时大部分女工的生活模式"②。工厂主是愿意雇用女工的,19世纪60年代一个五金行业的经理坦率地说道:女工"非常管用,我们让她们干以前男人从事的工作,而那些男人们要比她们难管理得多"③。女工自己也感受到这一点:女工

---

① 参看麦格劳:《现代资本主义:三次工业革命中的成功者》,江苏人民出版社,2000年,第89—90页。
② 同上书,第90页。
③ 同上。

"离开了她们的家庭而到了工厂,在那里她们发现自己已经卷入同男子竞争的局面中,并且处在雇主们很容易加以利用的不利地位上工作"①。这些情况反映了女工处于非经济意义上的贫困状态。

到了西欧各国工业化后期,社会上的宗教和种族歧视越来越遭到谴责,从而减少了很多。而使用女工从事某些艰苦劳动的行为也普遍被禁止。尤其是女工的工资标准和福利标准提到了与同工种和同技术等级的男工的水平,尽管这拖了很长时间才落实。然而,另一类非经济意义上的贫困或相对贫困却一直存在,这就是职业有高低上下之分,在一些被人们瞧不起的职业中工作的人们依然被隔绝于社会主流以外。这是由社会上长期流行的职业评价所造成的,而且从上一代传承到下一代,下一代又传给再下一代。

最后应当指出,有一个问题在经济学中始终未能很好地解决,这就是:个人天赋低在形成绝对贫困和相对贫困中的作用如何估计,以及如何消除因天赋低而造成的贫困问题?② 一种解释是:可以把人们靠较高的天赋而得到的收入当作"地租"来对待,因为土地肥沃程度是大自然赋予的,所以较高或较低的天赋也来自大自然。③ 这种观点虽然也引起争议,但仍有循着这条路继续研究的可能。

---

① 哈孟德夫妇:《近代工业的兴起》,商务印书馆,1959年,第226—227页。
② 参看克雷尔和索洛克编:《个人收入分配文集》,阿姆斯特丹,1978年,第396页。
③ 参看同上。

五、生活圈和相对贫困

每个人在社会上都生活在一定的生活圈内。他经常同这个生活圈里的人在一起,彼此交往,交流看法。社会上有各种各样的人,从而也就有了各种各样的生活圈。

生活圈同利益集团有一定的关系,但生活圈不等于利益集团。一个利益集团可能有很多成员,无形的利益集团的成员人数更多。他们的利益一致,主张和政策建议相同,都想维护和增加自己的利益。而一个生活圈,范围要小得多,人数也少得多,因为一个人虽然有可能认识很多人,但平时交往的特别是关系密切的却只有为数不多的人。这些平时交往的人,可能同这个人是同一个利益集团的,也可能同利益集团无关。生活圈就是生活圈,圈内的人都是好友、亲戚、熟人,有亲情和友谊但不一定有什么共同的政治主张或政策建议。

同一个生活圈的人是相互影响的,信息的交流比较频繁,对生活状况和个人收入的期望值在信息交流后会增大,因为相互影响和相互鼓励在这种场合是起作用的。同时,通过生活圈的信息交流和相互影响,一个利益集团的成员对自己同另一个利益集团成员收入增幅的差距会比以前更加敏感,对自己的目前收入同自己在高峰时期收入的比较的结果也会产生更大的抱怨。这表明,同一个生活圈的人的相互影响,也是导致相对贫困持久化的一个重要因素。

英国工业化时期的矿工们往往形成许多生活圈。他们受生活圈的影响是相当突出的。早在工业化初期,这些矿工"往往自成一类,既无知而又野蛮,并与城市生活和手工业的传统互相隔绝"①。他们在矿区工作和生活,保留原来农村的习俗,甚至是氏族的习俗,相互影响,谁也不愿意背离传统。他们各有自己的生活圈,下班后或休假日,一起下小酒馆,一起上教堂,彼此倾吐心愿,发泄心中的不满和怨气。他们的生活圈是封闭的,甚至"有很长一个时期还是绝对不和外界通婚的"②。随着工业化的进展,原来在深山矿区干活的矿工或他们的后辈陆续进入城市近郊和城市内工作并住下了,但自己的生活圈依然保留下来。到了19世纪后期,在城市里,矿工们同城市里其他行业的工人或手工业者(如石匠、木匠、成衣匠、鞋匠)之间仍很少真正有来往,而且彼此之间也"缺乏同情"。③

实际上,不仅工业化时期的矿工如此,其他各行各业的情况也这样。每个人都有自己的生活圈,生活圈都多多少少带一些封闭性。白领阶层、官员、企业家们也不例外。一个重要的原因是:工业化使社会上几乎每一个人的生活越来越紧张、单调、节奏快,而市场竞争又是那么残酷,每个人的头顶上仿佛都悬着一口装满热水的大锅,不知道什么时候这口大锅会倾覆或碎裂,热水将倾盆而泻,使下面的人遭殃。这就是社会的不固定性和市场前景的不可知性。在这种情况下,生活圈使人们找到了一个心情有所寄托的场所,找到了一个在这里得到信息、得到同情、得到宽慰的"避难所"。而在客观上,生活圈的存在不可避免地

---

① 克拉潘:《现代英国经济史》上卷,商务印书馆,1986年,第275页。
② 同上。
③ 参看同上。

增加了生活圈内的每一个人的相对贫困感受。

第四节　工业化过程中激进和保守的相互转化

一、利益集团的倾向：激进和保守

在西欧各国工业化过程中,利益集团的倾向是很明显的。一般说来,在某个利益集团的利益尚未得到满足时,它会通过各种方式为争取实现自己的利益而努力,包括要求改变现状,主张改革,这通常被称为激进倾向。一旦这个利益集团的要求实现了,利益到手了,它的保守倾向便占据了上风,这时,它总想保住自己的既得利益,不愿意既得利益减少,从而宁愿维持现状,反对改革。① 这就是通常所说的"富裕阶级生来是保守的"②。富裕阶级之所以保守,无疑有保护既得利益的动机,但也不仅限于此。这在一定程度上还同它的文化倾向有关。"这个阶级反对文化结构上的变化是出于本能,并不是主要出于物质利益上的打算;这是一种与事物已有的做法有了背离时人们就会发生的本能的反感。"③为什么会如此？这是因为,在人们(尤其是既得利益集团的成员)看来,同现状有所背离总是不如人意的,"生活习惯和思想习惯上的任何变化总是惹厌的"④。这并不是说只

---

① 参看柯武刚和史漫飞:《制度经济学:社会秩序与公共政策》,商务印书馆,2000年,第480—481页。
② 凡勃伦:《有闲阶级论》,商务印书馆,1981年,第145页。
③ 同上。
④ 同上。

有富人才不愿看到文化方面的变化,穷人同样是安于文化上的现状的。在这里,他们之间的差别常常在于:"富裕阶级的成员不像别人那样容易屈服于革新要求,因为他们没有受到非屈服不可的压制。"①

但是,对这样的问题的看法不应当绝对化。既得利益集团并不是永远不改变自己的立场和观点的。按照制度经济学的解释,个人面临着两种不确定性,一是"横向不确定性"②(sideways uncertainty),即"不清楚他人正在干什么",另一是"前向不确定性"(forward uncertainty),即"不清楚未来会发生什么"。③ 而人们都处在一个正在发生变化的环境中,因此,"当环境变化时,个人在过去获得的知识存量会贬值"④。即使是富裕的人,能力同样是有限的。处于变化的环境中,他们为自己的利益着想,也会通过竞争等手段而得到外部的信息并按照所获取的信息开始调整自己的行为。这样,我们既可以把这种行为的调整看成是迫于环境变化而产生的被动调整,也可以把这种调整看成是为了保住既得利益,甚至是为了扩大既得利益而同环境妥协的结果,从而属于一种主动的调整。实际上,既得利益集团及其成员的行为的调整和观念的转变,都是被动调整和主动调整二者结合的产物。

下面可以用三个例子来说明:一是工业化前期西欧工业企

---

① 凡勃伦:《有闲阶级论》,商务印书馆,1981年,第145页。
② 柯武刚和史漫飞:《制度经济学:社会秩序与公共政策》,商务印书馆,2000年,第268页。
③ 同上。
④ 同上书,第268—269页。

业主利益集团的倾向的变化;二是工业化前期西欧产业工人集团的倾向的变化;三是英国海外利益集团同国内不同利益集团之间矛盾的变化,以及二者倾向的变化。

第一个例子:工业化前期西欧的工业企业主利益集团。

工业企业主作为一个利益集团,从工业化一开始就已经存在,但在当时的情况下,工业企业主本身的经济实力仍是较小的,他们不同于当时已在社会上拥有巨大影响力的金融家和从事海外贸易的大商人,社会地位也比他们低得多,这些金融家、大商人也瞧不起开设工厂的小老板们。那个时期的经济政策更着重于保护金融家、大商人等人的利益,对工业企业主的利益关照较少,因为政府的看法同金融家、大商人一样:这些工厂主无非是些小老板而已。因此,在这一阶段,由工业企业主组成的利益集团是主张改革的,他们认为只有通过改革,才能使政府和议会中有能够替自己说话的人,才能改变现行的经济政策,使自己的利益得以增长。逐渐地,随着工业企业主自身经济力量的增强,他们在社会上的地位的上升,他们的要求陆续实现了,他们成了工业化过程中的既得利益集团之一。从这以后,他们逐渐倾向于保守,希望维持现状,从经济生活到文化生活都如此。他们对雇工的看法也发生了重要的转变。比如说,"雇主认为,他的工人以及他们的子女注定仍然要做工人,这是理所当然的"[1]。雇主们简直不能设想雇工前景的变好将会带来什么样的结果:"如果劳动者突然变得富有、对他们的那一份不满而且

---

[1] 哈巴库克和波斯坦主编:《剑桥欧洲经济史》第6卷,经济科学出版社,2002年,第521页。

渴求更高的社会地位的话,那么,'整个社会、政治和工业秩序就会陷入混乱'。"[1]随着工业化的进展,到了19世纪后期,雇主们作为利益集团,表现出更强烈地维护本集团既得利益的保守倾向。

第二个例子:工业化前期西欧产业工人利益集团。

在西欧国家,产业工人作为一个利益集团几乎是同工业企业主利益集团同时形成的。正如工业化刚开始时工厂主都是一些小老板一样,那时的工厂工人也是带有浓厚的手工工匠色彩的劳动者。以后,随着这些小老板渐渐转变成真正的工业企业主,雇工也都渐渐地成了真正意义上的产业工人。但产业工人在社会上一直是受歧视的,他们收入低,劳动条件差,工作时间长,权利得不到保障。在这种情况下,他们为争取自己的权利进行了长期的斗争,希望改变现状,增加收入,提高社会地位。他们的倾向是激进的。终于多年的努力有了成果,产业工人的工会建立了,工会的力量壮大了。也正是在工会建立后不久,产业工人作为一个争取实现自己利益的利益集团逐渐变成了一个既得利益集团。

工会领导下的产业工人是对抗雇主的主力,他们能坚持罢工斗争。在西欧,"最富有战斗性的工人很少是最穷的工人,因为最穷的工人不能坚持长期罢工"[2]。这种情况对此后工会组织的倾向的转变有重要影响。参加工会的产业工人排斥未参加

---

[1] 哈巴库克和波斯坦主编:《剑桥欧洲经济史》第6卷,经济科学出版社,2002年,第521页。
[2] 奇波拉主编:《欧洲经济史》第5卷上册《二十世纪》,商务印书馆,1988年,第121页。

工会的工人,甚至阻挠某些未参加工会的工人加入工会的申请,以维护自己的既得利益。显然,产业工人利益集团的倾向也就趋向保守。他们不再把改变现状作为首要任务,而是把维持现状并稍作改良作为首要任务。这不能不被视为西欧工业化过程中一件大事。

第三个例子:英国海外利益集团与国内不同利益集团之间的矛盾和相互关系的变化。

工业化以前和工业化初期,英国有各个按活动地区划分的海外利益集团,它们在海外贸易和殖民地经营中获取了巨额利润,但英国政府却为此支出大笔军事费用。这笔军事费用是加在英国政府身上的庞大负担。"但是,拥有帝国投资的企业的所有权集中于资本家、大银行和绅士阶级。这几个集团在政府里拥有众多的代言人,而支撑帝国的税负则落在在政府内代言人少的中、下阶层的公民的肩上。"[①]在这方面,政府实际上起了收入再分配的作用,也就是说,"殖民帝国在英国在把收入从中产阶级向上层阶级转移的过程中起到了重要的再分配的作用"[②]。这一时期国内不同的利益集团各自的倾向是明显的,它们之间的利益冲突是突出的。国内的中产阶级不满意海外利益集团这种为了获取巨额利润而让广大纳税人承担军费的行为。然而,随着时间的推移,到了19世纪晚期,情况已经发生了变化。尽管海外利益集团比过去得到的好处不仅没有减少,反而有所增

---

① 菲尼:"制度安排的需求与供给",载奥斯特罗姆、菲尼和皮希特编:《制度分析与发展的反思:问题与抉择》,商务印书馆,1992年,第152页。
② 同上。

加,但从近期看,国内各阶层多多少少也得到了一些好处,比如说,海外殖民地和附属国为英国国内的中下层移居国外的人提供了工作机会,特别是能让他们在收入较丰厚的行业中得到职位;①又如,英国在国外的扩张为国内一些制造业产品打开了销路,不但让工业企业主获得利润,也有助于维持国内的就业率和较高工资率,使这些人也分享到一些好处。②这样,不同利益集团之间在海外军事费用分担方面的矛盾有所缓和,不然就很难理解南非战争和第一次世界大战期间英国社会各界几乎普遍地支持战争。

二、工业化过程中激进和保守相互转化的条件

从以上所举的例子可以了解到,在工业化过程中,利益集团的激进倾向和保守倾向在一定条件下是会相互转化的。但也存在这样一种情况,即有的利益集团本来的倾向就不明显,它们只是为了生存而形成,然而却有可能被另外的利益集团所操纵或利用,以至于它的倾向是摇摆的。可以拿英国工业化初期爱尔兰移民工人的遭遇来说明。在18世纪后期到19世纪初期,大批爱尔兰人来到英国寻找工作,并且只求吃饱肚子而已。当时,在英国的外来移民工人中,爱尔兰人是"最大的个体移民大军"③。这些移民工人"所能接受的最低工资是如此之低,以至

---

① 参看罗志如和厉以宁:《二十世纪的英国经济:"英国病"研究》,人民出版社,1982年,第124—128页。
② 参看同上书,第122—123页。
③ 马赛厄斯和波斯坦主编:《剑桥欧洲经济史》第7卷上册,经济科学出版社,2004年,第135页。

于几乎不具备将这种工资与英格兰人的一般工资水平进行对比的任何可能性"①。爱尔兰移民工人形成了自己的利益集团。然而,爱尔兰移民工人作为一个特殊的利益集团,却在英国工业化初期扮演了特殊的角色:他们"有时被蓄意利用为破坏罢工者"②。难道可以简单地把这些移民工人归属于激进一边还是归属于保守一边?这只能说明,他们本来没有什么倾向性,但有时竟同保守的雇主们站在一起,以对付工资比他们高出很多的当地工人。

需要探讨的是利益集团的激进和保守相互转化的条件是什么。先谈激进向保守转化的内部原因和外部原因。

第一,激进转化为保守的内部原因

在西欧各国工业化的过程中,各个利益集团当初形成时,都各自具有自身的特色,即它们的成员是什么样的人,它的共同要求和主张有哪些,它们准备采用何种方式来实现自己的要求和主张,以维护和扩大自己的利益。通过一段时间的努力,一个利益集团在自己的要求得到部分满足之后,它的改变现状的要求就减弱了,而在它的要求基本得到满足后,它就会转向保守,希望维持已经形成的现存利益格局。此外,对这样的利益集团来说,从激进转向保守并没有心理的障碍,它会认为过去是正确的,现在同样是正确的,它们惯于"用过去的标准,为现代的状况和思想进行辩护,而不拿现在同将来作为标准"③。

---

① 马赛厄斯和波斯坦主编:《剑桥欧洲经济史》第 7 卷上册,经济科学出版社,2004 年,第 137 页。
② 同上书,第 138 页。
③ 鲁宾逊:《新史学》,纽约,1922 年,第 73 页。

第二,激进转化为保守的外部原因

一个利益集团的倾向由激进转向保守,从外部原因看,主要受到两方面的影响。一是受到外界舆论的影响,二是受到政府组成人员变动的影响。如果外界舆论多数认为某个利益集团的激进倾向对国家和社会的前景不利,它不是没有可能缓和激进的倾向而偏向保守的。但更重要的是政府组成人员的变动。以前的政府由哪些人组成,这些人的政策主张是什么,现在的政府又是由哪些人组成的,他们有什么样的政策主张,这种变动对于利益集团的倾向由激进转向保守起着重要作用,因为这些都同利益的调整有关。

至于利益集团由保守转向激进,或利益集团一部分成员的倾向由保守转向激进,其内部原因和外部原因同上面所分析的相似,只不过利益调整的方向恰恰相反而已。

一个有趣的例子是20世纪60年代以后,在西欧一些国家内,年青一代的工人中产生了一种所谓"极端的平民民主主义的意识"①。他们之中,有些是参加产业工会的,有些则不愿参加工会。这表明在工会组织中出现了一部分人由保守向激进的转变。这些年青工人把以前的工会运动领袖视为保守势力的代表,认为工会运动中已经形成的等级制度是一种束缚。这样,他们便以激进自居,对工会和工会等级制度提出挑战。② 实际上,这不一定反映利益的某种调整,更准确地说,这主要反映了文化的某种变化,也就是"与从前无产阶级地区'阶级文化'形成对照

---

① 拉什和厄里:《组织化资本主义的终结》,江苏人民出版社,2001年,第306页。

② 参看同上。

的相对无阶级性的大众文化的发展"①。

当一些人从激进转向保守以后,他们往往可以有一种自我安慰,说什么"我们已经有了许多改良"②,甚至说,我们"不过怕进步太快了,容易向前跌倒,所以自愿来做一个车闸"③。然而,当一些人从保守转向激进,或从保守倾向的利益集团分离出来转向激进以后,通常不需要有什么自我安慰,因为他们会理直气壮地声明,这就是"革命",就是"对传统的背叛",他们通常自认为是"问心无愧"的。这些都可以从文化的角度作出解释,从而再一次表明文化因素在激进和保守相互转化中的作用。

三、新激进势力的产生

从西欧各国工业化的历史看,在不同的发展阶段会出现不同的要求改变现状的势力,或称为激进势力。新激进势力就是在工业化后期陆续出现的。新激进势力包括哪些人?大体上有以下几种人:其中,有新出现的、利益要求得不到满足的利益集团及其成员,也有从原来的利益集团中分化出来的、有新的利益要求的一部分成员,还有一批以"忧国忧民"为宗旨,以"拯救地球"、"拯救人类"为己任的新形成的组织及其成员。为什么会出现新激进势力?可能是由于利益分配中未得到满足的人(包括依然处于相对贫困状态的人)有改变现状的要求,但也有可能同利益分配没有直接关系而在一种新理念指导下聚集在一起的人

---

① 拉什和厄里:《组织化资本主义的终结》,江苏人民出版社,2001年,第306页。
② 鲁宾逊:《新史学》,纽约,1922年,第74页。
③ 同上。

有改变现状的要求。一个明显的例子就是绿党的形成。

在西欧各国的工业化后期,出现了各种类型的绿色团体或政治组织,它们有时被统称为绿党。绿党的形成是时代的产物,也被认为是"左派的新的分裂"①。总的说来,绿党的出现是社会上两种变化的结果:一是年青一代的价值体系发生了变化,他们不再把物质生活放在首位,而信奉如下的原则,即"个人的自我实现、更加合理的社会关系和完好无损的环境"②;二是西欧的社会发生了变化,和平人士、反核人士、妇运积极分子等在社会上越来越活跃,他们所参与的和平反战运动、反核运动、妇女权益保护运动等的影响越来越大,尽管这些运动中有一些是老问题,但却以激烈的方式把它们重新提出。③

在西欧各国的工业化时期,无论是早期、中期还是后期,都可以发现参加激进组织的有不少知识分子,而且知识分子在激进组织中所占的比重越来越大。他们的家庭可能分属于不同的利益集团,甚至属于保守倾向的利益集团,但他们本人由于察觉到现实社会中存在着这样或那样的不能令人满意之处,有些人还认为现实社会中的弊病有其深刻的制度性原因,于是出于改革现状的考虑,他们便以个人的身份参加了新激进势力组织的活动。

关于这种情况,熊彼特早在20世纪40年代就作过分析。他指出,知识分子"不是一个社会阶级;他们来自社会的所有角

---

① 迈尔:《社会民主主义的转型》,北京大学出版社,2001年,第100页。
② 同上书,第101—102页。
③ 参看同上书,第102页。

落,他们的大部分活动在于彼此打斗,在于组成不是为他们自己的阶级利益的先锋"①。知识分子这一群体的特殊性质和特殊作用,在利益集团的倾向的转变中的意义是不可低估的。熊彼特特地以工会组织为例。他写道:"资本主义发展产生劳工运动,它显然不是知识分子集团制造的。但这样一个机会和知识分子造物主二者会互相寻找,这点不会令人惊奇。"②于是,在知识分子参与之下,"奇迹"便出现了,"劳工从不恳求知识分子领导,但知识分子闯入劳工政治。知识分子有重要贡献要做:他们声嘶力竭地宣扬这个运动,为它提供理论和口号"③。正是"知识分子闯入劳工政治"之后,工会运动也就提升到一个新的阶段。19世纪后期和20世纪前期的西欧工会运动的历史正是如此。

按照知识分子的特点来分析,可以对20世纪后期西欧各国的各种新激进势力的发展作出如下的推断,这就是:无论是绿色运动、人权运动、和平运动、反核运动还是妇女运动,它们作为新的激进势力的运动,都离不开知识分子的参与。例如,对环境保护和环境治理的要求,本来只是工矿区内或周边的居民的一种要求,然而当越来越多的知识分子"闯入"以后,环境保护运动不仅提升到一个新的阶段,而且政治化了,影响越来越大了。又如,对妇女权益的保护本来也只是妇女们(包括在工厂中做工的女工和在男权支配下的家庭妇女)的一种要求,然而一旦知识分子"闯入"了这个领域,妇女运动同样被政治化了。

---

① 熊彼特:《资本主义、社会主义与民主》,商务印书馆,1999年,第229页。
② 同上书,第239页。
③ 同上。

在西欧,社会上的新激进势力不是统一的,它们可能多种多样,彼此的重点不一,主张不一,但这并不妨碍它们在一定条件下共同促进现状的改变。

四、新保守势力的产生

在西欧各国工业化后期,不仅出现了新的激进势力,而且也出现了新的保守势力。

根据目前所了解的情况看,新保守势力大体上由以下两部分人所组成。一是,原来要求改变现状的利益集团在自身利益基本上得到满足之后,转而主张维持现状,以便继续拥有已经得到的利益;二是,原来要求改变现状的利益集团,后来由于各种不同的原因而发生分化,其中一部分成员转而成为新保守势力中的一分子。

在西欧各国工业化的不同阶段,在各种保守势力中都有知识分子的参与,新保守势力同样如此。这些参加新保守势力的知识分子们可能出身于不同阶层的家庭,包括出身于有改变现状要求的、有激进倾向的家庭,但他们可能出于某种信念或信仰的支配,也可能受到某种思潮的影响,或者由于个人的利益的驱使,从而以个人身份投入了新保守运动。前面曾经提到,产业工人利益集团在工业化前期曾是激进的利益集团之一,但后来逐渐转向了保守,这是因为"受雇于具有巨大经济力量的那些工业的工人"是一个"受优惠的阶层",[①]"这些工业——钢铁、汽车、化

---

① 加尔布雷思:《经济学和公共目标》,商务印书馆,1980年,第272页。

工、石油等工业——运用其权力时,实际上是用以满足工人的主要需求的。"①这样,在工会组织中,产业工人得到较高的待遇和福利保障,他们中的相当一部分人成为新保守势力的一分子,是不奇怪的。然而,他们毕竟是工人,而且是一般的工人,不是什么"工人贵族"或工会运动领导人,所以当他们"听到社会主义的宣传,未尝不从旁喝彩,但谈到实行则不感兴趣"②。其实,这种情况并不少见,非技术工人的工会会员也是倾向不明显的人群。在英国,非技术工人原来是没有自己的工会的,最早建立的工会只吸收技术工人入会。非技术工人大概迟至19世纪80年代才开始有自己的工会。③ 由于非技术工人在社会上一直处于弱势地位,所以"当19世纪80年代非技术工人开始组织工会时,他们的领导者曾经高喊过一阵向政治靠拢的激进口号,但是不久他们也变得温和起来了"④。为什么非技术工人也有趋于保守的倾向?一种解释是:在非技术工人的工会领导人看来,变得温和一些也许会使自己的会员们得到较多的好处。

在工人队伍中,新保守势力的出现所带来的一个后果就是导致劳动力市场的刚性的增加或劳动力市场的僵化。这是因为,在劳资谈判中,工会坚持保护自己的会员的利益,不愿在工资率和福利待遇方面作出让步,资方则不愿意多雇工人,以免增加成本,于是,新进入劳动力市场寻找工作的人没有工作岗位,

---

① 加尔布雷思:《经济学和公共目标》,商务印书馆,1980年,第272页。
② 同上。
③ 参看麦格劳:《现代资本主义:三次工业革命中的成功者》,江苏人民出版社,2000年,第91页。
④ 同上。

以至于劳动力市场被认为不再发挥作用了。① 具体地说,在僵化的劳动力市场上,劳动力供求双方已经没有讨价还价的余地。无论是就业需求的工资弹性(即工资每降低1%所增加的就业百分比),还是工资率的失业弹性(即失业率每上升1%所减少的工资率百分比),都不能反映劳动力市场的实际情况。②

曾经有这样一种观点,即认为在工业化过程中出现的白领工人在政治上是趋于保守的,而蓝领工人在政治上趋于激进。原因在于:蓝领工人收入低,社会地位低,同企业雇主呈对立状态,所以有激进倾向;而白领工人与他们不同,因为白领工人的收入高,生活方式和生活水准都同社会上层相近,并且同工业企业主有较密切的联系等等。③ 但另一种观点则与此相反,认为白领工人毕竟是受雇于雇主的职工,是"新的工人阶级"④,是取代了"老工人阶级的与企业界对立的力量"⑤。其实,上述这两种有关工业化时期西欧国家的白领阶层政治倾向的观点,仍然没有摆脱传统分析的框架,这样容易把复杂的问题简单化。尤其是对第二次世界大战结束以后的西欧国家的白领阶层,上述两种观点都是比较肤浅的。米尔斯早在1951年出版的《白领》一书中就指出:"只要政治力量依靠的是有组织的经济力量,白领工人就只能从'企业'或'劳工'取得力量。"⑥这表明,不能简

---

① 参看陈凌:《德国劳动力市场与就业政策研究》,中国劳动社会保障出版社,2000年,第136—137页。
② 参看同上书,第139—140页。
③ 参看贝尔:《后工业社会的来临》,纽约,1973年,第149—150页。
④ 同上。
⑤ 同上。
⑥ 米尔斯:《白领》,纽约,1951年,第352页。

单地判断白领阶层的政治倾向是激进还是保守。正如米尔斯所说:"估计他们的政治倾向,在较大程度上必须根据对企业和劳工的态度和结果的预测。"[1]然而,真正的难点也正在这里。前面已经一再指出,到了西欧工业化的后期,由于激进和保守的相互转化,激进的阵营和保守的阵营都不像工业化前期那样清晰了。如果说工业企业主们基本上是属于保守一边的,但并不否定他们之中有一些人仍然要求对现状有所改革,使垄断势力受到抑制,使公平竞争真正落实。如果说产业工人的工会组织已经成为既得利益者,它们逐渐趋向于保守,但也不能否定有一些产业工人仍然感到对现状的不满,以及认为自己仍属于相对贫困的人群,从而要求改变现状。那么,所谓根据白领对"企业"和"劳工"的态度来推测他们的倾向性的说法,在很大程度上已经失去意义了。我们只能说,只有根据白领阶层中的大多数人在某一个具体事件中的态度,对某一项具体政策措施的反应,以及对某一位政治家的竞选纲领的立场,才能作出判断。这可能就是工业化后期西欧白领阶层的特征。

五、工业化在激进和保守两种势力不断斗争的过程中前进

从历史上看,在工业化进行到一定阶段后,利益集团的重组就开始了,旧的利益集团不断向新的利益集团转化,无论激进的还是保守的势力都在逐渐改组之中。可以说,在西欧国家,整个工业化过程就是老的利益集团和新的利益集团之间不断发生矛盾和冲突的过程,以及它们之间的利益不断协调、调整和再分配

---

[1] 米尔斯:《白领》,纽约,1951年,第352页。

的过程。这一过程的初期就是工业企业主们的利益的整合,建立了自己的组织,以及广大劳动者被吸收到产业工人队伍中,从而形成了自己的组织。① 这一过程最先实现于英国,西欧其他国家也相继如此。② 新旧利益集团重组的过程,同时也是激进和保守两种势力不断斗争、不断分化和调整的过程。工业化正是在这一过程中取得进展的。

这种情况在某种程度上同阶级意识的发展和转变有关,但从另一个角度看,与职业的专业化也有一定的关系。"职业专业化和分工的结果,破坏了构成全体一致思想结构的交往和个人联系,并且产生了各种不同的意识形态,这些意识形态便建立在职业专业化环境派生的关于现实的、新鲜而冲突的概念之上。"③比如说,同样是受公司雇用的职工,在工业化过程中经常因职业分工的不同而分化为若干同职业专业化相联系的组织,它们之间有协调一致之处,也有矛盾和冲突。又如,同样是经营公司的雇主,因行业的不同、所在区域的不同、企业规模的不同、经营业绩的不同等等,各自的组织也是有分有合的,各自的近期目标和主张同样会有抵触。这就和激进程度还是保守程度的变化有关,甚至会促使由激进转向保守或由保守转向激进。

实际上,激进势力只是表示在现阶段这种势力要求改变现状,要求变更收入分配的格局,要求实现处于弱势地位的群体增加自身利益的主张。但这并不意味着激进的主张和要求必定有

---

① 参看希克斯:《经济史理论》,商务印书馆,1999年,第142页。
② 参看同上。
③ 诺思:《经济史上的结构和变革》,商务印书馆,1999年,第180页。

利于一个国家的工业化进展，也不表示激进势力为实现自己主张和要求而采取的行动必定是符合公共利益的。激进和保守一样，都不可避免地受到过去的思想和过去的斗争历史的影响，它们都不是凭空提出自己的主张和要求。"即使是最激进的人们的思想，也往往不能超出他们所接受的过去的思想和习惯之上。"①也就是说，过去一直影响着现在，现在一直影响着未来。工业化推进了，形势改变了，对公共利益的理解也更加深刻和全面了，因此，过去被认为正确的，现在不一定正确；过去被认为错误的，现在却不一定错误。无论激进势力还是保守势力，只要他们没有摆脱过去的思想或认识的影响，他们都有可能沿着从前的轨道进行抗争，这样就未必符合公共利益。"原来在各方面都有一种过去的势力在统制着我们，我们自己并不觉得，而且也并不加以反对。"②何况，激进势力中包括了各种派别、组织，各有各的主张，各有各的做法，它们很可能各自从不同的角度出发来提出问题的答案，这种情况甚至一直到工业化完成以后都会如此。

激进者，通常被称为左翼人士；保守者，通常被称为右翼人士。可是在西欧各国工业化过程中有时会看到这样一些现象，即在激进和保守的斗争中，原来属于激进的左翼的人在斗争中成为失败者之后，却在倾向上发生了转折性的变化。或者说，他们由于不适应新情况而被淘汰出局之后，却摇身变为"激进的"右翼（而不是左翼）的候补者，③也就是变为极端的保守主义者。

---

① 鲁宾逊：《新史学》，纽约，1922年，第72页。
② 同上。
③ 参看迈尔斯和魁德鲁："福利国家的政治理论"，载丁开杰和林义选编：《后福利国家》，上海三联书店，2004年，第100页。

这可以作为一种典型的例子。再如,在西欧国家,新出现的各种绿色组织的成员,能够简单地把他们划到左翼还是右翼,划为激进一边还是保守一边吗?也难以说清楚。① 也许在新的历史条件下,对西欧国家的激进和保守两种势力都需要重新下定义,至少已经不能再沿袭 19 世纪的定义了。

不仅如此,在现阶段,"社会分化由于个人主义化过程而日益加强,个人对大的集体的隶属意识也随之同等程度地日益淡薄"②。从西欧国家选举的情况来看,可以说,选民的态度是变幻不定的,固定选民的比例越来越低了。③ 人们更多地观察各个政党的竞选者在本次选举中主张什么,赞成什么,反对什么,而不问它们以前的领导人有什么倾向或者曾经主张什么,赞成什么,反对什么。

又如,在西欧国家近年来掀起的有关"经济增长比环境保护更重要"还是"环境保护比经济增长更重要"的争论中,主张前一种论点的,工会会员特别多,而他们以前是左派,是一直支持西欧社会民主党的核心群体;④而主张后一种论点的,则往往是西欧社会上的年青一代,其中不少是知识分子,他们是生态运动的支持者,是新的左翼人士。⑤ 可见,今天的激进分子不一定代表进步和变革,而今天的保守分子也不一定代表守旧和停滞。以

---

① 参看迈尔斯和魁德鲁:"福利国家的政治理论",载丁开杰和林义选编:《后福利国家》,上海三联书店,2004 年,第 100 页。
② 迈尔:《社会民主主义的转型》,北京大学出版社,2001 年,第 66 页。
③ 参看同上书,第 70 页。
④ 参看同上书,第 81 页。
⑤ 参看同上。

保守势力来说,今天有今天的价值体系和评价标准,不能用过去的尺度作为今天的准则。其实在现阶段的西欧,有各种各样的所谓保守主义者,但各人都有自己的看法和主张:其中,有不问不闻、听之任之的,有认为凡事不宜操之过急,欲速则不达的,也有主张渐进地变更现状的,还有一些人无非是在顽强地保护自己,唯恐在工业化过程中失去自己本来就不多的利益。

历史上就曾经有过先例。法国的小农在许多著作中都被认为是保守派,而对此缺少认真的分析。要知道,自从工业化开始以后,法国的"小农们的经济地位在许多方面很不稳定"①。所以小农最关切的是自保,是在工业化的浪潮中存活下来。这是他们的基本要求。对这种基本要求,很难简单地用"进步"或"落后"来概括,也不能套用"对"还是"错"这种思维方式来评价。不管怎么说,法国的小农们"无疑还是胜利渡过了19世纪和20世纪初期"②这一艰难阶段,他们挺过来了。直到20世纪30年代,他们"仍然代表着一股强大的经济力量和社会力量……他们把自己关闭在土地中,拒绝改变土地的结构,很少对突如其来的革新感兴趣"③。这种态度同样为了保全自己。应当说,法国小农们对农业技术的抵制在相当长的时间内是有效的,所以到第二次世界大战前,对法国小农来说,"农业的变迁至少还没有把他压碎"④。

从这个例子可以了解到,对于激进和保守同公共利益目标

---

① 布洛赫:《法国农村史》,商务印书馆,1991年,第268页。
② 同上。
③ 同上。
④ 同上。

之间的关系是不能笼统地作出解释的,也就是说,要根据具体国家、具体时期的具体情况来分析。法国的小农在农业变革方面被认为是保守的,但能因此认为这有损于公共利益吗?不能。第二次世界大战结束以后法国的小农对技术进步的态度转变了,但对法国历届政府的农产品市场开放的政策主张从来都是抵制的,从而也被认为保守,难道能够因此认为这也有损于公共利益吗?看来仍然无法作出这样的判断。

但不管怎样,激进和保守作为两种具有不同政治倾向的势力,在西欧整个工业化过程中从未停止过,只是激进势力的组成人员和保守势力的组成人员在这个过程中陆续发生变化。它们同公共利益之间的关系也变得越来越不明显了。假定一个观察者只熟悉一百多年前的情况,那么他肯定无法理解当前现实中的情况,例如有较高收入和较高技术水平的工人竟比那些收入较低、技术较差的工人更有可能投左翼政党的票。[1] 这在一百多年前是难以想象的,而今天却是政治家们不得不面对的事实。结论只能是:时代变了,激进和保守的含义也在不断变化之中。

六、激进和保守之间冲突的长期性

无论今天西欧国家的激进势力和保守势力在组成人员方面同一百多年前有多大的不同,也无论目前有关激进和保守的含义同一百多年前相比已经发生了什么样的变化,但激进和保守之间的冲突还将持续下去。这种冲突是长期的,它不会从此消

---

[1] 参看格伦斯基编:《社会分层》(第2版),华夏出版社,2006年,第378页。

失。归根到底,激进和保守冲突的基础依然是利益集团存在的长期性。不同时期的不同利益集团在利益分配和再分配中的较量,是不会停止的,相应地,利益集团的分化和重新组合,也不会停止下来。比如说,在西欧国家,工会会员同非工会工人之间的冲突,这么多年来一直持续着,"工会通过种种规定阻止其他人侵夺工会会员的工作,从而迫使雇主保持对工会会员劳动的需求"①,这样就使得工会会员的利益和非工会工人的利益之间的冲突长期化。此外,雇主们感到劳动力成本太高而想裁减一些工会会员,这不可避免地引起工会组织的强烈反对,工会还"阻止资方应用与工会会员的工作有关的节省劳动设备",这又加剧了工会组织同雇主之间利益的长期冲突。

利益集团之间的冲突还表明,在这种持久的冲突中,一个利益集团要长期生存,不问它具有激进倾向还是保守倾向,也不问它是由哪一个层次的文化水平的人所组成,都要做到以下两点:第一,使自己的成员"在物质的和经济的需要上得到满足"②;第二,使自己的成员在"整个组织中的自发的合作得到保持"③。前一个要求已经不容易实现,而第二个要求的实现就更难了,这主要是因为,随着工业化的进展,利益多元化的格局逐渐形成,全体成员要取得一致比工业化以前要困难得多。④ 这也是利益集团重新组合的原因之一。

---

① 亨利·菲尔普斯·布朗:"工会",载《新帕尔格雷夫经济学大辞典》第4卷,经济科学出版社,1992年,第727页。
② 梅欧:《工业文明的社会问题》,波士顿,1945年,第9页。
③ 同上。
④ 参看同上。

不同利益集团之间的冲突对社会的影响是不可忽视的。"利益集团压力不会不是政治决策的重要来源。"[1]然而,利益集团之间的冲突有时反而会带来某些利益集团意想不到的结果。比如说,"利益集团在某个问题上相持不下,或成本收益太分散,结果轮到个人太小,以致把大量资源用于利益集团压力对任何个人或集团都不合算"[2]。这表明,利益集团之间冲突的持续可能对谁都没有好处,甚至会造成"双输"或"多输"的结局。更有甚者,持久进行的利益集团之间的冲突会使决策者作出另外的选择,这就是:"强有力的思想信念可以并确实经常使政治决策者作出与已经形成的利益集团压力相违背的决定。"[3]尽管这是利益集团中谁都不愿意看到的后果,但这种后果并不是不存在的。

既然利益集团在西欧整个工业化时期始终存在而利益集团之间的冲突又是长期的,那么,能不能设想将会出现这样一种格局,即有矛盾的不同利益集团之间的冲突趋于淡化,利益协调逐渐成为它们的共识,并且在利益的分配和再分配方面找到一种各方都能接受的折中的、妥协的方案?应当承认,妥协的可能性仍是存在的,但难度很大,否则利益集团就失去为集团成员的利益而存在的意义了。而妥协之所以仍有可能,这也是形势所迫,因为妥协的结局总要比"双输"或"多输"的结局好一些。

重要的是今天西欧社会上的利益集团已经不同于一百多年

---

[1] 诺思,《经济史上的结构和变革》,商务印书馆,1999年,第57页。
[2] 同上。
[3] 同上。

前的利益集团了。正如有的研究者针对20世纪70—80年代的西德社会经济情况所指出的:"尽管联邦德国有产阶级的地位在广度上和深度上都削弱了,但他们仍然享受生活特权,其原因在于资产仍在运转、较好的工作机会、较高的收入和形成财产的新机会。"[1]也就是说,虽然经历了第二次世界大战以后的经济复苏和增长,但在像联邦德国这样的西欧国家,有产阶级的优势依然存在,资本主义制度未变,所以各个利益集团之间利益的协调只可能在这个基础上进行。西欧其他国家的情况同联邦德国是相似的。正因为利益集团之间利益的协调是在资本主义制度的基础上进行的,一方面必然使这种协调带有制度的约束和局限性,另一方面也使折中的、妥协的方案的形成仍具有可行性,因为各方都有一个共识,即不应突破这一制度框架,不应损害这一制度基础。

多元化社会的逐渐形成和利益集团之间利益趋于妥协,也对以前曾经流行的精英理论提出了有力的挑战。精英理论的要点可以归结为:历史的变迁或时代的更替无非是精英分子的循环;权力始终掌握在不同的精英分子的手中;精英分子主要是靠门第、官职、财产的世代传承而形成的,精英分子的家族互相联姻,他们的子弟相互关照。掌权的精英分子及其家庭尽管在政治斗争中的地位有所变更,但权力仍在精英分子手中,而位于社会底层的人群却是地位不变的。[2] 在西欧,精英理论自出现以

---

[1] 阿贝尔斯豪泽:《德意志联邦共和国经济史(1945—1980)》,商务印书馆,1988年,第114页。

[2] 参看莫斯卡:《统治阶级》,纽约,1939年。

后不断遭到一些人的质疑,从知识界到政治界,都有人认为精英理论所阐述的至多是资本主义社会的现状,但决不是一种规律,更不能认为这是合理的。特别是进入20世纪后期,西欧国家两党制或多党制的角逐中,使得任何一个政党内部的精英分子的产生都不可能只依靠自己的门第或者父辈的官职和财产而平稳地进入领导层。无论是激进的还是保守的党派,都只能凭借竞选中的纲领来吸引选民。这里固然有利益集团之争的背景和色彩,但已经不像19世纪那样明显了。因此,尽管激进和保守两种势力的较量仍会长期存在,但今天的政治格局已经大大不同于以前有人曾经描述过的精英政治的格局了。①

精英理论在实际政治生活中完全有可能被利用,被操纵,甚至有可能成为种族主义歧视和压迫的一种理论根据。这在西欧国家的工业化过程中不乏例证。比如说,西欧一些国家在工业化时期对犹太人的歧视,在很大程度上是把犹太人看成是理应排斥在精英以外的民族,认为他们不应当在工商业界中拥有名望、财富和地位。在德国,早在纳粹掌握政权以前很久,社会上已经形成了排犹仇犹的思潮。19世纪末期,排犹仇犹的事件在德国各地越来越多。② 原因之一在于犹太人的百货公司和零售商店在德国发展得异常迅速,引起了德国小店主们的强烈不满。③ 20世纪30年代以后,纳粹政府清洗犹太人的措施更把

---

① 参看罗志如和厉以宁:《二十世纪的英国经济:"英国病"研究》,人民出版社,1982年,第519—520页。

② 参看格莱特里,《经济绝望的政治学,小店主们和德国政治,1890—1914年》,伦敦,1974年。

③ 参看同上。

19世纪的排犹仇犹推到登峰造极的地步。① 因此,第二次世界大战结束以后,当社会各界反思这段历史时,也指责了精英理论的危害,尤其是同精英理论联系在一起的种族优越和种族歧视的偏见的荒谬。

在西欧社会中有关利益集团演变趋势的讨论中,出现了一个新的论题:未来会不会形成一个"新阶级"？有一种看法是:"新阶级"在未来的岁月中是有可能形成的,在这个过程中,文化因素、伦理因素将起着重要作用,理由在于,"在大多数文化范式中,一个'正常的'社会世界应当是强者善良而恶者弱小"②,所以某些研究者认为,未来的"新阶级"将由"善良的技术专家"所组成。③ 还有的学者对此作了解释,他们说:"新阶级"是一个"善良的'专家'群体,他们将把旧有产阶级从一个腐化堕落的群体提升为一个具有集体关怀的精英群体,并与新阶级相混融铸造出一个高尚的、既与过去一脉相承又比过去更好的新精英阶层"④。

上述这些无非是一些学者的一种愿望。指望构建"新精英阶层"这种设想反映了精英理论依旧散发出它的影响,这可能会引起具有新的激进倾向的人们的异议。但从西欧社会经济演变的趋势来看,究竟会不会形成"新阶级",即使将来出现了"新阶

---

① 参看格莱特里:《经济绝望的政治学:小店主们和德国政治,1890—1914年》,伦敦,1974年。
② 格伦斯基编:《社会分层》(第2版),华夏出版社,2006年,第721页。
③ 同上。
④ 同上。

级",它是否真的由"善良的技术专家"所组成,都是未可预料的。何况,设想的"新阶级"能否引导社会健康地成长,也是不可知的。不管怎样,可以作出推测的论点是:过去长期存在于西欧社会的利益集团概念正在发生变化,激进倾向和保守倾向的含义已变得日益含糊,未来走势如何将留给人们今后再去讨论。

第六章 工业化和城市化

第一节 城市化和工业化是相伴而行的

一、原有城市适应于工业化的调整和改造

在西欧国家工业化以前,城市已经有一定程度的发展。这些城市绝大多数是中世纪中期以后发展起来的,手工业和商业比较发达,但城市中街道狭窄,人口拥挤,市政建设状况很差,居民生活条件恶劣。不应忽略的是:"欧洲在现代以前的城市化过程,肯定是对经济增长的重大贡献。"[①]没有这些工业化以前建立和发展起来的城市,西欧的工业化将缺少必要的前提,包括技术、资本和市场,西欧的工业化的进展也不可能比较顺利。

在西欧国家,工业化开始后,最初的工厂通常不设置在狭小的老市区内,而是设置在郊区,甚至离市区更远的地方,主要是因为那里的土地多,地价便宜,交通比较方便(或在河流旁边,或距交通干线较近)。有些工厂仍设在老市区内,它们主要是在过去的手工作坊、手工工场的旧址扩建而成的。

[①] 库兹涅茨:《各国的经济增长》,商务印书馆,1985年,第377页注。

西欧各国工业化开始以后,城市发展很快。"城市人口的增长比整个人口的增长要快得多。在1800年,欧洲10万以上居民的城市有23座,总人口为550万(占欧洲总人口19,200万的3%弱)。1900年这样的城市有135座,其总人口为4,600万(占欧洲总人口42,300万的10%强)。"①尽管城市中的居民主要是消费者,但更重要的,城市(包括大多数新城市或正在扩展的城市)是商业中心或多功能的中心。城市人口的增加使得原有城市有必要随着工业化的进展而进行改造,否则难以适应经济进一步发展的要求,如兴建自来水厂,污水和垃圾的处理,安排城市交通运输,兴建公共卫生设施、居民住宅、市场,以及诸如图书馆、博物馆和艺术陈列馆之类的文化活动场所等。② 这一过程持续了很多年。

在西欧,工业化是一个渐进的过程,所以同工业化相伴而行的城市化也是渐进的。诺思曾经提出一个很有意义的问题,即在工业化开始时,"为什么大多数古典派经济学家未察觉到工业革命,虽然他们是从中生活过来的人?"③他本人对此作了回答。他认为,像伦敦这样的大城市,"在工业城市兴起以前就已存在;英国人的收入不仅在亚当·斯密和其它古典派经济学家在世时、而且在他们生前就增长了"④。这反映出,英国的工业化和城市化在18世纪后期和19世纪前期的将近一个世纪的时间

---

① 奇波拉主编:《欧洲经济史》第3卷《工业革命》,商务印书馆,1989年,第69页。
② 参看同上。
③ 诺思:《经济史上的结构和变革》,商务印书馆,1999年,第158页。
④ 同上。

内,都是渐进的,而且人民的收入也大体上与工业化、城市化的进程相一致,呈现上升的趋势。这样,生活在当时城市中的人,尤其是像住在伦敦这样的大城市中的人,感觉到自己周围的生活环境和工作环境都是逐渐变化的,也发现原有的城市为了适应工业化而在逐渐调整和改造。由于这些调整和改造以及由此发生的变化是多年累积而成的,而不是急风骤雨地进行的,所以他们能够适应变化,但又察觉不到工业化兴起的深远意义。①

以上所述就是历史的实情。当然,市民的抱怨则是一直存在的,如认为"工业时代的城市既不美观,又没有秩序"②,还有人抱怨生活太单调了。但这些都可以理解,因为这些新兴的城市"的确标志着这个时代的精神"③,它们已经大大不同于工业化以前的城市了。

二、工矿城市和交通枢纽

在西欧国家,工业化过程中兴起了一批工矿型城市。其中,有的工矿型城市是在工业化以前就已经存在了,但当时的规模很小,产量很少,只是进入工业化时期以后,随着流入的人数迅速增加,产量迅速上升,城市规模也变大了。至于大多数工矿城市,则是工业化以后陆续兴起的。

新建的工矿城市,或者以工业生产为主,或者以采矿为主,也有些是以采矿、冶炼、金属制造各个行业相互配套为特

---

① 参看诺思:《经济史上的结构和变革》,商务印书馆,1999年,第158页。
② 哈孟德夫妇:《近代工业的兴起》,商务印书馆,1959年,第206页。
③ 同上书,第206—207页。

色的。从西欧各国工业化初期的历史来看,劳动条件和生活条件最差的就是那些由矿区扩大而形成的工矿城市。它们从国内外贫困地区招募来大量采矿工人、冶炼工人,设备差,工人劳动强度大,而工人的生活条件却非常恶劣。这些工矿城市的工人的状况引起了社会的极大关注。不少描述资本主义初期工人的悲惨处境的文学作品都以当时工矿城市的状况作为题材。

无论是由旧的矿区扩大而形成的工矿城市,还是工业化开始以后新建立的工矿城市,过了相当长的时间才使面貌逐渐有所改变,这是包括政府、工人团体和社会各界共同努力的结果。

有些工矿城市的兴起和衰落都是很快的。这主要同工业的发展和产业结构的调整直接有关。克拉潘在所著《现代英国经济史》一书中,曾以英国的米德耳兹布勒(Middlesbrough)和巴罗-因-弗内斯(Burrow-in-Furness)两个工矿城市的迅速兴起作为例证。他指出:在根据1851年人口调查结果而绘成的地图上,"无论米德耳兹布勒或巴罗都没有被标识出来"[①],可见,那时还没有这两个工矿城市。但到了19世纪80年代,米德耳兹布勒已经迅速成长为英国炼铁工业的中心之一,英国三分之一的铣铁就是在那里生产出来的。[②] 而"巴罗-因-弗内斯的成长由于更加变化多端,一直比米德耳兹布勒的成长更加引人注目"[③]。1844—1846年,这里才开始铺设地方铁路,但到了1875

[①] 克拉潘:《现代英国经济史》中卷,商务印书馆,1986年,第647页。
[②] 参看同上。
[③] 同上书,第648页。

年,当地的全部铁矿石都在巴罗熔炼。到 1885 年,巴罗成为钢铁制造、船舶制造和海事工程的重要中心。①

但工矿城市中也不乏迅速衰落的例子。在英国,康沃耳郡的一些采矿城镇,那里以采铜著名。1856 年,单单康沃耳的精铜产量就达到 13,274 吨,占当时全国铜产量的绝大多数。但仅仅相隔 30 年,英国的铜矿业衰落了。1886 年,包括康沃耳在内的全国精铜产量只有 1,472 吨。② 在 19 世纪 40 年代,康沃耳的矿工(包括煤矿、铁矿、铅矿、铜矿、锡矿的工人在内)有 30,000 人之多,从表面上看是兴旺的工矿城市景象。③ 然而到了 19 世纪末,"康沃耳旧有的各著名地区由于被委弃的矿场和贫穷化的村庄而弄得满目凄凉。依然开采的矿场都朝不保夕"④。这个曾经兴旺繁荣的矿业城市急剧衰落了,"康沃耳一片暗淡,它的矿工纷纷往海外去施展他们的技艺了"⑤。对康沃耳地方经济而言,矿业衰落后的替代产业是捕鱼业、马铃薯栽培、菜圃和种花养花。⑥

工业化过程中,特别是由于铁路的修建和海上、河上交通越来越繁忙,在西欧国家先后兴起了一些新建的交通枢纽和港湾城市。其中,有些港湾城市在中世纪后期就已经很兴旺了,有些

---

① 参看克拉潘:《现代英国经济史》中卷,商务印书馆,1986 年,第 648 页。
② 参看同上书,第 650 页注①。
③ 参看恩格斯:"英国工人阶级状况",载《马克思恩格斯全集》第 2 卷,人民出版社,1957 年,第 530 页。
④ 克拉潘:《现代英国经济史》中卷,商务印书馆,1986 年,第 650 页。
⑤ 同上。
⑥ 参看同上。

交通枢纽,如河流的主流和支流汇合处、陆上运输干道同通航河流的交叉处,过去也早已存在,但它们在工业化过程中得到进一步发展,成为规模更大的商业中心。货运量和客运量的激增是这些城市得以发展的重要条件,而货运量和客运量的激增则不仅取决于工业产量的激增,而且还取决于人口向城市的迅速集聚。此外,新式运输工具和运输组织的创新,又为货运量和客运量的激增提供了必要的技术条件和新型的交通运输管理、企业管理。

仍以工业化初期的英国为例。当时英国的八个港口城市(布里斯托尔、赫尔、科尔彻斯特、纽卡斯尔、伊普斯维奇、大雅茅斯、舍斯林、南安普敦),由于货运量增长快,它们在18世纪的发展速度是相当快的。这八个城市的人口总数,1700年为8.1万人,1750年为12.8万人,1801年为19万人,①在18世纪的人口增长率达到2.35倍。同一期间,伦敦的人口增长率为1.67倍,而传统的区域中心城市,如诺里奇、约克、索尔兹伯里等,人口增长率仅为1.43倍。②

与工矿城市不同,作为交通枢纽的城市和港湾城市一般较少出现迅速兴起和急剧衰落的情况。主要的原因在于:工矿城市之所以迅速兴起,通常同该地区新发现某种矿产,从而投资者涌入,矿工也涌入有关;它后来又急剧衰落,则在很大程度上同矿产资源枯竭有关。交通枢纽和港湾城市的兴起和衰落一般同

---

① 参看赖格莱:"城市发展和农业变化:近代早期的英国和欧洲大陆",载罗特伯格和拉布编:《人口和经济:从传统时期到现代的人口与历史》,剑桥大学出版社,1986年,第133页。

② 同上。

经济发展直接联系在一起,在经济发展过程中,由于交通干线和港口的建设,货运量逐渐增加,客运量也相应增加,从而城市繁荣起来,这个过程一般是缓慢的、渐进式的。至于它们后来的衰落,或者由于整个经济情况衰退了,使货运量和客运量减少了,或者由于附近兴起了另一个有竞争性的交通枢纽和港湾城市,后者的自然条件更好,或设施更完善,更先进,但这个过程同样是缓慢的、渐进的。战争在这里不是主要因素:工矿城市在战争期间可能遭到严重破坏,产量锐减,但只要矿产资源仍在,战后很快就恢复起来了;交通枢纽和港湾城市与此相似,战争的破坏是暂时的,战后经济恢复过程中,受破坏的交通枢纽和港湾城市也会较快地恢复重建并再度繁荣。

三、城市中的移民

从西欧中世纪城市的起源上看,这些城市都可以被称为移民城市,因为中世纪的城市或者是在集市的基础上建立的,或者是在古代城市(罗马帝国的城市)的遗址上重建的,大多数居民都是外来的,他们多半来自周围或更远一些的农村,还有一些是外来的商人和手工工匠,甚至还有一些是本来居住在自己庄园里的贵族及其后代。由于当时诸侯林立,所以尽管有不同邦国的外来者,但居住在一个城市里日子久了,都成为这个城市的居民了。

在中世纪的西欧城市中,城市居民的主要职业仍是手工工匠和学徒、商人和其他一些社会地位低下的人,他们的父辈、祖父辈或他们本人以前还是农奴。他们"在教会和国家妒忌的目光下有节制地建造私人住宅,建筑规模以供他们自己、眷属、仆人、学徒和雇员使用为限"①,所以这些移民城市的街道十分狭窄,建筑的房屋相当拥挤,街道上的车辆通行十分不便。加之,在当时的条件下,城市的住房建筑体现着社会的等级差别,一般市民不敢有炫耀性的住房消费,不敢在建筑规格上有所谓的"越轨行为",生怕由此得罪城市中的权贵人物,或引起其他住户的嫉妒。这样,西欧中世纪后期城市的住宅通常比较简陋。②

工业化就是在中世纪后期的城市基础上开始的。城市规模从这时起不断扩大,进入城市的外来移民越来越多,其中既有国内不同地区到城市中来做工、经商的人,也有来自国外的各种类型的谋生者,更多的是穷人。工业化开始时的城市治安状况很差。无论是移民较多的城市还是移民较少的城市都一样。城市当局只得加大对犯罪者的惩处。"虽然刑法严峻,重大的犯罪却仍然十分普遍。在许多城市,流氓成群结队地晚间在街头骚扰,乡村公路上歹徒拦路抢劫。"③严厉打击犯罪者,只是治标的办法,根本原因在于进入城市的谋生者太多,城里无法提供足够的工作岗位,这要依靠长期的经济发展才能使就业问题缓解。城市中酗酒成风,"大约就在这时,杜松子酒变得十分普遍,在英国尤其如此,因为它是穷人的饮料"④。酗酒,对于城市的下层阶级而言,既是沉重劳动一天后的一种自娱方式,也是谋生未能如

---

① 哈维:"城市住房",载《新帕尔格雷夫经济学大辞典》第4卷,经济科学出版社,1992年,第823页。

② 参看同上。

③ 伯恩斯和拉尔夫:《世界文明史》第2卷,商务印书馆,1987年,第332页。

④ 同上。

愿的人的一种寄托、一种发泄。

一般而言,移民人数最多的是工业化开始以后新建立和发展起来的工矿城市、交通枢纽和港湾城市,移民在这些城市的居民中所占的比重远远大于扩建中的老城市。某些工矿城市的迅速发展和急剧衰落,使得在这里就业和寻找工作的移民纷纷转移,涌向其他城市。在经济发展较为平稳的城市中,随着工业化的进展,外来移民在有了比较稳定的职业以后,开始在城市中定居下来。隔了两三代,他们也就同城市生活融合了,其中既有来自国内农村的移民工人,也有来自外国的移民工人。有些外来移民,由于种族或宗教信仰、文化传统等方面的原因,在城市中往往自成社区,还建立了自己的教堂、学校、市场,但这并不意味着他们没有融入城市生活。

在西欧各国工业化过程中,也有一些从原来的小集镇发展而成的新城市。这些新城市的出现同工业的布局和布局调整有较密切的关系。外来移民同样成为这些由小集镇发展而成的新城市居民的重要组成部分。工业布局所考虑的因素中,首先是区位优势,即新工厂设置的地点必须满足设置工厂的条件,如有适宜设置工厂的土地、淡水供应和方便的交通运输条件,以便把工厂生产所需要的原材料和燃料运进来,以及把工厂生产出来的产品运出去等。此外,土地、淡水的价格都要相对低廉一些,运输成本也要相对低一些。不仅如此,在设置新工厂时还要考虑有没有可以同工厂生产相适应的其他措施。比如说,工厂要招收职工,职工有没有住所,附近有没有商业、服务业设施、教育设施、医疗卫生设施,以及为工厂生产生活服务的其他设施。如果没有这些设施,工厂必须从头做起,另建一套,那样成本就会陡增，否则就招不到职工，或者留不住优秀的职工。

因此，在原有的小集镇附近设置新工厂是合适的。一旦在原有的小集镇附近设置了一些新工厂，就会产生聚集效应，吸引更多的投资者前来建设工厂或开设生产生活服务机构，然后在这基础上逐渐形成新的城市，外来移民占这一类新城市居民的大多数。

在这类城市中，具有典型意义的是英国的曼彻斯特。曼彻斯特曾经是罗马人的边防要塞，地理位置重要，但并没有多大的经济意义。中世纪前期，曼彻斯特不被人们所注意。到了中世纪后期，手工业比较发达。尽管人们很早就已经把它当做一个大城市来看待，"其实，它只是一个富庶的村落而已"[1]。17世纪和18世纪前期，曼彻斯特依然是一个集镇，而没有被正式承认为城市，"它没有市政机关，也不选派议员到下议院去"[2]。1727年，曼彻斯特的人口"至多只有九千或一万人"[3]。所以说，它只能算是一个较大的集镇。

情况从工业化开始后发生急剧的变化。工厂纷纷建立，移民大批涌入，曼彻斯特的人口不断增加，包括移民工人的家属，到1801年，它已经有95,000居民了。[4] 这些新迁入的居民，大部分是来自附近农村的劳动者和他们的家属，也有一部分来自爱尔兰，以后他们也把家属迁来了。19世纪，曼彻斯特的面貌完全改变，市区面积扩大了，市区内的老房子、老街道有些还保

---

[1] 芒图：《十八世纪产业革命》，商务印书馆，1983年，第288页。
[2] 同上。
[3] 同上。
[4] 参看同上书，第289页。

存下来,但新建的街道宽阔,可行驶马车;新街道的两边有很高的砖砌房屋,这是供一般居民居住的,而在郊外则盖起了带花园的别墅,棉业巨头就住在那里,可以说那里成了曼彻斯特的新贵住宅区。①

在英国工业化过程中由小集镇发展起来的工业城市,不止曼彻斯特一处。"曼彻斯特的历史就是它四周的大多数城市的历史。"②

第二节 城市化的基本特征

一、城市化的含义

究竟什么是城市化?有各种各样的解释。比较通行的一种看法是:城市化就是指城市人口在全国人口中所占比重越来越高的一种趋势,它表示城市发展程度以及城市经济在全国经济中的重要性。同城市人口在全国人口中所占比重相适应的,还有城市产值在全国产值中所占比重,城市就业人数在全国就业人数中所占比重等等。在统计人口、产值、就业人数时,通常把大城市、中等城市和小城市(包括建制的镇)一起计算。

同城市相对的是农村。城市化的进展,从另一个角度来看,那就是:农村人口在全国人口中的比重越来越小,农村产值和农村就业人数在全国的比重也越来越低。

---

① 参看芒图:《十八世纪产业革命》,商务印书馆,1983年,第290页。
② 同上。

从更广泛的角度来考察,那么将会发现,城市化始终是同工业化相伴而行的,工业化越有进展,城市化也越有进展。但城市经济在全国经济中的重要性的增加还有另一个重大的意义,这涉及政府职能的转换。"现代经济增长要求迅速城市化,那就必须认识到,对食品、卫生、娱乐及从住处到工作地点的交通等等来说,城市化生活比满足农村水平的需要要求更多的资源。"[①]也就是说,城市化的过程同时也是政府职能越来越倾向于公共服务的过程。在城市化以前,政府对广大农村来说,从来不曾以公共服务者的身份出现过,而城市化以后,不管政府愿意还是不愿意,它都需要转换职能,成为城市生活的服务者。一旦政府转变为城市的公共服务者之后,这种公共服务职能也就或迟或早地推向农村。政府正是在城市化不断推进的过程中转变为城市和农村的公共服务者的。

政府要实现公共服务者的职能,必须对城市的公共设施投入更多的资源,因此,城市化过程实际上就是一个资源重新配置的过程。没有资源的重新配置,就不可能有更多的资源投入公共服务领域,而且这种投入的数额在工业化和城市化相伴而行的过程中是不断增大的,因为"工业和其他经济部门的越益复杂,势必在政府法规和维护法律秩序上要求更大的投入"[②]。当然,像政府法规的制定和法律秩序的维护,是必须政府投入的。至于教育、医疗卫生、住宅、照明、通信、公共交通等方面的服务设施,则除了政府自身的投入外,更有赖于政府采取何种政策来

[①] 库兹涅茨:《各国的经济增长》,商务印书馆,1985年,第82页。
[②] 同上。

动员社会资金的投入。

不仅如此,城市化还不可避免地使得居民家庭的消费支出结构发生变化。工业化开始后,农村家庭的消费支出结构基本上仍同工业化以前相同。只是在工业化进展到一定程度时,尤其是受到城市生活方式的影响,农村家庭的消费支出结构才发生较大的变化。而城市的情况却不一样,首先,农民们原有的生产自给的情况不再存在了。进城后,从食品到衣、鞋,都要到市场上去购买。城市居民家庭在工业化过程中的衣、食、住以外的支出都增加了,这些支出中包括通信支出、公共交通支出、文化娱乐支出、自来水和电费支出等。其实,城市居民家庭的教育支出和医疗保健支出要比农村多得多。至于城市居民家庭的食物支出,也大大高于农村,因为城市里的食物价格是高于农村的,这同样是城市化所给予迁入城市的居民的一种额外支出。[①]

以上这些,在讨论城市化时是不可忽视的。

二、城市化的必然性

随着工业化和城市化的平行进展,城市在国民经济中的地位越来越重要。尽管城市居民家庭的支出增加了,但他们的收入也增加了,而且通常增加得更快,否则就不容易解释为什么城市会不断吸收大量农民进城来谋生。

如果仔细分析,还可以发现,城市化具有必然性,因为农民

[①] 参看库兹涅茨:《各国的经济增长》,商务印书馆,1985年,第82、85、87页。

有多种原因迁入城市,这是符合经济发展规律的现象。应当说,农民们"不是为了发财致富或仅仅为了'成功'、'发迹'"①而进城。这只不过是传统的原因而已。除此以外还有一些同城市化过程直接或间接有关的原因,例如:认为城市中可以受到更好的教育(尤其是下一代可以受到更好的教育,以后就有希望找到好工作);认为享受经济增长的成果是一种应有的权利,而在城市中生活和工作更能享受到经济增长的成果;认为政府会为进城的人安排工作,政府有责任这样做,也会这样做,等等。②

在一个进行工业化的国家中,究竟城市人口占全国人口的多大百分比才可以称得上实现了城市化,没有统一的标准,而要根据不同国家的具体情况而定。以工业化刚开始不久的英国来说,"根据1811年的人口调查,米德尔塞克斯郡、沃里克郡、约克郡和兰开夏这四个郡有百分之六十或七十的居民在商业或工业中工作,切斯特郡、莱斯特郡、诺丁汉郡和斯塔福德郡至少有百分之五十"③。难道我们能认为1811年左右英国就已经实现或接近于实现城市化了吗?不能得出类似的论断,因为工业化才开始不久。何况,在商业或工业中工作的人不一定都住在城市里,农村中既有商人,也有手工作坊、手工工场,在那里工作的人很可能在农村中安家、生活。同样的道理,当时住在城市里的居民中,肯定有一些在农村工作,而且把家属放在农村。这种情况使得城市化标准的确定十分困难。

---

① 希克斯:《经济史理论》,商务印书馆,1999年,第143页。
② 参看同上。
③ 芒图:《十八世纪产业革命》,商务印书馆,1983年,第389页。

这里不妨再以英国工业化为例。到了19世纪50年代,英国工业化从18世纪70年代算起,到此进行了大约80年了,这时,英国人才逐渐察觉了城市化是不可阻挡的趋势。在19世纪50年代的人口调查报告中写道:"显而易见,今后大城市将不会再像是野营幕宿之地,或外地人施展精力的所在了,而将成为英吉利族大部分人的出生地。"① 尽管在英国,从工业化一开始就有不少农民涌入城市,但那时的城市却被看做"野营幕宿之地"、"外地人施展精力的所在",是因为农村人口涌入之后,城市既缺乏必要的市政管理,卫生状况又糟糕,某些城市的居住条件,简直比监狱还要坏。② 由此可见,仅仅凭城市人口在全国人口中的比重而不考虑市政管理、城市卫生状况、城市居住条件,是判断不了城市化程度的。至于像前面曾提到的那些兴起快、衰败也快的工矿城市,由于农民一时大量涌入,一时又大量外流,所以更难用城市人口多少来判断城市化的程度。

从19世纪60年代起,到20世纪初年,被认为是英国城市化迅速推进的高峰时期。这是有根据的,因为这段时间内,不但英国的城市居民人数激增,而且城市建设工作有很大进展,城市建设的成就对农村人口有更多的吸引力,因此同过去相比,"从没有这样多的人为了在他们看来有良好和充分的理由,从一个住处迁往另一个住处,从一个职业转到另一个职业"③。这时,迁往城市又有了新的理由,即在城市建设取得成绩之后,一些人

---

① 克拉潘:《现代英国经济史》上卷,商务印书馆,1986年,第657页。
② 参看同上书,第657—658页。
③ 考特:《简明英国经济史(1750年至1939年)》,商务印书馆,1992年,第271页。

正是为了"追求社交生活和城市的魅力"①而进城居住的,他们"盼望免除乡村的枯燥无味"②。早先来到城市的农民,经过一段时间的努力,在城市安顿下来了,生活状况好转了,他们也就把亲属接进城里;城里的教堂多起来以后,有人进城甚至是"希望与一个教堂保持隶属关系"③。

据统计,20世纪初期,英国城市人口占全国人口的比例是77%,德国为56.1%,法国为41%,瑞士为22%,瑞典为21.5%。④ 英国可以被认为已是一个城市化程度很高的国家了。但英国和瑞典两国城市人口各自占本国人口总数之比居然相差这么大,很可能同两国国情的不同有直接的关系。这两个数字并不能反映瑞典的工业化程度比英国低那么多。也许更能说明问题的是:瑞典农村的生活条件较好,所以瑞典人希望把家安在农村。

三、城市郊区化

工业化和城市化都进展到一定阶段后,城市郊区化将成为一个趋势。在西欧一些国家的经济发展过程中先后都出现了城市郊区化。

城市郊区是同城市中心区相对而言的。城市郊区化是指城市人口增加和城市规模扩大后,原来的城市居民为了生活舒适

---

① 考特:《简明英国经济史(1750年至1939年)》,商务印书馆,1992年,第271页。

② 同上。

③ 同上。

④ 参看奇波拉主编:《欧洲经济史》第3卷《工业革命》,商务印书馆,1989年,第69页。

而纷纷迁出城市中心区,居住到郊区,与此同时,不少工业企业也迁到郊外。城市中心区内主要是商业用房和商业办公用房。后来,大约从20世纪80年代起,一些高端产业在城市中心区建立。城市郊区化以后,仍有不少居民仍然居住在城市中心区内。他们主要是三部分人:一部分人是在城市中心区工作的职工,他们为了上班的方便,或为了孩子入学方便,在这里生活已经适应了,同时住房条件比较好,所以不愿迁往郊区,至少目前不打算迁往郊区;另一部分人是收入较低、家庭生活比较困难的住户,他们购买不起郊外的新住宅,所以依旧留在城市中心区内,住在旧房子内,他们最担心的是旧城区的改造和旧楼的拆迁;还有一小部分人是富人,他们在城市中心区拥有豪宅,很可能在郊外又有别墅,两边均可居住。

城市中心区原有的工业企业之所以迁往郊区,既有可能是由于环境保护的要求越来越高,环境监管越来越严格,也有可能是由于这些企业为了谋求更大的发展,卖掉城市中心区的土地和厂房,在郊外新购土地,新建厂房。由于城市中心区地价越来越贵,这样做对工业企业的投资者是有利的。

在西欧,城市郊区化在多数国家是第一次世界大战结束以后开始的,在英国,尤其在伦敦,可能较早一些,因为到了19世纪后期,伦敦城区实在太拥挤了,房屋的供应也太紧张了。1884—1885年的一份有关房屋情况的调查报告中承认,在伦敦几乎不可能做到"人人自己有一幢房屋"[①]。调查报告中还说,

---

[①] 克拉潘:《现代英国经济史》中卷,商务印书馆,1986年,第616—617页。

即使是有钱人,在伦敦的中心区即繁华地带也找不到比较宽敞的住宅,这只有到伦敦真正的郊区才容易找到。① 从那时起,伦敦的郊区便开始成为富人居住的区域。实际上,什么是伦敦的郊区,谁也说不清楚,因为"郊区是没有边界的。它们渐渐同乡村融成一片;甚至远离伦敦的村庄,就乡绅的标准来说,也往往都市化了"②。

伦敦的郊区化基本上是自发进行的。第一次世界大战结束以后,包括英国在内的西欧各国都开始了城市郊区化的过程。从这时起,城市郊区化的工作日益转向政府担任主导者的角色,因为在这以前,在西欧,"几乎没有哪个国家采取政策来直接限制大城市的发展"③。也就是说,当时西欧各国政府都已察觉到大城市的中心区人口过度拥挤、房屋供应日益紧张、地价上升过快的现象,便对郊区化采取不限制的政策。而在第一次世界大战结束以后,西欧不少国家的政策有了变化,即为了主导郊区的建筑,政府普遍实行了郊区建房计划,并推行建设卫星城市等新政策。④ 在这里特别需要提出的是为低收入家庭建造廉价房屋的政策。20世纪20年代初,为了缓解城市中的低收入家庭的住房困难,以及为了缓解当时尖锐的社会矛盾,"维也纳曾以其建造工人住房的实验著称,而瑞士、英国和斯堪的纳维亚国家的

---

① 参看克拉潘:《现代英国经济史》中卷,商务印书馆,1986年,第626页。
② 同上书,第627页。
③ 奇波拉主编:《欧洲经济史》第5卷上册《二十世纪》,商务印书馆,1988年,第79页。
④ 参看同上。

许多城市则以较低的利息向住房建设提供贷款"①。这些低收入者的家庭住房主要建于城市郊区,因为土地价格低廉。为了使低收入家庭的生活条件改善,以及为了吸引更多的市民(包括富人和中等收入者)迁往郊区居住,政府大量投资在郊区修建公路,建设公共服务设施,城市中心区逐渐成为专门的商业区。到了第二次世界大战结束以后,包括为低收入家庭建房和便于工业企业迁出城市中心区在内的城市郊区化计划,普遍成为西欧各国的公共政策的重要内容之一。

四、农村人口向城市中心区流动的趋势

前面已经指出,在西欧各国工业化的过程中,农村人口向城市的流动是符合经济发展规律的。在工业化前期,在城市日益扩展的各个阶段,农民进城的势头一直有增无减,但由于当时城市规模还不大,所以农民进城后,一部分住在郊外,一部分住在城区,也就是城市中心区。棚户,是当时不少西欧国家的大城市中常见的现象。棚户区往往是外来人口集中居住地带的同义词。进城的农民为什么集中居住?这不仅由于他们贫穷,人地生疏,只得依靠同乡、亲友,取得就业信息,并能相互照顾,而且还出于一种恐惧心理,"农民对新工业领域的就业存在着无知与恐惧,不愿面对新职业和新环境"②。他们来自农村,习惯于农

---

① 奇波拉主编:《欧洲经济史》第5卷上册《二十世纪》,商务印书馆,1988年,第80页。
② 马赛厄斯和波斯坦主编:《剑桥欧洲经济史》第7卷上册,经济科学出版社,2004年,第130页。

村的生活和劳动，所以有趣的是，来自英国农村的人，宁愿移民到加拿大农村地区，因为这"比移民到曼彻斯特会给农民一个更为熟悉与亲切的环境"①。农民对城市的陌生感，是在工业化过程中逐渐改变的。

在西欧国家，城市郊区化开始后，为什么继续进城的农民或外地来的移民中的一部分会向城市中心区流动呢？大体上有三个原因：

第一，为了寻找工作的方便。前面已经指出，当工业企业和一部分城市居民迁出城市中心区以后，城市中心区成了商业区。在商业区中，寻找一个低层的工作是有较多机会的，这也适合缺乏专门技术的农民的愿望。

第二，在工业化时期的城市发展过程中，农民和外地移入的劳动者，多年以来按照出生地的不同、行业的不同，尤其是按照种族和宗教信仰的区别，在一些城市中逐渐形成了一个个不同的社区（有的就是棚户区）。这样，后来进城的农民和外地劳动者，通常是同乡找同乡，同行找同行，同种族找同种族，同宗教信仰找同宗教信仰，纷纷进入各自的社区。这样，聚集于城市中心区的外来人口就多了。

第三，当城市中一些中低收入的家庭迁往郊区后，城里供房客租用的空置住房增加了。于是一些原来住在郊外而在城市中心区工作的人（其中不少是农民），为了节省交通费用和节省时间，就举家搬进了城市中心区，租赁了空闲的房屋。

---

① 马赛厄斯和波斯坦主编：《剑桥欧洲经济史》第7卷上册，经济科学出版社，2004年，第130页。

当然，农民向城市中心区流动的趋势也给城市带来了新问题。一是社会治安问题，二是市财政问题。

社会治安问题主要在于：由外地来的或由城市郊区迁入城市中心区的人，多数文化水平低，缺少专业技术，再加上种族、宗教信仰等区别，在求职方面不顺利，甚至在就业方面还受到歧视。同时，这些人往往聚集于一定的社区，因此容易因细小的事件而酿成大规模的骚乱。这经常是城市管理部门深感头疼的事情。

市财政问题则主要在于：城市中心区内的富裕家庭纷纷迁出了中心区，到郊区或附近的小镇去居住了，而低收入家庭则不断涌入城市中心区，于是中心区的财政收入下降而财政支出却上升了，中心区的政府还能像过去那样有效率地治理城市吗？[1]

五、城市化是一个长期的、持续的过程

在西欧各国，城市化是同工业化平行推进的。但是，城市化早于工业化，而且持续进行的时间要比工业化长一些。这是指，在工业化开始以前，由于商业的发展和手工作坊、手工工场的兴起，城市化过程就已经开始了；工业化开始以后，城市化速度加快。工业化完成后，后工业化时期内城市化仍然持续进行，但速度也显著地放慢了。

据统计，1920—1940年间，西欧一些国家的城市人口年增长率如下：[2]

---

[1] 参看库兹涅茨：《各国的经济增长》，商务印书馆，1985年，第375页。
[2] 参看奇波拉主编：《欧洲经济史》第5卷上册《二十世纪》，商务印书馆，1988年，第73页。

英国	0.9%
法国	1.3%
德国（西部）	1.1%
意大利	1.7%
西班牙	2.6%
丹麦	2.4%
瑞典	1.8%

西班牙和丹麦在这一时期的城市化之所以快于西欧其他国家，显然是因为它们的工业化程度在当时已经落后于其他国家，所以有加快工业化的趋势。而英国之所以城市人口增长缓慢，是因为英国的工业化进行较早，城市化在19世纪内进展较明显：在20世纪初，英国的城市人口已经占到全国总人口的77%了。①

第二次世界大战爆发后，在某些国家由于受到战争的直接影响，城市产值、人口、就业人数在全国所占比例有所下降，但战争结束后不久，又都恢复了比例增大的趋势。据统计，从1950年到1970年这20年间，西欧一些国家的城市人口年增长率如下：②

英国	0.7%
法国	2.2%
西德	1.7%
意大利	1.9%
西班牙	1.7%
丹麦	1.5%
瑞典	1.7%

---

① 参看奇波拉主编：《欧洲经济史》第5卷上册《二十世纪》，商务印书馆，1988年，第72页注。

② 参看同上书，第73页。

在这几个西欧国家中,1950—1970年间法国城市人口的增长率最高。这一方面反映了法国在第二次世界大战以前的很长时间内工业化的速度相对较慢,法国的小农经济一直在国内占据重要地位,另一方面也反映了法国政府已经认识到加快工业化和城市化的必要性,从而在多方面采取措施来振兴法国经济。

到1970年,上述几个西欧国家的城市人口在人口总数中所占的比例如下:[1]

英国	80.7%
法国	67.1%
西德	81.1%
意大利	53.0%
西班牙	60.9%
丹麦	80.0%
瑞典	79.6%

由于各国工业化程度不同,到了1970年,仍有一些西欧国家的城市人口在全国人口所占的比例是较低的。据1970年统计数字,爱尔兰、葡萄牙、希腊三国的城市人口占全国人口的比例如下:[2]

爱尔兰	47.0%
葡萄牙	36.5%
希　腊	48.5%

但城市化的进展已是大势所趋,上述三个国家的城市人口所占比例的增加只是时间早晚而已。

---

[1] 参看奇波拉主编:《欧洲经济史》第5卷上册《二十世纪》,商务印书馆,1988年,第73页。

[2] 参看同上。

城市化有没有尽头？有没有止境？将来会不会出现"反城市化"的趋势，即城市的产值、人口、就业人数占全国的比例会逐渐降低？

从目前的情况来看，在西欧国家，城市产值、人口、就业人数占全国的比例在达到某一高度以后增速会下降，但并不等于这些比例会绝对地减少，因为城市的吸引力并没有减退，而且城市的范围还在继续扩展。至于就一国之内的不同城市而言，那就不可避免地看到某些城市趋于衰退和居民人数减少，而另一些城市则仍在扩展，居民人数在增加。如果只根据这种情况，那还得不出某个国家开始"反城市化"的结论。

第三节 就业是城市发展中最重要的问题

一、城市的就业压力

在西方国家出版的宏观经济学教科书中，通常把充分就业、维持物价基本稳定、促进经济增长和保持国际收支的基本平衡列为四个主要的宏观经济政策目标，其中排在第一位的"充分就业"通常是首要目标。这是有根据的，因为失业率的高低（或就业率的高低）关系到社会的稳定与否，进而关系到政权的巩固与否。所以任何一个国家的政府，不管是哪一个政党执政，总是标榜自己一定把增加就业作为政府的首要任务。

一个城市同样如此，必须重视城市居民的就业状况。通常说，城市化过程中城市面临着两大压力，一是城市所承受的就业压力，即城市居民达到就业年龄后要求有足够的工作机会；二是城市所承受的公共设施建设压力,即如果城市没有能力相应地扩大公共设施和居民住房,就难以应付城市人口增长的需求。公共设施所包括的范围很广,如城市供水、供暖、动力、公共交通、教育设施、医疗卫生设施、文化设施、安全设施等。两大压力相比,就业压力尤其值得城市当局重视。

假定一个城市的人口增长只限于本城市原有人口的生育和成长,问题的解决相对说来要容易一些。但在工业化过程中,农村人口会不断涌入城市,有些城市还有国外移民的迁入,这些涌进城市的人,都想在城市中找到一份工作,取得收入,养家糊口。城市中如果没有这么多的工作岗位,涌进城市的外来人口何以为生?在城市就业机会有限的条件下,外地来的求职者岂不是在同本地的求职者争夺工作岗位?这会不会引起城市中两部分人(本地的和外地的)之间的矛盾的加剧?假定某个城市能够使涌进的外来人口找到一份可以养家的工作,也许会吸引更多的外来人口涌进这个城市,甚至把其他城市中的求职者吸引过来。因此,城市面临的就业压力会长期存在。而城市的就业问题只要解决不好,城市可能因此动荡不安。

关键在于城市经济能否较快发展。在西欧工业化过程中,城市就业压力正是因为经济和技术的不断发展而有所缓解的。例如,在工业化开始后不久,某些技术进步在家庭成员的就业方面就起过重要的作用,"缝纫机是一个绝佳的案例"[1]。以前,家庭的成员,尤其是妇女和未能找到工作的子女,就业无门。自从

---

[1] 哈巴库克和波斯坦主编:《剑桥欧洲经济史》第6卷,经济科学出版社,2002年,第329页。

缝纫机被发明和推广使用后,"它使普通妇女成为缝纫师或者是缝纫裁缝,并且通过这样做而使一度曾经是妇女的日常工作转变为一项专业性的经济活动"①。又如,工业化以后,纱线、布料被大量生产出来,易于被一般家庭购得,并且价格低廉,相应地,花边业、刺绣业、服装业就在平民家庭中推广,成为家庭赖以谋生的行业。② 再说,缝纫机本身在不断改进,而且价格并不昂贵,在英国,"一台新缝纫机在1870年时的成本只有4英镑10先令,最高可能是14英镑"③。这样,外来移民还是买得起的。有了新款式的缝纫机,家庭就承担了服装业的外包任务,可以说,"进入这个行业非常容易,但是退出这个行业也是如此"④。当时英国城市的就业压力因此就大大缓解了。

城市人口增长以后,为了满足城市居民生活多样性的需要,妇女参加工作的机会越来越多,从而又会挤占一些男工的岗位。有些人认为这对城市就业也有不利的一面。不过,对这个问题还有另外一种观点,即城市化"使得女性从无偿的劳动中解脱出来,并由此培育双收入者家庭"⑤。双收入者家庭的大批涌现,是城市化的成果之一。一个家庭有了双收入者,不仅易于摆脱贫困,而且还能应付市场的起伏不定,"因为即便有一个人被裁掉了,需要临时再培训,或者遇到工资下降,那也还有一个人的

---

① 哈巴库克和波斯坦主编:《剑桥欧洲经济史》第6卷,经济科学出版社,2000年,第329页。
② 参看同上。
③ 同上书,第497页。
④ 同上。
⑤ 格伦斯基编:《社会分层》(第2版),华夏出版社,2006年,第741页。

收入可以依赖"①。意义不限于此,甚至这还是有助于维持家庭存在的条件。"双收入者家庭具有更广泛的社会网络,即便其中一个失业了,家庭也不可能解体"②,家庭破裂、解体的风险降低了。

当然,上述这种情况并不能回避城市就业始终是城市化过程中所遇到的最大的难题。

二、城市中新贫民区的出现和改造

从西欧各国工业化和城市化的过程来看,当城市的旧棚户区(老贫民区)经过改造而或多或少地消失后,新贫民区的出现以及与此有关的"非正规经济"(informal economy)的产生往往是不可避免的。实际上,非正规经济在不少国家的城市中,同旧棚户区(老贫民区)也有一定的关系,只不过当时的工业化程度还比较低,所以非正规经济并未引起社会的重视。工业化进行到一定阶段后,涌入城市的外来人口激增,新贫民区出现了,他们或者在老贫民区的基础上重生,或者在城市的郊外或其他街区出现,所以称做新贫民区,非正规经济随之有较大发展。"19世纪中叶,伦敦市东头就曾是非正规经济的活样板。"③它又被称做"街头经济"、"地下经济"、"黑市经济",在伦敦市东头,其规

---

① 格伦斯基编:《社会分层》(第2版),华夏出版社,2006年,第741页。
② 同上。
③ 哈特:"非正规经济",载《新帕尔格雷夫经济学大辞典》第2卷,经济科学出版社,1992年,第911页。

模"可以同当今热带贫民窟地区的任何一个非正规经济相提并论"①。这种非正规经济是有群众基础的,贫民人数众多,他们从这里取得生活费的来源,同时又滋生着各种偷税漏税行为和犯罪活动。②

老贫民区同新贫民区,在西欧国家的工业化过程中的比较明显的区别,除了非正规经济的规模大小以外,还在于老贫民区通常是历史遗留下来的,它们在工业化以前很长时期内就已存在了,而新贫民区则是在工业化开始后,由陆续涌入城市寻找工作的外地移民聚居而形成的,他们之中有的一直没有找到工作,有的工作极不稳定,时而被雇用,时而又被解雇,还有一些人虽然有工作可做,但收入极低。他们之中不少人原来也挤到老贫民区居住,但那里能容纳的人有限,这样才在其他地区形成了新贫民区。

19世纪,不仅老贫民区引起西欧各国政府和社会的注意,而且新贫民区也引起他们的关注。老贫民区的拆迁和改造仍在进行之中,新贫民区却又出现了,这些新贫民区还同大规模的非正规经济结合在一起。无论是老贫民区还是新贫民区,住房拥挤只是衡量城市居住条件的指标之一,其他指标,如污浊、犯罪、疾病等,也是重要的指标。③ 这些加在一起,就是工业化过程中城市居住条件好坏的标准。新老贫民区都需要拆迁、改造,这逐

---

① 哈特:"非正规经济",载《新帕尔格雷夫经济学大辞典》第2卷,经济科学出版社,1992年,第911页。
② 参看同上书,第912页。
③ 参看克拉潘:《现代英国经济史》下卷,商务印书馆,1986年,第566页。

渐成为20世纪以来西欧各国城市建设的迫切任务。

西欧国家对城市中新老贫民区改造的重视,是从政府的住房政策的落实着手的。政府帮助城市低收入家庭建房、购房或租房,新的住房通常选择在郊区。政府的这一政策除了能使那些挤在贫民区内的低收入家庭能有较好的居住条件而外,还有一个意想不到的结果,即当初接受政府资助而建房、购房的家庭,在建房、购房时土地和房产价格都比较低廉。随着时间的推移和城市经济的发展、市区面积的扩大,土地价格和房产价格都上升了,当年的建房者、购房者的财产也就增值了。这对于低收入的工人家庭的状况的改善具有决定性的意义。①

但不能认为城市中的贫民区会从此消失。这是因为,各个国家、各个城市的情况不一样。有些国家的有些城市,由于规模本来就不大,城市人口基本上处于稳定状态,所以历史上遗留下来的老贫民区和工业化过程中出现的新贫民区渐渐消失了。但有些国家的一些较大的城市,由于外来人口仍在源源不断地流进这些城市,所以尽管城市当局花了不少资金来改造贫民区,但贫民区仍然存在,只是贫民区的居住条件比过去有所改善。

一个重要的经验是:不缓解城市的就业压力,城市是难以有效地解决贫民区问题的。

三、城市就业问题的缓解

为了城市生活的安定和城市形象的改善,以便吸引更多的

---

① 参看阿贝尔斯豪泽:《德意志联邦共和国经济史(1945—1980)》,商务印书馆,1988年,第113页。

旅游者和投资者,城市当局不可能不关注城市中贫民区的存在,也不可能不设法缓解城市中的失业问题。在西欧国家工业化过程中,除了严重的经济危机时期而外,城市中的就业机会总是逐渐增多的。这主要有以下四个原因:

第一,企业数目在增多,尤其是中小企业:年年有垮掉的中小企业,但年年有更多的新设立的中小企业。这一方面是由于新行业的出现,另一方面则由于城市中已就业者的收入水平在上升,对各种工业品和服务的需求在增加,从而使更多的中小企业有经营和发展的空间。正如前面已经指出的,西欧各国工业化过程和城市化过程大体上是平行的,工业化和城市化的趋势使得劳动力更加专业化,适合于到企业工作。例如,在工业化初期的城市中,"一系列职业——焙烤、屠宰、制造诸如蜡烛、肥皂以及上光剂等物品——也相应地出现或者是扩大了"[1]。这就使不少求职者找到了工作。又如,汽车开始推广使用后,不少人为马车夫的失业前景感到忧虑,以为他们今后难以谋职。实际上,汽车并未完全取代马车,在城市郊区和距离城市较远的小镇和乡村,马车仍被当做载客和运货的手段。即使在城市内,马车夫仍然找到了新的职业。以20世纪初的英国来说,"在公共汽车出现之后,公共马车夫剃掉胡须,开始驾驶汽车"[2]。英国不仅出现了专业的汽车驾驶员,而且接着增加了大批电车员工,就业结构的调整"主要是通过青年从没落行业向扩张行业的转业

---

[1] 哈巴库克和波斯坦主编:《剑桥欧洲经济史》第6卷,经济科学出版社,2002年,第329页。
[2] 克拉潘:《现代英国经济史》下卷,商务印书馆,1986年,第574页。

而实现的"①。

第二,前面已经提到,城市人口的不断增加给城市带来了很大的公共设施和居民住房的压力,城市当局随着财政收入的增长,有能力逐步缓解这方面的压力,同时也使得失业问题相应地缓解了。一个显著的现象是建筑工人、装修工人、运输工人的队伍迅速扩大,求职者在这些方面找到了适合自己的工作岗位。当然,城市公共设施的建设不一定以城市财政支出为主,其中有些公共设施(如供水、动力、燃料和食品供应、教育、医疗卫生、文化设施等)也可以由企业投资和企业经营的方式来解决,城市当局可以酌情采取优惠税收或财政补贴等措施。城市的住房建设也如此。政府只承担给低收入家庭提供廉租房的责任,至多再加上给低收入家庭以优惠价格购买公共福利性住房的责任,至于大多数住宅则由房地产开发商来修建,并由他们卖给购房的住户,政府则在土地供给方面提供一定的方便。这样,政府的财政支出就省下来了。这是西欧各国城市化进行过程中解决城市失业问题的最重要渠道之一。其他公共设施的建设姑且不论,"仅仅住宅建筑业就需要大量的木匠、泥瓦匠、管道工、泥水匠、盖瓦工人以及纯粹的劳动力"②。

第三,工业化时期,城市居民消费结构的变化,也引起就业结构的变化,从而有助于失业问题的缓解。这是因为,随着收入水平的逐渐上升,城市居民消费结构不断变化,食物支出在居民

---

① 克拉潘:《现代英国经济史》下卷,商务印书馆,1986年,第574页。
② 哈巴库克和波斯坦主编:《剑桥欧洲经济史》第6卷,经济科学出版社,2002年,第329—330页。

总支出中的比例缓慢地下降,食物以外的支出相应上升,这就为城市中的求职者提供了更多的就业机会。例如在19世纪末和20世纪初的英国,"新兴职业对妇女已经门户洞开,而且旧职业对妇女需求的减少也一直是非常轻微的"①。比如说,医院中需要女护士,学校中需要女教师,成衣工厂需要女工人,人数都不在少数。② 汽车工厂和自行车工厂等制造业企业中,过去几乎没有女工,而20世纪初期以后,在这样的工厂中,约有几千名女工在工作,但她们在那里并不是从事同男工一样的工作,而是给男工操作的机器加料。③

第四,在工业化和城市化进展到一定程度后,商业和服务业都以较快的速度增长,服务业中包括了生产服务业,如金融服务、保险服务、理财服务、信托服务、技术咨询、法律服务、会计审计服务、广告业等。这些行业会吸收较多的人就业。

西欧各国在工业化和城市化过程中商业和服务业就业人数在全部劳动力中的比例的上升说明了这一点。请看英国、法国、德国、意大利、瑞典五国的统计数字④:

		商业服务业就业人数在全部劳动力中的比例(%)	其中商业就业人数在全部劳动力中的比例(%)
英国	1921年	33.1	13.3
	1961年	37.3	15.4
法国	1856年	20.3	5.6
	1962年	35.3	13.3

---

① 克拉潘:《现代英国经济史》下卷,商务印书馆,1986年,第575页。
② 参看同上。
③ 参看同上。
④ 参看库兹涅茨:《各国的经济增长》,商务印书馆,1985年,第287—288页。

德国	1882年	15.1	5.3
	1946年（西德）	26.5	8.3
	1961年（西德）	31.2	13.2
意大利	1881—1901年	14.3	3.4
	1964年	28.4	14.3
瑞典	1910年	18.3	5.9
	1960年	29.4	12.5

应当指出，上述有关英国、法国、德国、意大利、瑞典五国的统计资料中有关商业服务业就业人数在全部劳动力中的比例，并不等于第三产业就业人数在全部劳动力中的比例，因为诸如教师、医生、社会公益事业工作者、作家、画家、政府官员和雇员等应当列入第三产业的就业者不包括在商业服务业就业人数中。

此外，尽管服务业大量吸收就业，但服务业所要求的专业技术知识和能力较为严格，从而"人找事"和"事找人"并存的现象依然存在。结构性的失业问题并不是依靠经济总量的增大就能自动消失的。

西欧各国在工业化和城市化过程中，经济的周期性波动经常发生，有些年份经济波动的幅度较大，所以城市中的失业问题有时缓解，有时又趋于紧张。城市中保持一定的失业率，是比较常见的。

四、城市就业是一个长期存在的问题

从西欧各国工业化和城市化的历史来看，城市就业问题长期存在。城市经济衰退，失业人数就会增加；城市经济繁荣，外来人口会涌入城市，寻找工作，城市仍感到就业压力。尤其是，外来人口的出生率可能高于本地居民的生育率,所以新一代外来人口的孩子又会陆续加入寻找工作者的队伍。正因为如此,非正规经济实际上使一些低收入家庭甚至是零收入家庭有了谋生之道。但正如前面已经指出的,非正规经济通常又是同违法活动(如偷漏税收,制造伪劣产品,走私等)结合在一起的,所以引起了社会的不满和担心。

从某种意义上说,西欧工业化过程中城市的扩展和人口的集聚,也是旧式城乡关系的一大调整,或者说,这是同小规模商品生产相适应的旧式社会结构的崩溃。[①] 即以非正规经济来说,虽然它早已存在于工业化以前的城市中,但却从来没有达到工业化时期城市中的非正规经济这样大的规模,也没有这样多的低收入人群涉及这一领域,而与此联系在一起的犯罪活动也没有这样猖獗。于是城市中的居民,包括各个阶层的居民,都关心"新的秩序和纪律的建立"[②],城市的无秩序必定给大家带来不安,甚至灾难。具体的表现就是要求政府整顿市场秩序,加强城市管理,解决城市失业问题。人们普遍认为这是对城市管理能力的一种检验。然而,在面对非正规经济问题时,城市当局无疑处于两难境地:不整顿非正规经济,城市居民普遍感到不满;而要整顿非正规经济,等于堵塞了城市低收入人群的谋生之路,城市失业状况将进一步恶化,城市治安可能更差,这同样也会引起城市居民特别是低收入人群的不满。政府只能走一条折中的

[①] 参看拉什和厄里:《组织化资本主义的终结》,江苏人民出版社,2001年,第128页。

[②] 同上。

道路,即一方面容许非正规经济在一定范围内存在,另一方面又要加以控制,防止犯罪活动猖獗。

经济增长是可以提供新工作岗位的,但"人找事"和"事找人"现象的并存则不是单靠经济增长就能消失的。这涉及职业技术培训工作,以便提高求职者的文化教育水平和技术能力,使求职者满足工作岗位的要求。

在西欧国家还可以看到这样一种情况,即在实行社会福利保障的条件下,使得一些失业者宁肯领取各种津贴和补助而不一定急于找工作,至少某些重活、累活、脏活对他们没有吸引力,于是这些工作就由较不发达国家和地区的移民工人来填补空位。

西欧国家在工业化和城市化进行到一定程度后,城市居民的自我服务兴起了。这里所说的自我服务,是指居民为满足个人或家庭生活需要而进行的活动,它们是不纳入国内生产总值的计算的。例如,1985 年西德,有 40% 的居民在家中从事室内装修,20% 从事木工活,18% 从事电器装配,22% 从事室外装修和其他类型的活动。① 居民的这种自我服务活动同第三产业的发展之间存在什么样的关系?它们对社会就业会有什么样的影响?这些问题还有待于深入研究。但至少可以说明这样两点:

第一,这主要同个人的业余兴趣有密切关系,个人把自我服务活动看成是一种消遣,认为自我服务有益于个人身心健康。

第二,这也可能同室内室外装修、电器装配、木制家具的价

---

① 参看陈凌:《德国劳动力市场与就业政策研究》,中国劳动社会保障出版社,2000 年,第 43 页。

格较高有关,家庭为了节省支出,不如由家庭主人或其他成员亲自动手。①

那么,家庭成员的自我服务同社会就业的关系究竟如何?需要从两方面来考察。一方面,这将会减少对服务业的需求,从而影响服务业的就业。②举一个例子就可以说明:如果保姆或园丁、花匠的工资高,家庭就不雇保姆或园丁、花匠了。但另一方面,只要装修、做家具、园艺等自我服务流行,也有可能带动相关的原材料、工具等销售额的扩大,这就会促使就业的增加。

西方国家的一些学者往往从不同的角度对城市中的就业同与此联系在一起的个人收入分配状况进行分析,并且得出了比较悲观的论断。在一些人看来,在西方国家,由于技术不断进步,非技术工人同高级技术专家之间收入扩大,城市下层人群就业困难,因此"世界是一个'中产阶级衰落'、工作两极分化、新的底层阶级正在形成的世界"③。还有的学者认为,当前的西欧社会具有三个特征:社会排斥、边缘化、局外人(局外人包括失业者和长期不就业者)阶层,或者三项之中有两项并存。④也就是说,在西欧国家,社会上出现的新的底层主要是上述三个特征(社会排斥、边缘化、局外人)齐备,至少具有其中两个特征的人,这表明他们所处社会地位的低下和摆脱困境的艰难。⑤当然,

---

① 参看陈凌:《德国劳动力市场与就业政策研究》,中国劳动社会保障出版社,2000年,第43页。
② 参看同上书,第44页。
③ 格伦斯基编:《社会分层》(第2版),华夏出版社,2006年,第730页。
④ 参看同上书,第730、735页。
⑤ 参看同上书,第735页。

也有的学者认为,既不能把这种情况看成是第二次世界大战结束以来的几十年间西欧经济走向的一种逆转,同时也不能不重视类似现象在西欧城市经济生活中的出现,因为这毕竟是社会矛盾加剧的反映。① 要知道,到了工业化后期,工业行业的就业率下降是一个事实,从1979年到1993年,英国、法国、瑞典、西班牙、挪威和比利时,净减少的就业机会就达到1/3到1/2。② 虽然这时各国的服务业创造了不少就业机会,但服务业所吸收的劳动力中,许多是妇女而不是男工,而且进入服务业的专业技术人员所占比例较少,职工平均工资收入一般也低于工业行业,这些都是在考察城市就业问题时所要关注之处。③

第四节 有关城市规模的不同观点

一、关于城市规模出现不同观点的原因

城市有大、中、小之分,而且在某些西欧国家还存在特大型的城市。要知道,不同城市有不同的规模,这主要是历史上逐步形成的,在很大程度上同城市的区位条件有关,而不是政府事先就规划好的。政府对某一个城市的发展作出规划,多数是事后的,也就是说,多数城市在兴起和发展到一定程度之后,政府为了便于管理以及为了使该城市今后发展得更好,才制定规划。

---

① 参看格伦斯基编:《社会分层》(第2版),华夏出版社,2006年,第735页。
② 参看同上书,第732页。
③ 参看同上书,第732—733页。

在西欧国家,根据政府事先制定的规划建设新城市的例子,是极为罕见的。

工业化开始以后,城市的规模在不断扩大。正如企业有适度规模,城市也有类似的适度规模问题。一个城市如果达不到适度规模,效率就不能充分发挥出来,从而被认为是规模不经济,存在着效率损失。反之,如果一个城市的规模过大,管理中就会出现这样或那样的困难,管理效率必定下降,这也是一种效率损失。于是就会出现有关城市规模的不同观点。

在这方面,争论的焦点主要有三个:

一是,某一类型的城市的适度规模应当是多大?这通常不是按城市面积来计算,而是按城市人口多少来计算的。

二是,不同经济发展阶段的城市适度规模是不是可以调整的?应当说,没有固定不变的城市适度规模,工业化过程中随着经济的发展和科学技术的进步,就会有新的适度规模标准。

三是,现阶段,在某一城市的适度规模已被认定的前提下,如果它达不到适度规模,政府可以采取哪些措施?如果它超过了适度规模,政府可以采取哪些措施?适度规模的标准确定后,为符合城市的适度规模,政府的措施以鼓励和引导为主,这是没有疑问的,但政府能不能采取强制的措施呢?这却是可以讨论的问题。

其实,上述这些争论的焦点并不仅仅是学术研究的课题,它们全都同城市的建设与管理工作密切有关,也是城市化过程中需要解决的问题。例如,在西欧各国的工业化初期,"城市内部人员和商品的移动费用很大,而城市相对说来,规模较小却很紧凑。实际上,所有的工作都处于一到三英里长的中心商业区之内,而工人住宅经常位于他们受雇工作地方的附近"①。这是受当时经济技术条件的制约而形成的一种适度规模。要知道,在工业化初期,马车是城市运输的主要手段,运货靠马车,运客也靠马车,而且是有钱人家才坐马车,一般人靠步行,所以当时城市的规模不可能不受到运输条件的限制。② 到了19世纪末和20世纪初,城市中有了电车,又有了地铁,运输条件改善了,经济总量也增加了,于是经济技术条件的变化"导致城市规模扩大和市区的分散化"③,城市适度规模也就相应地进行了调整。20世纪中期以后,情况继续发生重大变化,比如说,小汽车普及了,连普通工人家庭也购置了小汽车,加之,重载卡车被企业普遍使用,环城公路建成了,使得工厂有条件外迁到城郊或更远一些的小镇,工人住宅也郊区化了,这又影响到城市适度规模的重新考虑,影响到政府对城市建设的重新规划。④

不同时期的城市适度规模的不同标准是客观存在的,但城市适度规模依然是需要达到的目标。在西欧国家,政府不采取强制性的措施,而且无法强令城市居民迁出或迁入,政府能够推行的,是鼓励、支持的政策。对于达不到适度规模的城市,政府可以鼓励人口迁入,支持他们在这里建家立业;对于超过适度规模的城市,政府可以在人口外迁方面采取鼓励的措施,同时完善城市的公共设施建设和城市管理,以减少效率损失。

---

① 梅什科夫斯基:"城市经济学",载《新帕尔格雷夫经济学大辞典》第4卷,经济科学出版社,1992年,第815页。
② 参看同上。
③ 同上。
④ 参看同上。

二、大城市的优点和缺点

在西欧各国工业化过程中陆续兴起了一些大城市,包括少数特大型城市。其中有些早在中世纪后期就已经是闻名远近的国际性城市了,但那是按当时的标准来说的。工业化开始以后,原有的大城市规模继续扩大,成为工业化时期的大城市甚至特大型城市。

关于大城市的优点和缺点,评论一直很多。主张继续发展大城市的,总是突出大城市的优点,如城市规模大,可以使第三产业有更大的发展空间,从而容纳更多的人就业;城市规模大,可以让各种公共设施得到更充分的利用,从而提高资源使用效率;城市规模大,各行各业都可以容纳在一个城市中,例如容纳在中心商业区,从而人才汇集,信息充分,便于各行各业利用,以降低人才招引成本、信息成本,同时还可能有利于最新的高端产业的迅速成长,等等。至于城市规模大所导致的管理效率下降等缺点,则可以通过管理手段的改进和提高管理人员的水平来改进或加以克服。由此可以得出结论:城市规模问题归根到底是一个城市的内部组织是否有效率的问题;如果城市内部组织有效率,城市规模增大也无妨,反之,如果城市内部组织无效率,那么城市规模越大则问题越突出。[1]

不仅如此,从现代经济的角度来看,大公司的总部通常设在最大的城市中,证券交易所也总是设在最大的城市的中心商业

---

[1] 参看托利:"城市规模的福利经济学",载《城市经济学杂志》,1974年7月,第324—345页。

区,这些都是大城市的无可替代的优势。① 一个曾经被经济学家作为有说服力的例子就是伦敦。伦敦虽然在工业化以前就是按当时的标准的大城市了,但19世纪伦敦的发展异常迅速,成为拥有数百万人口的特大型城市。"伦敦之所以重要,不在于它能为这个增长的工业(城市)提供住房,也不是对其进行融资,而在于提供了一个主要的和快速扩张的市场。"②市场起着十分重要的作用;没有大城市,就不会有大市场;而没有大市场,就不能使大城市继续保持繁荣,这是工业化和城市化的规律。

不主张继续发展大城市的学者,则认为城市规模过大将导致城市居民生活质量下降,而这个缺点被看成是无法克服的,否则怎能解释人们倾向于迁居大城市的郊区或迁往较小的城市呢?此外,还有人认为,城市超过一定规模后,人均管理费用是递增的,这些负担最终落在城市纳税人身上。这也是大城市一个难以克服的缺点。

三、小城镇的优点和缺点

在西欧,大城市毕竟很少,中等城市的数目也不算多,大量存在的则是小城镇。这些小城镇中,不少在工业化以前就已存在,工业化以后继续有所发展,但从城市规模上说,它们仍然属于小城镇范畴。还有一些新的小城镇,它们或者是工业化以来在原来的农村集镇的基础上发展而成的,或者是由于在农村附

---

① 参看巴顿:《城市经济学》,商务印书馆,1986年,第99页。
② 拉什和厄里:《组织化资本主义的终结》,江苏人民出版社,2001年,第126—127页。

近新建了工厂,从而周围逐渐形成了小城镇。

在有关城市规模的讨论中,不可避免地涉及城市人口的数量界限问题。这是指:什么样的城市应列入中等城市,什么样的城市应列入大城市,都以城市人口数为界限,比如说多少万人以下和多少万人以上的,属于中等城市;多少万人以上的则属于大城市。但对于小城市的人口最低界限,却没有定论,因为"判断一个城市的下限问题要困难得多"①。谁能说得出至少应有多少居民才能称为城市呢?尽管只是小城镇,但也说不准它至少应有几千人作为界限。小城镇可能在更大程度上是一个城市行政区的管理概念,而不一定是一个按人口多少来划分的经济概念。

其实,回顾西欧各国历史上的城市形成过程,人口多少向来不是判断的依据。一个城市在中世纪中期和后期取得自治权,从而被确认为城市,这是从行政角度考察的结果,与该城市的人口多少没有直接的关系。再说,"历史上最好的城市,按二十世纪的标准来看非常小"②,但规模小又有什么关系呢?那个时代的城市(按今天的标准来说都属于小城市)凝聚了人类的文化财富,它们是历史文化的积累,它们的价值也就在于此。③ 这正是考察城市规模时不容忽视之处。

主张继续发展小城镇的经济上的理由主要有以下三点:

第一,小城镇是介于大中城市同农村之间的环节,它们有条

---

① 舒马赫,《小的是美好的》,商务印书馆,1985年,第41页。
② 同上。
③ 参看同上。

件把大中城市同农村联系在一起。与其让大量外来人口(包括本国农村人口)涌入大中城市,使大中城市的负担加重,不如继续发展小城镇,让外来人口迁入小城镇。在大中城市长期无法就业的人,也可以在小城镇上安居。

第二,根据西欧各国的实际情况来看,小城镇一般是可以发展具有本地特色的工业、手工业、餐饮业、旅游业或其他服务业的。这些有本地特色的产业,不仅能使本地的劳动者安居乐业,而且还有可能解决迁入的劳动者的养家糊口问题。

第三,只要交通便利,小城镇的公共设施比较完善,加上宁静的生活氛围、舒适宜人的环境、和谐的社区内的人际关系,小城镇居民家庭的生活质量是较好的。

当然,小城镇的缺点也不容忽视。例如,小城镇占用土地较多,土地的利用不经济;小城镇的公共设施的利用率较低,这些都形成效率损失。

在讨论小城镇问题时,传统的单纯以人口多少作为小城镇的标准的观念,可能已经被认为过时了。[1] 小城镇人口少,既是小城镇的优点,也是小城镇的缺点,因为人口偏少的小城镇难以维持经济的稳定增长。[2]

四、中等城市的优点和缺点

介于大城市和小城镇之间的城市通常被称为中等城市。如果以城市人口数量作为界定中等城市的标准,那就需要根据西

---

[1] 参看巴顿:《城市经济学》,商务印书馆,1986年,第97页。
[2] 参看同上书,第83页。

欧各国的国情来考虑,而不宜套用统一的标准。

在城市规模方面,把主张继续发展大城市的观点视为一端,把主张继续发展小城镇的观点视为另一端,那么处于两端之间的就是主张发展中等城市的观点。前面已经提到,大城市和小城镇是各有优点和缺点的。中等城市的特色在于:中等城市既可以兼有大城市和小城镇的优点,又可以尽量避免大城市和小城镇的缺点,关键在于管理的到位和能否利用先进的管理技术。中等城市即使回避不了大城市的某些缺点和小城镇的某些缺点,它也比较容易来弥补这些缺点。

从理论上看,在谈到城市的适度规模时,不仅要考察生产规模,还要考察消费规模。也就是说,"规模经济除了生产的规模经济外,也可以是消费的规模经济,消费规模经济的一个例子是非竞争性公共财政,它的价格或人均成本和人口规模成反比"[1]。比如说,小城镇的优势主要反映于居住环境比较适合,有利于提高居民家庭的生活质量,同时它们作为城乡结合点,有利于沟通城乡之间的联系,但从规模经济方面看,小城镇由于人口数量少,生产的规模经济和消费的规模经济都难以符合要求,小城镇实际上是不符合规模经济的要求的。至于大城市,它们固然可以具备生产规模经济的优点(当然,这仍然同管理水平密切有关,因为管理水平低下的大城市在生产规模上的优点也显现不出来),但消费规模经济的优点能否显现,则要根据每个城市的具体情况而定。假定大城市人口过多,管理的效率很可能

---

[1] 梅什科夫斯基:"城市经济学",载《新帕尔格雷夫经济学大辞典》第4卷,经济科学出版社,1992年,第817页。

是低下的,这样,非竞争性的公共产品的提供就只能是低效率的了。一个常见的例子就是:城市规模过大和城市人口过多,城市花费在维持社会治安、处理交通事故以及应付突发事件等方面的财政资源就要多得多。再如,在城市规模过大和城市人口过多的情况下,仅以居民每天上下班所消耗的时间、精力和费用来说,既对个人不利,也对城市公共产品的提供机构不利,或者说,这就是消费规模不经济的反映。

中等城市的优点在于:它们无论在生产规模经济还是在消费规模经济上,都可以达到适度。相对于小城镇,中等城市在生产规模经济和消费规模经济上都有优势;而相对于大城市,中等城市在消费规模经济方面具有优势,在生产规模经济方面则可以做到不逊于大城市的程度。具体地说,只要管理得当,中等城市可以使各种公共设施得到较充分的利用,以提高资源利用效率;可以使第三产业有一定的发展空间,容纳较多的人就业;可以使城市居民有较好的生活质量,使城市成为更适宜人们居住的城市;还可以发展具有本地特色的手工业和旅游业。

实际上,一些西欧国家在工业化后期已经注意到中等城市的优点了,把中等城市建设得更好可能符合城市化进展到一定程度以后的现实。

五、城市规模并没有统一的模式

大、中、小城市的形成和分布是西欧长期以来历史形成的事实。这既离不开历史条件,也离不开区位环境。大城市代替不了中等城市,中等城市也代替不了小城镇。

城市规模并没有统一的标准,也没有统一的模式。西欧各个国家的国情不同,现阶段已经存在的各个城市全都离不开自己的文化背景,而且全都与本国的工业化、城市化进程有密切的关系。本书在第四章第四节"社会流动和工业化过程中人力资本作用的发挥"中,曾经提到诺思在所著《制度、制度变迁与经济绩效》一书内阐释的制度惯性,即路径依赖这一概念,说明一种制度一旦形成之后就成为后人所依据的定式。[1] 路径依赖这一概念,对于西欧的城市化过程的解释是有一定说服力的。按照这种分析,"城市化的路径依赖是指城市化的模式、速度和方向受制于城市化的初始条件和制度安排"[2]。西欧各国工业化初期的城市规模、城市建设格局和城市分布同工业化以前的城市发展状况有关,而工业化后期的城市规模、城市建设格局和城市分布又离不开工业化初期的城市发展状况。这就是城市化过程中的惯性的作用。由于城市化中惯性的存在,必然使得城市规模不可能有统一的模式。[3]

城市的建设和发展依存于过去。即使是在荒郊野外兴起的一座全新的城市,也同工业化的历史和以前的城市布局有一定的关系。那么,城市化的主要因素或决定性因素何在？只能认为"城市化的决定因素是生产要素的集聚,更确切地说是非农业尤其是工业生产要素的集聚"[4]。这恰恰是历史上的经济发展

---

[1] 参看诺思:《制度、制度变迁与经济绩效》,上海三联书店,1994年,第134—135页。
[2] 黄小晶:《城市化进程中的政府行为》,中国财政经济出版社,2006年,第47页。
[3] 参看同上。
[4] 同上。

所形成的。

再说,在西欧各国工业化的过程中,特别是到了后期,即使有了城市规模的统一的标准(不管这一标准是什么样的权威部门所制定的),那也不可能使现状有重大的改变,因为到了工业化后期,现有的城市基本上都定型了。要改变一个城市的历史、文化和区位环境是非常困难的,要把一个城市的现有规模纳入统一的标准几乎是不可能的。在经济学中流行的有关城市规模、城市建设格局和城市分布的理论,它们所讨论的主要是历史经验,并且"很大程度上是城市产生和发展初期的情况"[1],这些讨论也许对今后新城市的建设有重要意义,但对现有城市的重建或改造,至多只能作为一种参考。从市政当局到广大市民,摆脱不了路径依赖。

难道这意味着人们对现有城市规模的调整无能为力吗?并非如此。把现有城市居民大批迁出以实现城市规模合理化,是不现实的。不能削足适履,而只能以新履适足,包括加强城市管理,用提高管理水平来减少效率损失,以及针对城市公共设施的不足,增加投资,使城市公共设施日益完善。

---

[1] 黄小晶:《城市化进程中的政府行为》,中国财政经济出版社,2006年,第61页。

第七章　工业化和中产阶级

第一节　金字塔形收入分配结构的长期存在

一、传统生产方式下和工业化初期的中产阶级

中产阶级，又称中间阶层，是指处于社会上两个极端（一个极端是富人，另一个极端是穷人）之间的阶级或阶层。根据马克斯·韦伯的说法，处于社会中间的阶级或阶层，"包括形形色色的拥有财产或受过教育而以此获得收益"的人①。具体地说，其中还有"独立的农民和手工业者"②，他们"也作为处于当中的'中间阶层'"③；"此外还往往包括官员（公众事务的官员和私人事务的官员）"④。

韦伯的解释，是研究者经常提及的说法之一。在韦伯以前，西欧一些学者已经对西欧传统生产方式之下和工业化刚开始时

---

① 马克斯·韦伯：《经济与社会》上卷，商务印书馆，2006年，第335页。
② 同上书，第336页。
③ 同上。
④ 同上。

的中产阶级进行过分析。例如,在英国都铎王朝时期,英国作家们就提到了中产阶级,但并没有给它下定义,以致后来的人认为,由于缺乏界定,"中产阶级这个概念就会变得飘忽不定,难以捉摸"①。桑巴特不是从职能方面,而是从思想状态方面来界定中产阶级的。他把18世纪的中产阶级视为"在数字思维能力以及理性计算的习惯,尤其是金钱上的计算方面特别卓越的一群人"②。不仅如此,桑巴特还指出,中产阶级是这样一群人,"他们视懒惰为罪过,并有计划地使用他们的时间,同样仔细地计划他们的开支……他们有节约意识;他们在商业事务中的信仰是可靠、诚实、履行合同"③。这表明,桑巴特实际上把后来经济学界常用的"企业家精神"概念应用到对工业化初期的中产阶级的界定上了。

不管西欧的学者们对传统生产方式之下的中产阶级或中间阶层在定义上有过哪些不同意见,也不管他们给工业化初期的中产阶级或中间阶层加上什么样的文化特征和道德特征,但有一点是可以肯定的,即在工业化开始前和工业化初期,在西欧的社会上已经存在一批既不同于贵族地主,又不同于底层平民的中产阶级了。

一般而言,在西欧各国,传统生产方式下和工业化初期已经存在的中产阶级或中间阶层,主要由以下三部分人构成:

一是农村中比较富裕的自耕农,他们是农村中的中产阶级

---

① 里奇和威尔逊主编:《剑桥欧洲经济史》第5卷,经济科学出版社,2002年,第531页。
② 同上书,第532页。
③ 同上。

或中间阶层。他们拥有自己的田产,自己耕作或从事饲养业。由于土地面积较大,所以通常雇用一些短工或长工从事种植和饲养业。

二是城镇和农村中比较富裕的手工作坊主和手工工场主。稍后兴起了最早的近代工厂,他们之中有些人也就成为工厂主。他们是城镇中的中产阶级或中间阶层。这些作坊中通常雇用了少数帮工和学徒,业主本身有时也参加劳动;而在手工工场和近代工厂中,雇用的工人、学徒人数比较多,业主通常参与经营。

三是城镇和农村中都存在的比较富裕的商人,他们也是当时的中产阶级或中间阶层的一部分。他们或者拥有店铺,或者来往国内各地,从事商品贩运活动。

从人数来看,无论是在突破传统生产方式之后进行工业化的西欧国家,还是边进行工业化、边突破传统生产方式的西欧国家,上述三部分加起来人数并不多,他们的财力也有限。同时他们的生活状况和社会地位虽然高于处于下层社会的佃户、雇工、小自耕农、小商小贩等,却明显地受到贵族、地主、大商人、银行家这些社会上层的歧视。这时的社会收入分配结构是高而尖的金字塔形的,即上层人数很少,中间阶层人数也不多,而金字塔的底层人数则是众多的。

工业化初期,新式工厂陆续建立,但中产阶级人数并未显著增加。这是因为,社会上一方面有一些手工作坊主或手工工场主成为工厂主,以及有一些技术工人、发明家成为工厂主,另一方面又有一些手工作坊主、手工工场主因市场竞争失利而穷困潦倒,甚至破产,所以中产阶级人数从总体上说变化不大。

以19世纪初的英国为例。当时在新建工场或工厂的区域,存在着人数众多的"小制造商"。"在他们与他们工人之间只有很少的差别:工人在老板家里吃,往往还住在他家里,又在他旁边工作,老板并不把他看作隶属于一个与自己阶级有所不同的社会阶级。"① 也就是说,工业化初期的小企业的业主和雇工之间的区别不大,业主和雇工之间的关系比较融洽,业主自己同样干活,"有些地方,老板人数还比工人多"②。在这种情况下,很难把所有的"小制造商"都列为中产阶级;正如前面所说,列入中产阶级的,只是那些城镇和农村中"比较富裕的"作坊主、工场主和工厂主。③ 至于其他许多还不算富裕的作坊主、工场主和工厂主,在市场竞争中,有些人富裕起来了,成为中产阶级的一分子,也有些人仍保持原状,还有一些人因竞争失利而降为雇工或退出了作坊、工场、工厂的经营领域。

其实,manufacturier 这个词,现在虽然通常译做"制造商"或"制造业者",而在 19 世纪初期,manufacturier 只不过是对工匠、小作坊主、小工场主或小工厂主的统称,译做"小业主"也许更妥当些。他"并不是工业界巨头,相反地,他就是工匠,亦即以自己双手劳动的人"④。很难把他们全都称做中产阶级。"在 1800 年以前,'资本家'一词很少使用"⑤,所以也没有人把雇工人数较多的作坊主、工场主或工厂主称做"资本家"。

至于构成乡村中的中产阶级一部分的比较富裕的自耕农,

---

① 芒图:《十八世纪产业革命》,商务印书馆,1983 年,第 41 页。
② 同上。
③ 参看本书第 387—388 页。
④ 芒图:《十八世纪产业革命》,商务印书馆,1983 年,第 41 页。
⑤ 同上书,第 397 页注⑦。

他们在工业化初期大体上仍保持过去的状况。他们既没有因新式工厂的建立和发展而失去生存之道,也没有被新式工厂所生产的工业品所击垮,相反地,他们的日子一般还过得去,因为工业化开始后,城市人口逐渐增加,对农产品的需求增大了。

工业化初期,城镇和农村中的商人的数目是有所上升的,因为城市人口增加了,市场扩大了,市面上所经营的商品种类增多了,商品交易额也增长了。但这时的商人仍以小生意人为主,只有其中一部分人上升到比较富裕的商人,成为中产阶级的一部分。

在西欧国家,包括"制造商"在内的中产阶级既然已经在工业化开始后逐渐崭露头角,紧接着的便是他们要求在政治上取得更多的权利,希望在政治舞台上有自己的发言权。例如在英国,从1760年左右就开始了旷日持久的议会改革运动。这场运动"虽非暴力的,但在实质上也具有革命的特点"①。西欧大陆许多国家的资本主义制度确立时间晚于英国若干年,工业化的开始晚于英国若干年,所以那里的议会改革也晚于英国一段时间,但议会改革在性质上同英国的议会改革是一样的,其结果都是:国王也好,议会也好,"任何贵族、显贵、摄政者或其他杰出人物组成的集团也好,都不许擅自拥有政府的权力;一切政府官员都可撤换,他们执行宪法规定范围内的一种委托权力"②。因此,不管议会改革在西欧某个国家来得早晚,也不管这场改革需

---

① 帕尔默和科尔顿:《近现代世界史》(第5版),纽约,1978年,第323页。
② 同上书,第324页。

要经过多少年才能取得胜利,议会改革毕竟是资本主义制度确立以后的一项重大事件,"总的说来,民主革命是一场中产阶级运动"①。也就是说,议会改革是西欧中产阶级的代表人物正式登上西欧国家政坛的运动。

二、为什么金字塔形收入分配结构会长期存在?

中产阶级通过议会改革运动而开始登上西欧国家的政治舞台,并不意味着社会的收入分配结构会随之发生重大变化。工业化开始以后,历史遗留下来的传统式的金字塔形收入分配结构长期存在,要改变这种收入分配结构远不是容易的。

在金字塔形收入分配结构之下,上层人数很少,中间阶层人数也比较少,底层人数很庞大,他们都是低收入者。而且,当低收入者人数占社会大多数时,消费需求由于大众购买力的低下而难以扩大。这样,"如果整个世界是穷困的,得过且过就是通向幸福的唯一一条大家都能够接受的道路"②。为什么大家会"得过且过"呢?一种比较有说服力的解释是:在当时的社会环境中,向上垂直流动的渠道不仅是不通畅的,而且通道非常狭窄,越向上越狭窄。这样,由底层要向上垂直流动就显得异常艰难。

要知道,在传统生产方式之下,金字塔形收入分配结构是十分牢固的。土地,作为当时最重要的生产资料,大部分掌握在贵

---

① 帕尔默和科尔顿:《近现代世界史》(第5版),纽约,1978年,第326页。
② 麦金德:《民主的理想与现实》,纽约,1942年,第7页。

族、地主手中,除一部分自耕农拥有自己的田产而外,佃户和雇农没有土地。这种情况不改变,金字塔形的收入分配结构不可能变更。资本主义制度确立之后,西欧各国的土地分配情况因各国的政治变化而有不同的变化。在有的国家,在传统生产方式被替代的同时,贵族、地主失去了一部分土地,相应地出现了较多的自耕农,但自耕农所拥有的土地一般仍然很少,力量也单薄,他们的存在不足以改变长期存在的金字塔形的收入分配结构。

工业化开始以后,西欧国家的情况稍稍发生了变化。城镇中出现了一些新式的工厂,城市经济日益繁荣,市场不断扩大,这样,新式的工厂的厂主,尽管最初依旧是小老板,但他们毕竟有机会较快地积累财富,扩展事业。如果说,传统生产方式之下根本无法改变金字塔形收入分配结构(因为在西欧国家,传统生产方式之下金字塔形收入分配结构两端存在着以人身依附为基础的剥削关系①)的话,那么在资本主义制度确立之后所开始的工业化过程中,社会收入分配结构的改变已经具有一定的可能性,因为这时的金字塔形收入分配结构的两端之间已没有以人身依附为基础的剥削关系了。②

然而,工业化前期,即工业化开始以后的较长一段时间内,是看不到金字塔形收入分配结构的改变的。理由在于:中产阶级的形成过程相当缓慢。中产阶级是促成金字塔形收入分配结

---

① 参看罗默:《剥削和阶级通论》,哈佛大学出版社,1982年,第200页。
② 参看同上。

构变化的力量,这个力量正在蓄势待发;时机未到,不可能使金字塔形收入分配结构发生实质性的变化。

工业化开始后,西欧国家的农民纷纷进城务工,开小作坊,开小店铺,那么这种情况能不能促成金字塔形收入分配结构的变化呢?西欧国家的历史表明,这是不可能的。一方面,工业化开始后进城务工的农民一般不具备工业发展和城市发展所要求的技术能力和专业知识,所以通常只是从事一些单纯靠体力的工作,收入是微薄的,城市的生活费用又比较高,因此积累不了多少钱。至于进城开小作坊和小店铺的农民,固然情况比进城从事简单或笨重的体力劳动的农民要好一些,但是他们经营的作坊或商店都是小本经营的,能够安家在城市中就算不错了,很少人能有更大的发展。另一方面,正如前面已经提到的,进城务工的农民往往向往更有发展前途的去所,一是作为一种过渡,由这里再转往北美(包括美国和加拿大),他们并不打算长期在本国城市中居住和打工,二是准备在城里积蓄了一笔钱之后就回到原来的农村,购置土地,建造住宅,做一个比较富裕的自耕农、小农场主。这样,他们对改变金字塔形的收入分配结构影响不大。

虽然我们不能否认进城的农民中间有一些学习到某种技术或掌握了某一方面的专业知识,或者,有一些经营小作坊和小店铺的进城农民抓住了机遇,赚到较多收入,把作坊、店铺做大了,但毕竟只是少数人。对大多数进城的农民来说,工作地点的转换或职业的变更,都很难使他们改变社会下层的地位。他们的社会地位的改变依赖于社会经济环境的进一步变化。

三、工业化前期社会收入分配结构不可能发生重大变化的深层次原因

西欧国家在工业化前期之所以长期保持金字塔形的收入分配结构，从深层次来看，是由于资本主义制度的体制性原因的存在和继续起作用。关于资本主义制度的调整，即资本主义制度下的体制的转换，本书将在下面的第九章（"工业化过程中制度调整的第一阶段"）和第十章（"工业化过程中制度调整的第二阶段"）中进行较详细的论述，在这里，只准备作一些简要的说明。

在本书的前言（"工业化和产业革命"）中已经指出，一种制度之下可以有不同的体制，正如封建社会之下可以有刚性的体制和弹性的体制一样，[①]资本主义制度下也可以有不同的体制：刚性体制和弹性体制。在西欧国家，工业化前期，资本主义的体制属于刚性体制，而到了工业化后期，通过多年的制度调整，资本主义的体制已经从刚性体制向弹性体制转变了。[②] 资本主义制度的刚性体制可称为自由市场经济体制。在这种体制下，听任自由市场机制发挥作用，政府只担任"守夜人"的角色，对经济基本上不干预；社会上所关注的公平问题，主要由社会慈善机构等社会团体来负责，政府只是予以鼓励、支持，而不由政府自身承担责任。工业化后期，资本主义的体制由刚性体制逐渐转变为弹性体制，资本主义制度的弹性体制可称为混合市场经济体

[①] 这是作者在《资本主义的起源——比较经济史研究》（商务印书馆，2003年）一书中阐释的主要观点。

[②] 这是作者在"论制度调整"一文中阐释的观点之一，该文载《厉以宁经济评论集》，经济科学出版社，2005年。

制。在这种体制下,基调仍然是市场经济,但国家干预的范围扩大了,干预的力度增大了,政府在认为有必要时对经济的调节也加强了。此外,在某些国家,或在某些国家的某个时期,在私营经济仍然为主的条件下,国家对企业股权的参与或国有化的比重增加了。这时的政府就不仅限于"守夜人"角色的承担,政府参与经济的调节,参与公平问题的解决并承担了社会协调(包括地区发展协调和个人收入分配协调)的责任。

资本主义制度从刚性体制向弹性体制的转变,即从坚守自由经济教条的自由市场经济体制向比较灵活的混合市场经济体制的转变,并不改变资本主义制度的性质,但这种制度调整,也就是体制的转换,却有助于长期存在的金字塔形收入分配结构的变更。换言之,西欧国家在工业化前期之所以难以改变金字塔形收入分配结构,深层次的原因就在于体制依旧是刚性的,未发生从刚性体制向弹性体制的转变。

具体地说,在改变社会收入分配结构方面,政府是可以发挥较大作用的,至少政府不应当是无所作为的。然而,在刚性体制,即自由市场经济体制之下,政府在改变收入分配结构方面却不作为,甚至不打算有所作为。比如说,为了协调收入分配,为了改变金字塔形收入分配格局,政府应该做到的和政府可以做到的,是创造、提供公平的机会。又比如说,政府应该提供公平的教育机会,让低收入家庭的子女受到较好的教育,为一切愿意接受更多教育的人创造就业的条件;政府应该创造更多的就业,采取有力措施来消除对就业的歧视,让人们有公平竞争的可能,使垂直社会流动和水平社会流动的渠道通畅;政府应该对人们创业进行有效的保护,使市场秩序正常化、完善化,以便继续鼓励更多的人走创业致富之路。显而易见,在资本主义制度的刚性体制之下,这一切都没有实现的可能性。因此可以肯定地说,体制的转换是改变金字塔形收入分配结构的最重要的条件。在工业化前期,这一最重要的条件是不具备的。

四、金字塔形收入分配结构改变的渐进性

根据西欧国家的经验,在工业化前期,金字塔形的收入分配结构不可能发生重大的变化,因为资本主义制度的刚性体制一直存在着并对社会经济发生重要作用。如果说在资本主义制度的刚性体制之下金字塔形收入分配结构也多多少少有所变化的话,那就需要分做两种不同情况来分析。

一种情况是战争和经济衰退时期。在战争年代里,例如,18世纪末和19世纪初的法国和反对法国的各个国家之间的战争期间,以及20世纪初的第一次世界大战期间,受到战争打击和影响的经济陷于困难状态,这时社会底层人群的生活恶化了,贫困者人数增加了,金字塔形收入分配结构的底部扩大了。在19世纪后期的某些经济衰退年份,在某些西欧国家同样发生了企业倒闭和失业率上升的情况。这时的金字塔形收入分配结构的底部也有扩大的趋势,以至于20世纪初"正统的社会主义理论认为无产阶级将会扩大而中产阶级必定消亡"[①]。

另一种情况是和平和经济增长时期。相对于战争年份而言,非战争的年份毕竟多得多。相对于经济衰退年份而言,经济增长的年份也毕竟多得多。在西欧国家,在资本主义制度的刚

---

① 贝尔:《后工业社会的来临》,纽约,1973年,第69页。

性体制下,由于经济发展和技术进步,金字塔形的收入分配结构仍然在朝改善的方向缓慢前进,比如说中产阶级人数逐渐增多,其中有不少是从社会底层上升而成为中产阶级的。在德国,从19世纪末到20世纪初出现了一个新的阶层,即白领薪给职员,包括办公室职员与事业人员。① 这是一个新的中间阶层,即在原来的小企业家和自由职业者之外的中间阶层。② 关于这种情况,社会学家埃米尔·莱德勒(Emil Lederer)早在1912年就已注意到,并且是他把白领薪给职员称做"新中产阶级"的。③ 但应当看到,尽管出现了白领薪给职员这样的"新中产阶级",金字塔形的收入分配结构变化的速度依然缓慢。资本主义制度的刚性体制的存在严重限制了金字塔形收入分配结构的变化。

第二节　中产阶级在工业化过程中逐渐壮大的主要原因

在这一节,准备从五个方面来分析西欧各国工业化过程中中产阶级逐渐壮大的原因,它们是:

1. 技术进步和管理的要求;
2. 自行创业者增多;
3. 受教育机会趋于平等;
4. 社会流动性增大和上升机会的涌现;

---

① 参看贝尔:《后工业社会的来临》,纽约,1973年,第69页。
② 参看同上。
③ 同上。

5. 市场扩大和新行业的成长。

这五个方面的原因都和工业化过程中经济的发展以及由此带来的变化有关。但这五个方面的因素之所以能够发挥作用，则又同资本主义制度的体制的逐渐转换有关。如果没有资本主义的制度调整，中产阶级的成长仍会是一个艰难而且缓慢的过程。

一、中产阶级逐渐壮大的原因之一：技术进步和管理的要求

工业化是一个不断强化专业分工的过程。不断强化专业分工是工业化的规律，因为只有通过专业分工才能提高生产率，才能使每一个劳动者可以在一定的单位时间内生产出更多的产品。而对从事专业工作的工人来说，由此带来的后果之一就是熟练程度的提高。"这一方面是由于他不必从一项工作转到另一项工作而浪费时间，另一方面也由于如果他集中在比较小的工作范围里，他就极可能成为技术专家。"[①]这意味着，工业化在不断培养出更多的专门人才。

在西欧各国工业化过程中，由于技术的进步和管理工作的日益复杂化、专门化、精细化，对技术人才和管理人才的需求相应地增大了。这种变化从工业化一开始就已发生，但越到后来变化就越大，因为技术进步的速度是加快的，从技术发明到在实际工作中的推广应用的时间间隔是缩短的。从事技术工作和管理工作的人员的收入也随之上升。这不仅是由于对技术人员和

[①] 奇波拉主编：《欧洲经济史》第4卷上册《工业社会的兴起》，商务印书馆，1989年，第178页。

管理人员的市场需求往往大于供给,而且也由于从事技术工作和管理工作的人员为掌握技术和专业知识而必须投入更多的教育成本,因此他们工资的增长是必然的。

从事技术工作和管理工作的人通常被称为"白领",以区别于从事体力劳动的"蓝领"。白领人数在工业化进展到一定阶段之后是加速增长的。他们渐渐成为一个"职业阶级"。在韦伯看来,职业阶级和等级是不一样的,"职业阶级生长在以市场为取向的经济的基础上,而等级却首先产生和存在于团体的垄断性的社区捐赋的、或者封建的或者等级世袭的需求满足的土壤里"①。由白领构成的职业阶级就是开始扩大的中产阶级队伍中的主要成员,正如韦伯所指出,中产阶级或中等阶级之中,"有些可能是'职业阶级'"②。

那么,中产阶级或中等阶级中究竟包括哪些人呢?马克斯·韦伯列举出以下这些:③

1. 商人;

2. 海运企业家;

3. 工业企业家;

4. 农业企业家;

5. 银行家和金融企业家;

在某些情况下还包括:

6. 具有卓越才能和受过卓越教育的"自由职业者"(律师、

---

① 马克斯·韦伯:《经济与社会》上卷,商务印书馆,2006年,第339页。
② 同上书,第335页。
③ 参看同上书,第336页。

医生、艺术家);

7. 掌握垄断性技能的劳动者(固有的,或者接受训练的,或者接受教育的技能)。

韦伯在这里所提到的"6"和"7",都是指白领而言。

从西欧经济史上看,英国是最早进行工业化的国家,专业的企业管理者阶层也最早产生于英国。这样一支专业的企业管理者队伍大约是什么时候产生的呢?一种说法是在1830年左右。[①] 但这种说法并未得到认同,因为事实上,"企业的家族式结构仍然普遍存在,对集体组织管理思想发生任何兴趣都会被当权者们视为禁忌"[②]。这就是说,专业的企业管理者队伍的产生和形成的时间要大大推后。从英国的情况看,甚至直到19世纪最后10年,"大部分企业家自己就是管理者,他们的儿子们或近亲们继承了企业控制权"[③]。因此,在英国,专业的企业管理者阶层的形成不会早于19世纪和20世纪之交。当然,这并不否定以下两种情况的较早出现:一是个别企业较早实现由家族成员直接管理向专业人员管理的转变,二是企业管理人员队伍已经形成,他们是白领,进入企业工作,但他们之中大多数只是在企业中从事专业性的管理工作而并非成为企业的代理人。

为什么有些企业较早地从家族成员直接管理转向由专业人员管理?原因是多方面的。例如,这可能是由于"公司创建人的

---

① 参看波拉德:《现代管理的起源》,伦敦,1965年,第250页。
② 马赛厄斯和波斯坦主编:《剑桥欧洲经济史》第7卷上册,经济科学出版社,2004年,第243页。
③ 同上。

儿辈们疏忽生意经营以及孙辈们鄙视生意经营"①,或者是由于市场竞争激烈而使公司经营不善、亏损,公司终于落入专业管理人员手中。② 总之,可以这样认为,不止是在英国,而且在整个西欧,在资本主义制度的刚性体制下,即 20 世纪中期以前,就已经逐步形成了作为中产阶级新成员的专业管理人员队伍。

然而,在 20 世纪 30 年代以前,在资本主义制度的刚性体制下,无论是技术进步还是对专业性的企业管理人员的需求增长仍是比较有限的。技术进步的加速,以及对专业性的企业管理人员的需求的大量增长,在西欧国家主要是在 20 世纪 50 年代以后,也正是从这时起,资本主义制度调整也加快了。关于这一点,本书第十章将有专门的分析。

最后还需要指出,尽管在西欧国家,技术人才和专业管理人才大多数是受雇用的,并且要听从企业雇主的指挥,但他们的收入的上升、经济和社会地位的改善,以及他们所担任的职务的重要性,使得他们处于社会的中间位置,而不再按雇主对待蓝领工人的方式来工作。用罗默使用的术语来说,雇主同他们的关系已经不是"原型的剥削"而转变为所谓"地位的剥削"了。③ 这里所说的原型的剥削,就是指传统的雇主对雇工的那种剥削,而这里所说的地位的剥削与原型的剥削不同,后者是建立在物质生产的生产关系之上的,前者则似乎与物质生产没有直接的联系,

---

① 马赛厄斯和波斯坦主编:《剑桥欧洲经济史》第 7 卷上册,经济科学出版社,2004 年,第 252 页。
② 参看同上书,第 252、268—269 页。
③ 参看罗默:《剥削和阶级通论》,哈佛大学出版社,1982 年,第 243 页。

而是以一方提供技能,另一方为技能而支付报酬的剥削。显然,这只是罗默对雇主与白领之间关系的一种解释,在学术界是引起争议的,因为这样就把剥削概念同物质生产割裂开来了。①

应当承认,白领作为被雇用的技术人员或专业管理人员,无论是在资本主义制度的刚性体制下还是在资本主义制度的弹性体制下,既然资本主义制度不变,那么白领作为受企业雇主所雇用的人员,仍然同雇主之间维持着与蓝领相同的遭遇,只不过白领的待遇较好,社会地位较高,所担负的职务比较重要而已。白领中不少人即使进入了中产阶级行列,并不意味着他们不再是受企业雇主雇用的职员。

二、中产阶级逐渐壮大的原因之二:自行创业者增多

工业化导致经济持续增长和市场日益扩大,由此带来的一个明显的后果是社会上自行创业的人越来越多。自行创业的范围很广,包括工业化开始后进城农民自行开小作坊和小店铺,以及后来一些技工、发明家自行创办的产品适合市场需求的企业,还有专业人员、技术人员个人或合伙组成的律师事务所、会计师事务所、人才培训机构、医疗服务机构和其他服务性的机构。这些企业和事业服务机构,只要创业者具有一定的技术知识和管理能力,又能抓住商机,善于经营,在市场环境中是有可能逐步发展起来的。创业者(包括合伙人)的收入将迅速增加,为进入

---

① 参看格伦斯基编:《社会分层》(第2版),华夏出版社,2006年,第98—99页。

中产阶级行列准备条件。

自行创业也不乏失败的例子。导致创业失败的原因很多，或由于投资方向错误，或由于经营管理不善，或由于市场竞争激烈而失利，或由于遇到了经济的波动而在衰退中倒闭破产。但总的说来，仍然是失败者少于维持现状者，而在一部分创业成功的人士上升到中产阶级甚至进入上层社会之后，他们的例子在社会上产生了示范作用，从而鼓励更多的人自行创业。

自行创业的成功无疑应当首先归因于资本主义制度的确立。即使在工业化开始后很长时期内，即在资本主义制度的刚性体制（自由市场经济体制）之下，创业者仍然能够有机会经营致富。政府当时对经济的干预很少，或者说，基本上不进行干预，这样，创业者就有可能发挥自己的才干，抓住机遇，创业成功。同时还应注意到，对一切创业者来说，他们在经济波动起伏的环境中具有较强的生存能力。这正是创业者的特点。例如，在英国1929年遭遇世界经济危机的冲击，随后经济陷入大萧条时，不少工厂倒闭了，大批工人失业了，"但是在1931年却比1921年有更多的食品杂货店、面包店和肉庄；更多的药房、纸烟店和报纸经销店；以及多得多的糖果店、干鱼店和眼镜店"①。这表明，创业的小业主们不仅有较强的生存能力，更有忍耐、拼搏的生存意志，他们在经济萧条中仍力求发展。此外，这种情况在一定程度上也同城市化进程有关，因为"在（英国）所有迅速分散化的城镇中，（上述）这九种类型供给日常必需品或日常需要的小奢侈品的商店（眼镜商经营'无线电'）几乎是

---

① 克拉潘：《现代英国经济史》下卷，商务印书馆，1986年，第655页。

每一条街上或每一个小住宅群所必不可少的"①。这种情形肯定不限于英国,西欧其他国家的经济萧条年代里也存在类似的创业者们。

在这里还应当提到社会资本在自行创业过程中的作用,以及在不少自行创业者上升为中产阶级的过程中的作用。社会资本是一种无形资本,但又不同于人力资本。② 人力资本是体现在个人身上的知识、技能、智慧和经验,而社会资本既体现于个人身上的一种价值观念、人际关系和对人际关系的利用,又体现为社会群体的一种联系方式、一种共同的信念、一种行为的规范,以及人们之间的相互帮助、相互支持和相互信任。简单地说,社会资本客观上形成某种社会网络,对社会资本的利用就是对社会网络的利用,社会资本存量的大小体现了这一社会网络的广度和厚度。③ 至于对社会资本的利用程度,则同经济制度、社会组织、文化底蕴等因素有直接的关系。④

社会资本是客观存在的。在西欧各国,传统生产方式之下,社会上层有自己的社会资本,体现于贵族世家之间的联系、贵族同海外贸易大商人和政府官员之间的联系,对这种社会资本的利用有利于贵族世家子弟的创业。城市手工业者有自己的社会资本,体现于手工业者之间的相互帮助和支持,从而也有利于创业。甚至农民之间的社会资本也是存在的,同乡之间的联谊对于农民的外出谋生起着一定的作用。在工业化开始之后,最初

---

① 克拉潘:《现代英国经济史》下卷,商务印书馆,1986年,第655页。
② 参看布劳和邓肯:《美国的职业结构》,纽约,1967年。
③ 参看科尔曼:《社会理论的基础》,哈佛大学出版社,1990年。
④ 参看同上。

的自行创业者几乎无一例外地利用自己或多或少的社会资本。事实表明,一个自行创业者,如果仅有物质资本和人力资本而缺少社会资本,或者不善于利用社会资本,那么他的发展前景是有限的。① 他很难突破原来的小本经营的处境,很难成为一个不断发展的创业者。因此,在有的著作中,把社会资本表述为一种社会资源,包括个人的家庭背景、学历、经历、亲戚朋友、同学同乡关系、同事关系、街坊邻居关系等等。一个自行创业者有没有社会资源可以利用,以及会不会利用社会资源,都同他能否从下层社会进入中产阶级,或由中产阶级再进入上层社会有关。②

那么,自行创业者进入中产阶级的机会,究竟是在资本主义制度的刚性体制下更多一些,还是在资本主义制度的弹性体制下更多一些?这是一个需要探讨的问题。资本主义制度的刚性体制(自由市场经济体制)之下,政府基本上不干预经济,因此自行创业者有可能抓住商机,发挥才干,创业致富。而在资本主义制度的弹性体制(混合市场经济体制)之下,政府对经济的干预力度加强了,干预的范围扩大了,公平问题被提到比过去重要的位置上,这对自行创业者可能是更有利的,因为一方面,政府通过种种措施创造出有利于低收入者就业和创业的条件,使机会均等实现的可能性增大了,就业和创业的歧视相应地缩小了,另一方面,由于政府对教育的重视,这就为自行创业者提供了发展

---

① 参看科尔曼:《社会理论的基础》,哈佛大学出版社,1990年。
② 参看格兰诺维特:"弱联带的强度",载《美国社会学杂志》,1973年5月。

的保证。

让我们接着对教育机会平等问题进行分析。

三、中产阶级逐渐壮大的原因之三：受教育机会趋于平等

受教育机会趋于平等，有助于让更多的有才能并且愿意学习的人受到较多和较好的教育，从而使得更多的人能成为工业化过程中所需要的技术人才和管理人才，也使得更多的人有能力自行创业。这是工业化过程中，尤其是在工业化后期中产阶级队伍逐渐扩大的又一个重要的原因。

发展教育并促使人们受教育的机会平等，是西欧各国社会多年来的呼吁。居民家庭希望自己的孩子能有机会受教育，但他们自己负担不了学费；教育家认为政府有责任普及义务教育和发展职业技术教育、高等教育，并认为政府在经济增长过程中可以依靠财政收入的增长来解决这一问题；企业界希望通过学校教育和技术培训等方式为企业提供所需要的专门人才和技术工人；社会上则有越来越多的人认识到发展教育不仅有助于国家的强盛和科学技术的进步，而且更有助于国民素质的提高和社会文化的昌盛，有利于社会的长治久安。因此，发展教育并让人们有平等的机会受教育，成为工业化以来民间的普遍的要求。

然而，政府对发展教育的重要性的认识却是落后于民间的。政府在这方面的认识的提高是一个缓慢的过程。以英国来说，虽然英国是最早进行工业化的国家，但英国政府在工业化初期并不重视教育。它"直到19世纪最后那几十年仍然宁愿将学校教育置于私营企业的控制之下，而不管私营企业对此是持一种

热情、冷漠还是利用的态度"①。英国政府官员以及英国社会上一些人长期存在着这样一种错误的看法,即认为"对于农业劳动力和工厂工人提供教育是一种额外的负担"②。英国政府不关心教育的态度持续很久,"直到 1870 年,英国的地方委员会才受权制定了有关义务教育的规章制度;而且直到 1880 年,在整个联合王国内小学教育才成为强制性的"③。应当承认,尽管英国普及义务教育的时间距离工业化开始已有 100 年了,但义务教育普及的后果仍是明显的,后果之一就是妇女有希望进入收入较多的工作岗位了。例如,1870 年,在英国商业界很少听说雇用女职员,1881 年商业界的女职员大约有 7,000 人,1891 年则增加到 22,000 人。④ 英格兰银行自 1893 年起开始雇用女职员。⑤ 英国商业界的女职员增长很快,到 1911 年已达 146,000 人。⑥ 这既是教育普及所带来的结果,同时也是通过社会各界的呼吁和妇女们努力争取自身的权利,从而导致妇女地位提高的结果。

在普及义务教育方面,德国比英国要早得多。"德国的部分地区,义务小学教育可以追溯到 16 世纪"⑦,但当时教学质量很

---

① 哈巴库克和波斯坦主编:《剑桥欧洲经济史》第 6 卷,经济科学出版社,2002 年,第 540 页。
② 同上。
③ 同上。
④ 参见克拉潘:《现代英国经济史》下卷,商务印书馆,1986 年,第 576 页。
⑤ 参见同上。
⑥ 参见同上。
⑦ 哈巴库克和波斯坦主编:《剑桥欧洲经济史》第 6 卷,经济科学出版社,2002 年,第 541 页。

差,缺少合格的教师,因此"教师的职位长期以来一直被视为老兵的最佳归宿"①。尽管如此,义务教育制度一直保持下来,教师达到了合格水平,教学质量不断提高。"在19世纪60年代的普鲁士,适龄儿童入学率在97.5%左右;在萨克森,这一比率实际上超过了100%。"②德国对教育的重视以及由此导致国家实力增强的事实,对西欧其他国家的影响是不可低估的。即使在资本主义刚性体制之下,西欧各国也相继加大了对教育的投入,使教育发展普遍受到重视。

教育受到了重视,但受教育的机会是不是趋于平等呢?这涉及教育方面的社会公平问题,并且有待于西欧各国的政府进一步增加教育的投入,从而又同政府进一步参与教育领域联系在一起。在西欧各国经历了第二次世界大战后的经济恢复阶段以后,资本主义制度调整继续推进,资本主义制度也逐渐由刚性体制转向弹性体制。正是在这种背景下,受教育机会趋于平等的要求逐渐转变为政府的政策。低收入家庭子弟不仅能够平等地接受初等教育和中等教育,进入高等教育的通道也通畅了。这是资本主义制度调整的又一成果。

四、中产阶级逐渐壮大的原因之四:社会流动性增大和上升机会的涌现

本书第四章已经讨论了工业化过程中的社会流动问题。从

---

① 哈巴库克和波斯坦主编:《剑桥欧洲经济史》第6卷,经济科学出版社,2002年,第541页。
② 同上。

西欧各国经济史可以了解到,随着工业化的推进,社会流动性是增大的。社会流动性的增大和中产阶级队伍的扩大有一定的关系,这种关系主要反映于以下两个方面:

一方面,在经济持续增长和社会对技术人才、管理人才的需求上升的情况下,社会流动性的增大导致一些有技术和专业知识的人才易于迁移到自己认为合适的工作地点去,而且他们更换职业的可能性、自行创业的可能性都增加了。他们可以通过社会流动找到更能发挥自己才干的单位,从而增加收入,并陆续进入中产阶级行列。至于用人单位,由于社会流动性增大,也可以找到更适合自己发展要求的技术人才和管理人才,效率提高了,发展得更好了。于是就形成了经济的良性循环。

可以举英国为例。人才的流动使得英国的企业组织所发生的变化对继续推进工业化和发展经济是有利的。要知道,尽管英国是最早进行工业化的国家而且在19世纪一直是世界经济领先的国家,但英国的企业组织形式却相对落后,"大批企业从来不是以合股形式出现的"[①],以至于"19世纪的头75年中,合股经济的范围不大,发展较慢"[②]。传统的独资、家族经营和合伙是当时英国经济中的主要企业组织形式,"经济领域的原动力来自独资经营企业的个人,他在承担无限责任的情况下甘冒一切风险"[③]。英国企业之所以长期维持这种传统的组织形式,原因是多方面的,其中既有管理观念的落后,也由于19世纪英国

---

① 考特:《简明英国经济史(1750年至1939年)》,商务印书馆,1992年,第204页。
② 同上。
③ 同上书,第204—205页。

在工业化和增长过程中一直居于领先地位,产品不愁没有销路,因此也就乐于保存被投资者认为已经实行多年的传统企业组织形式了。除此以外,企业管理专业人才的短缺同样是传统的企业组织形式持久不改变的原因。企业管理专业人才,尤其是企业经理人,不是单纯靠学校培养出来的,他们主要来自实践中的成长。如果社会流动依然受到这样或那样的限制,即使投资者认识到改变传统的企业组织形式的必要性,也会因企业管理专业人才、企业经理人的不足而难以如愿。企业经理人市场是在社会流动渠道逐渐通畅的前提下形成的。在英国,大约在19世纪晚期和20世纪初期,有限责任制的股份制企业增多了。于是,"一个以不同规模和不同形式组成的新的经济领域出现了。在这个领域里,专职经理们络绎不断地制定出任务和政策,由高度集中的资本和劳动力费力地去贯彻"[①]。这就是工商业中经理人阶层开始兴起的背景。

另一方面,社会流动性的增长使得有技术和管理专长的人职务上升的机会增多了。职务的上升导致有专长的人收入增加,从而导致他们有可能进入中产阶级行列,甚至进入上层社会。但应当注意到,上升机会的涌现并不能只归因于社会流动性的增大,而必须把工业化的进展和经济的持续增长放在更重要的位置上,因为上升机会增大离不开高层技术和管理职位的增多;如果可供上升的职位有限,即使社会流动性增大,又怎能实现职务的上升?同时,还必须考虑到资本主义制度调整在这

[①] 考特:《简明英国经济史(1750年至1939年)》,商务印书馆,1992年,第205页。

方面的作用,职业歧视和职位提升的人为限制等垂直社会流动的障碍,是在资本主义制度调整过程中消除的。

五、中产阶级逐渐壮大的原因之五:市场扩大和新行业的成长

最后,有必要指出的是:在西欧各国工业化过程中,市场的扩大和新行业的成长也是中产阶级队伍逐渐壮大的一个重要原因。

市场扩大同国内生产总值的持续增长有关。带动国内生产总值增长的无非是三个基本因素:投资、消费、出口。这三个基本因素发挥作用,既导致总需求的增长,又导致总供给的增长,这样,市场也就不断扩大。至于新行业的成长,虽然离不开技术进步的作用,但归根结底,仍然和国内生产总值的持续增长、市场扩大密切地联系在一起。需求创造供给,供给也创造需求。新行业提供新的产品和新的服务。如果没有国内外对新产品和新服务的需求,怎么可能出现新行业?如果没有新的资本投入,没有为生产新产品和新服务所需要的新的生产资料的供给,又怎么可能出现新行业?

从19世纪后期到20世纪初期,西欧各国新行业的发展,为社会提供了大量就业机会,也为技术人才和管理人才的就业和发展提供了施展才能的空间。几个典型的例子是:铁路建设和铁路车辆制造业的发展,电力工业和电器制造业的迅速成长,石油勘探、采掘的推进和煤油工业的兴起,汽车制造业的出现和汽车的推广使用,等等。这些新行业在西欧经济中的作用日益增大,大批技术人才、管理人才在这里找到了用武之地,从而也为中产阶级队伍的扩大提供了有利的条件。专业服务行业的大发

展同样是这一阶段的特色,加入这些专业服务行业的人员包括:律师、建筑师、检查员、土地代理人、工程师、秘书、会计、银行业者、保险代理人、拍卖商等,此外还有医生、护士、药剂师、牙医、兽医等。① 对这些专业服务人员需求的增长正是经济持续增长的结果。

还可以举旅游度假行业的兴起为例。这一行业也是工业化过程中发展起来的新行业之一。在西欧,直到19世纪中期,旅游度假仍然只是富人们的特权。② 而到了20世纪初期,不仅富人们依然享受旅游度假的乐趣,而且较低的社会阶层成员也开始有人去海边、温泉或疗养地度假,哪怕只作一日游也行。③ 这一新行业的兴起同样应当看成是经济持续增长带来的结果。

市场的扩大同新行业的成长,使新行业的从业人员的收入有较快的增加,于是新行业从业人员中有可能有较多的人进入中产阶级行列。西欧各国工业化中期以后的情形正是如此。

从以上所列举的工业化过程中的中产阶级队伍逐渐壮大的五个原因可以看出:这五个原因通常是彼此相互影响、共同起作用的。不能认为任何一个因素能脱离其他因素而单独起作用。也不能认为中产阶级队伍的逐渐壮大只是上述因素中某一个因素起作用的结果。

从西欧各国的实际情况可以了解到,中产阶级队伍的扩大是同社会底层人数的缩减并行的。中产阶级中的新成员绝大多

---

① 参看奇波拉主编:《欧洲经济史》第3卷《工业革命》,商务印书馆,1989年,第133页。
② 参看同上书,第135页。
③ 参看同上书,第133页。

数来自原来的社会底层。20世纪后期的西欧各国的中产阶级成员,可能一代、两代、三代以前都属于社会底层。工业化开始以后的一百多年甚至二百多年内,社会底层源源不断地向中产阶级输送了成员。当然,在激烈的市场竞争环境中,也有一些社会底层的成员在一代、两代、三代以前可能是中产阶级成员,但他们的地位下降了。但下降的毕竟是少数人。正如在中产阶级同社会上层之间也存在着人员有升有降和地位更换的现象,除严重经济萧条年代外,这种变动同样是上升人数多于下降人数。关于这个问题,留在本章第四节("中产阶级的分化")中再进行讨论。

第三节 政府在促进中产阶级壮大中的作用

一、对私有财产的保护

以法律形式承认私有财产的不可侵犯性并用法律来保护私有财产,这是突破传统生产方式和确立资本主义制度之后西欧国家所采取的最重要的措施。在传统生产方式之下,私有财产得不到保障,而资本主义制度与传统生产方式的重大区别之一就在于:在资本主义制度之下,承认了私有财产的合法性并予以保护。无论是资本主义制度的刚性体制还是资本主义制度的弹性体制,都承认私有财产的不可侵犯性,都保护私有财产。

对私有财产进行保护,不仅有利于维护市场经济的秩序,而且大大调动了人们投资和经营的积极性,调动了人们学习知识、钻研技术、社会流动、发明创造、增加收入、积累财富的积极性。

从这个意义上说,对私有财产的保护是促进中产阶级壮大的一种法律保证。而且,对私有财产的保护是适合于社会上所有居民的。在法律上没有对某个个人的私有财产的获取判定为非法所得之前,这个人的私有财产处于法律保护之列。这就是对工业化和经济增长的鼓励和促进。

二、对技术创新成果的保护

(一) 技术创新法律保护问题的提出

工业化过程中,所有权或财产权的明确并得到法律的保护,是技术创新得以实现并不断推进的前提。"在新技术能够对生产力产生广泛影响以前,制度化的财产权可能需要进行重大改变"[1],这就是说,资本主义制度的确立,必然需要在制度上就私有财产的保护和技术创新的保护这两大问题作出不同于传统生产方式的改革。

然而,在工业化开始时,虽然考虑到了对私有财产的法律保护,却不重视对技术创新的法律保护,所有的西欧国家都如此。当时,不管什么地方,只要出现了一种新的机器设备或生产出一种新的工业品,人们就纷纷赶去考察、学习、购买;能仿制的就仿制。什么是知识产权,知识产权要不要受到尊重,受到法律的保护,如何保护,等等,人们并不关心,甚至不认为仿制照搬是侵权问题。可以说,工业化初期可能就是一个剽窃发明成果和仿制

---

[1] 尼科尔森."制度分析与发展的现状",载奥斯特罗姆、菲尼和皮希特编:《制度分析与发展的反思:问题与抉择》,商务印书馆,1992年,第3页。

新产品的时期。市场竞争无秩序、无规则可依,就是当时实际情况的写照。

当然,这并不等于有些西欧国家的政府对于商业中的技术发明完全没有保护措施。例如,"在19世纪初期的德国,并没有专门的专利法,技术发明是以相同于保护商业权利的方式得到保护的"①。政府以法律手段来保护商业的权利,其中就包括了对技术发明的保护。这显然是很不够的。保护商业权利主要是保护垄断性经营,在当时的德国,"一般的法律手段就是实行排他性的特权来保障持有者的某种垄断权利:开采某种矿产的特许权,生产或销售某种货物的特许权,雇用某些有专长的工人的特许权,使用某种机器或方法的特许权"②。但即使如此,政府的上述规定也遭到了当时德国的所谓"僵化的自由派"的反对,因为他们希望"即使是发明者也不能受到垄断性的保护"③。

在西欧国家,开始工业化之后大约过了一个世纪,即大约到了19世纪后期,知识产权保护问题才受到社会的重视。在技术创新主体看来,如果法律不保护自己的技术研制开发的成果,利益就会受到巨大损失,于是他们竭力主张迅速制定相关的法律以保护自己的权益。从政府的角度看,不保护本国企业和公民的技术创新成果和知识产权,将严重挫伤他们从事技术研制开发的积极性,挫伤投资者对高新技术产业投资的积极性,从而十分不利于本国的经济发展和技术进步。不仅如此,对知识产权

---

① 费希尔:"德国的政府活动和工业化(1815—1870年)",载罗斯托主编:《由起飞进入持续增长的经济学》,伦敦,1963年,第85页。
② 同上。
③ 同上书,第86页。

的保护还涉及国家利益,如果不予重视,将会导致本国在国际竞争中处于劣势。此外,西欧一些国家的政府也认识到,知识产权的保护是涉及国与国之间关系的问题,只有各国政府采取一致行动,才能使知识产权的法律保护得以落实。

实际上,技术创新的法律保护主要有三方面的问题或难点:

第一,技术创新过程中,有关方所签订的合同是否被遵守;如果一方违背了合同,应当如何根据法律的规定进行处置,对受损失的一方作出赔偿。这个问题如果得不到解决,技术创新将无法进行下去。

第二,技术创新的成果是否受到法律的保护,要视对违法者的处罚而定。如果技术创新的成果被任意剽窃、仿制而不受追究,不对受损失者作出相应的赔偿,技术创新以后也无法开展。这样,谁都愿意当剽窃者、仿制者而不愿从事技术创新。

第三,技术创新主体因实现了技术创新而得到的财富是否受到法律的保护;如果技术创新主体无法保护自己由此取得的财富,以后就没有人愿意投资和冒风险去从事技术创新了。

由此可见,合同法、知识产权保护法以及保护私人财产的法律,是有关技术创新及其成果的保护的三项最重要的法律。在工业化过程中要通过立法和执法来解决技术创新中所遇到的主要问题。在西欧国家,上述法律保护问题是逐渐得到解决的。[1]

最早提出和解决的是私人财产受法律保护问题。在西欧国家,通常在突破传统生产方式之后就制定了这样的法律。至于

---

[1] 参看吴欣望:《知识产权:经济、规则与政策》,经济科学出版社,2007年,第12—15页。

受法律保护的私人财产所包括的范围,即是否包括私人因从事技术创新而获得的财产和因知识产权转让而获得的财产等,由于最初制定的保护私人财产的法律条款比较笼统,所以只有到工业化进展到一定阶段而出现保护知识产权的必要性时,法律中才把这方面的条款细化、具体化或补充。

有关合同的法律保护问题,是在西欧国家的经济发展过程中逐渐写进法律的。专门的合同法出现较晚,而有关合同的履行和责任承担的法律条款则较早就有了。合同法是保障市场正常程序的,技术创新过程中的一切合同纠纷,都需要通过法律来解决,这是保证市场运行所不可缺少的。

有关技术创新成果的法律保护问题,最早出现于英国。在工业化开始以前,"英国已开始用专利法来保护知识的私有权了"[①]。但实际生活中,人们并不重视这样的规定,甚至不知道有这样的规定,这才会发生如前面指出的工业化开始时对新技术发明剽窃、仿制成风的情况。所以专利法的细化和在实际生活中的认真落实,是较晚的事情。这里涉及一个重要问题,即对专利的保护、对技术创新成果的保护是否违背了市场秩序,是否容许垄断的存在并保护了垄断?如果这意味着对垄断的保护,岂不是不符合市场公平竞争原则?关于这种争论,前面在谈到当初德国经济学界中所谓"僵化的自由派"观点时已经指出了。经过西欧各国工业化的实践,终于对这个问题有了比较一致的看法,即对专利的保护是必要的,但保护应有一定的期限;如果

---

① 诺思和托马斯:《西方世界的兴起》,华夏出版社,1989年,第170页。

保护没有截止的期限,或者保护期过长,则违背了公平竞争原则,而且也会阻碍技术继续进步。

因此,技术创新主体在一定期限内享有技术创新成果的垄断权利,那也是一种特殊的垄断,即知识权利的垄断、技术创新成果使用权利的垄断,而不同于行政垄断和贸易经营特许权的垄断。至于对专利的保护期限究竟应当多长为宜,则要根据具体情况才能作出判断。①

但对技术创新成果的保护还会遇到一个困难,即知识产权具有不完全性。知识产权的不完全性表现于:技术创新成果产生过程中参与者可能是多方面的,因此创新的收益不可能归技术创新的某一主体所享有。也就是说:"研究过程中投入人力物力的结果所产生的创新有很大一部分利益,创新者是很难获得的。"②这方面的例子不少,比如说,农业中的知识产权就是不完全的,经常可以看到这样的情形:"原育种者创造的新的作物品种,没有得到报酬就被别人窃为己有"③,还有,"作物轮作制一类的新的耕作制,更难保障有偿使用此项创新"④。诸如此类的问题只有留待以后研究和解决。

正如对合同的法律保护和对私人财产的法律保护需要各国相互承认一样,对技术创新成果和对知识产权的法律保护也需

---

① 参看西尔伯斯顿:"专利",载《新帕尔格雷夫经济学大辞典》第3卷,经济科学出版社,1992年,第873页。
② 菲尼:"制度安排的需求与供给",载奥斯特罗姆、菲尼和皮希特编:《制度分析与发展的反思:问题与抉择》,商务印书馆,1992年,第152页。
③ 同上书,第152—153页。
④ 同上书,第153页。

要各国相互承认,在工业化进展到一定阶段后,这些问题都会提上议事日程。

(二) 技术创新法律保护中的新问题

随着工业化的不断进行,技术创新中也不断出现新问题,新问题要求有新的解决方式,或在法律规定上有补充、修订或作出新的解释。

出现的新问题之一,是对剽窃、仿制的鉴定越来越困难。这是因为,单纯的剽窃和仿制是比较容易被发现的,而且也易于搜集到证据,但在技术不断进步的条件下,很可能不是简单的剽窃和仿制,而只是窃取了设计的思路,仿制了其中有创意的部分,同时又被用于其他产品的制造上,这种情况该如何鉴定?①

出现的新问题之二,是界定"再创新"或"二次创新"这一概念。在技术进步条件下,最初的技术创新成果虽然得到了法律的保护,但在初始创新基础上进行了再创新或二次创新,其成果能否受到法律保护,或法律应当如何保护其创新成果,还需要研究。再说,初始创新和再创新或二次创新的区别何在,能否在二者之间划出一条清晰的界限?而且,即使可以划出二者的界限,并且也给予再创新或二次创新的成果以法律的保护,那么再创新或二次创新的受益者是否应当把收益的一部分分给初始创新者?所有这些问题也都是有待于进一步研究的。

出现的新问题之三,是原来的创新者根据知识产权保护的

---

① 参看西尔伯斯顿:"专利",载《新帕尔格雷夫经济学大辞典》第3卷,经济科学出版社,1992年,第873—874页。

法律规定是有一定的垄断期限的,但如果原来的创新者在此基础上又作了一些改进,能否申请延长自己的垄断期限?最多能延长多久?什么样的情况可以延长垄断年限,什么样的情况不可以延长?这又是一个涉及技术界定的问题。

出现的新问题之四,是技术创新同制度创新的界限越来越不清晰了,或者说,技术创新的某些内容可能也是制度创新的内容,而制度创新的某些内容可能又是技术创新的内容,这样一来,如何划定对技术创新进行法律保护的范围?[①] 比如说,在工业化后期的金融创新中,某些创新属于制度方面的创新,某些则属于技术方面的创新,还有一些创新,既有制度创新的成分,又有技术创新的成分,那么,像那些兼有制度创新和技术创新二者特点的金融创新,是不是可以受到创新成果的法律保护呢?不仅金融创新如此,在企业管理、市场营销、人力资源管理、会计核算等领域内也存在着技术创新和制度创新兼有的创新,它们是不是也应列入创新成果的法律保护范围呢?

以上所说的都是工业化后期在技术创新的法律保护方面遇到的新问题。既然是新问题,那就需要继续观察,深入研究,展开讨论,最终找出解决的办法。[②]

总之,政府是有责任进行技术创新成果的保护的。这也是政府促进中产阶级队伍壮大的重要措施之一。政府越是有效地保护技术创新的成果和技术创新主体的收益,就越能调动科学

[①] 参看吴欣望:《知识产权:经济、规则与政策》,经济科学出版社,2007年,第3—4页。

[②] 参看同上书,第163—166页。

技术人员的积极性,调动企业和科研机构从事技术创新的积极性,进而导致更多的人通过自己研究开发工作而做出成绩,增加收入,加入中产阶级行列。

三、增加社会流动性的措施

前面已经提到,社会流动性的增大是导致中产阶级队伍扩大的重要措施。政府在增加社会流动性方面所起到的作用,同样是不可忽视的。

在西欧各国工业化过程中,政府主要采取了以下各项增加社会流动性的措施:①

1. 以法律形式消除社会流动(包括水平社会流动和垂直社会流动)中的种族歧视、宗教歧视、性别歧视等,为社会流动渠道的通畅扫除障碍。

2. 以法律形式消除居民地区之间迁移、城市之间迁移、城乡之间迁移的制度障碍,实现居民居住地点和工作地点选择的自由。

3. 支持各类职业中介服务机构的建立并使之规范化,促使劳动力市场的完善,以协调各种类型劳动力的供求关系,缓解劳动力供求中的结构性矛盾,便于求职者找到适合于自己的工作岗位。

4. 制定各级各类专业人员考试的规章制度,举行公开、公平、公正的专业人员考试,做到职位向一切符合资格的人员开放。

---

① 参看本书第四章。

5. 提供更多的和更公平的受教育机会。这不仅是增加人们的社会流动性的重要措施，而且能够由此导致更多的社会底层成员在收入增长后进入中产阶级行列。为了实现受教育机会的平等，政府给予低收入家庭的学生以各种形式的津贴、补助、奖励。政府还鼓励社会各界给贫困学生以奖励和补助。

6. 在居民住宅供应紧张的城市，政府拨款建设公共住宅，廉价租给低收入家庭，或以低息贷款方式帮助他们购房。这同样有助于社会流动性的增大。

四、工业化过程中的区域发展政策

区域经济发展不平衡，在西欧国家进行工业化以前就已经存在。在工业化初期，区域发展不平衡和地区之间收入差距日益扩大的事实，被社会各界普遍关注。尤其是19世纪的社会主义者，更是抓住这个问题不放，揭示这是资本主义制度固有的弊病之一。因此，协调地区之间的关系，让发展滞后的地区和当地的居民增加收入，享受到发展的成果，便成为各个政党在竞选中吸引选民的一个口号。尽管当时国家的财力有限，但为了使社会保持稳定，这依然成为政府的政策目标之一。

地区收入差距的扩大，在工业化过程中可能是难以避免的。但这并不意味着政府不需要采取促进区域平衡发展的措施。有没有类似的措施，关系着地区之间的收入差距是不是更加恶化的问题。而地区之间收入差距的继续扩大，必将引起社会的动荡不安，进而影响经济的持续增长。

西欧国家在工业化过程中，为了协调区域之间的发展，曾采取过财政政策和鼓励贫困地区移民外迁等政策。例如，在财政上向国内贫困地区有较大的倾斜,以改善这些地区的公共设施,使当地居民有可能增加收入和改善生活;支持和鼓励企业在贫困地区开发资源,加快经济增长;帮助贫困地区向外地输出劳动力以提高就业率,等等。这些区域发展政策的一个结果,就是贫困地区的收入水平在原来的基础上有一定程度的提高,尽管国内不同地区之间的收入差距依旧存在。①

区域发展政策的推行对于低收入阶层情况的改善是有积极意义的。无论低收入家庭是继续留在本地还是迁往国内其他地区,只要他们有了稳定的收入来源和工作的积极性,其中必定有一些人会加入中产阶级行列。

五、与促进中产阶级壮大有关的金融政策

根据西欧国家工业化过程中的经验来看,政府采取适当的金融政策是有利于中产阶级队伍扩大的重要措施。

这里需要特别提到法国在19世纪前期到20世纪初期信用合作事业的发展对小农的帮助。法国自19世纪初就已经是一个以家庭农场为主的国家了。这些家庭农场的主人都是小土地所有者,他们或者自己劳动、生产,或者雇少数工人作为劳动力。他们如果继续留在农村中,就希望能添置耕畜和农业机械,更希望能扩大农场规模,于是融资成为迫切需要解决的问题。小农们如果想进城工作或自行创业,同样需要融资。但是,这些小农能够用于抵押的,只是他们家庭拥有的土地和房屋。这样,不动产信用社便成为法国金融组织的一个重要组成部分,不动产信

---

① 参看本书第一章第一节。

用社组织的目的正是为了帮助大大小小的土地所有者。① 不动产信用社开业时得到政府拨给的补助金,以便按照合理的利率发放贷款;它们还可以接受一定数量的现金存款,并能用这些存款来购买国库券,或贴现商业票据。② 这都是政府对于在活跃农村经济中有贡献的不动产信用社的支持。但更大的支持是:不动产信用社享有实际上的农村不动产业务的专营权。③ 因此,法国的不动产信用社"很难说是一个从英国的意义来说的银行"④,也就是说,它不是一家典型的商业银行。

法国不动产信用社所开展的农村土地和房屋的抵押贷款业务,是有重要作用的。小额贷款的发放,能帮助城镇和农村的一般家庭发展生产,增加收入。特别是大大小小的土地所有者用自己的土地和房屋作为抵押,贷到所需要的资金,既可以改善耕作条件,如添置农业机械,扩大饲养场的规模,以增加产量和增加收入,又可以帮助愿意进城的小农在城里安家,自行创业,从而有希望进入中产阶级行列。

类似的农村土地和房屋抵押贷款业务,在西欧其他国家同样存在,它们也起了帮助农民改善生产条件和生活状况的作用。

政府在金融方面所采取的另一项有助于一般家庭自行创业的措施,就是完善证券市场。证券市场的作用不在于使某些并不很富裕的人通过股票交易而获得一大笔财富,从而走上了创

---

① 参看克拉潘:《1815—1914年法国和德国的经济发展》,商务印书馆,1965年,第425—426页。
② 参看同上。
③ 参看同上。
④ 同上。

办企业的道路。这样的例子是存在的,但不能被看成是普遍现象,因为与此同时,也有一些并不很富裕的人在股票交易中失利,把手头的积蓄甚至家产赔光,沦为穷人。证券市场在促进一般家庭上升为中产阶级成员方面的作用,主要在于帮助效率好的和市场前景宽广的企业通过上市融资而迅速成长,从而不仅带动了技术创新和自行创业的高潮,而且导致在高新技术产业或其他有潜力的产业的企业投资者、企业经营者以及企业中的技术人员和管理人员收入上升。特别是后面提到的企业技术人员和管理人员,他们本来可能是收入偏低的,现在则有可能进入中产阶级行列。

在西欧各国工业化过程中,金融业在扩大中产阶级队伍中的作用还不止于此。应当指出,由于金融业的发展,"由政府分配的财物有很多形式,但是,它们都有一个共同特点。它们稳定地取代了传统的财产形式——私有财产形式"[1]。这就是说,在现代金融起作用的条件下,居民的个人财产已不限于传统的财产形式了,传统的财产形式包括:土地、房产、家藏财物(如金银珠宝、储存的农产品和工业品、牲畜、现金)等。新的财产形式在相当大的程度上代替了上述的传统财产形式,例如,股票、债券等有价证券就代替了存款和现金。更典型的是:"社会保险取代了储蓄。"[2] 政府介入个人经济生活的表现,也往往要通过现代金融业。比如说,政府主持着收入再分配,各种贷款、津贴、补助、贴息等等都是通过金融形式进行的。这是一些同过去长期

---

[1] 赖克:"新财产",载《公共利益》1966年春季号,第57页。
[2] 同上。

使用的政府直接财政补贴方式不同的方式,它们离不开现代金融业。又如,政府对企业的支持和帮助,除了利用上述金融形式而外,还利用政府采购合同方式,而政府采购款的提供同样是通过金融渠道实现的。

这种变化反映了以下四点:

第一,在政府支持下的现代金融业是政府实现收入分配调节的重要渠道。低收入家庭可以在金融业的帮助下改善生活和增加收入,进而有可能进入中产阶级行列。

第二,重要的问题在于政府对金融业的监管制度是否健全,以及政府对金融活动的监管工作是否到位。如果金融业监管制度不健全,存在着这样或那样的漏洞或缺陷,或者金融监管工作不到位,那就很可能使居民的家庭收入或家庭财产减少,使中产阶级变穷,从而不再是中产阶级的一员了。

第三,政府利用金融业同样可以使富者更富,政府采购活动的暗箱操作就是一个明显的例子。西欧国家在工业化过程中曾经发生过的多宗政府采购弊案就是例证。当然,这种情形不是不可以避免的。关键在于政府的采购活动是否有足够的透明度并且受到社会的监督,对于违法行为是否给予应有的惩处。

第四,政府通过现代金融业而进行的收入再分配,是有条件的,即"领受者必须服从于反映'公共利益'的条件"①。如果把政府采取的收入调节措施看成是资本主义制度调整的内容之一,那么符合"公共利益"的要求意味着政府的收入调节不仅应走向程序化、规范化,而且应当有利于社会稳定和缩小收入差距。

---

① 赖克:"新财产",载《公共利益》1966年春季号,第57页。

第四节 中产阶级的分化

一、工业化过程中的中产阶级分化趋势

从西欧国家的经验可以了解到,在工业化过程中,中产阶级的队伍是不断扩大的,中产阶级的人数是不断增多的。这符合工业化的规律,因为"生产规模越扩展,产业资本的商业活动,从而,为实现价值和剩余价值而需要的劳动及其他流动费用也就越增加,虽然决不是按比例增加"[①],结果是明显的,即"使用商业雇佣工人就成为必要了,他们组成真正的事务所"[②]。这就是说,随着生产的发展和生产规模的扩大,从事市场营销和专业管理的人员会越来越多,他们中不少人被称为"白领",是很有可能进入中产阶级行列的。

但另一方面,在工业化过程中,还存在着中产阶级分化的趋势。中产阶级分化是指:一部分中产阶级成员会上升到社会上层,一部分中产阶级成员会下降到社会底层,这两种垂直社会流动是并存的,并且不会停止于某一时点,而是会持续下去。

中产阶级队伍的扩大与中产阶级的分化并不冲突,两种现象同时存在;但相对而言,在西欧各国工业化过程中,中产阶级队伍的扩大是主流,中产阶级的分化并非主流。

---

① 马克思:《资本论》第 3 卷,人民出版社,1975 年,第 334 页。
② 同上。

在这里,有一个重要的现象值得分析,这就是:最早成为工业企业主的那些人(他们很早就成了当时人数并不多的中产阶级的一部分)的后代怎么样了?在19世纪末期的英国,"在许多企业中,依靠不懈努力和近乎痛苦的节俭而开始营业并创办起企业的祖父已经去世很久了;继承了一个经营良好的企业而且开始向更为野心勃勃的目标迈进"①的第二代依旧是奋发上进的工业企业主,他们无疑至少是中产阶级的成员。再往后呢?到了19世纪末,第二代终于将企业"发展到一种做梦也想不到的高度"②后,也交出了企业的领导权,企业落到了第三代手中。第三代,即最初创业者的孙子一代,这些"在丰裕中长大的孩子对贸易的沉闷乏味甚感厌倦,而对于乡村绅士的田园生活非常向往"③,于是有些人把家族企业变成了股份公司,"将企业的管理工作交给专业人员,这就像中世纪庄园的特权和职能交给管家一样"④。从19世纪初到19世纪末,最早创办工业企业的三代人的变化可以看出,无论是把家族企业改制为股份制企业,还是把企业管理权交给了专业人员,这些都是扩大中产阶级队伍的措施。至于原来的企业主,继续掌握企业管理大权也好,转为乡村绅士也好,他们本人可能已经不属于中产阶级之列而上升到上流社会之中了,但这并不影响工业化过程中整个中产阶级扩大的进程。

---

① 哈巴库克和波斯坦主编:《剑桥欧洲经济史》第6卷,经济科学出版社,2002年,第536页。
② 同上。
③ 同上。
④ 同上。

对英国来说,19世纪从总体上说是一个繁荣的年代,中产阶级的分化是存在的,但中产阶级队伍的扩大无疑是主流。

二、工业化过程中的中产阶级分化的特点

让我们接着对中产阶级分化问题进行考察。西欧各国工业化过程中,中产阶级分化大体上具有以下四个特点:

第一,在工业化过程中,经济结构、产业结构、消费结构、就业结构等都在不断地进行调整,这些结构性的调整是同经济增长、技术进步、市场扩大、居民收入上升和居民生活方式的改变密切联系在一起的。这样,中产阶级的构成也就相应地发生变化。比如说,由农村中比较富裕的自耕农作为中产阶级的组成部分,这一点越来越不重要,即这部分人在中产阶级中所占比重越来越小。又如,随着经济结构调整和企业规模的变化,由工匠、作坊主、小商人富裕起来以后所构成的中产阶级(或称为旧式的中产阶级)也越来越不重要了,而由管理人员、专业人员、技术人员和脑力劳动者所组成的中产阶级(或称为新型的中产阶级)填补了他们留下的空位。①

第二,中产阶级之所以不断发生变化,最重要的因素是经济的周期性波动。西欧国家自从19世纪初期以后,在工业化过程中经历过许多次经济衰退、萧条,又经历了许多次经济复苏、繁荣。萧条和繁荣,都使中产阶级遭遇到冲击。在经济衰退、萧条期间,由于企业破产倒闭和失业人数上升,市场状况不佳,因此

---

① 参看达伦多夫:《工业社会的阶级和阶级冲突》,斯坦福大学出版社,1959年。

一部分中产阶级成员,不管是企业主还是受雇用的专业人员,会下降到社会底层。而在经济复苏、繁荣期间,由于企业利润增加,就业机会增多,收入普遍上升,以及自行创业有较好的前景,因此有一些中产阶级成员会进入社会上层,还有一些原来是社会底层的成员会加入到中产阶级队伍中来。

第三,在工业化以前,在西欧国家,中产阶级的分化往往受到政治风波的影响。一场大的政局动荡,往往使中产阶级的成员(或其中某一部分成员)受到较大影响,财产遭到重大损失,沦为穷人。而在工业化开始后,尤其是在资本主义制度确立并对私有财产进行法律保护之后,中产阶级的分化主要受到经济因素的影响而很少受到政治风波的影响。一个例外是:第二次世界大战前夕和第二次世界大战期间,在纳粹统治下的德国和被纳粹占领的西欧一些国家,犹太人受到严重迫害,犹太人经营的商店被洗劫,犹太人创办的工厂被征用,犹太人的财产被没收。另一个例外是:20世纪30年代西班牙内战期间以及随之而来的佛朗哥执政期间,西班牙的中产阶级都受到冲击,原因在于掌握政权的这一方或另一方都以政治倾向划线,对那些被认为支持政治对手的中产阶级进行迫害。但这些毕竟是例外。总的说来,中产阶级受到的政治风波的影响是不大的。

第四,中产阶级队伍自从工业化以来,基本队伍大致是稳定的。不管是前面提到的"旧式的中产阶级"还是"新型的中产阶级",主要变化在于两部分人在中产阶级总人数中的比重,即前一部分人所占比重越来越小,后一部分人所占比重越来越大。为什么中产阶级基本队伍大致是稳定的呢?这是因为上升到社会上层的和下降到社会底层的,都只是中产阶级中的少数,中产阶级中的多数人仍保持原来的地位,没有大的变化。只要不是严重的经济衰退、萧条,情况都是这样。此外,中产阶级家庭由于收入较多,对子女的教育一般是重视的,因此他们的子女通常受到较好的教育,能找到较好的工作,从而也成为专业技术或管理人员,进入中产阶级的队伍。

三、中产阶级中一部分人地位上升的可能性

在资本主义制度确立以后,政治风波对中产阶级分化的影响已不占重要地位了。当然,这并不排除中产阶级中有少数人由于政治方面的原因而升入社会上层的可能性。但与此相比重要得多的是中产阶级一部分人进入上层社会的经济因素。这些因素如下:

第一,在市场经济环境中,个人投资与经营成功,财富迅速积累,收入大幅度增长,从而得以从中产阶级上升到社会上层。

第二,因拥有重要的资源(如土地、矿山等),在这些资源价格急剧上涨的情况下,他们的财富急剧膨胀,从而从中产阶级上升到社会上层。

第三,因有重大的科技发明创造,或者发明创造者自己创办企业,或者成为大型企业的合作伙伴,从而积累了大笔财富,从中产阶级上升到社会上层。

第四,因在企业经营管理方面有重大成绩,由一般的专业管理人员晋升为大型企业的主要负责人,或者成为大型企业的投资者之一,从而积累了大笔财富,从中产阶级上升到社会上层。这种情况在20世纪较为多见,因为在这一时期内,西欧国家的私营企业大多数经历了从家族经营管理转向经理人经营管理,

再转向制度化经营管理的过程。①

第五,因偶然的、意外的巨额收入(如得到亲属的巨额遗产或赠款,或获得特大的博彩收入或奖金等),财富急速增加,从而得以成为社会上层的一分子。无疑,这种情况下的致富只是极个别的例子。

此外,也有少数人可能是通过非正常的甚至违法的途径成为巨富的。这种情况其实各国都有,但在这里可以略去不谈。

四、中产阶级中一部分人地位下降的可能性

就经济因素而论,中产阶级中一部分人的地位的下降,可能有以下四种情况:

第一,本人或家庭成员遭受重大的自然灾害或其他灾祸的打击(如地震、洪水、火灾、车祸、爆炸事件、疾病等),财产大量损失,从而从中产阶级下降到社会底层。

第二,投资与经营失败,财产大量损失,甚至负债累累或陷于破产,这样也就从中产阶级下降到社会底层。

第三,受到经济衰退、萧条的影响,从而企业破产倒闭数量增加,失业人数增加,一些中产阶级成员收入下降,而债务负担(如住房信贷还本付息的负担等)却不变,他们有时入不敷出,于是下降到社会底层。

第四,这是一种比较特殊的情况,即由于国家经济陷于崩溃状态而导致的社会上不少人财产急剧减少,收入急剧下降,其中

---

① 参看格伦斯基编:《社会分层》(第2版),华夏出版社,2006年,第201页。

也包括中产阶级在内。一个典型的例子是两次世界大战结束后的德国经济的崩溃所造成的后果。

第一次世界大战结束后德国作为战败国,付出了沉重的代价:割地,赔款,安置受战祸影响的本国居民等等。更为严重的是国内发生了极其严重的通货膨胀。要知道,大战期间德国政府有庞大的军费,"大约70%的战争支出是通过国内借款筹集的,而其余则一半来自税收,一半来自货币发行"①。税收尽管增加了,但远远不敷财政支出,只好依靠印刷钞票,战争期间"货币供给量增加得相当快,一共增加了5倍"②。国内的实体经济受到的破坏很大,"人力的抽出,设备的磨损和毁坏,把可以用做肥料的氮气优先用于军火工业,从而把农业削弱到如此地步,以致在四年战争之后谷物产量勉强达到战前数字的一半。工业生产受到同样的损害,1919年时只达到1913年水平的42%"③。货币的超量发行、工农业产品供给的大量减少、财政支出赤字的激增,使得战后初期德国的通货膨胀迅速演变为恶性的通货膨胀。再加上巨额战争赔款(1921年4月最终确定德国赔款额为1,320亿金马克,折合315亿美元)④,德国经济彻底崩溃了。德国民众深受其害。德国国内包括一部分中产阶级成员在内的一向靠工薪作为收入主要来源的职工,沦为穷人。

第二次世界大战结束后德国又遇到类似的情况。1945年

---

① 奇波拉主编:《欧洲经济史》第6卷上册《当代各国经济》,商务印书馆,1991年,第146页。
② 同上。
③ 同上。
④ 参看同上书,第150页。

纳粹德国战败投降,德国由美、英、法、苏四国占领。在美、英、法三国占领的西德,国家经济的崩溃导致了这样的局面:"连当时的富人也不易摆脱的严重困难,在大多数德国人看来,造成了使阶级差别消失的'平等'。"①在此后的几年时间内,无论是富人、中产阶级还是穷苦大众,大家都靠配给的生活必需品生活,讨论收入分配的均等化已经没有意义,中产阶级这个概念也没有人注意了。有人认为,在当时的德国,"传统的阶层和阶级的差别正在一个广大的比较统一的社会阶层,即在'趋向平等的中间阶层社会'中消失"②。也就是说,在第二次世界大战结束后的德国,因国家经济崩溃而引发的物资匮乏、通货膨胀以及实行严格的生活必需品配给制度之下,穷人和富人已经没有多大差别了,原来的中产阶级也似有似无了,因为大家都变成"中间阶层"(尽管是新的低水平的"中间阶层")了。同第一次世界大战结束后的情况一样,第二次世界大战结束后西德中产阶级的困境和地位下降也是比较特殊的事件。不同的是,第一次世界大战结束后不过10年就发生了1929年世界经济危机,德国的中产阶级再次遭到打击,接着,希特勒上台,第二次世界大战爆发,中产阶级一直没有喘过气来,就又同第二次世界大战结束之后的困难年代连接上了。

  第二次世界大战结束以后的情况则是:到20世纪50年代,西德经济复苏;60年代起,西德经济持续增长,人均实际收入不

---

① 阿贝尔斯豪泽:《德意志联邦共和国经济史(1945—1980)》,商务印书馆,1988年,第102页。
② 同上书,第103页。

断提高,生活状况普遍提高,中产阶级不断扩大,而且这种扩大是同经济繁荣联结在一起的。到 1980 年,西德每 100 个家庭中,98 户有一台电冰箱,93 户有一架电视机,86 户有一架洗衣机,70 户装有电话,62 户有一辆小汽车。① 这同第二次世界大战结束后初期是不可比拟的。

至于说到第二次世界大战结束后初期那种通过生活必需品的配给制而强行拉平不同阶层的生活水平,并统称为"中间阶层"的说法,是不科学的。由生活必需品配给所造成的"平等化",只不过是一种暂时现象,而且只是一种假象,因为即使在当时的西德,收入分配依然是不平等的,"国民收入在两个生产要素之间,即劳动(工资份额)和资本(利润份额)之间按职能的分配,根据收入类别的总收入的个人分配,以及财富的分配和生产资产的分配,都看不出一种平等化的趋势"②。

五、中产阶级本身的变化:从旧式的中产阶级到新型的中产阶级

关于旧式中产阶级和新型中产阶级问题,前面已经提到。③ 这里可以再作进一步的分析。

总的说来,在西欧各国工业化过程中,中产阶级本身也在不断变化,工业化初期的中产阶级主要是由作坊主、工场主、工厂主和富裕的自耕农构成的,他们被研究者称为旧式中产阶级;工业化后期的中产阶级中,除了仍有相当一部分是企业主而外,更

---

① 参看阿贝尔斯豪泽:《德意志联邦共和国经济史(1945—1980)》,商务印书馆,1988 年,第 107—108 页。
② 同上书,第 103 页。
③ 参看本书第 429 页。

多的是技术人员、管理人员、专业的脑力劳动者、自由职业人士等,他们被研究者称为新型的中产阶级。

卡龙在所著《现代法国经济史》一书中曾这样写道:"20世纪的中产阶级已不同于19世纪的中产阶级。"①他并不是从职业的不同或所在行业的不同来区别,他主要是从收入的稳定与否的角度进行分析的。② 在他看来,19世纪的中产阶级中的大多数人都一心一意想增加自己的储蓄,那时货币稳定,所以在不冒风险的情况下可以把储蓄转为投资,并通过生产活动再增加自己的储蓄。但进入20世纪以后,货币是不稳定的,所以中产阶级只能依靠工资收入或者依靠"小本经营的资本主义"来维持或巩固自己的地位。③ 虽然卡龙的分析对象是法国19世纪和20世纪中产阶级的不同之处,但他的分析还是可供参考的。

要弄清楚旧式的中产阶级和新型的中产阶级的区别,有必要作综合的比较。可以说,二者的区别主要反映于三个方面,即所从事的职业和工作性质的不同,生活方式的不同,抱负和思想境界的不同。现分别论述如下:

(一)所从事的职业和工作性质的不同

从中产阶级所从事的职业和工作性质来看,旧式中产阶级的成员主要是两部分人,一是比较富裕的自耕农或家庭农场主,二是比较富裕的工商企业主,这两部分人在工业化初期是起着

---

① 卡龙:《现代法国经济史》,商务印书馆,1991年,第323页。
② 参看同上。
③ 同上。

重要作用的,他们为市场提供充足的农产品和新的工业品。此外也有少数技术人员、专业人员,但其人数在当时的中产阶级中不占重要地位。卡龙所提到的法国19世纪中产阶级的收入是稳定的,储蓄转化为投资的通道不受币值不稳定的干扰等情况,是符合当时实际情况的。

到了20世纪,尤其是进入20世纪后半期以后,新型中产阶级的组成发生了重大变化。在扩大了的中产阶级队伍中,主要是大量技术人员、管理人员、各类专业人员以及收入较多的自由职业者,他们分布于许多新兴的行业。当然,在新型中产阶级中同样包括了一些新兴行业的企业主和经理人。至于原来的比较富裕的自耕农或工商企业主,有些家庭经历了历次经济波动仍继续存在,他们或他们的后代也就转化为新型中产阶级的一部分,另有一些家庭则下降到社会底层。

(二) 生活方式的不同

从生活方式上看,旧式的中产阶级和新型的中产阶级之间的区别是明显的。这一方面同工业化的进展和新发明创造不断出现有关,另一方面也和工业化过程中的中产阶级构成变化有关。

由于工业化不断取得进展,新发明创造层出不穷,新消费品和新的服务越来越多,新型中产阶级的生活和工作环境已经不同于工业化初期的旧式中产阶级,这就必然引起生活方式的变化。至于工业化过程中的中产阶级构成的变化,前面已经提到,新加入中产阶级队伍的技术人员、管理人员、各类专业人员以及自由职业者更加看重时间、效率、学习、休闲、旅游、舒适的生活、少子女等等,他们的爱好和兴趣也相应地改变了。这些最终都表现于他们所选择的新的生活方式上。

换言之,随着工业化的推进和中产阶级的构成的变化,新型中产阶级更加懂得如何使用新产品和选择新的服务方式,以满足自己多方面的需求,提高自己的生活质量。他们追求时尚,同时又能了解工作和生活之间的相互推动的关系。不仅如此,他们所追求并热爱的生活方式还对社会风气产生巨大影响。要知道,新型的中产阶级,除了力求"增加财富和收入以及提高经济生活水平"①而外,还影响到社会的其他成员的生活方式的转变,这里"也包括一个民族的社会心理和习尚的深刻变化,反映在新型的态度、旨趣、信仰和价值之中并且影响这个民族的政策和努力计划的意识形态的转移"②。这正是新型中产阶级在生活方式上不同于旧式中产阶级的特点之一。

(三) 抱负和思想境界的不同

从中产阶级的抱负和思想境界来看,旧式的中产阶级和新型的中产阶级之间同样存在重大的区别。在西欧各国的工业化初期,不管是突破了传统生产方式之后进行工业化的国家,还是边进行工业化、边突破传统生产方式的国家,资本主义制度下的民主政治还在初步建立和继续探讨的过程中,中产阶级的人数很少,对政治虽有一定的影响,但影响仍是不明显的。加之,当时的中产阶级的构成中既然以工商企业的企业主为主,所以他们的抱负也就集中于如何让自身的利益得到维护,他们考虑得

---

① 赫茨勒:《世界人口的危机》,商务印书馆,1963年,第50页。
② 同上。

更多的是如何发展工商业,如何增加自己的利益,如何处理好当时已经露头的劳资纠纷,等等。

然而,到了工业化后期,西欧各界的中产阶级人数大大增加了;知识界人士,无论是作为自由职业者、企业所雇用的专业人员(包括技术人员和管理人员),还是作为自行创业的成功人士,成为中产阶级的重要组成部分。他们就是新型中产阶级的主要代表。他们考虑得较多的,除了自身的收入和工作状况、生活状况而外,却是公民的权利和义务问题、民生问题、环境保护问题、公益事业问题、政府官员的廉洁自律和受监督问题等等。新型中产阶级逐渐成为社会的稳定力量、国民素质提高的促进力量、影响政局的一支重要力量了。

说得更具体些,到了工业化后期,"当财富和收入达到丰富程度的时候,我们就看到了生活水平因素起作用的迹象"[①]。这时,社会上对民生问题和生活质量问题的更加关心是必然的。队伍扩大后的中产阶级的追求可以代表社会上大多数人的想法。他们希望实现的是:

"(1)更大的物质舒适和方便,特别是在住宅、生活条件、节省劳动力和增加舒适的设备方面;(2)闲暇和娱乐;(3)更健康的身体、饮食和清洁;(4)教育和'文化'的机会与满足;(5)社会经济和政治的机会;(6)从社会成就获得的满足;(7)更好地照顾儿童,并且给孩子们以更大的发展机会;(8)从财富的机会中得到的满足(消费方面'讲排场');(9)更高的社会地位,包括

---

① 赫茨勒:《世界人口的危机》,商务印书馆,1963年,第51页。

野心和社会奋斗在内。"①

这些要求的提出,反映了工业化后期中产阶级以及受到中产阶级影响的社会上大多数人的价值观念的转变。正如本书第九章和第十章将会论述的,这些要求对推进资本主义制度调整有着重要作用。

(四) 划分中产阶级的依据的探讨

从以上所述可以了解到,新型中产阶级和旧式中产阶级的区别充分反映于所从事的职业和工作性质的不同、生活方式的不同、抱负和思想境界的不同,但由此却引起一个深层次的问题,即划分中产阶级的依据究竟是什么?只有弄清楚这个问题,才能把中产阶级同社会上层和社会底层区分开来,然后才能对中产阶级的旧式和新型作出区分。

福斯特曾对划分中产阶级的依据问题进行过评论。② 在他看来,"到19世纪初,(阶级。——作者注)这个术语的使用广泛流行:'下层'、'中层'、'上层'阶级的用法十分频繁"③。中产阶级就是"中层"阶级的同义语。在20世纪初期以来,他认为阶级的划分实际上是两种主要的理论:一是马克思的理论,即根据所有权来划分,主要生产资料归于谁,这就是依据;另一是韦伯的理论,即根据收入分配状况来划分。④ 分配虽然同所有权有联

---

① 赫茨勒:《世界人口的危机》,商务印书馆,1963年,第51页。
② 参看J.福斯特:"阶级",载《新帕尔格雷夫经济学大辞典》第1卷,经济科学出版社,1992年,第471—473页。
③ 同上书,第471页。
④ 参看同上书,第472页。

系,但不一定取决于所有权。① 中产阶级概念可以同所有权有关,也可以脱离所有权而同收入分配有关,否则就难解释被企业雇用的技术人员、管理人员和其他专业人员,以及未被企业雇用的自由职业者们凭什么列入中产阶级行列。也许我们可以作这样一种判断:工业化初期的中产阶级(也就是前面提到的所谓旧式中产阶级)主要由比较富裕的自耕农和工商企业主所构成,这是用所有权作为依据的,而工业化后期的中产阶级(也就是前面提到的所谓新型中产阶级)主要由技术人员、管理人员、其他专业人员和自由职业者所构成,那就只能从收入分配的角度进行分析了。但这也不能完全撇开所有权不谈,因为即使在新型中产阶级中,仍有一部分(尽管不是大多数)人是工商企业主。

在西欧国家的工业化过程中,由旧式中产阶级向新型中产阶级的过渡是渐进的,只不过进入 20 世纪后半期,这种过渡有加快的趋势。到了 20 世纪 70 年代,社会阶级结构变化的加快引起了一些研究者的注意,他们提出了各种不同的见解。②

例如,帕金在 1971 年指出,现在已经很难用所有权与非所有权来划分阶级了。他认为适宜用职业的区别来划分阶级或阶层,即可以把职业分为手工职业和非手工职业两大类,进而划分出不同的阶级。③

吉登斯在 1973 年指出,如果把人们分为上、中、下三层的话,所有权理论对上层和下层的划分是适用的,因为上层依然是

---

① 参看 J. 福斯特:"阶级",载《新帕尔格雷夫经济学大辞典》第 1 卷,经济科学出版社,1992 年,第 473 页。
② 参看同上书,第 471—473 页。
③ 参看帕金:《阶级不平等和政治秩序》,伦敦,1971 年。

那些拥有财产和拥有财产控制权的人,下层依然是没有所有权而只有提供劳动才能生存的人。在他看来,关键在于如今出现了一个中层,其成员拥有专门技术和知识,他们是知识分子。①

波朗查斯在1973年指出,现代西方社会可以分成三个阶级,即除了占有资本和拥有实际资本控制权的资产阶级,以及靠手工劳动为生的工人阶级以外,还出现一个中间阶级,他称之为"新小资产阶级"。那么,新小资产阶级包括哪些人呢?他认为就是一大批拥有技术和知识的、靠非手工劳动(即非体力劳动)而取得工资、薪水的脑力劳动者。②

奥林·赖特在1978年针对波朗查斯有关新小资产阶级的概念进行评论。他指出,不能把新小资产阶级同工人阶级分隔开来,新小资产阶级依然是工人阶级的一部分,因为他们全都是工资、薪水的取得者并以此作为生活的来源,二者的区别只是从事体力劳动和脑力劳动之分。他认为,划分阶级的依据仍是一个有待于继续研究的课题。③

上述这些论点都是可供参考的。但究竟怎样划分中产阶级,以及究竟如何区别工业化初期的中产阶级和工业化后期的中产阶级(即前面提到的旧式中产阶级和新型中产阶级),我们只能回到本章一开始所采用的比较模糊的表述,即"中产阶级,又称中间阶层,是指处于社会上两个极端(一个极端是富人,另一个极端是穷人)之间的阶级或阶层"④。追求过分精确,反而

---

① 参看吉登斯:《先进社会的阶级结构》,伦敦,1973年。
② 参看波朗查斯:《政治权力和社会阶级》,伦敦,1973年。
③ 参看奥林·赖特:《阶级、危机和国家》,伦敦,1978年。
④ 本书第386页。

就不准确了。在划分的依据方面，不妨兼用所有权理论和收入分配理论，因为这两种理论分别适用于工业化后期西欧各国的中产阶级中的部分成员。至于旧式中产阶级和新型中产阶级的区别，那么本书所提出的依据所从事的职业和工作性质的不同、生活方式的不同以及抱负和思想境界的不同，未尝不是一种参考。

第五节　收入分配结构由金字塔形向鸡蛋形的转变

一、鸡蛋形收入分配结构的含义

与金字塔形的收入分配结构的区别是，鸡蛋形收入分配结构的形状是两头小、中间大，即最富裕的社会上层和贫穷的社会底层的人数都占少数，比较富裕的中产阶级或中间阶层占大多数。

有些著作中把鸡蛋形的收入分配结构称做橄榄形的收入分配结构。这是一种类似的比喻，因为橄榄的形状是两头尖、中间大。

鸡蛋形的收入分配结构被认为是理想的收入分配结构。这主要出于以下两方面的考虑：

一方面，考虑到这种收入分配结构之下社会矛盾要大大少于"底座大，越向上越狭小"的金字塔形收入分配结构之下的社会矛盾。这并不是说社会矛盾会消失，因为这是不可能的，但社会矛盾不仅会少得多，而且也比较容易趋于缓解。

另一方面，在"两头小、中间大"的鸡蛋形收入分配结构之下，存在着较多的国内就业机会和创业机会，因为国内需求较旺，经济增长潜力大，市场有较大扩展空间，这样，由社会底层向中间层，以及由中间层向社会上层的垂直社会流动渠道也相应地比金字塔形收入分配结构之下要通畅些，尤其是从社会底层向中间层的垂直社会流动要更加通畅些，因为中间层不仅大，而且是开放性的，有条件者都可以通过各自的渠道由社会底层进入中间层，也就是成为中产阶级的一员。

鸡蛋形的收入分配结构之下，社会上每一个层次的成员的积极性（包括学习的积极性、发明创造的积极性、工作的积极性和投资的积极性）都会被大大调动起来，从而有利于人才的成长、经济的增长、社会的稳定。换言之，"'鸡蛋形的'（收入分配结构）是最有利于社会稳定和经济发展的阶层结构和收入分配结构"①，它能"让贫困者有机会并有途径上升为中产者"②。

二、从金字塔形收入分配结构向鸡蛋形收入分配结构转变的过程

笔者在"中产者在社会经济中的作用：历史经验的小结"一文中曾经说过：历史上还不曾有哪一个国家或哪一个王朝出现过鸡蛋形的阶层结构和收入分配结构，"现实生活中也没有哪一个国家完全实现了这样的阶层结构和收入分配结构，尽管有些

---

① 厉以宁："中产者在社会经济中的作用：历史经验的小结"，载厉以宁：《厉以宁经济评论集》，经济科学出版社，2005年，第26页。
② 同上书，第27页。

国家正在朝这个方向努力"①。这里所说的"有些国家",其中包括了西欧一些国家。

在讨论西欧国家从历史上早已形成的金字塔形收入分配结构向鸡蛋形收入分配结构转变问题时,有必要先对社会的凝固化程度、社会的不平等程度和社会的刚性三者作一些说明。在西欧,当传统生产方式还占据统治地位时,社会的凝固化程度是高的,社会的不平等程度是高的,而社会的刚性则是中等偏上的。中等偏上是什么意思?就是说,在社会刚性方面,虽然还是相当高的,但低于奴隶制时代和印度种姓制下的情况。② 资本主义制度确立以后,在工业化不断推进的过程中,社会的凝固化程度虽然仍是高的,但社会的不平等程度已经降为中等偏上,而社会的刚性也降为中等。③ 再往后,到了发达的工业社会,社会的凝固化程度和社会的不平等程度都降到了中等,至于社会的刚性,则降到了中等偏下。④

可以把以上所说的列入下表:⑤

阶　　段	社会的凝固化程度	社会的不平等程度	社会的刚性
西欧封建社会	高	高	中等偏上
西欧资本主义工业化过程中	高	中等偏上	中等
发达的西欧工业社会	中等	中等	中等偏下

---

① 厉以宁:"中产者在社会经济中的作用:历史经验的小结",载厉以宁:《厉以宁经济评论集》,经济科学出版社,2005年,第26—27页。
② 参看格伦斯基:"社会不平等的过去、现在和将来",载格伦斯基编:《社会分层》(第2版),华夏出版社,2006年,第7页。
③ 参看同上。
④ 参看同上。
⑤ 参看同上。

那么，社会的凝固化程度、社会的不平等程度、社会的刚性究竟是指什么？

社会的凝固化实际上是社会上各种职业的家庭传承程度，如果子承父业，父承祖业，代代相传，那么社会就凝固化了。也就是说，在一个缺乏水平社会流动的社会中，每个人都被束缚在祖传的手艺、专长或职业之中，这就是凝固化的社会。

社会的不平等程度实际上是把财产的不平等、收入的不平等、权利的不平等和义务的不平等综合而言的。这种不平等既可能是起点的不平等，也可能是过程的不平等，更可能是结果的不平等。在社会上，一个人不管多么有天赋，有才能，既勤奋学习，又努力工作，但改变不了自己的处境，那么这样的社会就是一个极不公平的社会。

社会的刚性实际上是指社会缺乏社会流动性，尤其是缺乏垂直社会流动性。在这样的社会上，一个人从出生下来，他的命运就被注定了。他无法改变注定的命运，从而他无法改变自己的社会地位。

由此看来，社会的凝固化程度、社会的不平等程度和社会的刚性程度基本上是相互联系、相互影响的。三者之中，任何一方面的程度下降（由高降为中等偏上，由中等偏上降为中等，或再降为中等偏下……）都会受到其他两个方面的制约。当然，前表中所说的在资本主义工业化过程中社会的不平等程度是中等偏上，社会的刚性是中等，而在发达的工业社会中，社会的凝固化程度和社会的不平等程度都是中等，社会的刚性是中等偏下，都"应该被看做是理想类型，而不是对过去和现在真实存在各种体系的现实描述"①。这意味着,在现阶段的西欧一些国家,社会凝固化程度、社会不平等程度、社会刚性的变化从理论上应当如此,但由于历史和现实中的各种原因,并不能符合这一理想类型,理论和现实的差距是存在的。至少在不同的西欧国家,这些特征都有差异。

社会凝固化程度的降低、社会不平等程度的减少、社会刚性的弱化,在西欧各国工业化的过程中既是经济增长和市场扩大所带来的结果,也是资本主义制度调整的产物。收入分配结构由金字塔形向鸡蛋形的逐渐转变,正是在经济增长、市场扩大和资本主义制度调整的条件下实现的。同时应当注意到,收入分配结构的转变通常呈现"先慢后快"的特点。

"先慢",是指西欧各国工业化开始后,在相当长的时间内,金字塔形的收入分配结构的变化是很小的:中产阶级队伍虽然有所增加,社会底层的人数虽然也有所减少,但幅度都不大,不足以使收入分配结构的形状发生变化。主要原因是:在19世纪和20世纪前期,西欧不仅经历了两次世界大战,而且经济衰退、萧条经常发生,中产阶级队伍虽然在逐渐扩大,但总的说来,中产阶级人数还不很多;尤其重要的是,在1929年世界经济危机爆发以前,资本主义制度虽然也在调整之中,但调整的力度不大,因此,无论是社会凝固化程度的降低、社会不平等程度的减少,还是社会刚性的弱化,都是有限的,金字塔形收入分配结构的变化也只可能很小了。

---

① 格伦斯基:"社会不平等的过去、现在和将来",载格伦斯基编:《社会分层》(第2版),华夏出版社,2006年,第6页。

"后快",是指西欧国家在工业化后期,金字塔形收入分配结构向鸡蛋形收入分配结构的转变速度在加快。这同样取决于两个因素,一是第二次世界大战结束以后的长时间内,西欧国家一直在和平的环境中发展,没有发生战争,而且也没有经历过严重的经济衰退、萧条,经济的波动不是很明显,从而中产阶级人数有较大的增加;二是资本主义制度调整的力度加大了,社会凝固化程度、社会不平等程度和社会的刚性都有较大程度的下降,这就促使了收入分配结构的转变的加快。

三、中产阶级队伍的继续扩大

从趋势上说,西欧国家的中产阶级队伍仍在继续扩大。只要不发生战争,不爆发严重的经济危机,尽管经济增长率较低,但高新技术产业和现代服务业的发展不会停顿下来。这是中产阶级人数继续增加的一个重要原因。

要知道,进入工业化后期后,生活质量逐渐成为社会各界关注的问题。生活质量包括两个方面,即自然方面的生活质量和社会方面的生活质量。衡量自然方面的生活质量好坏的依据是:环境保护和被破坏的环境的恢复,资源的节约使用和有效利用率,循环经济的推广,人口增长率的适度等等。衡量社会方面的生活质量好坏的依据是:就业率,社会治安状况,社会保障和对老年人、儿童、妇女、残疾人、病人的照顾状况,教育、文化、医疗卫生、体育、休闲、旅游的设施,住宅状况,交通状况等等。人们越来越关心生活质量的高低,这样,与生活质量有关的产业将会有较大的发展,政府对这些部门的投入将会不断增多,社会资金向这些部门的投入也会更多。这些部门需要有更多的技术人才、管理人才和具有各种专长的人才,他们之中有不少人将通过收入的增长进入中产阶级行列。

前面已经提到,在工业化后期,判断一个人是不是从社会底层进入中产阶级的依据,要兼用收入指标和财产指标,而且在新的情况下收入指标可能更加重要。根据西欧各国工业化后期的情况来看,用收入指标来衡量似乎更能说明问题,因为中产阶级成员不一定拥有企业资产或土地,并且在消费信贷条件下,即使他们拥有住宅,但可能是债务人。从家庭年收入看,社会底层的成员通过努力是有较大可能进入中产阶级行列的。

在西欧工业化后期,中产阶级成员的个人财产持有方式实际上也发生了重大变化。这主要反映于他们拥有的资产中不少是以金融资产形式出现的,如股票、债券、基金份额等。个人持有的金融资产的特点是:"个人财产法人化了,财产不再被所有者控制而是被管理者所控制。"[1]从另一个角度看,也可以换一个说法:个人的财产既然不少是以金融资产的形式出现的,那就不仅被管理者所控制,而且被资本市场所控制,被资本市场的波动所左右。个人金融资产价值的变动随时受到市场变化的影响,从而中产阶级个人财产的变化不定也是不可避免的。

这样,在经济复苏、繁荣的年代里,由于资本市场正常发展,社会上有些人能从较低的社会层次上升了,中产阶级人数扩大了;而在经济衰退、萧条的年代里,由于资本市场低迷,持有金融资产的个人受到损失,社会上有些人会降到较低的社会层次,中

---

[1] 格伦斯基编:《社会分层》(第2版),华夏出版社,2006年,第712页。

产阶级人数在这种情况下不会增加,甚至会有所减少。但中产阶级人数的这种升升降降、增增减减,不会影响中产阶级队伍扩大的基本趋势。

四、中产阶级的不同层次

无论是工业化初期的旧式中产阶级,还是工业化后期的新型中产阶级,都可以分为若干层次,比如说上层、中层、下层等。不同层次之间是双向流动的,即有人从下层进入中层,从中层进入上层,也有人从上层降为中层,从中层降为下层,但这些都属中产阶级内部的流动。中产阶级内部不同层次划分的依据,应该同中产阶级同社会底层的区分一样,兼用收入和财产两个标准来判断,仍以收入多少为主。

关于中产阶级的不同层次,也许还有另一种划分方式,即按人们所从事的职业和工作的性质来划分。比如说,中小企业的业主类别,比较富裕的自耕农即家庭农场主类别,技术专家类别,高级管理人员类别,一般技术人员和管理人员类别,等等。这种划分在一定程度上与按照收入多少、财产多少的划分是不矛盾的。

中产阶级的各个层次或各个职业类别之间在生活方式上和思想状况上会有一定的差异,但这并不妨碍他们都作为中产阶级成员的某种一致性。

正如前面已经提到的,经理阶层或高层管理阶层的出现和人数的增多,使工业化后期的经济生活发生如下的变化,即他们在经济中的决策权增大了。在西欧国家可以看到如下的趋势:"有产者依据财产所有权的自主权,其中大部分已移交给无产的知识分子或所雇用的经理,是这些人在领导私人企业。"①这种趋势是扭转不了的,虽然这还不能说经理人已经掌握私有企业的资产了,但至少可以说,已经"不仅仅是财产所有者才能自由支配财产了"②。毫无疑问,大企业的经理人,一部分属于社会上层,一部分属于中产阶级的上层。

拉什和厄里在所著《组织化资本主义的终结》一书中使用了"服务阶级"(the service class)一词。他们解释道:"服务阶级是在组织化资本主义的夹层之中产生和发展的,特别是在劳资关系之外。"③在他们看来,服务阶级的特征之一就是:"它由在社会劳动分工中的主宰性地位或位置所构成,而社会劳动分工基本上不涉及对资本、土地或建筑物的所有权。"④服务阶级在这里代替了中产阶级概念,然而它的含义似乎比中产阶级更加模糊,因为据拉什和厄里的解释,职业不同,工作场所不同,市场也不同,使得有人能够进入服务阶级的较上层的位置,有人只能在服务阶级的较低层工作,还有些人只能称做"非熟练的白领工人",被排斥在服务阶级之外,或处于服务阶级的边缘。那么,服务阶级的不同层次是由什么决定的呢?他们认为文凭起着决定性的作用:"文凭的差异决定了是否能拥有以上地位(即较好的位置),而文凭要么是通用的,要么是行业专

---

① 阿贝尔斯豪泽:《德意志联邦共和国经济史(1945—1980)》,商务印书馆,1988年,第114页。
② 同上。
③ 拉什和厄里:《组织化资本主义的终结》,江苏人民出版社,2001年,第209—210页。
④ 同上书,第210页。

门组织的。"①文凭被提到如此重要的地位,成了"服务阶级和'非熟练的白领工人'之间的主要界限"②。

拉什和厄里关于中产阶级(他们称之为"服务阶级")的不同层次划分的观点,也是可供参考的,尽管服务阶级代替不了或涵盖不了中产阶级。

迈尔在所著《社会民主主义的转型》一书中,用"社会地位"和"价值取向"两类指标来分析现阶段西欧国家社会民主党支持者的变化,从中也可以了解变动中的中产阶级的状况。从社会地位划分,共分为五个层次,即上等阶层、上等中间阶层、中等中间阶层、下等中间阶层、下等阶层,其中,第二、第三、第四阶层都属于中等阶层。③ 从价值取向划分,共分为五类:1."传统的基本价值取向:'维护'";2."物质主义的基本价值取向:'拥有'";3."享乐主义的价值取向:'享受'";4."后物质主义的价值取向:'存在'";5."后现代主义的价值取向:'拥有、存在和享受'"④。

据迈尔的分析,五个阶层中,属于中等阶层的有三个阶层:在上等中间阶层,主要是具有"传统的基本价值取向"、"物质主义的基本价值取向"和"享受主义的价值取向"的群体;而在中等中间阶层和下等中间阶层,除了有上述三种价值取向的群体以

---

① 拉什和厄里:《组织化资本主义的终结》,江苏人民出版社,2001年,第210页。

② 同上。

③ 参看迈尔:《社会民主主义的转型》,北京大学出版社,2001年,第63页。

④ 同上。

外,还有一些具有"后物质主义的价值取向"和"后现代主义的价值取向"的群体。

迈尔还认为,从中产阶级的组成人员来看,上等中间阶层主要是"保守的高等群体"和"主张技术统治论的自由主义群体";中等中间阶层主要是"小资产者群体"、"力求上升的群体"和"享乐主义群体";而下等中间阶层主要是"小资产者群体"、"力求上升的群体"和"新雇员群体",也有一部分属于"传统的或无传统的工人群体"和"享乐主义群体"。①

迈尔的上述划分不一定很准确,而且相互交叉的地方很多,但有一点是清楚的,即中产阶级存在着不同的层次,各自的社会地位和价值取向有差异。迈尔之所以进行这番分析,他主要想说明在现阶段西欧各国社会民主党支持者的结构同几十年以前相比已经发生了重大的变化。几十年以前,西欧各国社会民主党的支持者大多数是工人和低级职员,他们属于下等阶层和下等中间阶层,而在现阶段,随着工业化的进展,中产阶级的分化加速了,中产阶级的层次划分细化了,各类人员的基本价值取向发生了很大的变化,同一个层次的人的个性化或个人主义化变得越来越明显。人们选择的多样性必然决定了人们政治态度的多样性。② 这样我们也就能加深对当前西欧各国中产阶级的多层次化的理解。

还需要提到中产阶级妇女队伍的扩大对社会带来的影响。

---

① 参看迈尔:《社会民主主义的转型》,北京大学出版社,2001年,第63页。

② 参看本书第十章。

这种影响不仅反映于妇女就业人数的增加和妇女参与各种社会活动的机会的增多,而且对家庭生活也发生作用。在工业化后期,"随着中产阶级女性受到了教育,获得了解放,她们就不断挑战父亲的权威,并支持她们的孩子也抵制父亲的权威"[1]。这意味着"父亲家庭体系渐趋瓦解"[2]。今后还会产生什么样的累积效应,目前还很难估计,但至少可以看到的是:"孩子的自发冲动力就变得越发难以控制了;敌对并反叛父亲的权威就变得更加公开。"[3]

五、低收入阶级成员的变换

金字塔形的收入分配结构和鸡蛋形的收入分配结构之下都有一个底层,由低收入家庭所构成。从人数上说,金字塔形的收入分配结构之下的底层人数要比鸡蛋形的收入分配结构之下的底层人数多得多。不仅如此,这两种收入分配结构之下的底层的人员组成状况也有差异。在西欧国家,不管是否已实现了由金字塔形收入分配结构向鸡蛋形收入分配结构的转变,也不管这一转变已经进行到何种程度,可以说,工业化初期收入分配结构的底层同工业化后期收入分配结构的底层的人员组成差异是不容忽视的。工业化后期收入分配结构的底层主要包括以下三部分人:

一部分人是本国公民中的低收入家庭成员。他们中不少人

---

[1] 格伦斯基编.《社会分层》(第2版),华夏出版社,2006年,第719页。
[2] 同上。
[3] 同上。

因没有受过较好的教育和技能不足，只能在一些收入很少的行业中工作，收入低微，或者因各种不同的原因而长期失业，依靠社会救助为生。还有较少的人因在市场中失败，财产赔尽，沦为社会底层。

另一部分人是由国外移入的低收入家庭。他们中不少人因没有受过较好的教育和技能不足，长期找不到工作，只能在一些收入很少的行业中工作，或者靠非正规就业取得菲薄的收入。他们还可能由于社会上还存在着无形的种族歧视、宗教歧视而无法找到工作，从而成为低收入家庭成员，并一直处于社会底层。

第三部分人是本国公民和外国移民中由于特殊原因而成为低收入家庭成员。其中包括：残疾人、长期患病无法工作的人、犯罪释放后难以找到工作的人、染上不良嗜好而使收入入不敷出的人等等。

尽管到了工业化后期，收入分配结构底层的人数在全部人口中所占比例已经比工业化初期少多了，但从上述这三部分人的情况来看，要使他们全都摆脱低收入处境，远不是一件容易的事情。尤其是上述三部分人中的第二部分和第三部分，是更难摆脱低收入处境的群体。

在上述第一部分的低收入家庭成员（他们是本国公民）中，有些人可能在工业化初期就已经属于当时的低收入家庭成员。经历了好几代人，为什么他们依然处于低收入状态呢？这是值得研究的。可能除了缺乏教育、缺乏技能、身体残疾、患有疾病等原因而外，种族歧视、宗教歧视等也是原因之一。然而，工业化初期的低收入家庭，确有相当一部分已经陆续上升为中产阶级；即使是中产阶级的下层，那也好于社会的底层。他们可能是通过一代人、两代人或三四代人的努力而导致收入增加和地位变换的。这种变换既有个人努力的因素,同时也离不开工业化后期的长时间经济增长和政府所采取的资本主义制度调整的措施。

还应当注意到,即使工业化初期西欧国家的社会底层中有一部分人在工业化后期仍然处于社会底层,或者说,工业化后期的低收入人群中有一些人是工业化初期低收入人群的后代,那么他们现在的处境已经不同于他们的祖父辈和父辈了。现阶段,在社会各界扶贫的努力下,在资本主义制度调整起作用的条件下,他们可能已经住进了政府提供的廉租房或社会保障性住房,而不再像祖父辈那样,只能流落街头或住在自己搭建的棚屋里。他们如果是本国公民,可以享受应有的福利,如公费医疗、失业救济金、困难家庭生活补贴,他们的孩子可以享受免费的义务教育等等,而不再只能靠慈善机构的救助。在他们的祖父辈看来,这一切都是想象不到的。

这种情况并不仅限于不同时代的低收入家庭。工业化初期的中产阶级和工业化后期的中产阶级的差异,本章的第四节已经作了分析,这里不需要重复。哪怕是社会上层,工业化的不同时期的社会上层也是有差异的。奇波拉主编的《欧洲经济史》第三卷中有这样的论述:"1900年参观巴黎世界博览会和对它那个时代成就感到骄傲的资产阶级也许就是1789年资产阶级嫡系后裔。可是他们生活、工作和思想的方式与他们的祖先大不相同。"[1]时代变了,环境变了,人物变了,人们生活方式、工作方

---

[1] 奇波拉主编:《欧洲经济史》第3卷《工业革命》,商务印书馆,1989年,第319—320页。

式和思想方式的改变是正常的。同样的道理,"1905年参加工人国际法国支部的工人与60年或80年前无文化的为了微不足道的工资在充满烟尘的工厂里奴隶一般劳动的不幸的人,除了他们仍然也是一个无产阶级外,还有哪些共同之处呢?"①从1900年或1905年到现在,又过去了一百年,今日西欧的社会上层和社会底层同1900年或1905年相比发生了多大变化,又有什么可奇怪的?

六、鸡蛋形收入分配结构倒退为金字塔形收入分配结构的可能性

从西欧各国工业化的历史可以了解到,收入分配结构的形式的变化至今仍在继续进行之中,从金字塔形收入分配结构转变为鸡蛋形收入分配结构是一个总的趋势。尽管不同的西欧国家,由于国情不同,资本主义制度调整的力度不同,但这一总趋势不变。然而,同时也不能忽略这样一种可能性的存在,即从接近于鸡蛋形的收入分配结构向接近于金字塔形的收入分配结构的逆转、倒退的可能。收入分配结构形式逆转、倒退的出现与以下三种情况(或三种情况之一)有关。

第一种情况:遭到严重的经济危机的打击,以致企业倒闭、出口锐减、失业人数增加、股市急泻等等,"中产阶级可能出现严重衰落现象"②。或者,在持续通货膨胀的条件下,中产阶级的

---

① 奇波拉主编:《欧洲经济史》第3卷《工业革命》,商务印书馆,1989年,第320页。
② 顾俊礼主编:《欧洲政党执政经验研究》,经济管理出版社,2005年,第25页。

收入和地位都处在不稳定状态中,因为物价急剧上升,养老保障经费的可靠性发生问题,实际工资停滞不前甚至下降,税收负担却依然沉重,这些都有可能使中产阶级中的一部分人降到社会底层。①

第二种情况:受到国内政局变动的影响,或者西欧国家卷入了一场大规模战争,使得政策发生了急剧变化,从而也使得中产阶级地位不稳,其中有一部分人因收入减少或财产损失而降到社会底层。虽然这种情况在现阶段的西欧国家看来是不容易出现的,但这样的可能性也引起了人们的重视。

第三种情况:经济结构失调趋于严重、恶化,仍然有可能使国内经济产生动荡,失业增多。② 例如,经济结构长期失调,财政赤字可能增大,国际收支不平衡加剧,从而使国内经济停滞,而福利支出又呈现"宜升不宜降"的刚性。这种情况对中产阶级无疑是一种冲击。又如,在工业化后期,服务业的迅速发展使服务业成为吸收大批劳动者就业的场所。与制造业相比,服务业的工资报酬对一般劳动者来说是较低的,从而服务业可以吸收较多的低收入家庭成员就业。如果服务业的工资报酬同制造业的工资报酬趋于相等,那就意味着服务业成本上升,这样就会限制服务业的进一步发展。③ 也就是说,"低生产力的服务业如出

---

① 参看顾俊礼主编:《欧洲政党执政经验研究》,经济管理出版社,2005年,第25页。
② 参看同上。
③ 参看格伦斯基编:《社会分层》(第2版),华夏出版社,2006年,第738页。

现高工资就将因价格问题而使他们失去市场"①。此外,服务业提供的服务与家庭提供的自我服务之间存在着相互替代的关系。如果服务业提供的服务价格上涨,家庭就会用自我服务来替代它们。② 这方面的例子很多,比如说,洗衣店的价格上涨了,居民家庭就会购买洗衣机;餐饮业的价格上涨了,居民家庭宁肯少上餐馆而在家中请客吃饭,等等。这表明工业化后期服务业吸纳劳动者就业仍有一定的限制条件,而失业问题如果长期得不到解决,同样会引起中产阶级地位的不稳定,引起他们收入下降。

以上所谈到的三种情况都是可能出现的。对西欧国家的政府来说,要尽可能避免上述任何一种情况的出现,为此就需要采取政府的调节措施。尤其是西欧一些国家的社会民主党,他们在20世纪末就考虑到新问题的出现,从而提出执政经验总结和政党转型问题。③ 右翼政府也察觉到相似的问题,也提出要根据形势的变化而对政策采取相应的调整。关于这些,本书第十章和"结束语"中将有较详细的讨论。

---

① 格伦斯基编:《社会分层》(第2版),华夏出版社,2006年,第738页。
② 参看同上书,第739页。
③ 参看迈尔:《社会民主主义的转型》,北京大学出版社,2001年,第148—150页。

第八章 工业化和农村、农业的变化

第一节 对"工业化导致农村、农业衰退"说法的分析

一、问题的提出

"工业化导致农村、农业衰退"的说法由来已久,在西欧工业化刚开始时就有这类观点在社会上流行。不可否认,在世界上不同的国家或某个国家的不同地区,以及在工业化过程中的不同时期或不同阶段,工业化的推进对农村、农业的影响是不一样的。在某些国家或某个国家的某些地区,的确发生过工业化导致农村、农业衰退的情况。但这不是永久的现象,而可能是暂时的现象;这也不是什么普遍的现象,而可能是局部的现象。更不能把这看成是经济规律。

关键在于我们究竟应该采取什么指标来衡量工业化以来的农村变化和农业变化。指标一定要选择得当。如果指标选择不当,就有可能得出"工业化导致农村、农业衰退"的论断。

不妨以英国农业就业人数及其占总就业人数之比为例。1801年,英国农业就业人数占总就业人数的36%,1851年占

21%,1901年占9%。① 这表明英国农业就业人数在总就业人数中的比例在19世纪一直是下降的,而且下降幅度很大。然而同一时期内,英国总就业人数增长很快:1801年——480万人,1851年——970万人,1901年——1,670万人。② 因此,在19世纪,英国农业就业人数在总就业人数中的比例虽然下降幅度很大,但由于总就业人数增长很快,所以英国农业就业人数在这一百年内只有轻微减少:1801年农业中有170万人就业,1901年农业中有150万人就业。③

又如,在1891—1896年间,西欧一些国家农业人口占总人口的百分比如下:英国——10%,荷兰——22%,比利时——25%,德国——39%,法国——42%,意大利——52%。④ 把这些数字同工业化以前各国农业人口普遍占人口绝大多数的情况相比,都有了很大变化。但能够由此得出西欧这些国家的农业衰退的论断吗？不能。再说,工业化以前,农业收入占西欧这些国家的国民收入的大部分甚至绝大部分,经历了一段时间的工业化之后,到1891—1896年,这些国家的农业收入占国民收入的比例都下降了。1891—1896年,英国农业收入占国民收入的比例降到8%,比利时——14%,荷兰——18%,德国——20%,法国——21%,意大利——28%。⑤ 单

---

① 参看奇波拉主编:《欧洲经济史》第3卷《工业革命》,商务印书馆,1989年,第298页。
② 参看同上。
③ 参看同上。
④ 参看哈巴库克和波斯坦主编:《剑桥欧洲经济史》第6卷,经济科学出版社,2002年,第530页注②。
⑤ 参看同上。

凭这些数字同样得不出农业衰退的论断。

此外,考虑到工业化是一个很长的过程,在工业化的不同阶段,工业化对农村、农业的影响是不一样的,农村、农业因受到这种影响而发生的变化也就不一样。一个很有力的证据是:西欧国家在工业化开始前,农村的饥荒是经常发生的,粮食的歉收造成大量人口死亡,其中大多数是农民。据记载,1769年法国人口的5％据说死于饥荒。[①] 1770年,人口只有几百万的波希米亚死于饥荒的多达168,000人。[②] 然而,到了"十九世纪六十年代之前,饥荒的威胁在法国至瑞典这样相距甚远的西欧各国消除了"[③]。原因之一是农业中推广了马铃薯的种植,从而增加了西欧许多地区的粮食供应,免除了饥荒的威胁。另一个重要原因是:陆上和海上的运输的发展,使得西欧国家的粮食供应比过去方便得多,"这大大地有助于在第一次世界大战以前半个世纪内防止欧洲大陆发生生存危机"[④]。通过海运,美洲的粮食不断投入了西欧市场。

当然,地区发展是不平衡的。在工业化过程中,西欧有些国家的一些农村在这期间经济确实有所衰落,但主要原因不在农业本身,而在于农村中的家庭手工业的衰落。[⑤] 工业化使一些地区的农村家庭手工业继续保留下来,甚至还因市场的扩大而

---

① 参看奇波拉主编:《欧洲经济史》第3卷《工业革命》,商务印书馆,1989年,第67页。
② 参看同上。
③ 同上。
④ 同上。
⑤ 参看哈巴库克和波斯坦主编:《剑桥欧洲经济史》第6卷,经济科学出版社,2002年,第432页。

有一些的发展,但受到新式工业品的冲击而倒闭的农村家庭手工作坊也不在少数。这是不容忽视的。①

那么,究竟应当怎样判断工业化对农村、农业的影响呢?根据西欧各国工业化的情况,本书选择了三个指标,即农业生产率的变化、农民人均绝对收入水平的变化、农村中的公共设施状况的变化。

而且,对这个问题,应当从整个工业化的进程来分析、判断,而不能仅仅依据各国工业化初期的情况就得出结论。要知道,工业化刚开始时,农业不可能发生生产率上升等变化,因为有利于农业生产率提高的条件当时并不具备(这些条件包括:先进的农业机械的发明、制造和推广,化肥的生产和充足供应,防止植物病虫害和家禽家畜瘟疫的有效药剂的问世,等等)。比如说,英国工业化开始时的农业增长率是:1760—1780 年是每年 0.1%,1780—1801 年是每年 0.8%。② 其实,每年 0.8%的农业增长率在当时的英国并不算低,因为同一时间(1780—1801 年)英国的国内生产总值的年增长率才 1.4%,工业的年增长率也只有 2%。③

二、判断工业化过程中农村和农业状况的标志之一: 农业生产率的变化

农业生产率的变化无疑是衡量工业化过程中农村和农业状

---

① 参看哈巴库克和波斯坦主编:《剑桥欧洲经济史》第 6 卷,经济科学出版社,2002 年,第 432 页。
② 参看克拉夫兹:"产业革命",载弗劳德和麦克劳斯基编:《1700 年以后的英国经济史》(第 2 版)第 1 卷,剑桥大学出版社,1994 年,第 47 页。
③ 参看同上。

况的一个重要标志。农业生产率的变化体现于农业收益率的变化上。在工业化开始以前直到工业化开始时,西欧的农业收益率提高得相当缓慢,而且因地而异。① 据统计,1500—1820 年间,小麦、裸麦和大麦的平均收益率,提高的幅度很小;从 1750 年到 1820 年,英格兰和低地国家大约提高了 10%,②中欧和北欧同一时间内大约提高了 5%—6%。③ 而在工业化进行的过程中,农业收益率"在由个别的农民所创造的零星进步的基础上,经过积累和扩散",终于实现了较快的增长,即农业收益增长率大体上与人口增长率同步。④

农业生产率的提高归因于工业化过程中工业向农业提供的生产资料(如农业机械、化肥、农药等)不断增多,而且其质量越来越好。此外,农业应付自然灾害的能力的增强,也是农业生产率提高的原因。但"最为重要的或许是企业家精神"⑤,即农民有了创业的积极性,农民为了增加收入而投入了更多的人力、物力、财力。

三、判断工业化过程中农村和农业状况的标志之二: 农民人均绝对收入水平的变化

判断工业化过程中农村和农业状况的另一个重要标志,就

---

① 参看里奇和威尔逊主编:《剑桥欧洲经济史》第 5 卷,经济科学出版社,2002 年,第 77 页。
② 参看同上。
③ 参看同上书,第二章,表 7。
④ 参看同上书,第 78 页。
⑤ 同上。

是农民人均绝对收入水平的变化。在突破传统生产方式之后进行工业化的西欧国家,工业化过程中农民人均绝对收入水平之所以有较大幅度的提高,主要是由于农民摆脱了传统生产方式之下的制度束缚和超经济剥削。而在边进行工业化、边突破传统生产方式的西欧国家,农产品市场的扩大让农民有较多的机会同市场建立联系,从而能从市场取得较多的农业收入和非农业收入。在英国这个先突破传统生产方式再进行工业化的国家里,市场所起的作用同样是巨大的。在19世纪,英国的农村已经市场化了,"分散自给的农民经济,实际上已经消失,意味着几乎所有经济生活全部通过市场"①。德国、法国、北欧国家,虽然当时还达不到英国那样高的市场化程度,但到19世纪和20世纪之交也已经接近市场化了。意大利、西班牙相对说来要落后一些,大体上到20世纪前期才完成农村市场化的过程。

农村市场化主要反映于农产品的商品化和农民所需要的生产资料、生活资料来自市场的供应。农产品的商品化意味着市场成为农民收入增长的平台,而农民所需要的生产资料和生活资料从市场取得这一点,既保证了农业生产的需要,也节省了成本。②

从西欧各国工业化的历史来看,同农业生产率的提高一样,农民人均绝对收入水平的上升也应当从长时期来考察,并且需要从全国范围来分析。这是因为,在工业化初期,农民人均绝对

---

① 奇波拉主编:《欧洲经济史》第3卷《工业革命》,商务印书馆,1989年,第177页。
② 参看同上。

收入水平可能变动不大;就局部地区看,农民人均绝对收入水平可能是停滞的,甚至有可能因工业化造成的环境破坏以及市场淘汰了某些不适合市场需求的产品而使该地区的农民人均绝对收入水平有所下降。还有,"直到19世纪的最后三分之一以前,在西欧的大部分地区,人口对土地的压力和取得租约的竞争仍旧是很强的"[1]。同时,在西欧较长时间内粮食价格低迷不振的情况下,到19世纪末叶,"西欧的租佃农场主和农作物分成者,即使有剩余产品,也只有很少的剩余产品去参加市场销售"[2]。然而,从更长的时间来分析,农民的人均绝对收入水平仍是上升的。

农民人均绝对收入水平的上升主要有三个原因:

第一,工业化过程中农业生产率的提高和农业抗灾能力的加强,使农民人均绝对收入水平的上升有了技术上的支持;

第二,工业化过程中对农产品的需求增长,使农民人均绝对收入水平的上升有了市场需求的保证;

第三,工业化过程中,由于对劳动力的需求的增长,农民家庭中一部分劳动力得以从农村进入城市,从农业转入非农业,从而增加了收入,导致农民人均绝对收入水平的上升。

农民人均绝对收入水平的变化,其实不仅仅表现于农民绝对收入本身的变化,而且也表现在其他一些方面。从工业化刚开始的情况看,同以前相比,在荷兰,1798年人均谷物消费量只

---

[1] R. 福斯特,"小农",载《新帕尔格雷夫经济学大辞典》第3卷,经济科学出版社,1992年,第885页。

[2] 同上书,第886页。

有118.5公斤(当时荷兰总人口为828,532人)。① 荷兰人均谷物消费量大大低于低地国家15—16世纪人均谷物消费量200公斤以上的水平。对这一现象的解释是:到了18世纪,荷兰人"消费了大量的乳酪、奶油、奶类、肉类、鱼和蛋。由于谷物的消费量高往往意味着食物结构不平衡,因而它自然而然地会同较低的生活水平联系在一起"②。考虑到当时的荷兰仍是一个以农业人口为多数的国家,所以食物结构的变化和人均谷物消费量的减少反映了包括农民在内的人均绝对收入是提高的。

再以法国工业化过程中农业中过剩劳动力的存在为例。19世纪中期和后期,法国农村中出现了一批过剩劳动力。应该把这种现象理解为,"农业剩余人口是对农村地区工业企业停业的一种反应,而不是对农业危机的反应"③。也就是说,由于工业化的推进,原来设在农村的小工业企业由于各种原因歇业了,关闭了,这些原来在农村中的小工业企业中工作的职工转入城市,填补那里的职业空位,但这并不影响农民的人均绝对收入水平:一方面,这些从农村小工业企业中出来的职工由于有一定的技术能力,较容易在城市中找到工作,又获得工资收入;另一方面,由于这一时期法国的"农业生产事实上还表现出某种繁荣态势"④,从事农业的家庭依旧获得相应的收入。

---

① 参看里奇和威尔逊主编:《剑桥欧洲经济史》第5卷,经济科学出版社,2002年,第80—81页。
② 同上书,第81页。
③ 马赛厄斯和波斯坦主编:《剑桥欧洲经济史》第7卷上册,经济科学出版社,2004年,第383页。
④ 同上。

一个更加简单易懂的例子是：工业化开始以后西欧农民吃得比以前好了。这种情况早在18世纪内就已经被当时的人所注意到。"18世纪初，在英格兰人的餐桌上大麦、燕麦、黑麦和燕麦、小麦混合面占了相当大的比重。"①这是对城乡居民家庭而言的，而"到1800年，就像诺丁汉郡的某些人所描述的那样，即使收入非常可怜的农业工人'再也没有吃黑面包的胃口了'"②。法国的情况也是这样。克拉潘曾对工业化时期法国农村劳动者的生活状况作过如下的描述，他说，以前法国民间有一连串关于面包的谚语，到了1894—1914年，法国人已经把它们忘记了。比如说，法国人在称赞一个人时，不再像过去那样说他"同好面包一样好"，因为这已经不被当做恭维话了；③法国人也不再说"倒霉的黑面包"这样的话，因为法国人不做黑面包了。④ 这时，法国穷人也在吃白面包，而且爱吃多少就吃多少。⑤

　　当然，一个时代有一个时代的生活习惯，每个国家的人民都有自己所习惯的生活方式，但从上面所举的这些事例可以看出，从生活方面来看，得不出西欧国家的农民在工业化以后绝对收入水平下降的论断。

---

① 考特：《简明英国经济史(1750年至1939年)》，商务印书馆，1992年，第27页。
② 同上。
③ 参看克拉潘：《1815—1914年法国和德国的经济发展》，商务印书馆，1965年，第440页。
④ 参看同上。
⑤ 参看同上。

四、判断工业化过程中农村和农业状况的标志之三：农村中的公共设施状况的变化

农村中的公共设施状况是判断工业化过程中农村和农业状况的又一个重要标志。与农业生产率提高和农民人均绝对收入水平上升这两个标志不同的是：它不像农业生产率提高和农民人均绝对收入水平上升通常在工业化中期就开始显现出来，它在西欧国家通常是进入工业化后期才有所显现。

农村中的公共设施主要包括：农村中的教育设施、文化设施、医疗卫生设施、公共体育设施、养老保障设施、公用设施、交通设施、其他公益性设施等。

在上述这些设施中，如果说有的设施在西欧国家农村中较早建立，那也仅限于教育设施和交通设施两项而言。要知道，在工业化刚开始时，西欧农民的教育程度很低，农村中虽然有小学，但校舍和教学设备都很差，儿童入学率也不高，"大多数情况下，农民们既不会读也不会写"①。例如在18世纪末的法国，全国只有37％的人会写字。② 这是把城乡都包括在内的比例数，因此农村中会写字的比例会大大低于这个数字。在社会的关注下，到了工业化前期和中期，农村中的公共教育设施相继建立和完善，以提高农村的教育水平。至于农村中的公共交通设施之所以也较早地受到关注，则与市场联系的扩大有密切的关系。

---

① 里奇和威尔逊主编：《剑桥欧洲经济史》第5卷，经济科学出版社，2002年，第97页。

② 参看同上书，第98页。

农产品大量销往市场，需要有较好的道路；进城工作的农民人数越来越多，不仅需要有较好的道路，而且还需要有连接农村与火车站之间的道路，这样，在工业化前期和中期，农村中的公共交通设施也就有了较大的改善。

包括教育设施和交通设施在内的农村中的公共设施，在西欧国家主要是在工业化后期才有较大的增加和改善。大体上有三个原因：

第一，地方财政状况与过去相比已有较大改善，地方政府有较多的财力来增加和改善农村中的公共设施。中央政府也有类似的举措，加大对农村公共设施的投资，以提高农村居民的生活质量。

第二，随着农村居民生活的安定和素质的提高，他们越来越关心本地的公共设施状况。他们对本地事务关注的重点逐渐转移到本地公共设施的新建和扩建上来。

第三，在西欧国家进入工业化后期以后，由于城市居住条件比较拥挤或生活质量下降，一些家庭开始迁出城市中心区而搬到郊区农村，或在农村中购买第二套住房。也有一些农村由于有自然条件或人文历史方面的优势而逐渐成为旅游景点。这样，无论是城市居民在农村购房还是旅游景点为了吸引更多的游客，都关注农村公共设施的建设。通信设施和各种服务设施之所以很快在农村中普及，与此有密切的关系。当然，这方面也有一些是企业为了商业性目的而进行的投资。

五、工业品和农产品价格之比的分析

在涉及工业化过程中农村、农业是否衰退这一问题时，工业品和农产品价格之比的分析曾经引起研究者的兴趣,因为研究者曾把工业品和农产品价格之比不利于农产品生产者的趋势的存在看成是判断农村、农业衰退的一个证据。

实际上,在市场经济起作用和市场机制正常运行的条件下,工业品和农产品价格之比在西欧各国工业化过程中是不断调整的。在工业化前期,曾出现过工业品和农产品价格之比有利于工业品生产者而不利于农产品生产者的情况,但也出现过这种价格之比有利于农产品生产者而不利于工业品生产者的情况。两种情况的互现主要同工业品和农产品的供求变化有关。在工业品供不应求而农产品供大于求的年份,工业品生产者通常处于有利地位而农产品生产者通常处于不利地位;反之,在农产品供不应求而工业品供大于求的年份,工业品生产者和农产品生产者的处境正好颠倒过来。因此,对于工业品和农产品价格之比的变化,应当看成是市场机制运行下的正常情况。

要知道,西欧各国在突破传统生产方式之后就相继进入市场经济轨道,而随着工业化的不断推进,市场日益完善,市场秩序逐渐正常化,因此不存在像计划经济国家那样运用政府强制手段来压低农产品收购价格和高价推销工业品,以促进工业化过程中的资本积累的做法。虽然在发生战争的年代里,某些西欧国家的政府也曾采取过限制粮食或其他食物价格上涨的做法,甚至采取过定量配给食物的做法,但那只是暂时的措施,可以被看成是例外。总的说来,整个 19 世纪内,西欧的农产品价格还是稳定的,工业品价格由于工业品产量的不断增加而呈现缓缓下跌的趋势。①

　　进入20世纪以后,情况发生变化。从工业方面看,由于工业中出现了垄断组织,并且某些行业建立了行业的价格同盟,大企业把持了定价的决策权,形成了一种工业品价格刚性。而从农业方面看,农户的生产是分散进行的,他们没有力量同工业中的垄断组织相抗衡,他们自身掌握不了农产品的价格,于是在市场角逐中只能处于被动的地位。如果经济处于相对繁荣的年份,农产品生产者的处境稍好一些,如果经济处于衰退和萧条的年份,他们的处境就格外艰难。最明显的例证是1929—1932年间西欧农产品价格比1910—1913年低50%,而工业品价格的下降则较少。②

　　第二次世界大战结束以后,西欧各国先后进入了工业化后期。资本主义制度调整从这时起也加快了步伐,政府在社会的压力下,懂得农产品价格稳定对社会稳定的重要性,而农民自身也懂得了组织起来对抗工业垄断组织的意义。于是在西欧各国工业品和农产品价格之比方面又发生了有利于农产品生产者的变化,即农民采取联合行动的方式来抗议农产品跌价,甚至不惜采取封锁公路或捣毁收购商的仓库等极端手段来抵制工业企业对农产品的杀价行为。一般说来,舆论是站在作为弱者的农民这一边。农民在议会中的发言权比过去增大了。政府也对国内的农产品价格采取支持政策,避免因工业品和农产品价格之

---

　　①　参看奇波拉主编:《欧洲经济史》第5卷下册《二十世纪》,商务印书馆,1988年,第243—246页。
　　②　参看同上书,第247页。

比不利于农产品生产者而出现社会骚动事件。① 这无疑是第二次世界大战结束以后西欧社会经济生活中的一件大事。

以下三节(第二节、第三节、第四节)将分别对判断工业化过程中农村和农业状况的三个标志(农业生产率的变化、农民人均绝对收入水平的变化、农村中的公共设施状况的变化)作进一步的分析,以便澄清有关"工业化导致农村、农业衰退"的说法。

第二节 工业化过程中农业生产率的变化

一、农业生产率变化的重要意义

前面已经指出,工业化以前的农业和工业化进行到相当程度以后的农业相比,重大区别之一在于农业生产率的变化,而农业生产率的变化则是长期以来制度变革和技术进步共同起作用的后果。②

19世纪以前,西欧各国的农业仍是典型的传统农业。即使有些西欧国家已经摆脱了传统生产方式对农业发展的束缚和对农民经济活动的限制,但农业的生产和经营方式依旧同过去一样,农民的生产方式也一直未变。西欧各国农业的变化开始于工业化进行到一定程度以后,"在19世纪这一百年中,那种几乎生产全部日常用品的自给自足的古老的农业形式逐渐让位于一

---

① 参看奇波拉主编:《欧洲经济史》第5卷下册《二十世纪》,商务印书馆,1988年,第24—25页。
② 参看本章第一节。

个实行专业分工和在市场上交换货物的新体系"①。换言之,工业化以后西欧农业在国民经济中地位的变化,反映出农业已经不再是一个基本上封闭的产业,而开始融入资本主义市场体系之中,农业和其他产业"变得越来越相互依存"②。农业生产率的不断提高正是在农业融入资本主义市场体系的条件下实现的。

农业生产率的变化对于整个国民经济究竟有哪些重要意义?

首先,农业生产率的提高为工业化和城市化提供了必要的食品供应和原料供应,这是工业得以继续取得进展的重要保证,也是城市化得以推进的重要支撑。同时,工业和城市的发展都因国内农业生产率的提高而大大减少了对国外的依赖性。

其次,农业生产率的提高使得农村有可能向工业化和城市化提供所需要的劳动力,因为这些来自农村的劳动力是在农业生产率提高后从农业中分离出来的。

再次,农业生产率的提高也为工业化和城市化所需要的土地(包括建设用地和生活用地)提供了保证。正因为农业生产率提高了,土地利用率提高了,工业和城市发展过程中才有足够的土地可供利用。

最后,正因为农业生产率不断提高,农民人均绝对收入水平才能相应上升,这样,不仅为农民生活状况的改善和生活质量的

---

① 奇波拉主编:《欧洲经济史》第5卷下册"二十世纪",商务印书馆,1988年,第3页。
② 同上。

提高创造了条件,而且农民人均收入水平的上升扩大了农民的购买力,使得国内需求日益扩大。

在这里,有必要说明这样一个已经争论多年的问题,即经济学中有影响的土地报酬递减规律在多大程度上是适用于西欧农业的。据熊彼特在《经济分析史》一书中所述,报酬递减规律并非如通常所说的来自亚当·斯密,因为亚当·斯密在《国富论》中并没有直接就这个问题进行阐释,亚当·斯密只是说技术改良和技术进步使得同一数量的劳动力所完成的"工作量"将会增加,但增长率在农业中不如在制造业中那样快。[①] 土地报酬递减率的提出归功于19世纪前期的一些经济学家,包括所谓李嘉图学派的某些人。[②] 然而,熊彼特认为,"报酬递减'规律'自然是一种经验的陈述,是根据观察到的事实作出的概括,只有进一步的观察才能证实它或者驳斥它"[③]。

熊彼特的分析是有道理的。土地报酬递减是不是一个规律,必须从较长时期来考察,而不能只着眼于短期。事实上,只有先引入"技术不变"的假设,才能看到土地报酬呈递减趋势;也只有引入"规模不变"的假设,土地报酬递减才得以证实。其实,更重要的是,还必须引入"制度不变"或"体制不变"的假设,土地报酬才会递减。然而,从西欧各国工业化的过程来看,技术是不断进步的;农场规模是可变的,规模效益是明显的(尤其是在采用农业机械的条件下);制度和体制也是逐渐变更的,因此从长

[①] 参看熊彼特:《经济分析史》第2卷,商务印书馆,1992年,第320页。
[②] 参看同上书,第151页,第320—323页。
[③] 同上书,第323页。

期看,并不存在所谓土地报酬递减的现象。农业生产率的提高,证明土地报酬递减未必是一个规律。

二、农业生产率变化的制度性因素

有必要把制度和体制的变更看成是工业化过程中西欧各国农业生产率变化的重要原因。在这些国家,土地所有权的归属和明确尤为重要。正如本书第一章所指出的,无论是突破传统生产方式之后进行工业化的国家,还是边进行工业化、边突破传统生产方式的国家,农民拥有土地所有权都是关键所在。在租佃制之下,"永佃制在佃户看来不失为一种有吸引力的办法,因为只有在佃户不交租时地主才有权让佃户退田;但地主对此不感兴趣"[1]。理由很清楚,永佃制使地主失去了对土地的完全所有权,没有一个地主心甘情愿把永佃权(也就是永久土地使用权)交给佃户。只要劳动力供给还比较充裕,地主是不愿选择永佃制的,所以在同地主的交涉中,"农民大概不会有取得永佃权的谈判力量"[2]。加之,永佃权也不是对土地最有效的利用方式,问题在于永佃权的继承始终是不确定的。佃户可以决定永佃权的继承人吗?不一定。地主是不打算使租佃出去的土地细分的。如果地主坚持土地不可细分原则,不管农民有几个儿子,他只能选择其中一人作为永佃权的继承者。那么他会选择谁呢?"尽管他本人可能是一个'好'佃户,但如果他有遗赠权,他

---

[1] 希克斯:《经济史理论》,商务印书馆,1999年,第100页。
[2] 同上。

也许会把他的租入土地传给某个不太'好'的人。"①比如说,遗赠给某个能力最差的儿子,以免这个"弱者"将来生活没有保障。这就是"弱者继承"原则。这与庄园在不可细分的原则下通常实行的"强者继承"原则是不一样的。庄园的不可细分,保证了庄园土地所有权的不分散和领地管辖权的不分散,因此通常实行"强者继承",以免最终失去土地所有权和领地管辖权。永佃制与此不同。租入永佃土地的农民没有土地所有权,只能靠此糊口,所以在只能传给一个继承人的条件下只好传给能力最差的儿子。"弱者继承"的做法使土地使用效率必然下降。

因此,工业化过程中最有利于提高农业生产率的制度因素,就是拥有土地所有权的家庭农场制的建立以及由此激发的农民生产和经营的积极性。

其他有利于农业生产率提高的制度性因素有:

一是交易成本的下降。工业化过程中市场的扩大和市场秩序的完善,使得农产品生产者能够更好、更快地获得市场信息,为自己的下一年度种植和饲养计划进行合理的调整,并为所生产的农产品找到销路。这就是交易成本下降的后果。此外,工业化的进展伴随着运输条件的改善,使得农产品生产者同市场之间的联系越来越方便,他们可以利用各种运输手段把自己的农产品及时运到市场。在生产资料的采购方面,交易成本同样是不断降低的。以英国农村为例,"在 18 世纪末叶以前,(农村)通常是没有商店的。他们依靠小贩,这是把货物由自己背上或

---

① 希克斯:《经济史理论》,商务印书馆,1999 年,第 100 页。

用一匹驮马驮着的一些人"①。这样,不仅农民购物不方便,而且农业生产也深受影响:"英国内地乡间的铁匠所需的煤,由于道路坏得不能行马车,就装在袋里用马驮着送来。"②工业化以后,道路的改善和交通运输的方便,大大降低了农村购买生产资料的交易成本,从而提高了农业生产率。

二是金融事业的发展使农民得到比较方便的融资。农民在生产经营活动中需要融资,然而在工业化以前,农民的贷款是十分困难的,他们只能求亲靠友,或者不得不忍受很高的利率向高利贷者借钱。在西欧各国的工业化过程中,金融业发展迅速,农村金融也有很大起色,使农民能够比过去容易得多地取得所需要的贷款来扩大生产规模和购置农业机械。还有,前面提到的农村不动产抵押贷款制度的推行,在稳定和发展农业生产、改善农民生活方面都有重要作用。

三是政府对农业投入的增加。在工业化后期,这一因素尤其突出。政府对农业增加投入是多方面的,包括政府加大了对农业科学研究的支持力度,政府着力推广农业技术,政府在防治植物病虫害和消除、预防动物疫情方面的努力,以及政府在电力设施、通信设施、水利设施等方面的投入等等。所有这些都有助于农业生产率的提高。

四是西欧各国都加强了农业保护政策,如制定农产品保护价格,防止外国农产品对本国的倾销,鼓励和帮助农民建立合作组织等等。19世纪末和20世纪20年代曾经出现的外国廉价

---

① 哈孟德夫妇:《近代工业的兴起》,商务印书馆,1959年,第66页。
② 同上。

农产品涌入国内市场的情形,在第二次世界大战结束以后的西欧已很难发生,这在很大程度上同西欧各国采取的农业保护政策有关。

三、农业中所使用的劳动力在全国劳动力中比重的下降是正常的

从西欧各国工业化的历史可以看到,农业中所使用的劳动力在全国劳动力中的比重是下降的,而且农村人口在全国人口中的比重也是下降的。如何看待这种现象,关键在于农业生产率是不是提高了。假定在农业中所使用的劳动力在全国劳动力中的比重下降的同时,农业生产率也下降了,那就可以说明这种情况是不正常的,因为它意味着工业化过程中农业的衰退。同样的道理,假定在农村人口在全国人口中的比重下降的同时,农业生产率也下降了,那同样说明农村、农业处于衰退之中。

但实际情形并非如此。从较长时期来考察,农业生产率是提高的,同一数量的土地提供了较多的农业畜牧业产品,每个劳动力平均提供了较多的农业畜牧业产值,那就表明农业并未衰退。农业生产率的提高正是工业化给农村、农业带来的结果。

工业化过程中,农业中所使用的劳动力在全国劳动力中比重下降之所以是正常的,还可以从另外两个角度进行考察。

一方面,从劳动力的去向进行考察。假定农业中所使用的劳动力减少后,多余的劳动力没有工作可做,闲在农村中,那就是劳动力资源的闲置,对国民经济不利。但如果多余的劳动力进了工业和服务业,即在农业劳动力减少的同时工业和服务业所使用的劳动力相应地增加了,那么这应该被看成是工业化过程中的正常

现象。此外,在工业化过程中还有可能发生以下情况,比如说,农民家庭收入增加和生活改善后,家庭中的妇女不再参加田间劳动而成为家务的主持者、管理者,或者,家庭中的子女不再参加田间劳动而进入各类学校学习,那么这些也应该被看成是工业化过程中的正常现象而不能视为农业衰退的反映。

另一方面,从农村土地使用状况进行考察。在这里,首先要分析的是农业劳动力进入非农业之后土地是否被撂荒,被闲置不用。如果在农业劳动力减少的同时,土地使用效率下降了,如一部分原来的耕地闲置下来了,或者,从一年收获两季改为一年只收获一季了,这就在一定程度上反映了农业生产经营存在着问题。如果不是上述情况,即在农业中所使用的劳动力减少的同时,土地使用效率并不下降,或者还有所提高,那就不能认为农业衰退了。当然,工业化过程中,土地使用结构的调整(如耕地、牧场改为建设用地,或耕地改为牧场,牧场改为林地等等),那仍应被看成是正常的。

除此以外,还可以从农民作为经济活动的主体,即市场主体的自主性进行考察。阿贝尔斯豪泽在所著《德意志联邦共和国经济史(1945—1980)》一书中写道:"随着农业人口在全国人口中的比例的减少,土地出租者在地租和债务关系方面主宰农民生活状况的可能性也缩小了。"[1]也就是说,在西欧国家,农业中所使用的劳动力人数的减少从一个侧面反映了农场主雇工人数的减少和租佃制下佃户人数的减少,原因是农业科学技术的进

---

[1] 阿贝尔斯豪泽:《德意志联邦共和国经济史(1945—1980)》,商务印书馆,1988年,第114页。

步和更有效率的农业机械的推广,相应地家庭农场(即依靠家庭成员的劳动为主的自耕农)在农村经济中的地位更重要了。这是工业化后期的农村经济发展的一种趋势。

四、农业产值在国内生产总值中比重的下降也是正常的

从西欧各国的工业化过程来看,农业产值在国内生产总值中的比重是逐渐下降的。到了工业化后期,不仅农业产值在国内生产总值中的比重下降了,连工业产值在国内生产总值中的比重也下降了,这些都是正常现象,符合经济发展规律。至于服务业,它的产值在国内生产总值中的比重长时期内是较低的,但到了工业化后期,情况有很大变化,这就是:服务业产值在国内生产总值中的比重迅速上升,终于成为创造国内生产总值的贡献最大的产业。这同样是符合经济发展规律的。

在这里,有必要对经济学中常用的二元经济这个概念作一些分析。

根据经济学中的解释,在资本主义制度下存在着三种不同类型的二元经济,经济的二元性是普遍的,但二元的构成却很不相同,从而在同一个二元经济概念之下,对二元经济的含义有不同的说明。

第一类二元经济是指在资本主义国家的工业化过程中,由增长快的工业和增长慢的农业构成的二元经济。[①] 即使如此,在西欧,由于各国情况差异较大,所以这样的二元经济在各国的表现也是不一样的。例如,19世纪的德国,工业增长迅速,农业

[①] 参看哈巴库克和波斯坦主编:《剑桥欧洲经济史》第6卷,经济科学出版社,2002年,第530页。

虽然也在增长,但增长率显然低于工业,"德国经济呈现出先进部门(指工业。——作者注)与落后部门(指农业。——作者注)形成鲜明对比的某些特点,我们将这种情况称之为二元经济(dualism),并且认为它是与迅速而不均衡的经济增长相联系的"①。对19世纪中期以后的德国来说,构成二元经济的两个部门,不管是先进的工业还是落后的农业,都是资本主义制度占据支配地位的,差别主要是技术先进程度的不同,因此,不能认为这种发展不平衡状况是制度决定的。

第二类二元经济是指在某些西欧国家,例如意大利和西班牙,尽管19世纪后期和20世纪前期资本主义制度已经确立,但广大农村却继续由封建势力所控制,意大利南部和西班牙除少数大城市以外的农村地区仍然"孤立于现代技术之外,其生活与两千年前几乎没有什么两样"②。这种类型的二元经济,就不可能只用技术先进程度的差异来解释了,制度因素在这里起了重要作用,因为工业是受资本主义经济关系支配的,农业还在相当大的程度上受封建经济关系支配。这样的二元经济又可以称做"半停滞经济"③。

第三类二元经济是指殖民地经济,在这些地区,"外国人管理的现代机器设备和企业与当地人生活的原始状况形成了鲜明的对照"④。毫无疑问,这种情况在工业化过程中的西欧国家是不存在的。

---

① 哈巴库克和波斯坦主编:《剑桥欧洲经济史》第6卷,经济科学出版社,2002年,第530页。
② 同上书,第530页注③。
③ 同上书,第530页。
④ 同上书,第530页注③。

那么，就上述第一类二元经济和第二类二元经济而言，怎样看待农业产值在国内生产总值中的比重的下降呢？应当说，这一比重的下降反映了不同的问题。在第一类二元经济的情况下，反映的是由于技术原因而造成的工业和农业发展的不平衡性；在第二类二元经济的情况下，更重要的是反映了由于制度原因而造成的工业和农业发展的不平衡性。但到了20世纪后期，在西欧，第二类二元经济已经逐渐向第一类二元经济转变了，封建经济关系在农村的影响逐渐减弱了，但技术原因仍继续存在，这是有待于以后解决的工农业发展不平衡的问题。

第三节　农民人均绝对收入水平的变化

一、农业增长率不可能与非农业增长率一致

在西欧国家，农民人均绝对收入水平的变化是同农业增长率也就是农业产值增长率密切相关的。前面，在讨论存在于西欧的二元经济问题时，已经指出了工业和农业发展的不平衡性既同技术原因有关，又同制度原因有关。但总的说来，随着工业化的不断推进，像意大利和西班牙这样一些在工业化前期和中期农村依然受到封建经济关系支配的国家，到了工业化后期，造成工农业增长率差距的制度原因也逐渐减少了。而由于技术原因造成的工农业增长率的不一致，仍将长期存在。这里，将着重对这种不平衡进行探讨。

首先，从生产的特点方面分析，农业与工业和服务业的情况不同。以种植业来说，从播种到收割是一个生产周期，每一个生

产周期结束,农业生产就需要从头开始。一个生产周期、又一个生产周期,都是从头开始的。种子的优选、灌溉系统的完善、土壤的改良、肥料质量的提高以及农业机械的更新等等,固然对提高农业增长率有用,但这并不改变种植业每一生产周期结束后又必须从头开始这一生产的特点。饲养业的情形与此相似。每一批家畜、家禽的售出表明一个生产周期的结束,饲养业的生产又必须从头开始。因此,农业增长率是受到农业本身生产特点的制约的,农业增长率的提高是受限制的。

工业和服务业企业一旦建立和投入生产经营后,以后每年的产值都是在原有的基础上继续提高。新资本的投入、技术装备的进步、工艺的改进、操作人员熟练程度的提高以及经营管理水平的上升,都可以在原有基础上使产品继续增长。这样,从长期来看,工业和服务业的增长率必定高于农业增长率,工业和服务业增长率继续提高的可能性也明显地大于农业。

其次,还应当提到农业的增长要比工业和服务业的增长在更大程度上受到自然条件的影响。在工业中,除了采矿业的增长要受到自然条件的较多限制,以及在服务业中,除了旅游业的增长要受到自然条件的较多限制外,一般都较少受到自然条件的影响。农业则不然,恶劣的气候如水灾、旱灾、风灾、雪灾等所造成的农业生产损失,是众所周知的。这样,农业生产所承受的风险也大大高于工业和服务业,并使得农业的增长率低于工业和服务业的增长率。

此外,在以家庭农场和租佃制下小佃户为农业生产和经营主体的情况下,对农业基本生产条件的改善往往不是这些分散的农业生产和经营主体的力量所能承担的。例如,小流域的治理、防风防沙林的建设、水库和引水干渠的修建等等,都同农业的增产直接有关,但没有哪一个家庭农场或佃户承担得了这笔费用,也没有哪一个家庭农场或佃户愿意出来牵头组织这样的工程,他们只好把希望寄托在政府身上。工业和服务业的情况与此大不相同。工业和服务业企业在选择厂址时,事先必定对可供选择的地区的基础设施条件有充分的了解,电力供应不足、交通运输状况不佳、通信设施落后的地方是不会被选中的。很少企业会在电力供应不足的地方建厂,然后自建电厂,或者会选交通运输状况不佳或通信设施落后的地方建厂,然后自建铁路、机场、通信机构。工业和服务业企业选址的余地很大,它们认为诸如电力供应、交通运输条件和通信设施等问题理应由政府部门解决。而农业则不可能像工业和服务业企业那样有这样的多种选择的机会。家庭农场的位置和土地的分布,一般是祖辈、父辈所购置的,他们很难另选新址。至于佃户,那就更不可能自己选择了。既然基本生产条件不可能由农业生产和经营主体自行选择,农业增长率之所以低于工业和服务业的增长率,那就是可以理解的。

二、农民收入增长率不可能与非农民收入增长率一致

如上所述,农民收入的增长是以农业产值的增长为基础的。在农业增长率低于工业和服务业增长率的大环境中,农民收入的增长率不可避免地会低于非农民收入的增长率。当然,这是就长期而言的,并不排除个别年份内所发生的与此相反的情形。比如说,在城市遭到经济危机的沉重打击,从而导致企业亏损倒闭和大批工人失业时,或者在恶性通货膨胀发生后,物价飞涨,

货币工资的购买力大幅度下降时,都出现过农民生活比城市工人生活好过的现象。

一般说来,农民收入的增长之所以低于非农民收入的增长,除了前面提到的农业生产所受到的各种限制而外,也同工业化过程中农民力量分散,难以同工业中所形成的垄断组织相抗衡有关。农民们在工业化时期也曾建立过自己的组织,但这些组织的力量依然是微弱的,无法同工业中的垄断组织、大型企业的力量相比。这种格局在一些西欧国家直到工业化后期,由于社会舆论的同情和政府的干预,农民及其组织的地位才有所改变,农民在市场中的处境才有所改善。

在讨论农民收入增长率与非农民收入增长率的不一致时,还有必要指出在计算中值得注意的两个问题:

一是,在计算非农民的收入时,计算的是他们所得到的净收入,如城市职工的工资、投资人的利润、利息、租金收入等,而在计算农民的收入时,往往未把农民及其家庭成员的劳动成本剔除,比如说,农民种植或饲养的产品销售收入中,只剔除雇工工资、种子、饲料、肥料、农具或设备磨损、运费等成本开支,至于农民本人和家庭成员为此付出的劳动成本却未被剔除,至少未全部剔除,因农民和他们家庭成员在劳动时具有"自我雇佣"性质,尽管他们没有周末,没有休息日,甚至还要加早班和夜班,但都不计入成本开支之内。这样的计算显然是有疏漏的。

二是,在计算农民收入增长率和非农民收入增长率时,都是按平均数计算的,但二者的平均数所涵盖的内容却很不一样。农业中,在西欧国家的工业化过程中,最大的农场主与最小的农场主、最穷的佃户的人均绝对收入之间的差距虽然也很大,但却远远小于非农业中最大的企业主与从事体力劳动的工人的人均绝对收入之间的差距。这样,农民收入增长率按平均数计算时所掩盖的农民间的收入差距,也就显然小于非农民收入增长率按平均数计算时所掩盖的非农民之间的收入差距。也就是说,非农民收入增长率的可信度更差一些,这正是在分析农民收入增长率与非农民收入增长率时又一个需要注意之处。

三、农民人均绝对收入的增长和农民生活状况的改善

不管怎样,从西欧各国工业化的长时期来考察,农民的人均绝对收入水平是逐渐上升的,这充分反映于农民生活状况的不断改善。

英国是最早进行工业化的国家。英国工业化开始以后,人们就已经注意到英国农民因农产品有较好的销路,所以生活状况好于当时的法国和西欧其他国家的农民。① 尽管如此,当时英国农民的生活标准依然是很低的,英国"汉普郡的长官们在1795年希望农业劳动者能够每星期至少吃三次肉"②。这种想法虽然标准不高,但却被认为是"在表达一种距离实现似乎很远的愿望"③。

稍晚于英国进行工业化的法国和德国,农民在工业化过程中生活状况也是有改善的。克拉潘曾写道,19世纪法国农民的伙食有了很大的改善,"最不幸的法国人吃着在中世纪供君王们

---

① 参看芒图:《十八世纪产业革命》,商务印书馆,1983年,第348页。
② 同上书,第349页。
③ 同上。

享用的小麦面包"①。在德国农村,即使在最贫穷的德国农村,到20世纪初,农民的生活也改善了很多。"一个旅行者在东部再不会在田间看到一个妇人,在十月的天气里,仅仅穿着一件旧的敞胸上衣和一条裙子劳动着,此外什么也不穿。"②而在几十年前,"这种景象是可以看到的"③。

工业化对农民生活的改善不仅仅表现于食物和衣着的改善,而且表现于各个方面。比如说,工业化为全社会提供了大量新的工业生产的生活用品,使农民家庭也能享有私家车辆、家用电器和其他生活资料,用熊彼特的说法:"资本主义过程使消费民主化了。"④"消费民主化"是指:某些消费不限于少数人享受,大多数人都能够享受,差别只是消费品的档次和价格不同而已。

消费民主化的实现在某种程度上同消费信贷方式的推广有关。对低收入的农民家庭来说,小汽车可能是以消费信贷方式获得的,住宅也如此,但归根到底仍归因于农民人均绝对收入是上升的,否则如何能支付得起商品购置费用?

西欧各国农民人均绝对收入水平的上升趋势,说明了在西欧各国工业化过程中农村和农业并没有衰退。不仅如此,这还说明了在工业化过程中,农业生产的发展和农民生活状况的改善也对工业化进展产生了积极影响,因为国内需求增长了,国内

---

① 克拉潘:《1815—1914年法国和德国的经济发展》,商务印书馆,1965年,第446页。
② 同上。
③ 同上。
④ 熊彼特:《资本主义、社会主义与民主》,商务印书馆,1999年,第248页。

市场扩大了。

四、农民从农业以外取得较多收入的途径

首先需要指出,工业化以前西欧各国的农村存在着隐性失业者,即农村中有不少劳动力表面上似乎有工作可做,实际上却是人力资源的闲置,他们无活可干。然而在工业化以前的经济中,农村中闲置的劳动力很难找到工作,即使远离家乡,进入城市,也不一定能就业,除非远赴美洲。因此,工业化开始后,农村以外、农业以外的就业机会增多了,农村人口外出成为一种时尚,关于这一点,前面已经作了分析。[①]

这里要讨论的是:工业化前期"农业和工业之间存在着日益扩大的生产率差距"[②]。据统计,在1801—1811年和1831—1841年,英国制造业、采矿业和建筑业中的就业人口人均实际产出每年增长2.2%,而农业、林业和渔业中人均实际产出每年仅增长1.1%。[③] 人均实际产出增长率的部门差距不仅吸引着农村中闲置劳动力外出,而且还吸引着并未闲置的劳动力外出,因为人均实际产出增长率的部门差距是同人均收入增长率的部门差距紧紧地连在一起的。

那么,农民的外出务工,究竟推力是主要的还是拉力是主要的?看来,在工业化之初,推力始终占主要地位,因为当时不少农村太穷了。在英国,"由于条件好的地区生产力的提高,会使

---

① 参看本书第四章。
② 马赛厄斯和波斯坦主编:《剑桥欧洲经济史》第7卷上册,经济科学出版社,2004年,第121页。
③ 参看迪恩和科尔:《英国经济增长(1688—1959)》,剑桥,1962年,第172页。

位置较不好地区的农场停止生产。这些被排挤出来的农业人口,为了生存而不得不在工业化早期进入工业领域"①。也就是说,边远地区的农村和生产条件差的农村,首先释放出农业中的多余劳动力,他们是被生活所逼而外出的。"这种原动力是来自生存压力的推动而不是来自追求美好生活的拉动。"②

到了工业化中期,情况发生了变化。例如,在英国,到了19世纪90年代,尽管农民的人均绝对收入增加了,但他们仍然外出做工,主要因为外出做工或兼做农业以外的工作可以得到更多的收入。③ 工业化和城市化的推进为农民从农业以外取得较多收入提供了不少机会。至于农民外出的推力和拉力之间的关系,应当说,二者始终是并存的,只有主要与次要之分,而不可能只有其一,没有其二。以工业化初期来说,无论偏远地区的农村多么穷困,如果没有外面的拉力,再大的推力也无济于事。推力把农民推到本乡本村之外,这些人如果在外面找不到活路,当了一阵子流浪汉,不仍会返回本土吗?工业化中期,不管外面的拉力有多大,如果农民认为本地的生活条件已经使自己基本满足了,对本地从业的前景不感到悲观,那么他不会有外出的推力,外面的拉力对他也是不会起作用的。这种情况到工业化后期格外明显,城市里不少职业和工作岗位吸引不了农民,于是外国移民填补了空位。

除了进城务工以外,西欧各国的农民在工业化过程中还能

---

① 马赛尼斯和波斯坦主编:《剑桥欧洲经济史》第7卷上册,经济科学出版社,2004年,第121页。
② 同上。
③ 参看同上。

通过以下这些途径取得较多的收入：

1. 依靠农业产业链的延伸。例如，以种植或饲养作为产业链条上的中心环节，可以向两端延伸：向上延伸，包括种子培育和供应、饲料供应、农具供应、化肥和农药供应等等；向下延伸，包括农产品加工、农产品运输、农产品销售等等。总之，产业链的延伸，包括了工业和服务业的工作，这些都可以成为农民的就业岗位。单个农户可能无法照顾到产业链上这么多的行业，但通过合作社组织起来的农民是能够做到这一点的。西欧国家的农业合作社在19世纪最后25年内有较大的发展，这是农民应付1875年以后海外农产品竞争的严峻形势的对策。而且，农业合作社所从事的不只是产业链的延伸，还包括农业信用服务，以及在传播新技术方面发挥的积极作用。[1] 当时，在西欧大陆，除了西班牙和葡萄牙以外的其他地区的农业合作社都很活跃，尤其是德国、奥地利、荷兰、比利时和北欧国家，合作社发展更快。[2]

2. 依靠农村家庭手工业。农村家庭手工业在工业化以前就已经是一些地区农民的收入来源之一了。工业化开始后，农村家庭手工业经历了一个分化重组过程，在这个过程中，一些产品简陋的家庭手工作坊被新建的、使用机器生产的工厂及其产品淘汰了，这些家庭手工作坊的从业人员或者转而从事种植业和饲养业，或者外出务工去了。但有一些生产具有本地特色产

---

[1] 参看哈巴库克和波斯坦主编：《剑桥欧洲经济史》第6卷，经济科学出版社，2002年，第629页。

[2] 参看同上。

品的家庭手工作坊却保留下来,其中既有生产优质产品(如餐具、酒类、乳制品、刺绣、花边等)的家庭手工作坊,也有生产工艺品和纪念品的家庭手工作坊。

3. 依靠旅游业。这主要指一些风景名胜地点的农民家庭所从事的非农业经营。当地的农民利用自己的房屋,兼营旅店、餐馆,或出售工艺品、纪念品,或充当导游,以增加收入。

4. 依靠投资活动。这里所说的投资,不是指农民对自己所从事的种植业、饲养业、家庭手工业或旅游设施(住宿和餐饮设施)的投资,而是指其他领域的投资。19世纪中叶起,普鲁士农村中从事投资活动的人比较多,据统计,当时普鲁士"从事农业劳动并有收益的那些人中……41%的人还从事采矿和制造业"[①]。这很可能与普鲁士矿产资源较丰富而且资源比较分散,加之这时工业化已经开始,市场对矿产品的需求较旺有关。进入工业化后期以后,随着农民收入的增长和理财观念的转变,西欧农村中从事投资的家庭可能不在少数。

五、政府对农业的支持和农民收入的上升

从西欧各国工业化的历史来看,在这期间,西欧经历过两次严重的农业危机。

一次是19世纪70年代以后,一直延续到20世纪初。造成这次农业危机的主要原因是东欧农产品(以粮食为主)和美国农产品(包括粮食、饲料、肉类)对西欧农产品的冲击。它们价格低

---

① 奇波拉主编:《欧洲经济史》第4卷上册《工业社会的兴起》,商务印书馆,1989年,第91页。

廉,加上陆路和水路的运输都比过去方便得多,所以迫使西欧各国的农产品价格长期处于低谷。西欧农民的产品销不出去,收入减少,破产的家庭农场数目增加。农民唯一的有效对策就是通过合作社这种组织形式提高农产品的加工值或寻找农业以外的收入来源。在这种形势下,一些西欧国家的政府采取支持农业和帮助农民的措施,把农民稳定下来,以避免社会动荡不安。

另一次严重的农业危机发生于第一次世界大战结束后不久,经过20世纪20年代一直没有消除,接着又发生了1929—1933年世界经济危机,农业危机和工业危机交织在一起,到第二次世界大战在欧洲战场爆发后才结束。这次农业危机的前半段,原因在于第一次世界大战结束后美国的廉价农产品又冲击了西欧农产品市场;而这次农业危机的后半段,原因还在于工业危机的交织。由于危机的严重性,西欧国家的政府采取了比19世纪末更有力的措施来帮助本国受损失的农场主和振兴本国农业。虽然由于一些西欧国家因第二次世界大战的爆发而使农业危机结束了,但政府对农业和农民的支持已被人们几乎一致地认为是不可缺少的。

第二次世界大战结束以后,西欧各国都面临着复兴国民经济和复兴农业的迫切任务。各国政府汲取了战前的经验教训,为了稳定社会和促进国民经济恢复发展,继续执行支持农业的政策,并加大了支持力度。从18世纪后期算起,到20世纪后期,西欧的工业化已经大约进行了200年。在这200年中,西欧农业发展最快、变化最大的是在最近几十年,也就是20世纪50年代以后,这正是政府对农业的支持力度逐渐增大的时期。在西欧国家中,农业变化最明显的是大陆国家,如法国、德国(联邦德国)、意大利。与英国相比,农业人口在这三个国家总人口中所占的比例一直高出很多,特别是像意大利这样的国家,农业长期是相当滞后的。正是在第二次世界大战结束以后的这些年,经过农村的改造和农业的复兴,旧式的农村已经不再存在了,新型的农村代替了它。不仅如此,更重要的是农民的思维方式已经不同于过去,同市场经济已经日益适应,也就是说,"传统价值观念和生活条件正在消失"①。西欧农民经济状况和生活状况已经完全不同于19世纪,像1846—1849年爱尔兰大饥荒的悲剧只能作为一种历史的陈迹留在人们的记忆中。②

到了20世纪后期,西欧各国政府相继实行了包括农民在内的国民社会保障制度。农民享受社会保障在不同的西欧国家有早有晚,即使某些国家建立得稍晚一些,但只要让农民能够享受社会保障,对农民的生活改善也是起了很大作用的。这不仅稳定了农村社会,而且由于社会保障制度的建立解除了农民的后顾之忧,从而大大增加了农民的投资,促进了农业生产条件的改进,从而增加了农业产值。

下面,让我们看一看相关的统计数字。

首先,农业中劳动力人数在大幅度减少。从农业中雇用的有报酬劳动力人数来看,以1950年为100,1970年的指数是:③

---

① 奇波拉主编:《欧洲经济史》第5卷下册《二十世纪》,商务印书馆,1988年,第16页。

② 参看格伦斯基编:《社会分层》(第2版),华夏出版社,2006年,第323页。

③ 参看奇波拉主编:《欧洲经济史》第5卷下册《二十世纪》,商务印书馆,1988年,第14页。

法国	44
联邦德国	44
意大利	43

其次,农业机械化程度提高了很多。以农业中使用的拖拉机数目计算,以1950年为100,1970年的指数是:①

法国	925
联邦德国	1,010
意大利	1,100

再次,粮食的生产率也有了很大的增长。以粮食单位面积产量计算,以1950年为100,1970年的指数是:②

法国	265
联邦德国	165
意大利	186

需要着重指出的是,法国、联邦德国、意大利这三个大陆国家的农业之所以会有这样快的发展和这么大的变化,同欧洲经济共同体的建立以及欧洲经济共同体内部对农业的重视是分不开的。要知道,1957年缔结的《罗马条约》只规定了欧洲经济共同体农业政策的总的指导方针,欧洲经济共同体成员国的共同农业政策是在20世纪60年代逐渐形成的。虽然有关共同农业政策的争论一直没有停息,但成员国政府对本国农业的支持力度始终没有减小。农产品价格上升了,粮食产量扩大了,欧洲经济共同体内部主要农产品的自给率提高了。请看下面三组统计数字:

---

① 参看奇波拉主编:《欧洲经济史》第5卷下册《二十世纪》,商务印书馆,1988年,第14页。

② 参看同上。

1968—1969 年的农产品价格①
(1957—1960 年＝100)

法国	联邦德国	意大利	欧洲经济共同体
137	104	123	123

1968—1969 年的粮食产量②
(1957—1960 年＝100)

法国	联邦德国	意大利	欧洲经济共同体
146	137	134	140

欧洲经济共同体内部主要食品的自给率(％)③

	1957—1962 年	1968—1969 年
小麦	91	112
谷物总额	85	94
食糖	103	104
黄油	101	113

用于发展农业的经费一部分来自欧洲经济共同体的共同基金，基金所需款项由各国筹集，基金的使用并不是平均分配的，因此有的国家感到满意，有的国家对分配比例不满，经常争吵不休，但这并不否定这段时间内的西欧农业在本国政府的支持和欧洲经济共同体成员国的共同努力下得到了较大的发展，而各国农民的人均绝对收入水平也在这个基础上提高了。

---

① 参看奇波拉主编：《欧洲经济史》第 5 卷下册《二十世纪》，商务印书馆，1988 年，第 25 页。
② 参看同上。
③ 参看同上。

第四节 农村中公共设施的增加和农民人均公共设施享有量的变化

一、增加农村公共设施和提高农民生活质量

在西欧各国工业化过程中,农村中的公共设施是逐渐增加的,农民人均公共设施享有量也是逐渐上升的。这是关系到农民生活质量提高程度的重要标志之一。有了各种公共设施,农民才能同城市居民一样享受到同样的服务,也就是才能同城市居民一样享受到经济发展的成果。甚至在一些人看来,由于农村空气清新,环境污染少,在公共设施方面能享受到同城市居民一样的服务后,生活于农村要比生活于城市中更加舒适。

进入工业化中期以前,西欧各国农村中的公共设施一部分是政府投资兴建的,主要是教育设施,一部分则是社会团体、教会或慈善组织投资兴建的,包括学校、教堂、医疗机构和慈善设施。到了工业化后期,除了社会团体、教会或慈善组织继续投资兴建农村公共设施以外,政府的投资在这方面起了越来越重要的作用,而且政府投资兴建的已经不限于教育设施,还包括其他方面的设施。政府投资的增加同政府对农村和农民生活状况的改善日益关注有关。

乡间交通和通信设施投资的增长以及交通和通信设施的完善,主要是在工业化后期。一方面,政府的投入增加了,使得乡间尤其是山区交通越来越便利,通信设施也越来越普及;另一方

面,农民收入的增长在这里也起了重要作用,因为这使得城乡之间联系加强了,使交通运输业的市场和通信业的市场扩大了,从而为满足农民的需求创造了条件。

在农村公共设施增加、完善和农民生活质量提高的过程中,农民或农村的社区组织的发展也起了重要作用。工业化以前的西欧农村的社区组织,经历了这么长的时间,有的已经消失了,或名存实亡,不发生作用了,有的经过改组,逐渐形成了与新的环境、新的人际关系相适应的社区组织,但互助精神作为一种传统仍保存下来。重要的是,随着公共设施的增加和完善,新的社区组织可以更好地利用交通设施、通信设施、医疗卫生设施等服务于社区内的农民,使农民的生活质量得以提高。

二、农村教育文化设施的作用

农村生活条件的改善和农民生活质量的提高,同农村教育文化设施的增加和完善有着密切的关系。从某种意义上说,这是工业化后期的西欧农村同工业化前期(更不必说工业化以前)最显著的差别之一。

从西欧国家的工业化过程来考察,19世纪,西欧各国的农民普遍地缺少同市场经济的适应能力,缺少市场信息,缺少公平地进入市场的机会,也不能根据市场的情况变化来调整自己的生产和经营。还有相当多的农民缺少靠种植业、饲养业的生产和经营来增加收入的技能。这同农民的受教育年限短和农村教育水平低是分不开的。"农民即使具有经受天灾人祸的高度技能,他们仍然一直是漫不经心的经理人员;没有做生意本领的蹩脚的记账员;不懂得科学,未受过农业教育。"①不仅如此,19世纪的农民的精神状态也比较差。② 这既可能是由于当时市场运行还不规范,市场秩序还不正常,进入市场前后农民的心理压力大,有畏缩的心态,也可能是由于对市场缺少知识,缺乏了解,往往认为赚钱不是一件难事,所以总是抱着侥幸心理和较高的期望值进入市场,结果失望、灰心。传统农村的"小富即安"的想法在农民身上有充分的体现:他们"满足于付出最少资本与精力而获得的小量收入,从而缺乏进取心"③。这样就给人们留下一种印象,似乎"农业是不需要努力奋斗和拼搏精神的产业"④。

工业化中期以后,尤其是到了工业化后期,社会上越来越多的人懂得,让更多的农民受到较好的教育是提高农民素质和增加农民收入的有效途径。只有农民的素质提高了,农民的收入增加了,农村的面貌才会发生根本性的变化。舒尔茨曾提出一个著名的观点:农民能力的提高是农业发展的最重要因素。这一著名的观点有着广泛的影响。舒尔茨曾对西欧国家近年来的农业发展作过调查研究,他对丹麦和荷兰农业成就的主要原因进行分析后所得出的论断,也被人们广泛认同。舒尔茨的论断是:在丹麦和荷兰这样的人口密度较高而土地资源相对较少的西欧国家,"新农业技能和关于农业的新知识可以成为农业增长

---

① 考特:《简明英国经济史(1750年至1939年)》,商务印书馆,1992年,第241页。
② 参看同上。
③ 同上。
④ 同上。

的主要源泉"①。

舒尔茨的论断是对流行于西欧的农业发展理论的挑战,因为传统的农业发展理论认为土地是决定性因素,后来又在土地之外加上了农业机械的使用。舒尔茨则认为:"在解释农业生产的增长量和增长率的差别时,土地的差别是最不重要的,物质资本的质的差别是相当重要的,而农民的能力的差别是最重要的。"②根据舒尔茨的分析,尽管农村中一些年轻人在受到较好教育之后离开农村去从事其他工作了,但资料仍然表明,"农民的技能和知识水平与其耕作的生产率之间存在着有力的正相关关系"③。

怎样提高农民的技能,并使得新知识成为农业增长的主要源泉呢?教育被提到最重要的位置上。教育的功能在于引导人们"走出愚昧无知的黝黑森林进入领悟的光明"④。对农民的教育也应当这样来理解,即关键在于提高农民的素质,"单纯科学教育不能为我们做到这一点,因为它只涉及技术知识的概念"⑤,要从纯技术知识和技术能力的传授扩大到人文科学方面,扩大到价值观念的转变。这就是在农村公共设施建设中不仅要有教育设施,还要有文化设施和公共设施,以及不仅要让农村中的青少年和儿童受到较好的学历教育,让农村中的成年人接受继续教育,而且还要通过社区组织、宗教团体向农民进行伦

---

① 舒尔茨:《改造传统农业》,商务印书馆,1987年,第942页。
② 同上书,第13页。
③ 同上书,第136页。
④ 舒马赫:《小的是美好的》,商务印书馆,1985年,第57页。
⑤ 同上。

理教育的重要原因。

在政府对农村教育文化设施增加投入的同时,社会团体、宗教组织和公益机构等用于这些方面的投入,在工业化后期不仅没有减少,反而是增加的。

三、环境保护和农村生活质量

本书第三章"工业化和技术创新"的第四节"工业化过程中的环境保护问题"中,已经提到西欧各国在工业化后期对环境保护和环境治理是越来越重视的,其中还提到工业由城市向农村转移污染的做法逐渐被制止。因此在这里只准备就环境保护和农村生活质量之间的关系作一些分析。

从工业化一开始,长时期内,西欧国家由于在工业发展的同时不注意企业废水、废气的排放和废渣的处理,造成工矿企业周围的环境受到严重破坏,甚至小流域的整个环境遭到污染,使农村和农民的生活质量下降。这种情况引起农民的抱怨、抗议,更引起了社会的关注。从工业化中期起,一些西欧国家的社会各界掀起了对工业企业排放废水、废气、废渣的抵制浪潮,同时也抵制会造成环境破坏的工业企业建立于农村或由城市向农村转移的行为。但在20世纪60年代以前,社会上对防止污染扩散的呼吁还只能停留在舆论平台上,对造成环境污染的工矿企业的抵制还只可能停留在个案的处理上。真正使工业企业在废水、废气、废渣的排放上受到限制,是在20世纪70年代以后。20世纪60—70年代是西欧国家从忽视环境质量转向重视环境质量的一个关键时期,主要反映于政府的政策从20世纪70年代起有了重大的转变。在政府的监管日趋严格和细致以及社会舆论的反应越来越强烈的压力下，工业企业不得不改变了长期以来忽视环境质量和居民利益的做法。

西欧国家的政府在这个问题上态度的转变是十分重要的。政府从工业化刚开始时的偏袒工业企业，到以后长时期内对工业企业破坏农村环境的现象不闻不问，听之任之，再到工业化中期以后开始重视这一问题，直到工业化后期对造成环境破坏的工业企业实行重罚严处，直至勒令它们停产，反映了政府态度的变化。这里既有政府出于竞选的需要，希望能够得到城乡居民的支持，也由于近年来政府领导人和政府部门工作人员环保意识增强和环保责任感的建立，他们认识到必须防止环境污染，加强环境治理，因为这不仅关系到国家的前途，而且关系到全人类的利益。在这种形势下，农民生活质量的提高就有了可靠的法律和政府的保证。政府态度的上述转变，应当被看成是西欧各国工业化后期社会正义的胜利。

从农业生产率的变化、农民人均绝对收入水平的变化、农村公共设施的变化等方面可以清楚地了解到，在西欧国家，尽管过去较长时间内农村、农业、农民问题未曾得到政府应有的重视，但自从工业化中期以后，尤其是进入工业化后期以来，情况已有重大的改变。所谓"工业化导致农村、农业衰退"的说法，已被事实说明是不符合今日西欧实际情况的。也就是说，如果没有工业化，没有工业化所带来的制度和体制的调整，没有工业化过程中出现的技术进步，没有伴随着工业化所导致的人际关系的转变和价值观念的更新，就不可能有现代西欧的农村、农业和农民。这里，农民的变化是最有意义的，因为虽然在工业化过程中西欧农民的人数一直在减少,但如今"大多数农村家庭已不再是由传统意义的农民组成的了"①。

---

① 奇波拉主编:《欧洲经济史》第 5 卷下册《二十世纪》,商务印书馆,1988 年,第 16 页。

第九章　工业化过程中制度调整的第一阶段

从本书第二章到第八章所讨论的,是西欧各国工业化过程中社会经济所经历的一系列重大事件,如资本形成、技术创新、社会流动、利益集团、城市化、中产阶级,以及农村和农业的变化。所有这些都同资本主义的制度调整有关。它们为资本主义制度调整提供了背景、过程和后果的分析。本书以下两章(第九章、第十章),将转入资本主义制度调整这一专题。资本主义制度调整在西欧国家可以分成两个阶段:第九章讨论资本主义制度调整的第一阶段,第十章讨论资本主义制度调整的第二阶段。第一阶段和第二阶段的分界线,可以定在20世纪30年代,或者说定在1929—1933年世界经济危机期间。但由于1929—1933年世界经济危机过去不久就爆发了第二次世界大战,西欧经济转入了战时经济的轨道,直到1945年第二次世界大战结束,西欧才转入战后恢复和重建阶段,所以严格地说,资本主义制度调整的第二阶段,在西欧国家,开始于20世纪40年代后半期,而在50年代以后加快了速度。

第一节 制度更替和制度调整的比较

一、制度更替：推进工业化的前提

制度更替，是指一种社会经济制度代替另一种社会经济制度，或者说，是指一种生产方式代替另一种生产方式。在拙著《资本主义的起源——比较经济史研究》一书中曾指出，在西欧，资本主义制度代替封建主义制度，就属于制度更替。①

制度调整，是指在制度不变的前提下，即在同一个制度之下，由一种体制转变为另一种体制。在《资本主义的起源——比较经济史研究》一书中曾以中国为例，说明经过中晚唐五代大约二百年的过渡，进入宋朝以后，中国封建社会已由刚性体制转为弹性体制，但中国依然是一个封建制度的国家，这就属于制度调整。②

本书所讨论的是西欧工业化问题。西欧工业化过程中的制度更替是指：摆脱传统生产方式（即封建主义制度），确立与工业化相适应的资本主义制度。

正如本书第一章已经论述的，西欧国家可以分为两类。一类是在摆脱传统生产方式、确立资本主义制度之后进行工业化的国家，如英国和法国，在这些国家，在工业化以前就已经实现

---

① 参看厉以宁：《资本主义的起源——比较经济史研究》，商务印书馆，2003年，第五章、第六章。
② 参看同上书，第七章。

制度更替了。另一类是边进行工业化、边突破传统生产方式的国家,如德国。在这里,制度更替是在工业化过程中实现的。

因此,在讨论工业化过程中的制度更替时,制度更替是就上述第二类西欧国家而言。以德国为例,德国工业化过程中的制度更替是渐进的,带有改良的色彩,而并非像法国那样以暴力革命的手段来推翻封建制度。在德国,统治集团认识到,尽管工业化已经开始了,但如果继续维持封建制度,工业化的推进将会遇到越来越多的困难和越来越大的阻力,而只有根据德国的国情,以渐进的方式来摆脱传统生产方式,实现制度更替,才能使工业化取得更大的进展。

在上述第二类西欧国家中,在制度更替方面,瑞典可能是比德国更为渐进的国家。瑞典开始建立近代工业是在18世纪,当时仍是处于封建制度之下。直到19世纪中期,瑞典依旧是一个传统的封建等级制的社会,贵族、神职人员、市民、农民四个等级始终存在,而且等级森严,贵族拥有特权,这成为瑞典社会权力结构的基础。[①] 等级社会的解体和传统权力结构的崩塌开始于19世纪中期,渐进式的改良大约经历了二十多年。在瑞典,没有发生大的政治斗争和社会动荡,而是在社会的压力下,进行了议会的改革,通过选择,把市民尤其是农民的代表选进了议会。连贵族等级中的一些人也在社会压力之下支持议会的改革。[②] 议会改革的成功使瑞典实现了制度更替。瑞典的工业化从此大

[①] 参看马赛厄斯和波斯坦主编:《剑桥欧洲经济史》第8卷,经济科学出版社,2004年,第934页。

[②] 参看同上。

大加快了。

二、工业化过程中的制度调整:从刚性体制逐渐转向弹性体制

(一) 资本主义制度调整就是资本主义制度下的体制转换

本章一开始曾指出:封建主义制度调整是封建主义制度下的体制转换,即从刚性体制逐渐转向弹性体制。在拙著《资本主义的起源——比较经济史研究》一书中,对封建主义制度下的制度调整有这样两段分析:

一段是:"以封建社会来说,刚性体制是指:这种体制本身是僵硬的,不容许有什么重大的改变,封建统治者按照既定的方式进行统治,以确保制度的存在和延续。弹性体制是指:这种体制在不违背封建统治者整体利益和长远利益的前提下容许改变,封建统治者以相对灵活的方式进行统治,以确保制度的存在和延续。"[1]

另一段是:"最高封建统治者的意图要通过一系列政策措施的调整才能得到实现。封建社会中的制度调整机制就由这样一系列旨在缓和社会矛盾的政策措施所构成。由于封建制度调整机制不断起作用的结果,刚性的封建制度逐渐具有弹性。"[2]

这两段话对于研究西欧各国工业化过程中资本主义的制度调整是有启示的:一方面,资本主义制度调整就是资本主义制度下的体制转换,即从资本主义制度下的刚性体制转向资本主义

---

[1] 厉以宁:《资本主义的起源——比较经济史研究》,商务印书馆,2003年,第45页。
[2] 同上书,第50—51页。

制度下的弹性体制,但资本主义制度依然未变;另一方面,资本主义制度下由刚性体制转向弹性体制,目的是为了确保资本主义制度的存在和延续。

需要进一步探讨的问题是:封建主义制度下的刚性体制和弹性体制的基本区别是什么?资本主义制度之下的刚性体制和弹性体制的基本区别又是什么?对资本主义制度下的刚性体制和弹性体制应当下什么样的定义?

让我们转到这些问题上来。

(二) 资本主义制度下的刚性体制和弹性体制的基本区别

先从封建主义制度下的刚性体制和弹性体制的基本区别谈起。

中世纪的西欧社会是典型的封建主义制度下的刚性体制社会。中国自宋朝以后的社会是经过封建主义制度调整的弹性体制社会。二者的基本区别是:

前者实行的是领主制,只有贵族才能成为庄园土地的领主;农奴没有人身自由,依附于领主,依附于土地;社会流动(无论是垂直的社会流动还是水平的社会流动)受到极其严格的限制;等级森严,几乎无法逾越。

后者实行的土地制度是:土地可以分割处置,可以买卖和转让;地主拥有土地,平民也能成为地主;农民可以拥有自己的土地,也可以充当佃户或雇工,并有人身自由;对社会流动的限制放宽了,人们可以水平社会流动,并且通过某些途径(如考试等)实现垂直社会流动;等级虽然还存在,但并非不可逾越。

归结起来,西欧中世纪封建社会的刚性体制和中国宋朝以后封建社会的弹性体制有四个基本区别:

1. 土地仅限于贵族、领主拥有,还是平民也能拥有土地。

2. 农业劳动者主要是依附于领主的农奴,还是有人身自由的农民。

3. 社会流动是受到极其严格限制的,还是放宽了。

4. 等级几乎无法逾越,还是有可能逾越。

那么,能不能把封建社会刚性体制和弹性体制之间的基本区别用来解释资本主义制度下刚性体制和弹性体制之间的基本区别?这是不可能的,因为封建主义制度同资本主义制度是两种截然不同的社会经济制度。尽管在工业化过程中不断有突破社会等级限制、加大社会流动性、建立自耕农经济以及改革选举制度等重要措施,但必须指出,这些都属于确立资本主义制度而应当完成的任务,但也表明封建主义制度下的若干体制方面的内容要在工业化过程中逐步消除。这依然是制度更替方面的未完成的事情,而不能误以为这些就是资本主义的制度调整,即由资本主义的刚性体制向弹性体制的转变。

资本主义制度是同市场经济体制紧密地联系在一起的。资本主义制度确立以后长时期存在的是刚性体制,工业化中期以后逐步由刚性体制转向弹性体制,到了工业化后期,大体上已经转变为弹性体制。资本主义制度下的刚性体制和弹性体制都属于市场经济体制,二者的基本区别在于:在资本主义制度的刚性体制下,实行的是自由市场经济体制,而在资本主义的弹性体制之下,实行的则是混合市场经济体制,因此,二者的基本区别就是自由市场经济体制和混合市场经济体制的基本区别。资本主义制度调整就是由自由市场经济体制向混合市场经济体制的转变。

自由市场经济体制是指:让市场经济机制在经济生活中充分发挥作用,让市场调节经济,政府对经济不进行干预,政府只起着"看门人"、"守夜人"的作用,只维持市场秩序,保证市场自由运行。

混合市场经济体制是指:让市场经济机制在经济生活中发挥作用的同时,政府除了维持秩序和保证市场顺利运行而外,还参与经济活动,干预经济生活,调节市场。在某些情况下,如发生剧烈的经济波动和社会动荡时,政府起着主导作用,以维持经济和社会的稳定。特别是在社会因收入分配和民生问题的恶化而激起尖锐的社会矛盾时,政府负有缓解社会矛盾的社会责任而不能听之任之,无所作为。

(三) 资本主义制度是不是改变了?

从资本主义制度下的刚性体制(自由市场经济体制)转向弹性体制(混合市场经济体制)后,资本主义制度并没有改变。

关于资本主义制度调整的设想,一般认为始于19世纪中期的英国经济学家约翰·斯图亚特·穆勒,他于1848年所著《政治经济学原理》一书[①]被认为是英国产业革命开始之后不久就提出资本主义将发生变化的开创之作。但穆勒是市场经济体制的拥护者,他不同于同时代或较早一些的欧洲社会主义者,他不像当时的社会主义者那样有过资本主义制度"必然发展成为某种其他的东西"[②]的想法。他"只是认为:人们能够、应当而且必定会依靠理性感觉到他所认为的资本主义制度的缺陷,从而改变这种制度"[③]。

[①] 约翰·斯图亚特·穆勒:《政治经济学原理》,商务印书馆,1991年。
[②] 熊彼特:《经济分析史》第2卷,商务印书馆,1992年,第256页。
[③] 同上。

第九章 工业化过程中制度调整的第一阶段

熊彼特本人在1942年所著《资本主义、社会主义与民主》一书的初版序言中,承认自己是一个"非社会主义者"①,但他在书中却写道:"在资本主义体系内的逐步社会主义化,不仅是可能的,而且是最明显可以期望的事情。"②他有这样一种信念,即认为过渡到社会主义已经成为一种趋势,所以需要讨论的"是完全不同的过渡政策,它是政治革命建立起社会主义政权以后要实行的过渡政策"③。

在资本主义向社会主义过渡问题上,熊彼特的观点是:这种过渡应当是和平的、渐进的,否则就会引向恐怖。他写道:"很清楚,在任何不成熟到需要革命的形势下的社会主义化,不但有中断法律连续性的意思,而且有随接出现恐怖统治的意思,不论从短期或长期看,这种情况不可能有利于除了那些发动革命者以外的任何人。"④而在《资本主义、社会主义与民主》一书的第三版序言(1949年)中,他还以英国战后工党政府推行的制度调整为例,这样写道:"两年里英国发生的所有事情中最使我有鲜明印象的是沿社会主义方向前进途中遇到抵抗的微弱。议会中反对党——保守党,严格遵守议会日常办事章程行事,对社会主义重建问题产生的反应还不如对待过去相对次要问题——自由贸易、爱尔兰和国民预算——来得热烈。"⑤

---

① 熊彼特:《资本主义、社会主义与民主》,商务印书馆,1999年,第10页。
② 同上书,第339页。
③ 同上。
④ 同上书,第340页。
⑤ 同上书,第18—19页。

熊彼特于1950年去世。无论是在他去世前一年所写的《资本主义、社会主义与民主》一书的第三版序言中,还是他1949年12月30日在纽约召开的美国经济学会上发表的演说"大步进入社会主义"①中,他都把第二次世界大战结束以后西欧国家发生的变化(如把某些大型企业实行国有化和采取较多的关注民生与社会福利的措施)看成是资本主义自动进入社会主义的表现。他甚至还认为:"马克思断定资本主义崩溃的方式是错误的;但他预言资本主义最终必将崩溃并没有错。"②然而,熊彼特的认识仍然是比较表面的,他不了解第二次世界大战结束以后包括英国在内的一些西欧国家采取的国有化措施和社会福利政策,都属于资本主义的制度调整,属于由资本主义制度下的刚性体制向弹性体制转变过程中的政策措施,资本主义制度并没有发生变化。熊彼特更没有看到20世纪70—80年代英国钢铁工业等行业国有化计划的失败和非国有化措施的推行。他有关英国自动进入社会主义的预测并未灵验,因为资本主义制度调整只是体制的转换,即由自由市场经济体制转向混合市场经济体制,资本主义仍是资本主义。

1961年,日本经济学家都留重人主编的《资本主义改变了吗?关于现代资本主义性质的国际讨论集》一书于东京出版。都留重人认为,很有必要论述一下区分各种不同的社会经济制度的标准。他说,只有把这个问题弄清楚了,才能讨论和判断资

---

① 这篇演说已收入熊彼特所著《资本主义、社会主义与民主》一书,商务印书馆,1999年,第25—39页。
② 同上书,第38—39页。

本主义的性质是否发生了变化。①

都留重人提出的标准是：谁掌握剩余？剩余采取何种制度形式？他认为这是在经济方面确定一种社会经济制度与另一种社会经济制度的"最有成效的方法"、"最便利的方法"。② 具体地说，按照都留重人的解释，在封建社会中，剩余采取向封建领主直接支付实物和劳役的形式，归封建领主占有，供他们挥霍；在资本主义社会中，剩余采取利润的形式，归生产资料的主人占有，主要用于对新生产资料的投资；而在社会主义社会中，剩余采取社会基金的形式，归于社会，按照社会的决定使用。③ 这样，迄今为止，由于利润仍然是在私人资本控制之下实现的并归私人投资者掌握，因此不能说资本主义的基本性质已经改变了；④要使资本主义的性质发生变化，就需要改变剩余的分配方式，实现剩余的社会化。⑤

于是问题归结到如何实现剩余的社会化。按照都留重人的观点，剩余的社会化有两种不同的方式，一是存量社会化（socialization of the stock），另一是流量社会化（socialization of the flow）。存量社会化是指生产资料的社会化，流量社会化则指剩余分配的社会化。都留重人认为，流量社会化遇到的阻力要比

---

① 参看都留重人主编：《资本主义改变了吗？关于现代资本主义性质的国际讨论集》，东京，1961年，第40—41页。

② 同上书，第210页。

③ 参看约翰·斯特拉彻在所著"资本主义改变了吗？"一文中对都留重人观点的归纳，载都留重人主编：《资本主义改变了吗？关于现代资本主义性质的国际讨论集》，东京，1961年，第75页。

④ 参看同上书，第61页。

⑤ 参看同上。

存量社会化小得多，实行起来也比存量社会化容易得多。他写道，那种认为"如果没有一个当权的社会主义政党把生产资料社会化，那么国家权力是不能够增进工人阶级的阶级利益的"之类的看法，"在使用国家的阶级性的概念方面是过于机械化了"。①

都留重人的上述观点在西方经济学界引起了争论。

保罗·斯威齐指出："我认为都留重人教授关于向社会主义过渡的战略的观点是有趣的和引人深思的。我本人并不相信长期的和逐渐过渡的可能性，虽然这当然不意味着我相信有可能或最好用暴力革命手段在先进国家推翻资本主义。"②他接着说："我认为都留重人教授提出的那些影响剩余流量形式的主张之中，有些是值得最认真考虑的。"③

莫里斯·道布则认为："我自己在这场讨论中的观点是，最近几十年内，资本主义在某些方面已经改变，因此它的规律和趋势的作用也有一定的变化。我相信，这样一些变化是相当重要的，以至于可以自由地和非教条主义地加以讨论，可以按科学探讨的精神来具体地进行研究。"④同时，他明确表态："我并不把这样一些变化看成是有理由来谈论资本主义'新阶段'的重要根据，更不认为由此可以得出矛盾日益减少或无危机和无斗争地

---

① 参看都留重人主编：《资本主义改变了吗？关于现代资本主义性质的国际讨论集》，东京，1961年，第190页。
② 斯威齐："资本主义改变了吗？"，载都留重人主编：《资本主义改变了吗？关于现代资本主义性质的国际讨论集》，东京，1961年，第90—91页。
③ 同上书，第91页。
④ 道布："资本主义改变了吗？"，载都留重人主编：《资本主义改变了吗？关于现代资本主义性质的国际讨论集》，东京，1961年，第140页。

发展为社会主义的前景。"①

约翰·斯特拉彻对都留重人的观点作了如下的评论："如果他指的是这个制度本身的固有趋向并没有基本变更的话,我将同意这一点。但如果他指的是资本主义不曾改变,那么我是不同意的。我相信,在英国,特别是在美国,它已经因施加于其上的民主压力而深刻改变了。"②

包括都留重人、斯威齐、道布和斯特拉彻在内的西方经济学家的讨论,可以给人们不少启发,但他们同前面提到的熊彼特的看法有十分相似之处,他们都没有认识到这不是资本主义制度是否改变的问题,而是资本主义制度调整的问题,即在他们所考察的这段时间内,资本主义制度经历了从刚性体制(自由市场经济体制)向弹性体制(混合市场经济体制)的逐渐转变。说资本主义没有改变,是就资本主义作为一种社会经济制度而言的,资本主义制度在西欧各国远未退出历史舞台。说资本主义改变了,是就资本主义从刚性体制向弹性体制转变而言的,20世纪后半期西欧各国的资本主义已经不同于工业化前期甚至工业化中期的资本主义了。

三、制度更替和制度调整的行为主体的比较

前面已经解释了制度更替和制度调整的含义。接着,让我

---

① 道布："资本主义改变了吗？",载都留重人主编：《资本主义改变了吗？关于现代资本主义性质的国际讨论集》,东京,1961年,第140页。

② 约翰·斯特拉彻："资本主义改变了吗？",载都留重人主编：《资本主义改变了吗？关于现代资本主义性质的国际讨论集》,东京,1961年,第77页。

们结合西欧各国工业化的历史进程,对制度更替和制度调整进行以下三方面的比较,即行为主体的比较、过程的比较、后果的比较。

这里,首先讨论制度更替和制度调整的行为主体问题。

有必要引用笔者在《资本主义的起源——比较经济史研究》一书中关于体制外异己力量这一概念的阐述。

在西欧封建社会中,城市市民,包括手工业者、商人等,构成了体制外的异己力量。"他们之所以成为封建社会中的异己力量,是因为他们是新的生产关系和生产力的代表,他们所要求的不是维护现存的封建制度,他们有自己的要求、自己的主张,这些要求和主张同现存的封建制度不相容。"[①]

可见,在西欧国家,以资本主义制度代替封建主义制度的制度更替,无论在摆脱传统生产方式之后进行工业化的国家,还是在边进行工业化、边突破传统生产方式的国家,行为主体都是要求和主张建立资本主义制度的封建社会中的体制外异己力量,也就是已经产生并逐渐壮大的资产阶级及其同盟者,他们的要求和主张同现存的封建主义制度是不相容的。

前面还曾提到,在工业化过程中,即使在已经确立了资本主义制度的西欧国家,仍不断有突破社会等级限制、加大社会流动性、改革选举制度等重大改革措施,但这些都是确立资本主义制度之后继续完成清除封建主义制度遗留下来东西的工作,不属

---

① 厉以宁:《资本主义的起源——比较经济史研究》,商务印书馆,2003年,第44页。

于资本主义的制度调整的范围。① 也就是说,这些可以被看成是制度更替的延续。

以英国为例,到19世纪前期,距英国17世纪后期资产阶级革命成功已经一个多世纪了,距18世纪后期英国产业革命也已经好几十年了,然而英国的议员选举制度仍然是"完全向土地贵族们倾斜的。有些议员代表着某处庄园,但实际上他们的庄园已名存实亡,有些成了牧羊场,有的成了一片湖泊"②。不仅如此,议员的产生也是偏袒贵族阶级的。新兴的工业地区和工业城市不设选区,无权选出议员,而贵族则有权指派议员。"18世纪末,下院245名议员中,128人是由贵族指派。"③因此,从19世纪20年代起,包括工业企业主和产业工人在内的社会人士展开了争取议员选举制度改革的政治斗争,并以拒绝纳税等手段为威胁,终于在1832年使两院通过的国会改革法案经国王批准成为法律,这样,取消和减少了许多"衰败选区"的议员席位,名额转给新兴工业城市,选民的财产资格也降低了。这就是继续进行的制度更替。但这方面的制度更替并未到此停顿下来,选举制度的改革仍持续进行。1867年和1884年,终于使英国绝大部分男性公民有了选举权;1918年后,英国所有男性和30岁以上的妇女(含30岁)都有了选举权;1928年,英国所有成年人都有选举权了。"这种向民主化的渐变过程是为了帮助维持英

---

① 参看本书第509页。
② 麦格劳:《现代资本主义:三次工业革命中的成功者》,江苏人民出版社,2000年,第72页。
③ 周一良、吴于廑主编:《世界通史》近代部分上册,人民出版社,1980年,第114页。

国社会、政治以及经济的稳定,这一方法是成功的。"① 这场延续的制度更替的行为主体,依然是代表资本主义生产关系和生产力的反封建人士。

关于这场延续的制度更替,阿诺德·汤因比在1884年的《十八世纪英国产业革命讲话》一书中就已提到,不过他使用的是民主政治一词。② 他认为,产业革命大大推动了英国的民主政治建设,正因为有了民主政治,"旧制度已一去不复返"③。

然而在确立资本主义制度以后,在西欧各国工业化过程中为实现资本主义调整而努力的行为主体,则是体制内的改革力量,其中包括要求对资本主义制度进行调整,以消除自由市场经济体制的弊病和不合理之处的社会各界有识之士,如工会和农民组织的活动家、企业主、自由职业人士和学者,还有一些有激进倾向的政党领导人和这些政党在议会中的代表。认识到资本主义制度应该实现体制的转变的政府,不管它是由一个政党执政的还是由几个政党联合执政的,毫无疑问是制度调整的主体之一,并且是重要的行为主体。如果没有政府的参与和主持,资本主义制度是不可能由刚性体制(自由市场经济体制)转向弹性体制(混合市场经济体制)的。也就是说,20世纪所发生的三场大灾难,即第一次世界大战、30年代经济大萧条和第二次世界大战,使西欧国家的政府逐渐认识到政府对经济和社会生活必

---

① 麦格劳:《现代资本主义:三次工业革命中的成功者》,江苏人民出版社,2000年,第72—73页。
② 参看阿诺德·汤因比:《十八世纪英国产业革命讲话》,伦敦,1923年,第192页。
③ 同上书,第215页。

须发挥比19世纪大得多的作用,认识到政府"有责任运用自己的权力来控制经济行为的各种重要方面"①。

这样,在比较制度更替和制度调整的行为主体时,可以得出如下的结论:

在资本主义代替封建主义的制度更替中,行为主体是封建社会中的体制外异己力量,即使在确立资本主义制度之后延续的制度更替(如选举制度改革,取消社会等级制,加大社会流动性等等)中,行为主体依然是社会各界的反封建人士。

在资本主义制度下进行由刚性体制转向弹性体制的制度调整时,行为主体是体制内的改革者,他们并非要求废除资本主义制度,而是要求实行体制的转变。

四、制度更替和制度调整的过程的比较

在西欧国家,工业化以前的制度更替,无论是在荷兰、英国还是法国,都是以革命的形式进行的。关于这一点,本书第一章中已经作了论述。这里要探讨的是,在工业化过程中所进行的制度更替,是以一种什么样的方式进行的呢?工业化以前的制度更替过程同工业化过程中的制度调整之间的区别是十分明显的,因为前者以革命的形式进行,后者以改良的形式进行;那么,工业化过程中的制度更替和制度调整相比,从过程的角度考察,又有什么特点?可以概括地说,二者有很大的相似之处,即都具有渐进性。

---

① 奇波拉主编:《欧洲经济史》第5卷下册《二十世纪》,商务印书馆,1988年,第264页。

工业化过程中的制度更替,如前所述,分为两类。一类是边进行工业化、边突破传统生产方式的国家所进行的制度更替,如德国、瑞典等,就是渐进式的。另一类是在已经确立资本主义制度后继续进行的制度更替,如英国工业化时期的选举制度改革,也是渐进性的。这就是工业化过程中制度更替的特点。西欧各国工业化过程中的资本主义制度调整也具有渐进性的特点。这就是工业化过程中制度更替和制度调整的相似之处。二者之所以相似,很可能都是为了避免发生剧烈的社会经济动荡和避免造成社会经济的巨大破坏。只要能够达到同样的目的(制度的更替或体制的转换)而又可以减少损失和避免破坏,渐进一些又何妨?

制度调整过程中尤其担心发生剧烈的社会经济动荡和造成巨大的破坏。从另一个角度看,"所谓制度,完全是人们基本态度的具体体现。其中某些制度,相对而言确实更为完善些"[1]。既然如此,在条件许可或条件趋于成熟的时候,为什么不进行适当的调整呢?资本主义制度被认为是建立在私有企业制度和市场经济制度之上的,如果发现了后面这两种制度存在着不合理或不完善的地方,那么,对二者基本上保留不动的基础上,作一些调整,比如说,让税收政策和工会组织作为私有企业制度的一种"抵消力量",或者,用宏观经济调节对自由放任主义作一些限制,那又有什么不好呢?[2] 资本主义的制度调整正是在这种思想指引下以渐进的方式推动的。

---

[1] 舒马赫:《小的是美好的》,商务印书馆,1985年,第184页。
[2] 参看同上。

第九章 工业化过程中制度调整的第一阶段

在这里,有必要提及诺思关于制度变迁和"路径依赖"的分析。诺思写道:"关于制度变迁的唯一最重要的一点是必须掌握的,这就是制度变迁中绝大部分是渐进的。"①诺思所使用的制度变迁一词的涵盖面是较广的,其中既包括制度更替,也包括制度调整。至于路径依赖,根据诺思的解释,可以把它看成是政治、经济、社会生活中所存在的一种惯性力量的作用,而且往往是人们难以抗拒的,也就是说,人们过去作出的选择决定了他们现在可能作出的选择。② 在路径依赖之下,人们从事制度更替或制度调整都不是一件容易的事情,因为长期流行的"'老规则是好规则'的格言很有影响"③,于是"制度系统会在相当程度上顺从惯性"④。此外,对制度变迁的结果不了解或难以预测,同样是人们服从惯性的一种依据,正如诺思所说,人们"不仅受到现有制度的选择的制约,而且在实现他或她的目标时具有不完全的知识"⑤,这样,怎能保证目标的实现呢?也许更重要的是人们对于违背常规而可能受到打击、迫害的恐惧心理,因此不得不遵循既定规则。⑥ 制度更替和制度调整之所以在渐进性方面

---

① 诺思:《制度、制度变迁与经济绩效》,上海三联书店,1994年,第119页。
② 参看同上书,第134页。
③ 柯武刚和史漫飞:《制度经济学:社会秩序与公共政策》,商务印书馆,2000年,第476页。
④ 同上。
⑤ 诺思:《制度、制度变迁与经济绩效》,上海三联书店,1994年,第133页。
⑥ 参看朱家泰:"让猴子吃香蕉",载《随笔》2006年第3期,第96—97页。

十分相似,从这里又可以得到一种说明。

然而,"制度调整比较容易进行"这一命题不是绝对的。这同样是路径依赖的作用所致。根据诺思的路径依赖分析,"制度一旦稳定下来,就具有超强的力量,并不再允许在人们眼皮子底下出现大范围的变化"[①]。在西欧各国的工业化过程中,即使是制度调整也不是没有遇到阻力的。阻力有大有小。一方面,这取决于西欧各国的不同国情。比如说,为什么工人联合与工人运动在瑞典所遇到的阻力小于在南欧一些国家,这就同国情差异有关。[②] 另一方面,具体的制度调整的性质和范围是另一个重要因素。比如说,福利刚性或税收刚性在西欧各国工业化过程中都表现得比较明显:福利宜增不宜减,税收则宜减不宜增,这就是刚性。[③] 在福利刚性之下,增加福利的阻力要比减少福利的阻力小得多;在税收刚性之下,增加税收的阻力要比减少税收的阻力大得多。

正因为资本主义制度调整同样会遇到阻力,甚至较大的阻力,所以制度调整可能表现为一种"试错"过程。试错是指:碰碰试试,对了就往前走,错了就返回来,再选择途径,再碰碰试试。[④] 同时,由于资本主义制度调整并不是自发进行的,而总是

---

① 格伦斯基编:《社会分层》(第2版),华夏出版社,2006年,第740页。
② 参看同上。
③ 参看罗志如和厉以宁:《二十世纪的英国经济:"英国病"研究》,人民出版社,1982年,第148—150页。
④ 参看柯武刚和史漫飞:《制度经济学:社会秩序与公共政策》,商务印书馆,2000年,第473页。

在一些有识之士的呼吁、策划和推动下进行的,而且有政府参与和主导,所以"这种调整过程可被称为是理性的"①。碰碰试试的试错过程,肯定是渐进的过程,并且这同理性的调整不矛盾。为什么制度调整在工业化后期有较大的推进,由此也可以得到一定的解释。

也正因为如此,对西欧各国工业化过程中的制度调整,应当从历史的长过程来考察,而不能局限于对某一政治事件的分析。对重大政治事件当然应当重视,但这既把握不住制度调整的前因后果,也无法弄清楚制度调整的渐进性及其累积效应。"以政治事件为标准,将历史按政治事件的先后次序贯穿起来,并加以相互联系,往往会产生谬误。"②对资本主义制度调整来龙去脉的研究,需要从政治、经济、社会、文化等方面进行综合考察,才能了解这一过程的特点。这就是诺思所说的"长期经济变迁是无数政治和经济企业家的短期决定的累积结果"③。如果仅仅从西欧政治史上几件重大的事件来解释资本主义制度调整过程,那是没有实际意义的。④

---

① 柯武刚和史漫飞:《制度经济学:社会秩序与公共政策》,商务印书馆,2000年,第473页。
② 巴勒克拉夫:《当代史学主要趋势》,上海译文出版社,1987年,第87页。
③ 诺思:《制度、制度变迁与经济绩效》,上海三联书店,1994年,第138页。
④ 参看巴勒克拉夫:《当代史学主要趋势》,上海译文出版社,1987年,第86页。

五、制度更替和制度调整的后果的比较

在西欧各国工业化以前和工业化过程中所进行的制度更替,目的在于以资本主义制度代替封建主义制度,最终确立资本主义制度。而在西欧各国工业化过程中所进行的制度调整,目的在于以资本主义制度下的弹性体制代替资本主义制度下的刚性体制,实现由自由市场经济体制向混合市场经济体制的转变。这就是制度更替和制度调整的后果的比较。关于这些,前面已经作了说明。在这里要着重说明的是:制度更替和制度调整对西欧各国工业化的进展究竟产生什么样的作用,对这些作用应当作什么样的评价。

毫无疑问,制度更替和制度调整都推进了工业化。以制度更替来说,无论是在摆脱传统生产方式之后进行工业化的西欧国家,还是在那些边进行工业化、边突破传统生产方式的西欧国家,制度更替都是必经的一关,因为制度更替是扫清工业化道路上的制度障碍,以便进行工业化的前提。这些障碍不清除,工业化难以展开,或者工业化即使开始了,也难以持续进行下去。工业化过程中,在资本主义制度已经确立以后,之所以有必要继续进行制度更替(如前面提到的英国议会选举制度改革等),同样是为了继续扫清工业化过程中的制度障碍。然而,制度调整却不是这样。在西欧各国工业化过程中的制度调整,即实现体制的转换,是为了维持资本主义社会经济的稳定,避免出现剧烈的社会经济震荡,以便工业化得以继续推进,国民经济得以继续发展。说得更确切些,制度调整所要维护的是资本主义制度的继续存在,防止1917年俄国十月革命以后在俄国境内所出现的以

社会主义制度代替资本主义制度的变革在西欧重演。尤其是在第二次世界大战结束以后,以社会主义制度代替资本主义制度的变革对西欧国家的政府领导人来说,似乎比以往任何时期更有现实性。国际形势迫使第二次世界大战结束以后的西欧国家的政府采取制度调整的政策措施,以缓解社会矛盾和加快经济发展来应对。对这一国际形势和背景,在研究西欧国家20世纪后半期制度调整时是决不能忽略的。

因此可以得到如下的结论:没有制度更替,西欧各国工业化道路上的制度障碍未被清除,工业化难以顺利地推进;没有制度调整,西欧各国的社会经济难以稳定,甚至连资本主义制度都面临着危机,工业化也就难以在资本主义道路上继续进行了。

进一步说,制度更替和制度调整,对西欧国家来说,都是不可缺少的。没有以资本主义制度代替封建主义制度的制度更替,资本主义制度无从确立;没有以混合市场经济体制代替自由市场经济体制的制度调整,资本主义社会无法保持稳定,资本主义制度也会处于社会动荡的危机之中。

西欧各国的历史正是循着先有资本主义代替封建主义的制度更替,再有以混合市场经济体制代替自由市场经济体制的制度调整的道路一步步走过来的。历史的变迁引起了人们的注意。1961年,英国经济史学家T.S.艾什顿在为芒图所著《十八世纪产业革命》一书(1927年修订版)所写的新版序言中写道:"在本书里,作者一再把产业革命时期的状况与今天的状况来个比较或对照。然而,必须记住,'今天'的意思是指二十世纪的二十年代而不是六十年代。芒图先生写作这本书以后,英国社会已经发生了很大的变化。"①的确是这样,18世纪后期即工业化开始后不久的英国,同20世纪20年代的英国已大不相同,而20世纪20年代的英国同20世纪60年代的英国又已大不一样。但所有这些变化中最大的变化,不是建设的成就,所以不能仅限于艾什顿所说的那样:"今天参观曼彻斯特的人很难发现单独一家棉纺厂了。工业又广泛地分散开来了;南部不再是不发达和不活跃的了。"②最大的变化是资本主义经历了制度调整,即由刚性体制转向了弹性体制,尽管英国依然是资本主义国家。

一旦资本主义制度转入了制度调整的轨道,形势就不可逆转了。当然,"具体政策的结果不仅是不确定的,而且在很大程度上是无法预期的"③。但这并不妨碍制度调整的继续进行,因为这个闸门一开,群众的期望值就会越来越高,政府承受的社会压力就会越来越大,政府也将认识到只有继续推进制度调整才能使社会保持稳定,使经济避免大的起伏。因此,"尽管具体的短期路线是无法预期的,长期的总体方向却是较可预测的和较难逆转的"④。资本主义社会的面貌正是在难以逆转的制度调整过程中发生巨大变化的。今天的西欧国家,谁也不可能再用狄更斯或左拉小说中的描述来概括了。

---

① 艾什顿:芒图著《十八世纪产业革命》一书"新版序言",载芒图:《十八世纪产业革命》,商务印书馆,1983年,第6页。
② 同上书,第7页。
③ 诺思:《制度、制度变迁与经济绩效》,上海三联书店,1994年,第138页。
④ 同上书,第139页。

第二节 工业化过程中制度调整的必要性

一、工业化进行到一定程度后政府作用的递减问题

尽管在传统生产方式继续存在的条件下进行工业化时,可以由那些边进行工业化、边突破传统生产方式的西欧各国政府设法缓解资本不足和工业品市场不足的难题,并由政府代行私人企业家的职能,但无论是摆脱传统生产方式之后进行工业化的西欧国家,还是边进行工业化、边突破传统生产方式的西欧国家,在工业化进行到一定程度以后,都存在着政府作用的递减问题,从而阻碍工业化的继续推进。

为什么会出现政府作用递减的现象?可以从以下三方面进行分析。

第一,政府不可能长期代行私人企业家的职能,如政府投资建立和经营管理规模较大的企业。这在某些西欧国家工业化初期是常见的。然而,在广大工商业者看来,这只应当是暂时的措施,到一定阶段后这些官办的企业就需要改制、转型,因为近代工业企业家在经济中已经形成。加之,这些官办企业逐渐暴露出明显的弱点,如决策不灵,效率低下,资源浪费严重,甚至亏损累累,同时还有与民争利的弊端,以及贪污受贿等恶行。政府作用的递减也就成为社会上争议增多的话题。

第二,工业化进行到一定程度后,工业中逐渐形成了大企业对市场的垄断。工业巨头的形成和价格、市场的垄断,在某些场合是同政府官员的不作为有关的。政府不干预市场的结果之一

就是听任垄断组织对价格的操纵和对市场的瓜分甚至独占。更有甚者,工业巨头同政府官员往往勾结在一起,破坏了市场机制的作用。这样,政府在社会上的公信力也就大大削弱了。这同样造成了政府作用的递减。

第三,工业化过程中所出现的收入分配差距的扩大和低收入家庭的困难,随着工业化的进展而日益突出,并成为新的严重的社会问题。按照自由市场经济理论,政府只起"守夜人"或"看门人"的作用,对贫困家庭的帮助是社会救济机构或慈善团体的事情,政府不干预由市场机制决定的收入分配。于是政府的作用随着市场经济的扩大却呈现着递减的趋势。这就是说,在从封建主义制度向资本主义制度过渡时,政府为了扫清资本主义制度建立过程中的制度障碍,曾经在取消等级制、消除社会流动的阻力以及改革议会选举制度等方面发挥过作用,但在这些任务完成之后,政府在平衡各个利益集团在市场经济中的关系方面,作用却是递减的。

政府的不作为或作用递减引起了社会上不少人的不满。他们认为,这不是政府作用简单地增增减减的问题,而是与政府职能是否正确定位有关的问题,而政府职能是否正确定位,又同资本主义制度确立以后政府究竟担任哪些任务,以及公众对政府职能的认识程度密不可分。从公众的角度看,通常"对当地事务,公众就比较关心"[①],这意味着,公众认为政府职能"乡土化",即"爱乡土的观念在'使民主政治起作用'中可能是非常重

---

① 熊彼特:《资本主义、社会主义与民主》,商务印书馆,1999年,第383页。

要的因素"①,于是在一般情况下,公众总是认为政府越是关心本地的事务就越是职能到位。这显然反映了公众对政府职能的认识的局限性,同时也反映了对政府职能定位问题判断的复杂性。从政府的角度看,政府的作用当然不可能是无所不能的,政府必须在可以做的事情中有所选择,有所舍弃。政府能做的事总是有限的,原因之一在于决策来自信息,然而"有效的信息几乎总是经过掺假或挑选"②。不仅如此,政府不可能把所有要做的事情统统来一次全民公决,"如果重大问题频繁地用公民投票来决定,就有可能更清楚地表明这种限度"③。也就是说,频繁地进行公民投票公决,政府作用的递减就会更明显。

既然政府职能定位问题如此重要,因此有必要根据社会经济形势的变化来调整政府职能的定位。政府不充当市场的主宰者或支配者,不充当企业的指挥者和管制者,并不等于政府在市场经济中只担任"守夜人"或"看门人"。随着工业的推进,社会和经济中的矛盾不断发生和积累,潜在的冲突有可能公开化,在这种情况下,政府的一项新职能便提上了议事日程,这就是:政府要负起资本主义制度调整的责任,通过制度调整来处理和解决社会经济中的新问题。制度调整中,政府的作用与其说是增加的,不如说是政府职能的重新定位。

制度调整不可避免地涉及人际关系的调整。制度调整需要

---

① 熊彼特:《资本主义、社会主义与民主》,商务印书馆,1999年,第383页。
② 同上书,第389页。
③ 同上。

使内部关系的调整大体上同外部关系的调整相适应。① 调整是艰难的,原因是制度调整总是在变化不定的环境中进行,设计不一定符合实际,"因为由于'内部关系'的变化,'外部关系'也在不断变化"②。尽管如此,在工业化进行到一定程度后,制度调整就已经进行,而人们的思想和习惯也随之发生变化,包括对政府职能定位的认识也在变化之中。"人们在为了符合改变了的形势的要求而调整思想习惯的时候,总是迟疑不决的,总是有些不大愿意的。"③但这并不妨碍调整的继续,因为"制度与习惯观念因环境改变而作出调整,是对于外来的压力的反应,其性质是对刺激的反应"④。只有从这个角度来理解公众对政府职能定位的认识的转变,才能理解资本主义制度调整的全过程和西欧各国工业化的全过程。

由于社会上总是存在着各种各样的利益集团,存在着对政府职能重新定位有着不同反应的群体,所以政府从事制度调整工作以及因此而采取的措施在社会上引起不同反响是不奇怪的。以19世纪末的英国来说,当时英国政府为了稳定社会而采取了一些缓解社会矛盾的措施,社会上就有不同的声音,有人惊呼国家权力怎样一步步增大了。一种形象化的说法是:"国家支出和国家责任的结构象一座珊瑚岛一样,一点一滴地,年复一年地,一个细胞加于一个细胞地建筑起来。"⑤按照克拉潘的看法,

---

① 参看凡勃伦:《有闲阶级论》,商务印书馆,1981年,第141页。
② 同上。
③ 同上。
④ 同上。
⑤ 克拉潘:《现代英国经济史》下卷,商务印书馆,1986年,第485页。

"珊瑚岛的比喻也并不是想入非非"①。国家权力的加大是迫于形势,迫于缓解社会矛盾的需要,"所以国家的每一个有效器官,无论中央的或地方的,都倾向于取得更多的权力和更多的知识,并建立一职能的集结体,而以在狂风雨中建立得最快"②。这里所说的"狂风雨",也就是经济和社会的剧烈震荡,包括经济危机期间和社会冲突加剧的年份。

二、市场制度的完善和健全

市场制度虽然在资本主义制度确立之后就已初步形成,但有待于在工业化推进过程中继续完善和健全。这是西欧各国在工业化进行到一定程度后面临的新问题,也是资本主义制度调整所要解决的问题之一。市场是一只"看不见的手",无形地发挥自己的作用,配置资源,调动资源。毫无疑问,这是以市场制度的完善和健全为前提的,否则市场制度的作用会受到这样或那样的限制。

哈孟德夫妇在所著《近代工业的兴起》一书中,曾指出英国从18世纪后期工业化开始到19世纪中叶,为市场制度的完善和健全作出了三项重大的贡献,即"工厂法、文官制度和职工联合会"③。

工厂法,是导致市场制度趋于完善和健全的重要的法律。"工厂法的最重要的特点就是设立视察制度;这即是雇用熟练和

---

① 克拉潘:《现代英国经济史》下卷,商务印书馆,1986年,第485页。
② 同上。
③ 哈孟德夫妇:《近代工业的兴起》,商务印书馆,1959年,第239—240页。

负责的人员去访问和检查工厂,呈报弊害,并建议改革方法。"①对工厂生产和雇工情况的视察、检查、报告制度,尽管是在舆论的压力下建立的,但这毕竟是资本主义制度调整的最初步骤,迫使工业企业主遵守政府的规定,改善生产环境,取消对雇工的苛求等,从而多多少少改善了雇工的处境。

文官制度的建立,也是工业化开始后英国政府采取的资本主义制度调整的措施之一。文官制度的建立属于资本主义国家行政管理体制的调整,走的是建立和完善科层制的道路。科层制是指这样一种管理形式,其主要特点包括"根据法律或行政的规则,组织内部的各单位及个人都有固定不变、明确规定的工作范围"②,从而在管理系统"存在一个等级制的权力体系,上级监督下级的工作"③。科层制的主要特点还在于:在这样的管理系统内,"职员们的位置由上级官员任命,他们把组织内的工作看成是自己的终身事业,他们在工作中得到晋升,在退休后有可靠保障"④等。虽然科层制由来已久,但在资本主义制度下发展得比较充分,而且它本身也日益完善,"资本主义促使政府更有效、更广泛地运转,同时导致了其他部门的科层化"⑤。英国文官制度的建立就是科层制在行政管理体制中进行制度调整的体现,

---

① 哈孟德夫妇:《近代工业的兴起》,商务印书馆,1959年,第240页。
② 马戎:布劳和梅耶著《现代社会中的科层制》一书中译本"译者前言",载布劳和梅耶:《现代社会中的科层制》,学林出版社,2001年,第5页。
③ 同上。
④ 同上。
⑤ 布劳和梅耶:《现代社会中的科层制》,学林出版社,2001年,第27页。

它有助于"把传统与效率结合起来,这样也就能够不经革命或暴乱而渡过最严重的困境"①。

关于职工联合会的建立,本书在第五章"工业化和利益集团"中已经作了论述。按照哈孟德夫妇的解释,到了19世纪中叶,"被统治的那个世界已经建立了它的职工会,因此就为工业界带来了一种稳定的力量"②。这里所说的"稳定的力量",是指工业企业主的势力受到了工会的力量的限制,③工会成为对工业企业主群体的一种抗衡力量。

上述工厂法、文官制度和职工联合会的建立都是市场制度完善和健全的体现。除此以外,在整个19世纪内,西欧国家的市场制度的完善和健全还表现于以下这些方面:

1. 公平交易规则的建立。市场经济中,虽然每一个交易者被赋予同等的地位,但实际上由于交易者是分散的,其力量有强有弱,单个交易者无法同实力雄厚的大公司处于平等的位置,交易不可能公平。因此要完善和健全市场制度,必须建立有关公平交易的市场规则,反对不正当竞争,反对垄断。政府的作用在这种情况下不是减弱了,而是增强了,因为只有政府干预,反不正当竞争和反垄断才能逐步成为事实。

2. 生产要素市场的完善和健全。工业化开始后,商品市场随着商品供给和需求的增加而逐渐发展,而生产要素市场的建立和完善则是较后的事情。生产要素市场中,无论是劳动力市

---

① 哈孟德夫妇:《近代工业的兴起》,商务印书馆,1959年,第242页。
② 同上。
③ 参看同上。

场还是土地市场、资本市场和技术市场的建立和完善,都需要有政府的参与,包括制定规则和监督规则的执行,否则市场秩序是混乱的,生产要素市场也难以完善、健全。

政府职能的定位,包括政府参与公平交易规则和生产要素市场运行规则的制定和监督,并使它们法制化,这是历时相当长久的过程。有关市场秩序的立法终于陆续出台。这是资本主义制度调整中的大事,因为法制化意味着工业化的继续推进有了更好的法律保证。

三、企业制度的改进

企业是市场经济运行的主体,这在资本主义制度一确立就已十分明显。但当时设立的各种企业并不是规范的。在工业化进行过程中,企业制度的改进和企业的规范化是一项迫切的任务,这同样是资本主义制度调整的内容之一。

首先是股份制企业的规范化,尤其是公众持股的上市公司的规范化。不规范的股份制企业,尤其是公众持股的上市公司,不仅会引起社会经济的巨大震荡,而且会给投资者造成严重损害,甚至使他们倾家荡产,血本无归。因此,所有的西欧国家在工业化进行到一定程度后都着手于市场主体的立法、证券市场的立法以及证券市场监管制度的立法。它们把这看成是保护广大投资者利益特别是中小投资者利益的重大举措。当然,有关市场主体的立法和证券市场的立法不可能超前于证券市场的发展,因为实践中将会遇到一些什么样的问题还难以准确地预料,这就需要随时根据市场的发展情况对相关的法律和规章制度进行补充和修订。这方面的资本主义制度调整不可能一劳永逸。

其次是农民合作社的规范化。农民合作社是西欧国家的农民在市场经济条件下为了增加收入而自发地组建的经济组织。这类合作社的成员是家庭农场的主人，主要业务是农产品运销和农产品加工。它们同样需要规范化，以保护自己的利益和合作社中每一个成员的利益。特别是在合作社规模扩大以后，制度需要健全，合作社成员的权益更需要进行保护。

此外，还需要对公共投资基金一类的经济组织进行规范。公共投资基金作为一种经济组织，代理公众的投资，对于证券市场的稳定、产业结构的调整、个人的理财和收益都有一定的作用，但公共投资基金的组建和运作必须有法律的依据，否则作为投资者的个人会遭到损失，对经济和社会都会带来消极影响。

在西欧国家，无论是在工业化初期还是在工业化继续进行的过程中，都有一些国有（国营）的企业。这些国有企业在 GDP 中的比重，在不同的国家有较大的差异，即使在同一个国家的不同历史阶段，也有较大变化。但社会上的呼声是：国有企业也都应当同其他所有制的企业一样，走规范化的道路。在关于市场主体的立法中，不应当忽略这类市场主体。因此，根据经济形势和经济发展程度不同来调整国有企业占 GDP 的比重，是资本主义制度调整的内容之一；使国有企业制度规范化并对国有企业建立有效的监督管理制度，也是资本主义制度调整的内容。

四、个人作为劳动者、消费者、投资者各种权益的保护

"由于一个社会不同集团的谈判显然与另一社会不同，每一

社会的边际调整一般也是不同的。"①在资本主义社会中,个人无论是作为劳动者、消费者还是投资者,都是处于弱势地位,因为同个人打交道的往往是公司和雇主或其他组织。这样,在交易中如果发生纠葛,个人通常会吃亏;如果发生讨价还价的谈判,个人通常因缺少谈判力量而居于下风。虽然在资本主义制度确立以后就制定了保护私有财产的法律,但这只是一个原则,并不等于在保护私有财产方面的具体规定及其实施,特别是在个人作为劳动者、消费者或投资者的权益保护方面,需要有细则,更需要执行和监督。因此,这些都属于资本主义制度调整的范围。

在资本主义制度下,个人作为劳动者的权益的保护,是工会组织通过斗争而得到的。这方面的个人权益在工业化初期不受雇主重视;只有通过工会组织的建立和工会的努力,终于在工人受雇和解雇、工人的人身安全和人格受尊重、工人的工作时间、劳动保护和社会保障等方面陆续争取到自身权益并受到法律保护。这不仅是个人作为劳动者经济上受益的问题,更是劳动者社会地位受尊重的问题。

个人作为消费者的权益受到保护,也是在资本主义制度调整过程中逐渐实现的。这同样通过消费者保护团体的建议和多年争取才得以实现。损害消费者权益的企业和相关责任人,不仅要对损害消费者权益的事件作出相应的赔偿,而且可能为此负有刑事责任。这在工业化初期是难以想象的,但后来终于成为事实。

---

① 诺思:《制度、制度变迁与经济绩效》,上海三联书店,1994年,第135页。

第九章 工业化过程中制度调整的第一阶段

　　个人作为劳动者的权益和个人作为消费者的权益有时是结合在一起的。这里可以举英国政府在19世纪后期废除实物工资制为例,说明这一制度调整对于个人作为劳动者和作为消费者的权益进行了保护。以实物支付工资是英国历史上久已存在的一种做法,资本主义制度确立后相当长的时期内在一些行业中仍一直采用。这种做法"无异是给名义工资真正打一折扣"①。在某些地方,工人们经常发现雇主"以劣'货'发给他们作为工资"②的现象。工人领到劣货或价格高于市场价格的实物工资后,等于受到了双重盘剥,从而引起工人和他们的妻子的强烈不满。③ 不仅如此,实物工资制的推行还导致腐败丛生,因为雇主往往同小酒店主勾结在一起,这些小酒店主作为"实行实物工资的中间商",他们以劣质而且价格昂贵的实物来支付给工人,充作工资。据1871年统计,在米德兰共有14,000名制钉工人是由中间商用实物支付工资的,他们只好忍受,不敢申诉。④ 这种情况引起了社会的关注,英国政府也认为这种实物工资制是不合理的,经过努力,实物工资制终于被明令禁止。

　　个人作为投资者的含义较为广泛,包括个人购买房屋地产,个人投资于工商企业,个人经营农场,以及个人购买股票、债券、公共投资基金等。所有这些投资的权益,在工业化进行过程中越来越受到重视,界限也越来越清楚,于是社会上越来越多的投资者要求保护的细化,使保护私有财产这一原则性的规定得以

---

① 克拉潘:《现代英国经济史》中卷,商务印书馆,1986年,第576页。
② 同上书,第577页。
③ 参看同上书,第576—577页。
④ 参看同上书,第577页。

落到实处。《破产法》实际上也包含了对个人作为投资者的保护,因为法中对破产程序和债权人、投资人利益的保护都作了规定。这样,保护私有财产的法律也就具体化了,有可操作性了。

五、缓解社会矛盾问题的提出

在西欧,无论是摆脱传统生产方式之后进行工业化的国家,还是边进行工业化、边突破传统生产方式的国家,社会的主要矛盾在资本主义制度确立以后都转化为拥有大量生产资料的资产阶级和不掌握生产资料的工人阶级之间的矛盾。随着工业化的推进,社会上的贫富差距增大,社会矛盾也越来越尖锐。马克思在《资本论》中所作的分析,①正是在总结工业化初期西欧国家的实际情况的基础上而得出的。马克思的这些分析有大量的实证材料为依据,反映了当时西欧国家的国内阶级关系。

本书在前面已经多次指出,西欧各国在资本主义确立以后,在工业化前期的体制是资本主义的刚性体制,也就是自由市场经济体制。但经过多年的制度调整,到了工业化中期,尤其是进入工业化后期,西欧各国的资本主义已经先后不一地由刚性体制向弹性体制转变,即由自由市场经济体制向混合市场经济体制转变。由于体制的逐渐转换,社会的主要矛盾相对于工业化前期而言已经有所缓解。这是研究西欧经济史不能不注意到的一个问题。

对于西欧各国资本主义制度调整过程中社会主要矛盾的缓解问题,应有如下的说明:

---

① 参看马克思:《资本论》第 1 卷,第 23 章,人民出版社,1975 年。

第一,西欧各国资本主义制度调整过程中社会主要矛盾的缓解,是在社会公众的多年斗争并形成巨大的社会压力下,通过政府采取的扩大社会保障范围和对低收入家庭进行福利性补助、救济而逐渐实现的。没有社会的压力,政府不可能采取制度调整措施;没有政府对资本主义制度调整必要性的认识的加深,政府也不可能采取制度调整措施。

第二,社会上的贫富差别在资本主义制度下是一直存在的,这种差别的产生具有制度的根源,即在于生产资料所有权的不平等。在工业化前期,这种差别的扩大源于生产资料所有权不平等的加剧。而工业化中期以后,特别是进入工业化后期,这种差别的缩小主要不是由于生产资料所有权发生了根本性的变化,而是由于政府采取了收入分配和再分配方面的制度调整措施所致。此外,在工业化过程中,西欧各国的中产阶级不断成长、壮大,使得工业化初期的金字塔形收入分配结构已逐渐向鸡蛋形的收入分配结构转变,这也导致社会上的贫富差别有缩小的趋势。①

第三,即使进入了工业化后期,在西欧国家中,穷人依旧存在,他们依旧是社会的最底层,不过贫穷者人数在本国总人口中的比重已大大下降了。同时,由于社会保障制度的建立,他们的生活有了一定程度的改善。更重要的是,进入 20 世纪以后,社会对于贫穷的态度发生了根本的变化,使得 19 世纪一直使用的《济贫法》已经不再具有可行性了。② 对于穷人,社会认为应当

---

① 参看本书第七章"工业化和中产阶级"。
② 参看布里格斯:"历史视野中的福利国家",载丁开杰和林义选编:《后福利国家》,上海三联书店,2004 年,第 10 页。参看布里格斯:"历史视野中的福利国家",载《欧洲社会学文献》,2(2),1961 年。

给予更多的帮助,而不仅是救济。这些帮助中,包括失业的保障和再培训,医疗的保障和纳入全民福利体系内,老年的保障和兴办各种关心老年人的公共设施,以及住房的保障和廉价出租房的建设等等。

第四,不能忽视经济增长以及由此引起的社会生活的变化和就业的增加给低收入家庭带来的变化。恩格斯曾对工业化初期英国的状况说过两句有名的话:"从这时起,农业区成了慢性贫穷的发源地,而工厂区则成了周期贫穷的发源地。"[①]这两句话实际上并未完全过时:"农业区成了慢性贫穷的发源地"这句话,如果指国内不同地区社会经济发展的不平衡而言,仍然是符合实际的,例如意大利南部相对于北部而言,西班牙山区相对于平原地区而言,英国的苏格兰和北爱尔兰相对于英格兰而言,次发达地区的相对贫困状况如今依然存在,但如果泛指农业地区,那就不一定准确了。关于这一点,本书第八章已经有所论述。[②]另一句话"工厂区则成了周期贫穷的发源地",无疑至今仍是正确的。这是因为,失业人员和无业人员是穷人中的主要构成部分,经济持续增长以及由此造成的繁荣,使失业人员和无业人员减少,从而使穷人减少,经济衰退和危机的到来则使失业人员和无业人员增多,从而使穷人增多。只要资本主义制度下经济维持着由繁荣到衰退的循环,穷人的增减就是周期性的,这就是恩格斯所说的"周期贫穷"的含义,区别在于"经济繁荣—经济衰

---

① 恩格斯:"英国工人阶级状况",载《马克思恩格斯全集》第2卷,人民出版社,1957年,第550页。

② 参看本书第八章"工业化和农村、农业的变化"。

退—经济繁荣"的深度如何和繁荣、衰退各自持续多长时间而已。

第三节 制度调整第一阶段的成效

前面已经指出,在西欧国家,资本主义制度调整可以分为两个阶段,以1929—1933年世界经济危机为界。

资本主义制度调整的第一阶段仍属于刚性体制阶段,即自由市场经济体制阶段。这一阶段的制度调整虽然在政府干预市场的力度方面比工业化开始时有所增加,但并未导致由刚性体制向弹性体制的转变,即由自由市场经济体制向混合市场经济体制的转变。

混合市场经济体制是在资本主义制度调整的第二阶段内,尤其是在第二次世界大战结束以后逐渐形成的。在这个阶段内,资本主义刚性体制才逐渐转变为弹性体制,而且直到现在,这一体制转换过程还未结束。

关于西欧各国资本主义制度调整的第二阶段,本书将在下一章(第十章)中分析。这里只讨论一个问题:尽管在1929—1933年世界经济危机以前西欧各国仍处于自由市场经济体制阶段,但从19世纪中期起,到1929年世界经济危机爆发之前的长时期内,资本主义制度调整并不是没有成效的。正因为有了1929年以前长时期内资本主义制度调整的成效,才会导致1929—1933年世界经济危机以后,特别是第二次世界大战结束以后西欧国家的体制的转换。

一、工业化过程中的制度调整最初是自发的

如上所述,市场制度的完善,企业制度的改进,个人作为劳动者、消费者和投资者各种权益受到保护,以及社会矛盾的逐渐缓解,都是西欧各国确立资本主义制度以后在工业化过程中陆续实现的制度调整。但应当指出,工业化过程中所实现的这一系列制度调整最初都是自发的。

自发的制度调整和自觉的制度调整的区别何在?为什么说工业化过程中所出现的上述制度调整不是自觉的,而是自发的?可以从以下两方面加以说明:

首先要说明,自发的制度创新是指政府最初并未认识到这种制度创新的必要性和迫切性,制度创新最初是由民间自发地进行的,后来被政府所认可,并采取相应措施使之在法律上得到保证。自觉的制度创新与此不同。它是由于政府认识到这种制度创新为稳定社会和发展经济所必需,于是政府成为推动该项制度创新的主力。上述有关市场制度的完善、企业制度的改进以及个人作为劳动者、消费者和投资者各种权益受到保护,在19世纪和20世纪初期的西欧各国,最初都是由民间自发地进行的,而不是由政府首先推动的。

按照戴维斯和诺思的说法,制度创新的主体,即第一行动集团(a primary action group),可以是个人,可以是团体,也可以是政府,即个人、团体或政府都可以成为制度创新的首创者。[1]

---

[1] 参看戴维斯和诺思:《制度变革和美国经济增长》,剑桥大学出版社,1971年,第8、11、12页。

如果个人或团体成为制度创新主体,倡导并发起某项制度创新,那就属于民间推动的制度创新,是一种自发的行为。在这种情况下,无疑要得到政府的帮助,这时政府将作为第二行动集团(a secondary action group)参与其事使制度创新得以实现。[①] 至于政府自觉地参与制度创新,那就是政府自身成为创新主体,即成为第一行动集团,政府同时又是帮助这项制度创新实现的第二行动集团,这样,制度创新的实现就会顺利得多。[②] 根据这一思路来分析西欧国家在19世纪和20世纪初期的制度调整,可以得出如下的论断:在这段时间内,并不是绝对没有政府首创的制度调整,但可以肯定,绝大多数的制度调整措施都是民间发起在先,后来有赖于政府作为第二行动集团的帮助和参与才得以实现的。

其次要说明的是,在制度调整中,西欧国家的政府之所以会从被动参与制度调整转到后来主动参与制度调整,也就是说,政府之所以能够自觉地推进制度调整,还同议会选举制度改革密切相关。从19世纪初期到20世纪30年代,西欧的议会选举制度通过多年的改革终于形成了这样的格局,即全民普选制终于实现了,政党通过公开竞选方式而组织政府的过程终于程序化、规范化了,选民对自己所选出的政府领导人及其政府的行为的监督也制度化了。这些正为以后政府对待制度调整的态度的转变准备了条件。

---

① 参看戴维斯和诺思:《制度变革和美国经济增长》,剑桥大学出版社,1971年,第10—11页。

② 参看同上书,第12页。

这里不妨以最早进行工业化的英国为例。工业化开始时，英国是"由上、下议院的土地所有者实行统治"①的。当时城市的权力主要落在大商人和贵族的手中。至于广大农村，则由教区委员会进行管理，政府主要对农村的救济事业和地方法院的审判发生影响。② 在议会选举制度改革以前，英国的"民众不参与政府的任何决策"③，劳动者不知道通过议会来实现自己的权利，他们"并未产生能与其他阶层的人共同分享国家利益的愿望"④。只有到了19世纪中期以后，议会选举制度的改革才逐渐加快，来自社会下层的不满可以通过议会选举而表达出来。这样，自发的制度调整在社会压力下才得以陆续推进。到了1929年世界经济危机爆发以后，通过竞选而执政的政党（包括联合执政的各个政党）才认识到有必要主动采取制度调整的措施以适应形势的变化，从而西欧国家的资本主义制度调整进入了新的阶段。但这一进程并不顺利，因为不久就爆发了第二次世界大战。"战争、革命、武力征服以及自然灾害都是非连续性制度变迁的源泉。"⑤德国、意大利、英国、法国、荷兰、比利时、西班牙等国无一不是受到一系列政治事件的影响，制度调整或者是停止了，或者是变形了或扭曲了，或者是倒退了。因此，除了

---

① 马赛厄斯和波斯坦主编：《剑桥欧洲经济史》第8卷，经济科学出版社，2004年，第541页。
② 参看同上。
③ 同上书，第542页。
④ 同上。
⑤ 诺思：《制度、制度变迁与经济绩效》，上海三联书店，1994年，第119页。

未卷入第二次世界大战,又未发生内战和政变的瑞典以外,西欧其他国家的资本主义制度调整的第二阶段真正开始是在第二次世界大战结束以后。关于这一点,本书下一章(第十章)将有较详细的分析。

二、工业化过程中制度调整一开始要解决的问题:市场运作的规范化

由于在西欧各国资本主义制度调整的第一阶段制度调整具有自发性,发起制度调整的主体来自民间,所以一开始要解决的问题是民间工商业者和投资者最迫切需要解决的问题,即市场秩序的正常化,也就是市场运作的规范化。在这种情况下,如果不进行制度调整,市场秩序混乱,市场运作不规范,受害者将是绝大多数交易者。这就是工业化过程中有关制度调整的最早的呼吁。

为什么在这个阶段只可能由民间(包括个人和民间组织)发起市场运作规范化的制度调整,而不可能由政府作为这一制度调整的首创者呢?这不仅因为当时的政府一直信奉着政府不干预市场运行的信条,而且因为当时正是资本主义制度确立不久,不管是哪一个政党执政,考虑的首要问题是巩固政权和维持社会的稳定,政府还没有意识到使市场运作规范化以及与此有关的制度调整的重要意义。然而,当政府逐渐察觉到市场运作规范化对于经济增长和调动广大工商业者的积极性的意义时,政府的态度发生了变化,于是政府便作为第二行动集团参与了市场运作的规范化。

这同样可以举英国为例。在19世纪中期的英国,要求市场

运作规范化的民间力量实际上是由三部分人组成的,他们彼此之间事先并没有联系,而是从各自的利益关系出发来推动市场运作的规范化。

一部分人是工商业者,也就是当时城市中的中产阶级。他们认为自己是市场运作不规范的直接受害者,因为在市场秩序不正常和市场运作不规范的条件下经营工商业,需要付出更大的成本,从而缩小了利润空间;加之,市场秩序的不正常和市场运作的不规范意味着预期的紊乱和市场前景不确定性的增大,这是工商业的投资者和经营者最不愿意看到的。这就是工商业者从事市场运作规范化这一制度调整的动力所在。

第二部分是工人,他们是社会的下层。他们之所以对市场秩序不正常和市场运作不规范不满,主要是因为这既影响到自己的收入,更影响到自己的就业。在市场运作不规范的条件下,他们的收入会被压低,而企业经营不善甚至倒闭,又会使他们失去就业岗位。因此,他们认为制度调整是必要的,从而开始了"由中产阶级中最活跃和最有思想的成员领导,并得到(如在1832年和1846年)对现状不满的工人的支持"[①]的制度调整。在政府看来,制度调整如果有所进展,对缓解社会的不协调是有一定作用的。

第三部分人是原来的贵族阶级人士。他们在以往很长时间内一直是社会的上层,但资本主义制度确立以后,他们之中不少人参加工商业投资活动,对市场运作不规范也有所不满,再加上

---

① 考特:《简明英国经济史(1750年至1939年)》,商务印书馆,1992年,第313页。

他们认为政府对自己不重视,有埋怨,于是也加入了要求制度调整的行列。①

这三部分人联合起来,形成了一股力量,"造成了新的公众目标"②,这就是要求对现存的政策进行改革,要求从法制建设方面采取较过去有效的措施。其结果,"随着时间的推移,必然会影响资源运用和收入分配的方式"③。当然,对英国来说,这只不过是资本主义制度调整的开始而已。

三、工业化过程中制度调整逐渐成为社会关注的焦点

在西欧各国,工业化过程中制度调整之所以逐渐成为社会关注的焦点,同19世纪社会主义运动的兴起有密切的关系。

早在19世纪初,空想社会主义者圣西门、傅立叶、欧文等人就已经察觉到资本主义制度的各种弊病,如收入分配不公平、贫富差距的明显存在、失业问题严重、下层社会生活状况恶劣等等,提出改变现存制度和建立社会主义社会的设想。到19世纪中期,马克思和恩格斯创建了科学社会主义的理论体系,对资本主义制度进行了系统的批判,并使得社会主义思想同西欧国家的工人运动结合在一起。到了19世纪末和20世纪初,社会主义运动在西欧各国的活动范围更大了,一些社会主义政党的势力和影响也都扩大了,从而形成了对资本主义制度的有力的挑战。

---

① 参看考特:《简明英国经济史(1750年至1939年)》,商务印书馆,1992年,第314页。
② 同上。
③ 同上。

在这种形势下，西欧社会上不少人虽然不赞成或不完全赞成社会主义政党所提出的取消资本主义制度、建立社会主义制度的政治主张，但他们也察觉到资本主义制度的弊病的存在，认为有必要对资本主义制度进行改革，也就是实行制度调整。从这个意义上说，社会主义运动的兴起和发展，推动了资本主义的制度调整。

不仅如此，在西欧社会主义运动发展过程中，社会主义运动本身出现了不同派别，各有各的政治纲领和斗争策略。19世纪中期，以马克思、恩格斯为代表的科学社会主义者是主张建立社会主义制度以替代资本主义制度的；而在同一时期内还有其他的社会主义派别。到19世纪后期，在西欧，有相当多的社会主义者主张以渐进的、温和的、改良的方式建立社会主义制度，使资本主义逐渐转化为社会主义。他们所在的社会党、社会民主党，在一些西欧国家中日益具有重要的影响，并得到一部分选民的支持。

这里涉及对资本主义制度调整的不同理解。按照科学社会主义的解释，社会主义制度和资本主义制度是两种截然不同的社会经济制度，资本主义制度调整是在不改变资本主义制度的前提下的一种改良，也就是如本书所论述的是一种体制的转换：体制转换了，但制度未变。然而，社会党、社会民主党的理论家则认为，资本主义制度可以自动地转为社会主义制度，或者说，可以和平地进入社会主义制度。

不管怎样，在社会主义各个不同派别的影响下，西欧国家的政府逐渐认识到，资本主义制度调整是不可避免的，因为这是保存资本主义制度而不得不进行的一种体制的转换。

四、政府在资本主义制度调整第一阶段扮演的角色

在西欧国家,政府在资本主义制度调整第一阶段究竟扮演着什么样的角色,这是值得研究的问题。既然资本主义制度已经确立,那么总的说来,政府的任务就是维护资本主义制度,并使得这一制度能够继续存在。所谓政府充当着"守夜人"或"看门人"的角色,这一说法是符合实际情况的。然而,要维护资本主义制度并使之继续存在下去,西欧各国的政府在工业化过程中越来越认识到,只充当"守夜人"或"看门人"远远不能达到自己的目标,完成不了自己的任务。政府如果不参与经济,不对经济运行进行一定的调节,不对社会上出现的各类矛盾采取适当的缓解措施,资本主义社会是难以保持稳定的。正如马克斯·韦伯所说:只有在理性国家内,"现代资本主义才能发展。理性的国家是建立在专业官员制度和理性的法律之上的"[1]。到19世纪后期,特别是进入20世纪后,西欧国家基本上都符合理性国家的条件,所以这些国家的政府都把进行制度调整看成是自己的责任。

前面已经指出,在1929—1933年世界经济危机爆发以前,西欧各国的制度调整带有自发性质,政府所扮演的角色可以用"被动的行为主体"来形容。这里所说的"被动的行为主体",可以作如下的解释:

第一,即使是被动的行为主体,但毕竟也是行为主体。"主

---

[1] 马克斯·韦伯:《经济与社会》下卷,商务印书馆,2006年,第720页。

动"和"被动"的区别在于:"主动的行为主体"是某一项制度调整的首创者、发起者;被动的行为主体并非该项制度调整的首创者、发起者,但仍是参与者、促成者。对于政府来说,被动的行为主体就是充当第二行动集团,即如果没有第二行动集团的参与和帮助,该项制度调整最终是无法实现的。以前面提到的市场秩序正常化、市场运作规范化、企业制度改进等制度调整来说,主动的行为主体来自民间,可能是社会团体或工商界人士,但这些制度调整无一不需要政府的参与和帮助,并需要在法律上作出修改、补充或制定新的法律。因此,政府在资本主义制度调整第一阶段作为被动的行为主体同样是有重要意义的。

第二,被动的行为主体中的"被动"二字,还可以有两种含义。一种含义是:政府并非某项制度调整的首创者、发起者,事先也不知道该项制度调整的发动,但后来为形势所逼,即形势把政府逼到了这样的地步,如果政府不参与该项制度调整,不顺应社会的潮流,政府的地位就动摇了,执政党的执政位置就不保了,甚至社会就不稳定了。第二种含义是:虽然政府不是某项制度调整的首创者、发起者,但政府事先也认识到该项制度调整的重要性,只是由于政府工作的安排而未能列入议事日程,或者政府当初还有所顾虑,担心社会阻力较大,迟疑不决。但后来看到民间已有相关的社会团体或个人在推动该项制度调整了,于是政府便参与其事,顺水推舟,促成了该项制度调整。在这种情况下,尽管政府仍是被动的行为主体,但被动的性质却不同于上述第一种含义的"被动"。

关于政府在资本主义制度调整的第一阶段作为被动的行为

主体参与制度调整的经过,可以举英国工党在20世纪20年代的执政时期的行为为例。1924年和1929年,英国工党曾两度执政。在第一次世界大战以前,英国工党虽然已经是一个较大的政党,有较广泛的群众基础,但它仍然是"工会和社会主义组织的一个松散的联盟"[①]。它致力于弥合工会运动领导人和社会主义者之间的隔阂。对于英国资本主义的制度调整,英国工党有自己的一些设想,但当时还没有系统化。终于,经过第一次世界大战后一段时间的党内的讨论,形成了"一个渐进主义的民主社会主义纲领"[②]。英国工党是根据自己已经形成的政治纲领执政组阁的,它主观上确实是想推进资本主义制度调整,但处于20世纪20年代的国际国内的形势下,它受到的牵制较多,总是以保持执政地位为首要考虑,在制度调整方面还只可能是第二种含义上的被动的行为主体。在适应民间发动的一些制度调整的行动中,它按照自己的政治纲领,充分发挥了作为第二行动集团的作用,并通过议会程序参与其事,得到大部分中产阶级的好感。[③] 这与第二次世界大战结束后英国工党执政时作为主动的行为主体首创和主持资本主义制度调整的行为,是不一样的:一方面,因为1946年以后的国际国内形势已经不同于20世纪20年代的国际国内形势,另一方面,英国工党自身对资本主义制度调整的必要性和迫切性的认识也比20世纪20年代深刻了,它能够在第二次世界大战结束后立即提出战后重建与制

---

① 帕尔默和科尔顿:《近现代世界史》(第5版),纽约,1978年,第770页。
② 同上。
③ 参看同上。

度调整相结合的系统方案,这在20世纪20年代是不可能的事情。

20世纪最初30年,不仅英国工党对资本主义制度调整是这种态度,而且西欧其他国家的社会党、社会民主党,不论它们是在野党、联合执政党还是唯一的执政党,对资本主义制度调整的态度也与此相似。但相对而言,在这段时间内,居于在野党地位的社会党、社会民主党还是占多数。它们从在野党的角度出发,提出了进行资本主义制度调整的主张,并在竞选活动中宣传自己的主张,以争取选民的支持,这就对执政的保守主义政党构成了一种挑战或威胁。这一阶段内,西欧国家的一些执政的保守主义政党即使不同意进行资本主义制度调整,或者不曾认识到资本主义制度调整的重要意义,但在社会党、社会民主党这样的在野党的竞争压力之下,仍然被动地采取了一些改良措施,促成了某些方面的制度调整措施。从这个意义上说,与19世纪不同,在20世纪最初30年间,在形势的逼迫下,西欧国家的某些保守主义政党也不那么"保守"了,它们尽管是出于竞选的需要而采取了部分制度调整的措施,但毕竟在客观上也推进了资本主义制度调整。

五、福利国家思想的最初体现

实际上,在西欧国家的工业化过程中,各个政党或同一个政党内的不同政治派别,对资本主义制度调整都有自己的想法、自己的目标。在维护资本主义制度这一总的目标之下,它们之间的分歧固然存在,但不一定僵持到非此即彼或水火不相容的地步。资本主义制度之下所存在的弊端,并非没有被执政党或在野党所察觉,区别主要在于:弊端严重到何种程度？什么时候进行社会改革更为合适？采取什么样的措施来减少这些弊端,消除这些弊端？社会改革措施的实行有没有后遗症或副作用？如果有的话,应当采取什么样的后续补救措施？用西方经济学家的说法,西欧各国各种政治力量,只要是主张维持资本主义制度的,对社会改革的分歧并不明显:"自由主义者本质上是慈善的:要求总体上的公正和平等"①;"社会民主党人要求的是保护工人阶级的改革,把这视为沿着社会主义方向进行的社会根本转变的必要部分"②;而"保守主义者……把工人运动视为一种威胁,最好被改革击退"③。

正因为如此,所以后来盛行于西欧各国的"福利国家"思想,最早在英国、德国、瑞典三个国家体现于公共政策之中,尽管这三个国家的政治经济状况存在不小的差异。

（一）英国

在英国,政府在工业化过程中较早通过财政支出结构的调整对缓解社会矛盾问题作了安排。"19世纪中叶以前,民用支出首先包括支付给政府行政职员的工资和司法警察开支;从19世纪80年代开始,90年代之后甚至更加明显,公共教育、科学、艺术开支占到最显著的位置;第一次世界大战爆发以前,还必须加上老年人养老金和健康领域支出的转移支付。"④这个变化是

---

① 马赛厄斯和波斯坦主编:《剑桥欧洲经济史》第8卷,经济科学出版社,2004年,第952页。
② 同上。
③ 同上。
④ 同上书,第328页。

值得注意的,因为"根据英国传统,那是政府行为向民用事务的大量转移"①。

这样,到第一次世界大战爆发前,英国1913—1914年度财政预算中,"公共教育、老年人养老金和卫生部健康保险,三个最大的民用支出项目加在一起,共3,690万英镑"②。要知道,1913—1914年度英国财政支出额是19,749万英镑,其中,民用支出大约是5,400多万英镑,军费支出大约是7,718万英镑,偿债支出大约是3,730万英镑,而公共教育、老年人养老金、卫生部健康保险三项支出(3,690万英镑)占到民用支出的67%。③

英国政府从19世纪80年代到20世纪初承担了社会保障支出任务这件事,是很值得注意的。这属于资本主义制度调整方面的内容。"在'民用开支'项目下,政府承担了人们四项生产性生活以外的责任:孩子——免费教育;老年人——老年人养老金;穷人和失业者——对穷人和失业者救助;最后是病人——医院、医疗检查和学生医疗。"④对于英国政府来说,政府职能实行了重新定位,这就是:"政府由此承继了传统上应当由地方政府所承担的责任,而目前它们成为公共产业的一部分。"⑤更重要的是,从1880年到1915年间,英国的历届首相是:1880—1885年,格莱斯顿(自由党);1885—1886年,索尔兹伯里(保守党);

---

① 马赛厄斯和波斯坦主编:《剑桥欧洲经济史》第8卷,经济科学出版社,2004年,第328页。
② 同上。
③ 参看同上书,第328、330页。
④ 同上书,第328页。
⑤ 同上。

1886年,格莱斯顿(自由党);1886—1892年,索尔兹伯里(保守党);1892—1894年,格莱斯顿(自由党);1894—1895年,普里姆罗斯(自由党);1895—1902年,索尔兹伯里(保守党);1902—1905年,贝尔福(保守党);1905—1908年,坎贝尔-班纳曼(自由党);1908—1915年,阿斯奎斯(自由党)。这段时间内是保守党和自由党轮流执政,尽管两党在竞选前后和执政期间斗争激烈,但在推动社会福利政策方面却朝着同一方向前进,由此可以看到资本主义制度调整是难以遏制的趋势。

(二) 德国

关于19世纪后期德国进行的资本主义制度调整,原是当时德国一些经济学家的主张,这些经济学家多数是大学教授,在讲坛上常常以慷慨激昂的言辞表达对资本主义社会的不满,因此他们被称为"讲坛社会主义者"。这个称号是含有嘲讽味道的,在某些人看来这应当是一个贬义词,因为是指这些人不好好教书,却空谈什么社会主义理念。对于这些讲坛社会主义者,"就像在政治性集会上演说一样,听众们报之以欢呼或喝倒彩"[①]。但不管怎么说,他们毕竟在"传播社会改革并对阻碍社会改革的势力加以痛斥"[②]。

应当看到,19世纪后期德国的讲坛社会主义者并没有系统的经济理论,他们对于社会改革,"着重于个别问题或个别措施,社会的根本改革的应运而生,与其说是一种旨在以它为直接目

---

① 熊彼特:《经济分析史》第3卷,商务印书馆,1995年,第77—78页。
② 同上书,第77页。

标而努力的结果,毋宁说是一种副产品"①。这是熊彼特对德国讲坛社会主义者的评论,是比较符合实际的。这里所说的"社会的根本改革"是指德国有关社会保障制度的建立,它是俾斯麦执掌政权时所推行的一项重大的改革,也就是德国在19世纪后期所实行的资本主义制度调整。这显然不能直接归功于这些讲坛社会主义者,它是在当时德国激烈的社会冲突中,在社会压力之下,由俾斯麦的政府实现的。可以说,"正是德国在19世纪80年代最早实行了现代社会保险,并且在20世纪20年代创造了Wohlfahrtsstaat(德文"福利国家")的概念"②。当然,尽管19世纪80年代起德国进行了社会保障制度改革,在20世纪20年代就出现了"福利国家"这样的概念,但不能认为德国这时已成为福利国家了。③ 正如前面所提到的,英国自19世纪80年代起在民用支出中加大了社会保障支出,但也不能认为英国这时也成为福利国家了。英国和德国(联邦德国)都是在第二次世界大战结束以后,通过资本主义制度调整的继续才进入福利国家行列的。

要知道,俾斯麦执政时期的德国虽然距离摆脱传统生产方式的束缚还不久,虽然德国当时仍然是民主政治很不发达的资本主义国家,但社会矛盾却是相当尖锐的,德国境内的社会主义运动的影响不断扩大,这种情况迫使俾斯麦政府较早地把社会保障制度改革放到了国内政治的首要位置上。19世纪70年代,俾斯麦是一个"坚定的劳工运动的反对者,按他的观点,社会

---

① 熊彼特:《经济分析史》第3卷,商务印书馆,1995年,第79页。
② 高夫:"福利国家",载《新帕尔格雷夫经济学大辞典》第4卷,经济科学出版社,1992年,第968页。
③ 参看同上书,第968—969页。

主义者已将其自身变成了帝国的敌人,因而必须采取一切措施来加以制止"[1]。也就是说,俾斯麦进行社会改革的背景是"社会主义的对立立场越来越强烈。俾斯麦以一个精心策划的狡诈的方案作出了反应"[2]。

在俾斯麦的主持下,德国政府从19世纪70年代中期起,一方面查禁社会民主党组织,关闭社会民主党人的报纸,逮捕和放逐了数以千计的社会主义活动的支持者,并且严厉打击工人运动,而另一方面则着手制定德国的社会保险法。可见,在同一个时期,即19世纪80年代,德国在推动资本主义制度调整时的政治立场和政治背景同英国在推动资本主义制度调整时的政治立场和政治背景是很不一样的。

1881年11月,在德国威廉一世的同意下,俾斯麦在国会上做了有关社会改革的报告,报告强调:"一些社会疾病不必绝对地靠在压制社会民主党的过激行为中得到解决,同时也要靠确确实实地推进工人阶级的福利来解决。"[3]报告中提出的三个有关社会保障的法案都通过了并都得到实施,它们是:工人的健康保险法案(1883年);工业事故保险法案(1884年);老年和疾病保险法案(1889年)。[4] 在这三个法案中,最引人注意的是1889

---

[1] 马赛尼斯和波斯坦主编:《剑桥欧洲经济史》第8卷,经济科学出版社,2004年,第511—512页。
[2] 奇波拉主编:《欧洲经济史》第4卷上册《工业社会的兴起》,商务印书馆,1989年,第128页。
[3] 马赛尼斯和波斯坦主编:《剑桥欧洲经济史》第8卷,经济科学出版社,2004年,第513页。
[4] 参看同上。

年的老年和疾病保险法案。俾斯麦原来打算不让老年人和病人增加经济负担,以使这一法案成为"让工人对政府忠诚的一个真正的潜在力量……将工人们诱离社会主义"①,但俾斯麦的目标只是部分地得到实施,因为最终实行的办法是工人和雇主同比例缴纳费用,而不是如俾斯麦所设计的工人免费享受这项福利。② 即使如此,"由于这一系列保险一部分是由雇主和政府提供资金的,因此这也导致了收入的某种再分配"③。

从这一事件可以看出,在19世纪后期,"德国的政治压迫与高度发达的国家福利相伴存在"④。这是俾斯麦时期的一大特点,同时也说明,实行政治高压的政府是把推行社会保障政策看成是防止社会主义思想扩散的一种手段。然而,在19世纪后期和20世纪初期的德国,社会主义运动并未因此停止,社会民主党照常活动,而且还得到一些社会人士的支持。⑤

至于对工人的失业救济,俾斯麦直到下台也未能解决这一问题。在德国,由工会发起了失业救济;"第一次世界大战前,德国不是依靠法定的保险制度来解决这个问题的"⑥。

---

① 马赛厄斯和波斯坦主编:《剑桥欧洲经济史》第8卷,经济科学出版社,2004年,第514页。
② 参看同上。
③ 奇波拉主编:《欧洲经济史》第4卷上册《工业社会的兴起》,商务印书馆,1989年,第129页。
④ 麦格劳:《现代资本主义:三次工业革命中的成功者》,江苏人民出版社,2000年,第169页。
⑤ 参看同上书,第169—170页。
⑥ 奇波拉主编:《欧洲经济史》第4卷上册《工业社会的兴起》,商务印书馆,1989年,第130页。

（三）瑞典

瑞典的工业化起步不仅晚于英国,而且也晚于德国,瑞典的经济实力远远不如英国和德国,但在社会保障制度的建立方面,瑞典是仅次于英国和德国的国家,而且这还只是根据第一次世界大战爆发以前的情况而说的(到了20世纪30年代初,瑞典的社会保障制度超过了英国和德国①)。

19世纪末,瑞典通过了禁止工业雇用童工的法律。在其他一些较早开始工业化的西欧国家,这以前很久就已进行了这项改革;相对于这些国家而言,瑞典着手改革是相当晚的。但在瑞典,社会保障措施的推进紧接着就提上了议事日程。1907年起,瑞典政府认真考虑了关于老年人社会保障的建议,1914年实施了关于退休金的法律。② 尽管当时的退休金支付总额很小,"但在原则上很重要。退休金计划覆盖全国,这是一种新颖做法,其他国家的保险主要限定为产业工人或中低收入雇员"③,而瑞典则把它扩大到全国老年人。瑞典的老年人社会保障制度的建立很可能直接受到德国俾斯麦政府的社会保障改革的影响,并参考了德国的做法。④

在瑞典,失业问题始终被政府放在重要位置。这是因为,瑞典工业化起步较晚,1850年全国人口约350万,大多数住在农

---

① 参看本书第十章。
② 参看马赛厄斯和波斯坦主编:《剑桥欧洲经济史》第8卷,经济科学出版社,2004年,第960页。
③ 同上。
④ 参看汤益诚:《促进社会和谐的瑞典经验:制度变革与政策选择》,中国社会出版社,2008年,第24—25页。

村。从1851年起,农民进城人数增加,如果工业无法吸纳他们就业,就大批移民北美。因此瑞典政府认为有必要妥善地解决失业问题。在瑞典社会民主党的建议下,瑞典政府于1906年决定制定反失业措施。① 根据瑞典的安排,一方面给失业者以救济,另一方面,瑞典中央政府和地方政府还在经济周期的低谷,举办公共工程,吸纳失业者就业。②

因此,尽管瑞典在西欧各国中是一个后起的工业化国家,但在社会保障尤其是养老保障和失业保障这两个方面却走在西欧国家的前列。正如本书下一章将论述的,自从1929年世界经济危机爆发后,瑞典在资本主义制度调整中更是走到了最前列。

六、工业化过程中制度调整开始后社会政治生活发生的变化

在西欧国家,从19世纪中期起到第一次世界大战爆发以前,资本主义制度调整只是刚刚开始,而且政府在当时情况下处于被动的行为主体的位置。但只要制度调整一开始,社会政治生活也就开始发生连续性的变化。这个趋势是难以遏制的。

首先,国家制度有了变化。这并不是说国家不再是资本主义国家了,而是说,通过制度调整,通过议会选举制度改革,通过政党竞选组织政府,国家变得比过去更符合理性了。理性的表现就是:选民可以表达自己的意愿,对政府人选作出选择,并且在监督政府方面行使自己的公民权利。成年男性不受财产资格

---

① 参看马赛厄斯和波斯坦主编:《剑桥欧洲经济史》第8卷,经济科学出版社,2004年,第956页。
② 参看同上书,第955—956页。

限制而获得选举权一事在 19 世纪末期的英国是如此引人注意，以至于 1897 年英国维多利亚女王临朝 60 周年庆祝大典期间，国民都为女王欢呼，①这一事实既反映了英国公众对资本主义制度调整的进展表示喜悦，也反映了他们对资本主义制度存在着不切实际的幻想，以为这已经是步入资本主义发展的新阶段了。到了 1923 年，当英国妇女终于能同男子一样享有同等的选举权和被选为议员的权利时，②她们几乎同二十多年前所有的男性公民一样地欢腾，认为新纪元已经开始。其实，资本主义制度调整在第一次世界大战前后才刚刚开始。谁能料想到 1929—1933 年世界经济危机的爆发及其给西欧各国人民带来的巨大灾难？谁又能预料到在 20 世纪 30 年代后期会爆发一场空前的浩劫，大多数西欧国家的民众会在战火中度过长达数年的苦难日子？

然而，资本主义制度调整的闸门既然已经打开，即使存在过倒退，那也是暂时的。资本主义制度调整的第二阶段，就呈现在西欧各国的面前，其进展速度之快，是第一次世界大战结束时最有远见的政治家也意想不到的。

就劳资关系而言，这一变化同样是工业化前期所不能设想的。最初的变化在于工人有权组织代表自己利益的工会，接着，工会能够组织会员为保护自己利益的游行、集会、罢工等，并能够代表会员同资方进行谈判。这些权利实现之后，劳资集体谈

---

① 参看克拉潘：《现代英国经济史》中卷，商务印书馆，1986 年，第 582 页。

② 参看马赛厄斯和波斯坦主编：《剑桥欧洲经济史》第 8 卷，经济科学出版社，2004 年，第 562 页。

判便开始了,工会依然可以有权组织游行、集会和罢工。劳资集体谈判的特点,"是明确承认工会的作用"①。从另一个角度看,劳资集体谈判是资本主义制度下劳资关系、雇佣关系的一种调整,因为在这场谈判中,"首先是双方都认识到,不取得双方都能接受的结果可能会给某一方带来损失"②,为了避免损失的发生或扩大,妥协是必要的。妥协不等于退让或放弃斗争,妥协只不过是在双方可以接受的条件下的一种互让。因此,"谈判必须达成哪怕是非正式的协议,而且至少在当时双方都要加以遵守"③。雇主的利益和被雇用者的利益显然不可能完全一致,但有了劳资集体谈判并在双方互谅互让的前提下,达成妥协仍是有可能的。这样,"劳资集体谈判不仅没有损害资本和劳动的共同利益,而且还可以共同协调与就业有关的有可能在其他方面导致更大的不和与分裂的各种问题"④。

有了议会选举制度的改革,有了劳资集体谈判,在西欧国家的资本主义制度调整的过程中,社会政治生活发生了变化,而这些变化又为进一步的资本主义制度调整准备了条件。

在下一章,将对西欧国家的资本主义制度调整的第二阶段进行分析。

---

① 威廉·布朗:"劳资集体谈判",载《新帕尔格雷夫经济学大辞典》第1卷,经济科学出版社,1992年,第521页。
② 同上书,第522页。
③ 同上。
④ 同上书,第523页。

第十章 工业化过程中制度调整的第二阶段

第一节 由制度调整的第一阶段向第二阶段的过渡

一、工业化过程中制度调整第一阶段和第二阶段的划分

前面已经说明,在西欧各国的工业化过程中,资本主义制度调整可以分为两个阶段。第一阶段的特点是:这时的资本主义的体制是刚性体制,政府坚持国家不干预市场经济运行的信条,政府只充当"守夜人"、"看门人"的角色,这时的体制是自由市场经济体制;在这个阶段,资本主义制度创新已经起步,并取得了一定的成效,但政府仍是被动的行为主体,它是在形势的逼迫下和社会的压力下,为了稳定社会和保存资本主义制度而采取制度调整措施的。第二阶段的特点则是:这时的客观形势已经不同于第一阶段了,政府对资本主义制度调整的必要性和迫切性有了比较清醒的认识,政府了解到自己无论从哪个角度来看都有责任从事制度调整,这样就开始由制度调整的被动行为主体转为主动行为主体。特别是在多个政党的竞选竞争中,任何一

个政党如果想从在野党变为执政党,或者作为执政党还想继续执政,那就有必要把发展、稳定和社会改革作为竞选的纲领,把进行一定的制度调整作为实现竞选时许下的承诺的手段。

政府和参加竞选角逐的各个政党对资本主义制度调整的态度的转变,是在1929—1933年世界经济危机以后,尤其是在第二次世界大战结束以后,陆续实现的。这也同多年以来在西方经济学界未被使用的"政治经济学"一词重新出现有关。[1] 而"政治经济学"一词的重新出现,又同西方经济学近年来研究的"政府失灵"问题有关。[2] 这是因为,在第二次世界大战爆发以前,对政府失灵问题的经济学分析主要是从自由主义的立场出发的,认为政府管得越多、越具体,政府失灵问题就越突出;而从第二次世界大战以后,特别是从20世纪60年代起,理论家们主要从政治与经济之间的关系着手分析,认为政府失灵问题的关键不在于政策是否有足够的配套措施或政府官员的能力是否适应,而在于制度本身存在着缺陷。[3] 制度调整的必要性由此凸显出来。换句话说,问题的关键不在于政府管多了还是管少了,也不在于政府的管理太具体了还是太空泛了,而在于制度是不是合适。只要调整了制度,有了合适的制度,政府再采取相应的措施,就可以避免政府失灵问题的产生。

在考察资本主义制度调整第二阶段的特点时,还有一个重

---

[1] 参看格罗奈维根:"政治经济学与经济学",载《新帕尔格雷夫经济学大辞典》第3卷,经济科学出版社,1992年,第970页。

[2] 参看厉以宁:《宏观经济学的产生和发展》,湖南出版社,1997年,第390—393页。

[3] 参看同上书,第395页。

要的问题,这就是政府对公众的态度的转变。在西欧国家,在1929—1933年世界经济危机以前,尤其是在19世纪,尽管政府当时奉行的是政府不干预市场经济的信条,只充当"守夜人"、"看门人"的角色,但在政府和公众的关系方面,政府仍是组织者、主导者,公众听命于政府。"组织者不可避免地会把人们看成是自己的工具。"①组织者想到的是如何使用人力,而不去想想人的权利,因为人的权利将是组织者行使权力的道路上的绊脚石。② 政府对待公众的这种态度在19世纪中期和中期以前也许可以畅行无阻,但隔了一个多世纪,到了20世纪后半期,政府对公众的态度必须有实质性的改变,特别是政府认识到资本主义制度调整的必要性和迫切性之后,政府对公众的态度如果再不转变的话,不仅资本主义制度调整第二阶段的一系列措施难以实现,甚至连政府自身也会陷入困境。道理很清楚:在政党竞选制度日趋完善和公众可以按照自己的判断来选择政府领导人的情况下,在野党也好,执政党也好,都必须转变对公众的态度,听取他们的意见,并尊重他们的权利。

于是在第二次世界大战结束以后,政府作为资本主义制度调整的行为主体和政府对待公众的态度,都有了有趣的变化。在资本主义制度调整的第一阶段,政府虽然奉行自由市场经济的信条,政府却是高居于公众之上的,在制度调整方面以被动行为主体的姿态出现。在资本主义制度调整的第二阶段,特别是到了20世纪60—70年代以后,政府已转变为制度调整的主动

---

① 麦金德:《民主的理想与现实》,纽约,1942年,第14页。
② 参看同上书,第15—16页。

行为主体了,政府着手于把自由市场经济体制逐渐转变为混合市场经济体制,即把资本主义刚性体制逐渐转变为资本主义弹性体制,然而政府在对公众的态度方面却转变为听取公众的意见,尊重公众的权利,而不再以高居于公众之上(至少表面上如此)的姿态出现了。

由此看来,西欧国家的政府在第二次世界大战结束后的几十年内职能开始重新定位。政府在成为资本主义制度调整的主动行为主体的同时,对社会政策的重要性的认识是不断加深的。实践中,西欧国家的政府相继认识到,政府自从1929—1933年世界经济危机爆发后所推行的国家调节市场的经济政策是必要的、及时的,但"在现代工业国家,尽管经济政策很对头,却还需要采取社会政策措施去补充"[①]。其实,从不少西欧国家后来所实行的社会政策的效果来看,社会政策对于稳定社会和发展经济的作用决不逊于经济政策,社会政策和经济政策是相互补充,也是相互促进的。正如艾哈德后来总结的:"每一项有效的社会福利措施必须建筑在适当的、不断增长的国民收入基础上。"[②]没有第二次世界大战结束后的西欧国家的长期经济繁荣,就不会有这样迅速增长的 GDP 和人均 GDP,也就不会有涉及范围如此广泛的社会保障制度。

当然,即使是最有力的宏观经济调节措施或最广泛的社会福利政策,都是在资本主义制度的框架内推行的。对资本主义市场经济而言,不管政府干预到何种程度,也不管混合市场经济

---

① 艾哈德:《来自竞争的繁荣》,商务印书馆,1987年,第179页。
② 同上。

体制"混合"到何种程度,市场经济的基础依然未变。"整个市场经济依赖于一系列法规,以明确所有权的获得以及在什么条件下,能够交换所有权。"①这就是资本主义制度调整第一阶段和第二阶段的共同立足点。

那么在西欧国家,资本主义制度调整的第一阶段和第二阶段的分界线为什么定在1929—1933年世界经济危机期间呢?这首先是同这次经济危机的严重程度有关的。由于危机期间,西欧国家的企业大量倒闭,社会上失业人数越来越多,社会矛盾激化,不同的国家采取了不同的对策。在继续奉行市场经济原则的西欧国家(如英国、法国等),政府开始转而采取国家调节的方式来挽救经济和稳定社会。这是由危机期间的形势所决定的。从时间顺序上看,瑞典可能最早,英国、法国次之。但有一点则是各国共同的,这就是社会问题的严重性可能比经济问题的严重性更令这些国家的政府担心,因为"历史的趋向已从政治转向社会学"②。经济问题同社会问题在世界经济危机中是交织在一起的,假定经济问题解决不了,不但影响政局,甚至会更多地演变为社会问题。③ 德国就是另一类例子,即经济问题和社会问题都无法解决时,选民选择了纳粹党,选择了希特勒。西班牙又是一类例子,经济问题和社会问题无法解决,导致了因左派上台执政而引发的内战,最后导致佛朗哥上台,建立独裁政权。因此,社会问题越来越引起一些西欧国家的

---

① 瑟罗:《得失相等的社会》,商务印书馆,1992年,第124页。
② 道森:《超越政治》,纽约,1939年,第35页。
③ 参看同上书,第35—36页。

政府的关心。这些政府领导人发现,"许多紧张和不安确实起源于人们继承下来的那套社会传统已经不足以应付现实的形势了"①。这些政府领导人之所以会在1929—1933年世界经济危机爆发后相继转向制度调整的主动行为主体,与此有密切的关系。

通过资本主义制度调整第二阶段的实践,可以更清楚地了解熊彼特关于资本主义的说明。熊彼特的观点,在本书前言中已经提到。② 这里要进一步讨论的,是熊彼特不仅认为资本主义不可能静止不变,而且还认为市场的发展、企业组织的演进等会引起产业突变,从而"不断地从内部使这个经济结构革命化,不断地破坏旧结构,不断地创造新结构"③。熊彼特把这个过程称做"创造性破坏的过程"④。熊彼特还指出,这一过程"就是资本主义的本质性的事实"⑤。

怎样理解熊彼特所说的"创造性破坏的过程"?从熊彼特的原意来看,他指的是资本主义社会中的改革,也就是资本主义的制度调整。这是因为,在资本主义制度调整过程中,将会有新的体制替代旧的体制,而且过一段时间之后,又会有更加新的体制替代不久前还被称做新体制的体制。体制更换的过程就是熊彼特所说的"创造性破坏的过程"。

---

① 道森:《超越政治》,纽约,1939年,第36页。
② 参看本书前言,第16—17页。
③ 熊彼特:《资本主义、社会主义与民主》,商务印书馆,1999年,第147页。
④ 同上。
⑤ 同上。

二、工业化过程中制度调整由第一阶段向第二阶段过渡的条件

正如上一章已经指出的，1929—1933年世界经济危机的爆发以及随之而发生的第二次世界大战，是西欧国家政治、经济、社会中两件极其重要的大事，它们对西欧各国的资本主义制度调整不仅起了有力的推动作用，而且还先后把这些国家的政府由制度调整的被动行为主体推到了主动行为主体的位置。与此同时，这两件大事也使知识分子在西欧各国政治、经济、社会中的作用发生了巨大的变化。

进入20世纪以后，尤其是进入20世纪中期以后，西欧各国的知识分子的作用已大大超过了他们在19世纪曾经起过的作用。这首先同知识分子的人数激增有关，因为从事管理、技术、文化、教育和社会工作的专业人员大大增加了，更因为知识分子对政治的兴趣或参与程度也增加了。知识分子，说得更确切些，中产阶级的主要部分，虽然收入较多，生活状况较好，但对社会的弊病也了解得比较深刻。其中不少人认为这些弊病源于资本主义制度本身，因此倾向于改革，并认为政府有责任来弥补或矫正社会的弊病。这是资本主义制度调整第二阶段的特点，即知识分子成为督促政府进行制度调整的动力之一。

西欧各国政府同知识分子之间的关系，在第二次世界大战结束以后的长时期内是相当微妙的。正如本书第七章所述，中产阶级队伍比以前壮大了，而知识分子又是中产阶级的主要成员。他们对政府在社会矛盾的缓解和社会改革的推进方面的不作为或作为不大，在各种场合进行批评指责，他们的言辞有时是很激烈的，但政府对他们的批评指责无可奈何，因为这些批评指

责不无道理。政府担心的是他们对竞选活动的影响。知识分子或中产阶级的选票的投向,关系到政府的命运。这样,政府对他们的言论不仅需要容忍,需要解释,需要为自己的行为多多少少有些辩护,更需要对他们的批评指责中的某些内容作出承诺,即答允在本届政府任内一定按照实际情况,提到议事日程上,并研究实施的办法。

熊彼特虽然在上世纪一踏入50年代就已去世,他不能看到上世纪60—70年代以后西欧国家的变化,但他在生前所写的《资本主义、社会主义与民主》一书中就已经察觉到知识分子在资本主义社会的改革过程中所处的特殊地位和所起的特殊作用。他写道:"资本主义制度既不愿意又不能够有效地控制知识分子阶层。所谓不愿意是不愿一贯地使用与资本主义过程形成的精神状态不一致的方法;所谓不能够是指在资本主义过程形成的制度结构内,不屈服于非资产阶级统治就不能做到这一点。"[1]也就是说,熊彼特在世时,在20世纪30年代以后一段时间内,可能只有德国、意大利、西班牙等少数几个独裁的西欧国家才能以强制、高压的手段来控制知识分子的言行,其他西欧国家大都是采取容忍态度来对待知识分子的批评指责的。熊彼特认为,这些西欧国家的政府主要从两方面考虑:一方面,"公开讨论的自由包含对资本主义社会基础吹毛求疵的自由从长期看来是不可避免的"[2];另一方面,知识分子具有自己的特性,他们

---

[1] 熊彼特:《资本主义、社会主义与民主》,商务印书馆,1999年,第236页。
[2] 同上。

"以批评为生,它的整个地位依赖螫人的批评;对人的批评和对当前事务的批评,在没有任何东西是神圣的形势中,将注定成为对阶级和制度的批评"①。熊彼特本人无疑是大师级的教授和有独立见解的知识分子,他上述这段对知识分子的评论尽管言辞比较刻薄、尖锐,但却反映了一个事实,即西欧各国工业化中期以后知识分子队伍已经壮大了,他们已习惯于独立思考,并以批评指责政府行为的方式来参与制度调整。这正是资本主义制度调整由第一阶段向第二阶段过渡的又一个重要条件。

除了西欧国家的政府本身和知识分子队伍的壮大这两个条件以外,社会主义运动的进一步发展是资本主义制度调整由第一阶段转向第二阶段的第三个重要条件。这并不是说社会主义运动已经成为第二次世界大战结束以后对西欧各国资本主义制度的致命威胁,因为形势并没有发展到如此严峻的程度;而是说社会主义运动的影响在20世纪40年代到50年代有很大的扩展,因为在德国东部的苏联占领区建立了德意志民主共和国,在法国和意大利境内共产党在与德国占领军的抗争中赢得了相当多的民众的支持,加上在西欧其他国家,社会党、社会民主党在政坛上比第二次世界大战前活跃多了,影响也大得多。因此,如何维护资本主义秩序,如何通过制度调整来抵制那种要求改变现存的资本主义制度的激进思潮,同时吸收社会党、社会民主党有关通过建立社会保障制度以缓解社会冲突的主张,这就是第二次世界大战结束以后西欧国家的政府决定主动进行制度调整

---

① 熊彼特:《资本主义、社会主义与民主》,商务印书馆,1999年,第236页。

的重要条件。

三、20世纪30年代西方经济理论的重大转折

资本主义制度调整由第一阶段向第二阶段的过渡,同西方经济理论在20世纪30年代经历的重大转折有关。

在1929年世界经济危机爆发以前,在西方经济学中居于主流地位或正统地位的是新古典经济理论,其最重要的代表人物是马歇尔。新古典经济理论的要点仍是听任自由市场经济发挥作用,政府不应干预市场经济的运行。新古典经济理论是典型的均衡理论,即认为在市场机制充分起作用的前提下,价格自行调节,能够使总供给与总需求处于均衡状态,非均衡只是局部的和暂时的;政府的干预必然破坏了市场机制的作用,有弊无利,得不偿失。

最早主张对危机进行干预的国家是瑞典。在1929年世界经济危机爆发以前,在20世纪20年代,瑞典的雇工同企业主之间的斗争已经相当激烈。"1928年瑞典因罢工而损失的工作日超过了英国的水平。"[①]1929年世界经济危机爆发后,瑞典受到危机冲击,企业倒闭、减产,工人失业增多,劳资矛盾更加尖锐。怎样应对工人大批失业?按照当时流行于西方的主流经济学理论,即新古典经济理论,认为工人无工作可做,主要原因是工资太高了,在经济不景气条件下,企业利润空间大大减少,所以只有削减工资才能使工人保住饭碗。下面就是新古典经济理论家罗宾斯

---

① 奇波拉主编:《欧洲经济史》第5卷上册《二十世纪》,商务印书馆,1988年,第142页。

的解释:"英国的工资率从 1924 年以来多多少少是不变的。结果是,在面临对劳工的需求下降的趋势时,工资率并未降低。"① 罗宾斯甚至说:当时英国实行的失业保险制度对缓和失业状况不利,因为"失业保险的后果之一,就是它增加了工资的刚性。这一点在均衡工资趋向于下跌时期意味着劳工市场的失衡"②。英国另一位新古典经济理论的代表坎南认为,资本主义经济本来是有能力自行调整,避免出现严重的生产过剩的,但正是由于在工会力量增强的情况下,工人提出了过高的工资要求,于是雇主不可能雇用较多的工人,失业就扩大了。③ 坎南指出,实际工资率的高低决定预期利润率的高低,从而决定失业率的高低,因此,只要工人不再坚持要过高的工资,或者只要能够实行降低工资的政策,雇主就可以增雇工人,直到充分就业为止。④ 用克莱因后来批评新古典经济理论这一观点的话来说,这就是"想以解释一个工厂或一个工业部门的失业的方法来解释一般的失业"⑤。

不同意新古典经济理论的西方经济学家力求从宏观经济的角度来解释社会失业现象并寻找有效的对策。瑞典经济学家们就是较早从事这一理论探索和对策研究的学者。早在 1927 年瑞典政府就成立了失业委员会,吸收经济学家从事研究工作,调查失业情况,研究失业的对策。瑞典失业委员会的报告书是以

---

① 罗宾斯:《大萧条》,伦敦,1934 年,第 83 页。
② 同上书,第 83—84 页。
③ 参看坎南:"对劳工的需求",载《经济学杂志》,1932 年 9 月,第 357 页。
④ 参看同上。
⑤ 克莱因:《凯恩斯的革命》,商务印书馆,1962 年,第 50 页。

瑞典著名经济学家维克赛尔关于经济调节的见解为中心思想的,着重由政府采取中央银行信贷和利率政策,以及公共投资政策作为应付失业和经济周期波动的主要政策手段。①

20世纪30年代,瑞典经济学家认为,不应采取在失业严重期间削减工资的做法,而应从根本上着手,"消除失业的有效政策是增加失业人员的购买力"②。那么,怎样有效地增加失业人员的购买力呢?在瑞典经济学家看来,增加政府的福利支出被看成是增加低收入家庭的购买力,进而稳定经济的一种好办法,"这也意味着社会政策不再被仅仅看做是经济的负担"③。很难说瑞典经济学家的这种见解当时是受到其他西方国家的经济学家的影响而提出的,这是瑞典经济学家根据本国实际情况而得出的论点。④

例如,1934年,瑞典经济学家缪尔达尔和阿尔瓦·雷默尔出版了《人口问题危机》(斯德哥尔摩出版)一书,从瑞典人口出生率下降谈到瑞典经济的前景,建议加大社会保障体系的建设,以改善居民的生活条件。⑤ 这本书引起了讨论。讨论的结果是

---

① 参看厉以宁:《宏观经济学的产生和发展》,湖南出版社,1997年,第65页。
② 马赛厄斯和波斯坦主编:《剑桥欧洲经济史》第8卷,经济科学出版社,2004年,第969页。
③ 同上书,第969—970页。
④ 参看厉以宁:《宏观经济学的产生和发展》,湖南出版社,1997年,第65—66页,第126—128页。
⑤ 参看缪尔达尔和阿尔瓦·雷默尔:《人口问题危机》,斯德哥尔摩,1934年;参看马赛厄斯和波斯坦主编:《剑桥欧洲经济史》第8卷,经济科学出版社,2004年,第974页。

1935年瑞典设立了人口委员会,提出若干改善瑞典居民生活状况的建议。人口委员会"认为可行的是产妇补贴、住房贷款、日间托儿所和免费学校进餐"①。关于瑞典的住房政策,这里需要特别说明,因为以往西欧国家在工业化过程中给居住条件简陋的进城务工人员建设宿舍,主要是从改善城市卫生状况、治安状况和改善市容等角度出发的。在西欧国家中,以解决城市住房问题和扩大城市居民居住面积作为社会福利保障的内容,瑞典开了先例。在20世纪30年代的瑞典,"改善住房条件的活动开始借助贷款和补贴得以实施。为了降低多子女家庭的住房成本,除了家庭津贴,政府还特许为有3个或3个以上孩子的贫困家庭减少租金"②。尽管关于上述措施是否在长期内对瑞典的出生率有积极影响,学术界有过争议,但瑞典政府在制度调整方面所采取的措施是被普遍肯定的。瑞典根据本国经济学家的理论,在20世纪30年代,使"'福利国家'模式开始具有雏形"③。这是西欧最早出现的福利国家模式。显然,这不仅应当归因于瑞典经济学家的贡献,而且应当归因于瑞典社会民主党和工会组织在这个过程中所起的作用。瑞典工会力量的强大是一个不容忽视的因素。20世纪30年代初,瑞典就已建立了工会同雇主之间的劳资集体谈判制度。④ 瑞典工会会员人数增长很快,

---

① 马赛厄斯和波斯坦主编:《剑桥欧洲经济史》第8卷,经济科学出版社,2004年,第974页。
② 同上书,第975页。
③ 同上书,第969页。
④ 参看奇波拉主编:《欧洲经济史》第5卷上册《二十世纪》,商务印书馆,1988年,第142页。

从1920年的28万人增加到1940年的971,000人。① 与瑞典工会有亲密关系的社会民主党,1932年起组建了政府,"由此开始了社会民主党对瑞典的长期统治,瑞典社会民主党当政的时间要比历史上其他社会民主党当政的时间都长"②。

此外,还应当看到,在西欧国家中,瑞典工人得到的实惠也是最多的。他们不仅享有各种福利津贴,而且就实际工资上升幅度而言,他们同样得益最大。据统计,从1913年到1938年,瑞典的日工资实际工资指数变动如下(包括工业、手工业、商业、运输业):③

1913 年	100
1924 年	123
1930 年	147
1935 年	151
1938 年	154

瑞典的实际工资率(日工资)从1913年到1938年,年平均增长率达1.74%。④ 这一上升幅度大大超过同时期的英国、法国和德国。⑤

英国经济学方面的转折,在时间上略晚于瑞典。前面已经指出,新古典经济理论的大本营是在英国。凯恩斯本人在20世纪20年代是一个新古典经济理论的信奉者,并致力于货币理论

---

① 参看奇波拉主编:《欧洲经济史》第5卷上册《二十世纪》,商务印书馆,1988年,第135页。
② 同上。
③ 参看同上书,第121页。
④ 参看同上。
⑤ 参看同上,表3。

的研究。他从新古典经济理论的货币学家向现代西方宏观经济学建立者的转变,是在20世纪30年代前半期逐渐完成的。①凯恩斯宏观经济学的核心是有效需求理论,这是在体系上不同于同时期瑞典经济学家的理论的最大特点。按照凯恩斯的分析,在资本主义经济中,通常情况下是有效需求不足,从而造成"非自愿失业"的存在。② 也就是说,在凯恩斯看来,市场机制本身没有力量使总需求与总供给相等,从而不可避免地会出现萧条和衰退,只有依靠国家干预才能使资本主义经济恢复稳定。③凯恩斯的宏观经济学理论的出现之所以会被西方经济学界看成是一次革命,正因为他否定了新古典经济理论关于自由市场经济完善、和谐的论断。④

可以得出这样的结论:1929—1933年世界经济危机以前长达一百多年的资本主义社会,是自由市场经济体制,与之相适应的主流经济理论是主张政府不干预经济的古典经济理论和新古典经济理论;而从1929—1933年世界经济危机以后,尤其是第二次世界大战结束以后,在长达数十年的时间内,资本主义社会在西欧国家已经由自由市场经济体制过渡到混合市场经济体制,与之相适应的主流经济理论是主张政府干预经济的凯恩斯经济理论。

在英国,凯恩斯经济理论成为制定20世纪30年代后半期和第二次世界大战结束后经济政策的主要依据。"20世纪30

---

① 参看厉以宁:《宏观经济学的产生和发展》,湖南出版社,1997年,第104页。
② 参看同上书,第110—111页。
③ 参看同上书,第111页。
④ 参看同上书,第113页。

年代,与19世纪经济思想的决裂,开始出现一种概念,即要保持令人满意数量的投资和职业,可能需要政府强有力的行动。"① 这不仅同应付1929—1933年世界经济危机有关,更深刻的含义在于防止第二次世界大战结束以后再次发生严重的失业现象,发生社会的剧烈动荡,因此英国公众认为必须由政府承担起维持社会就业的责任。凯恩斯本人也估计到,第二次世界大战一旦结束,仅仅依靠大战期间被压抑的消费来抵消战后可能出现的萧条,那是很不够的。他认为有必要在战后实行一项由政府保证充分就业的方案。1944年5月,即第二次世界大战结束前一年多,英国政府发表了《就业政策白皮书》(当时仍是保守党执政)。白皮书声称:政府在大战结束以后就以维持高度和稳定的就业水平为其主要目标和责任,这正是凯恩斯经济思想的体现。1945年英国进行大选,工党执政组成新政府,同样以凯恩斯的经济理论作为制定经济政策时的指导思想。其实,英国政府的承诺并非到维持充分就业为止。实际上,"在这样做时,政府也承担了维持人们收入的一定责任"②。

第二节 工业化过程中制度调整第二阶段的任务

一、任务之一:缓解社会矛盾

从20世纪50年代起,历经60年代和70年代,资本主义制

---

① 考特:《简明英国经济史(1750年至1939年)》,商务印书馆,1992年,第328页。
② 同上。

度调整在西欧各国都加速进行,而且大多数西欧国家的政府都充当了制度调整的主动行为主体的角色。历史的经验告诉这些国家的政府,如果再不主动地进行制度调整,不仅难以维持经济的稳定增长,而且也难免发生社会的动荡。缓解社会矛盾,被西欧各国政府看成是从这时起需要解决的首要问题。而要缓解社会矛盾,依照20世纪30年代瑞典的经验和40年代英国的经验,福利国家模式的建立被看成是有效的做法。

究竟什么是福利国家?布里格斯为之所下的定义是:"'福利国家'是这样一种国家,其中,有意识地运用组织的力量(通过政治和管理)至少在三个方面努力减少市场力量发生作用的范围。"[①]"减少市场力量发生作用的范围"这句话十分重要,因为在20世纪30年代以前,虽然西欧国家已经开始了资本主义制度调整,但当时的体制依然是资本主义刚性体制,即自由市场经济体制,政府不干预市场经济的运行依然是政府奉行的信条,而20世纪50年代以后,当大多数西欧国家转向福利国家模式时,要点在于国家"努力减少市场力量发生作用的范围",这也就意味着体制发生了转换,即由资本主义刚性体制转向弹性体制了。

布里格斯的定义中提到政府至少要在三个方面着手减少市场力量发生作用的范围,这三个方面是:

第一,"保证个人和家庭的最低收入,而不管他们财产的市

---

① 布里格斯:"历史视野中的福利国家",载《欧洲社会学文献》,2(2),1961年,第228页。参看丁开杰和林义选编:《后福利国家》,上海三联书店,2004年。

场价值如何"①。这里强调的是最低个人收入和家庭收入的全民范围内的保证,而不受财产的限制。

第二,"使个人和家庭能够应付'社会意外事件'(如生病、年老和失业),以降低不安全感的程度,否则个人和家庭将会面临危机"②。这同样是以全体国民为福利的受益者的,医疗保障、养老保障、就业保障等都包括在内了。

第三,"保证在一定范围内的社会服务领域向所有公民提供所能得到的最好服务,不管他们的地位和阶层如何"③。社会福利就是一种服务,福利国家能在多大程度上提供服务,要根据每个国家的国力而定,所以布里格斯在这里使用了"保证在一定范围内"这样一个限制词,但服务的全民性则是确定的。

因此,从布里格斯为福利国家所下的定义来看,全民性是一个特征。这正是福利国家模式的建立同20世纪30年代以前某些西欧国家所实施的社会保障政策的区别,因为那时的社会保障政策通常不是针对全体国民的,而只针对一部分国民,即把他们作为施政对象。也就是说,一个国家如果只对一部分国民(即使他们是穷人、失业人员、病人)实行了社会保障政策,这个国家还不能称为福利国家。布里格斯的定义是不是过于苛求了?对这个定义仍是有争议的。但它是受到重视的,因为它明显地表述了以下两方面的内容:一是,"它把福利国家明确表

---

① 布里格斯:"历史视野中的福利国家",载《欧洲社会学文献》,2(2),1961年,第228页。参看丁开杰和林义选编:《后福利国家》,上海三联书店,2004年。

② 同上。

③ 同上。

示为对资本主义市场经济进行国家干预的一种形式"[1];二是,它说明国家干预市场经济运行的目的是要"消灭贫困和不安全"[2]。

20世纪50年代以后,西欧国家继瑞典、英国之后陆续朝福利国家的方向转变,是同这些国家的中产阶级力量的壮大密切相关的。不少西欧国家之所以这样做,不仅是由于缓解社会矛盾的呼声日益高涨,而且还由于中产阶级队伍扩展了。[3] 工人阶级同中产阶级及其政治家结成的联盟,推动了西欧国家的资本主义制度调整的进程。这种情形同19世纪末期和20世纪初期是不一样的。根据马克斯·韦伯的分析,在19世纪末期和20世纪初期,西欧国家存在着无产阶级和资产阶级两大阶级的对立,整个国家仿佛分裂为两个部分,两党的竞争会造成像过去那样的教派对立。[4] 在这种国内政治形势下,是不可能形成两党都为国内全面社会保障的实施而效力的格局的。到了20世纪50年代以后,由于中产阶级队伍扩展了,中产阶级力量壮大了,社会两个极端之间反而有了在一定范围内合作的可能性,福利国家模式的提出、讨论和实施也都有了可能性。

从另一个角度看,第二次世界大战结束以后西欧各国推行

---

[1] 高夫:"福利国家",载《新帕尔格雷夫经济学大辞典》第4卷,经济科学出版社,1992年,第968页。

[2] 同上。

[3] 参看皮尔森:"当代福利国家发展面临的挑战",载丁开杰和林义选编:《后福利国家》,上海三联书店,2004年,第25页。

[4] 参看马克斯·韦伯:《经济与社会》下卷,商务印书馆,2006年,第794—795页。

的福利国家模式,同以往存在过的济贫、慈善事业也是有显著区别的。在西欧各国,"1970年工人普遍享有的社会福利水平,若在半个世纪以前,肯定会被人们看作是乌托邦式的幻想"[1]。然而,这却是由资本主义国家的政府实施的,谁在150年前甚至50年前能预料到呢?首先归因于形势的转变,这时的政府"如果不解决群众迫切要求的充分就业和社会保障,政治上的动荡不安将会带来重大的损失,那就既谈不到战后的经济恢复,也谈不到相当长一段时期内的经济增长"[2]。其次,这已经不是什么济贫、慈善性质的事业了,西欧各国的各个政党都把福利国家模式作为自己竞选时的主张而公之于众,各个政党在这个问题上的差距只不过是快一些还是稍慢一些,项目多一些还是暂时较少一些的区分。在英国,20世纪50年代,"麦克米伦的保守党内阁推行的经济政策并不比工党政府的经济政策'保守',就是清楚的证明"[3]。

为了建立福利国家模式,西欧各国的财政负担加重了。即使对那些经济发达的西欧国家来说,社会保障支出也是沉重的包袱。尽管如此,这些国家的社会福利支出仍继续增长。据统计,西欧主要国家的社会福利支出(包括养老金、失业救济金、家庭补助、公共医疗费用以及政府向穷人提供的津贴)在国民生产总值中的百分比,在20世纪50—60年代一直是上升的。

---

[1] 奇波拉主编:《欧洲经济史》第5卷上册《二十世纪》,商务印书馆,1988年,第156页。
[2] 罗志如和厉以宁:《二十世纪的英国经济:"英国病"研究》,人民出版社,1982年,第142页。
[3] 同上书,第242页。

1950年、1960年、1966年西欧主要国家
社会福利支出在国民生产总值中的百分比(%)①

	1950年	1960年	1966年
法国	10.9	12.7	15.5
联邦德国	14.1	14.9	16.0
意大利	7.9	12.0	15.9
瑞典	9.3	12.1	15.6
英国	8.9	10.3	12.6

这一百分比大大高于同时期的日本和美国。

1950年、1960年、1966年日本和美国
社会福利支出在国民生产总值中的百分比(%)②

	1950年	1960年	1966年
日本	3.2	4.7	6.0
美国	4.0	6.2	7.2

这表明，从社会福利制度的实施的角度看，西欧国家的进度超过了同一时期的日本和美国。

另据J.阿尔伯的评论，在福利支出的水平上，瑞典、荷兰和丹麦处于最高等级，英国和其他西欧国家处于中等，日本和美国处于发达国家中的最低等级。③

二、任务之二：协调地区经济和社会发展

协调地区之间的经济和社会发展的不平衡，也是西欧各国在资本主义制度调整第二阶段的一项重要任务。尽管经济学界

---

① 参看奇波拉主编：《欧洲经济史》第5卷上册《二十世纪》，商务印书馆，1988年，第156页。
② 参看同上。
③ 参看J.阿尔伯："西欧社会保险支出增长的若干原因：1949—1977年"，载洛奈等编：《社会政策和社会福利》，公开大学出版社，1983年。

较早就提出过地区收入差距扩大的趋势,但只是在第二次世界大战结束之后,由于形势的变化,这个问题才引起了西欧国家的重视。

例如,缪尔达尔在20世纪50年代就曾提出累积的因果关系理论。[①] 这是指:一个地区,经济越是发达,资本和人才就越向那里集中,那里的优势就越突出,经济发展的机会也就越多;反之,一个地区,经济越是落后,弱势就越明显,它同发达地区的差距也就越大。可见,优势和劣势的形成都具有累积效应,即优势地区形成良性的因果关系,劣势地区则形成恶性的因果关系。

又如,20世纪60年代,威廉姆森和卡尔多分别从不同的角度讨论了国内不发达地区的发展问题。1965年,威廉姆森指出,在一个国家的发展中,地区收入差距的扩大通常是不可避免的,即随着经济的发展,地区收入差距先有扩大的过程,然后才会有地区收入差距缩小的倾向。[②] 在发展中国家,目前只能观察到全过程的前一半(地区收入差距的扩大),而在发达国家则可以观察到全过程(地区收入差距先扩大,再缩小)。1966年,卡尔多就英国国内地区经济发展不平衡问题提出如下的看法:他认为,一个地区要摆脱贫穷落后状态,关键是要使产值增长和劳动生产率增长,而且这两种增长是互相影响的:在产值增长的基础上,劳动生产率得以较快增长;而劳动生产率增长后,产值就能进一步增长。卡尔多指出,这样,一个贫困落后地区的产品的竞

---

① 参看缪尔达尔:《经济理论和不发达区域》,伦敦,1957年。
② 参看威廉姆森:"区域不平等和国家发展过程",载《经济发展和文化变迁》,13(4),1965年,第二部分。

争力就提高了,市场扩大了,地区内人均收入也就增长起来,从而形成了良性循环。①

上述这些理论对于20世纪60—70年代以后西欧国家的区域经济发展政策的制定是有影响的。但发展国内贫穷落后地区需要政府的财政支持;政府能否拨出财政支出来加快贫穷落后地区的发展,又同政府是否认识到解决这一问题的必要性有关。这样就能理解为什么缩小地区收入差距问题主要是在西欧国家的资本主义制度调整第二阶段才被政府重视并被政府相继引入政策规划的原因。

比如说,英国的苏格兰、威尔士和北爱尔兰发展相对滞后由来已久,这些地区的离心趋势,可以追溯到工业化开始之前,甚至可以追溯到中世纪。这些地区的居民总是把英格兰看成是征服者,是这些来自英格兰的征服者才使这些地区的平静生活被打破,使自己变得贫穷。"他们在历史上与英格兰征服者之间形成的隔阂,长久未能消除。在这个基础上,再加上资本主义发展之后所造成的区域之间经济发展的不平衡性和居民生活水平的差距扩大,地区的离心趋势自然而然地加强了。"②同样的情况也发生在法国的南部山区和科西嘉岛、意大利半岛南部、西西里岛和撒丁岛、西班牙的比利牛斯山区、巴斯克人聚居地区等地。西欧各国国内贫困地区的问题突出,那里的经济发展程度大大落后于国内先进地区,居民收入水平偏低,失业严重,城市公共

---

① 参看卡尔多:《英国缓慢经济增长率的原因》,剑桥大学出版社,1966年。
② 罗志如和厉以宁:《二十世纪的英国经济:"英国病"研究》,人民出版社,1982年,第204页。

建设和公共服务落后,地方分离主义情绪上升,这些情况引起了社会的关注。

要知道,西欧一些国家贫穷地区的失业率之所以偏高,主要由三个因素决定:一是工人技术水平低;二是地区经济结构有自身的特点,不能容纳更多的人就业;三是地区需求不足,购买力有限。[1] 因此,要振兴国内落后地区的经济,首要的问题是设法提高就业率,减少失业人数,这就需要政府增加投入,发展教育,开展职业培训,并采取优惠政策,鼓励企业到这里投资,以繁荣地方经济。

即使在20世纪80年代和这以前的德国,地区发展不平衡问题也是一直存在的。从历史上看,德国东部的经济发展程度低于德国西部,第二次世界大战结束以后,美、英、法、苏联分别占领德国东部和西部,后来,在美、英、法三国占领区的基础上成立了德意志联邦共和国,在苏联占领区的基础上成立了德意志民主共和国,东德与西德之间的差距不仅存在,而且继续扩大。而在联邦德国内部,不同地区的发展依然是不平衡的,因此,在1967年联邦德国议会通过的《促进经济稳定增长法》中就包含了协调联邦各州之间经济发展的内容。而在1969年对该法的修订中,增加了促进资金的地区间流动以缩小各地区收入差距的内容。[2]

东德和西德并存四十多年后,终于统一了。德国政府在国

---

[1] 参看罗志如和厉以宁:《二十世纪的英国经济:"英国病"研究》,人民出版社,1982年,第202页。

[2] 参看史密斯:《德国经济》,伦敦,1994年,第60—75页。

家统一以后立即把振兴东部经济作为发展的首要任务。对德国政府来说,这是制度更替和资本主义制度调整二者合一的艰难任务,因为就制度更替而言,德国统一后,德国政府需要把存在于东德多年的社会主义计划经济制度改变为资本主义制度,包括所有制的变更、经济运行制度的转换以及收入分配制度的重建等等;而就资本主义制度调整而言,德国统一后,在原东德地区所要推行的不是资本主义的自由市场经济体系,而是混合市场经济体制,也就是第二次世界大战结束以后西德一直奉行的社会市场经济体制,这样,政府在东德重建过程中充当了主动行为主体的角色。但不管怎么说,对统一后的德国的地区间社会经济发展进行协调,是一项艰巨的任务。①

三、任务之三:保证经济增长和经济社会的可持续发展

经济和社会的可持续发展是20世纪70年代以后越来越引起西欧国家关注的问题。在社会的压力下,政府不得不为此采取有效的对策,否则执政党将在大选中失利。但经济和社会的可持续发展是建立在持续的经济增长基础上的,没有持续的经济增长,没有企业的赢利和就业人数的增加,国家和地方的财政收入是不可能增长以应付环境治理和教育、卫生、社会保障等方面日益庞大的经费的。再说,要促进国内落后

---

① 参看姚先国、海因茨·缪尔德斯:《西德统一中的经济问题》(第2版),科学技术文献出版社,1996年;裘元伦:"德国反失业政策措施",载《管理世界》1998年第1期;李新春、陈凌、张胜洋:《回归市场:民主德国经济转型与国企改造》,广东人民出版社,1999年。

地区的社会经济发展,提高这些地区的就业率和居民收入水平,同样需要连续的、数额巨大的财政支出。因此,在西欧各国制度调整的第二阶段中,作为制度调整主动行为主体的政府,一方面必须设法维持一定的经济增长率,保证财政收入的相应增长,另一方面还有必要更有效、更合理地使用财政支出,既维持福利国家模式的运转和协调地区之间的经济发展,又保证经济和社会的可持续发展有足够的投入。事实上,"经济成就的大小与管制程度两者之间不存在简单的相互关联"①。也就是说,"社会干预和社会支出同经济成就之间并无冲突,倒的确是由于缺乏投资计划、职工参与制和社会开支,我们的经济才没有搞好"②。

经济和社会的可持续发展,作为西欧各国资本主义制度调整第二阶段的任务之一,之所以被政府重视并被政府实施,仍然是同各政党在竞选过程中的斗争分不开的。无论是执政党还是在野党,都把更多地发挥政府在经济和社会生活中的作用看成是自己的目标,其中包括缓解社会矛盾、缩小地区收入差距、加强环境保护和环境治理等等。在奇波拉主编的《欧洲经济史》一书中,提出有三个互相关联的因素促成了政策指导思想的上述转变:

第一个因素:由于政府承担的责任越来越多,过去政府不承担或不准备承担的工作现在也落到了政府肩上,于是"各国政府的规模空前增大,其扩展速度比经济活动水平的增长要

---

① 瑟罗:《得失相等的社会》,商务印书馆,1992年,第134页。
② 同上书,第7页。

快得多"①。政府规模大了,可供使用的政府经费增多了,"各国政府现在都不得不从更广阔的范围来考虑其行动可能造成的后果"②。也就是说,诸如福利国家模式的推行、经济和社会的可持续发展等都成为政府的行为,政府一旦承担下来,就再也推卸不掉了。

第二个因素:经济学的进展,推动了政策的研究。在第二次世界大战结束以后的长时间内,对经济政策和社会政策的研究成为经济学研究者的热门话题,其中包括了政策效应的多方面研究。这是同政府由"小政府"转变为"大政府",以及"大政府"的责任加重和作用加强直接有关的。③

第三个因素:"有可能获取的关于经济现实的信息在数量上有巨大增长。"④不仅信息量剧增,而且收集信息和处理信息的费用大大降低了。⑤ 这对于政府作用范围的扩展和政府调节力度的变化是十分重要的。要知道,尽管第二次世界大战结束后西欧国家就已经走上扩大政府在经济中作用的道路,但缺乏足够的统计资料是20世纪40年代后期西欧国家制定政策的一个严重障碍,这个困难到60年代后期已经大为缓解。⑥

正是在上述这些因素的共同作用下,20世纪60—70年代

---

① 奇波拉主编:《欧洲经济史》第5卷下册《二十世纪》,商务印书馆,1988年,第264页。
② 同上。
③ 参看同上。
④ 同上书,第264—265页。
⑤ 参看同上。
⑥ 参看同上书,第285—286页。

以后,西欧国家政府对经济和社会生活的干预程度不仅大大超过了19世纪或20世纪前半期,甚至大大超过了20世纪50年代。

前面已经指出,持续的经济增长是经济和社会可持续发展的基础。而要实现持续的经济增长,就应扩大内需,提高国内人均收入水平,尤其是帮助低收入家庭和帮助失业者。这都是促进经济和社会可持续发展的重要措施。但对于补贴和资助多少,社会上存在着争议。"一些保守主义者主张偏低,还有一些自由主义者偏高的主张则受到攻击,认为足以助成懒惰习性和生活腐化风气。"[①]争议长期存在,仍属正常状态,因为只要是纳税人都有权利对财政支出的用途发表个人的见解,情况都是这样。此外,社会上还有这样一种议论,"认为较高的最低工资,将导致用资本来代替其质量在大体上相同的工人们的劳动。结果将造成失业"[②]。这种论点对20世纪50年代以后的发达国家来说,影响是不大的,因为在第二次世界大战结束以后的西方经济复苏过程中,越来越多的人认识到,只要经济持续增长,就业岗位就会增多,失业状况就会缓解,也就是说,"通常被忽视的一点是,在这样的环境中,经济的发展将导致对工人的需求,极有可能的是,这种需求将抵消消极因素而有余"[③]。根据宏观经济学的解释,增加总需求是促进就业的最重要条件。[④]

---

① 加尔布雷思:《经济学和公共目标》,商务印书馆,1980年,第258页。
② 同上书,第257页。
③ 同上。
④ 参看莱亚德和尼克尔:"英国失业的原因",载《国民研究所经济评论》,1985年2月,第62—85页。

由于对经济增长的意义以及对经济增长和制度调整之间的关系有了新的认识,20世纪50年代以后,西欧各国对促进经济增长的措施的实行力度加强了。而且,同过去相比,在技术创新加快的形势下,技术转移和技术研究成果商业化的速度以及所面临的问题也大大不同于第二次世界大战以前,甚至也不同于20世纪50—60年代。比如说,产品生命周期概念曾经是比较有效的。根据弗农的解释,一项技术创新出现后,作为创新主体的公司会首先通过出口向国外提供自己的新产品,然后,公司才开始在国外建立自己的子公司,并由子公司进行生产,销售新产品。① 但这种产品生命周期概念逐渐失效了,一项技术创新出现后,出口阶段大大缩短,甚至不存在单独的出口阶段,而是一开始就在国外建立子公司,组织新产品的生产。② 这意味着国际投资一体化的趋势已经难以遏制,并正在西欧国家成为事实。这明显反映了国际经济一体化的重要性日益被西欧各国政府所认识,它们致力于逐步实现西欧市场一体化、货币一体化、生产要素自由流动等。西欧国家为此而采取的措施,有助于各国发挥自身的比较优势,促进国内的技术进步,维持较稳定的经济增长。

尽管20世纪末期西欧经济一体化的进程使资本主义制度调整的速度比过去有所加快,但这依然是建立在20世纪50—60年代持续经济增长的基础之上的。没有较长时间内持续的经济增长,西欧国家的经济面貌不会发生那样大的变化。

------

① 参看弗农:"产品周期中的国际投资和国际贸易",载《经济学季刊》,1966年5月,第190—207页。
② 参看曼斯菲尔德等:《技术转移、生产率和经济政策》,纽约,1982年。

可以认为,持续的经济增长和实际工资率的上升在20世纪50—60年代的西欧国家是平行的。

1950—1970年西欧国家的国民总产值指数(1950年=100)[1]

年份	法国	联邦德国	意大利	瑞典	英国
1950	100	100	100	100	100
1955	124	156	134	118	114
1960	156	212	175	140	130
1965	207	271	227	180	154
1970	275	340	304	220	172
1950—1970年年平均增长率(%)	5.19	6.31	5.72	4.02	2.75

1950—1970年西欧国家制造业实际小时工资率指数(1950年=100)[2]

年份	法国	联邦德国	意大利	瑞典	英国
1950	100	100	100	100	100
1955	133	119	108	124	105
1960	146	148	121	140	117
1965	174	189	156	175	122
1970	219	235	200	217	136
1950—1970年年平均增长率(%)	4.00	4.36	3.53	3.95	1.55

从上述两表可以看到,法国、联邦德国、意大利、瑞典、英国五国在第二次世界大战以后,"生活水平是稳步而大幅度上升的"[3]。英国的国民总产值和实际工资率的增长率虽然稍低一些,但也在增长之中。这些不能不归因于资本主义的制度调整。

---

[1] 参看奇波拉主编:《欧洲经济史》第5卷上册,商务印书馆,1988年,第120页。
[2] 参看同上书,第122页。
[3] 同上书,第121页。

四、任务之四:满足人们提高生活质量的要求

在 20 世纪 60 年代以后,西欧各国社会比以往任何时候都更加重视人们的生活质量问题。

生活质量包括两个方面:一是自然的生活质量,二是社会的生活质量。自然的生活质量包括洁净的空气、水源、舒适宜人的居住环境、优美的自然景观等等。为了改善人们的自然生活质量,对于未受到工业化破坏的自然环境,应加强保护,避免遭受破坏;对于已经在工业化过程中受到破坏的自然环境,需要抓紧治理、恢复,使它们适合于人们生活和居住。社会的生活质量包括良好的社会秩序、健康的社会风气、人们之间关系的融洽祥和等等。在长时期的工业化过程中,由于不注意人们的社会生活质量,以至于城市治安状况恶化,犯罪事件增多,社会风气败坏,人们之间关系紧张,纠纷不断发生,还有不少人感到在这样的社会生活环境中,生活单调乏味,人与周围的人隔膜加深,生活甚至失去乐趣。因此,提高人们的社会生活质量同样是资本主义制度调整第二阶段政府关注的问题。

教育的作用被提到新的高度来认识。在 20 世纪后期的西欧国家,社会对教育改革寄予很大期望,认为教育的目标不应局限于传授科学知识和技能,而应当服从于人们生活质量的不断提高和有利于实现人的价值这些更高的原则。这一认识同 20 世纪 60 年代西欧一些国家的年轻人(包括大学生在内)走上街头,掀起了所谓的自由解放运动有关。关于这场运动的由来和背景,众说纷纭。一种说法是同第二次世界大战结束以后流行于西欧的存在主义思想有关,即年轻人在不满社会现实的存在

主义思想的影响下才会走上街头。① 还有一种说法认为这是受到了新的激进主义思潮的影响。新的激进主义思潮揭示了现存的资本主义制度的种种缺陷和弊病,因此把某些反对现存制度的人物视为英雄、偶像。② 但不管怎样,对西欧来说,20世纪60年代是一个动荡不安的年代、一个使西欧各国青年们思考的年代。20世纪60年代西欧大学生的所谓自由解放运动产生的一个重要原因是对现存的社会等级观念的不满和对更高的生活质量的追求。③ 需要指出的是:对生活质量的更高要求并不仅限于物质方面的舒适和丰富,相反地,这也许是西欧青年一代中一部分激进者攻击现存制度的口实之一。④ 对生活质量的更高的要求主要包括:制止环境恶化,消除核战争的威胁以及"在各国内部和各国彼此之间存在的贫富间的明显矛盾,种族之间的不公平,机械化社会与大机构的非人格性的特性"⑤,等等。

政府既然承担了资本主义制度调整第二阶段主动行为主体的角色,也就准备通过继续采取制度调整措施来满足人们的提高生活质量的要求,包括加紧环境治理、防止资源浪费、改善人们的生活环境等等。但仅有这些是不够的,如果不着力于社会生活质量的改善,仍然会引起选民对政府的不满,执政党在大选

---

① 参看帕尔默和科尔顿:《近现代世界史》(第5版),纽约,1978年,第913—914页。
② 参看同上书,第914—915页。
③ 参看厉以宁:《山景总须横侧看》,北京大学出版社,2003年,第198—202、208—213页。
④ 参看帕尔默和科尔顿:《近现代世界史》(第5版),纽约,1978年,第915页。
⑤ 同上书,第914页。

中仍会处于不利地位。执政党不得不考虑这种巨大的社会压力。然而提高人们的社会生活质量同提高自然生活质量一样,都不是一件容易的事,甚至提高社会生活质量更困难一些。比如说,要整理社会治安、缓解社会冲突、改善社会风气,不仅需要政府有大量投入,而且更需要社会各界的积极配合。迄今为止,似乎西欧各国的政府还没有找到更有效的办法来切实提高社会生活质量并使公众感到满意。

经济学界也在不断思考这样的问题。一些人认为,现在依然是一个思考的年代,不能迷信经济学中数学分析方法的结论。生活质量的提高不是依靠数学推导就能顺利实现的。正如哈耶克所说,在经济学研究领域内,"确实存在这样的事情,即貌似最科学的程序经常是最不科学的"[1]。经济学不能没有思考,经济学研究也不能脱离思考,"有时候几乎好像是,学会科学的技巧比学会思考,找出问题所在以及如何处理问题,要更容易些"[2]。这样,偏离问题的正确解决之路就更遥远了。

第三节 西欧国家制度调整的第二阶段和向后工业化时期的转变

一、西欧福利国家的形成

对于西欧国家第二次世界大战结束以后所进行的资本主义

---

[1] 哈耶克:"知识的虚伪",载商务印书馆编:《现代国外经济学论文选》第2辑,商务印书馆,1981年,第76页。
[2] 同上书,第77页。

制度调整,社会上始终是有争议的。

一种意见是:尽管在政府的福利措施方面取得了进展,但财政负担沉重,难以承受,以至于"20世纪70年代的讨论就集中在福利制度立即面临的财政危机。20世纪80年代,讨论的主题则是如何处理和控制这一危机。在20世纪90年代,这些主题仍在继续,但新的人口统计给人们带来新的忧虑"[1]。这里所说的新的人口统计带来的新的忧虑是指:人口老龄化,更多的妇女参加工作,晚育,单身人士数量增加,离婚率和再婚发生率提高,同居和非正式婚姻更加普遍等等。[2] 这些都有可能导致失业率上升、家庭生活困难和政府福利支出的增加。又如,过多的福利待遇使失业者不急于寻找工作,或者年轻人不再储蓄养老金,宁肯靠政府津贴为生;[3]再如,公众提出的要求越来越多,由于政府难以满足这些要求,反而会引起更多的不满甚至抗议。[4] 应当承认,这些不同意见在某种程度上还是有道理的。

另一种质疑是:要提高人们的生活质量,保护环境非常重要,而保护环境是需要政府大量支出的,所以当政府在加强环境工作之后,经济增长、财政收支、就业率等都会受到影响,如果因财政紧张而挤掉了福利经费,或者因经济增长率降低而增加了失业人数,那不是又会降低人们的生活质量吗?总之,保护环境

---

[1] 皮尔森:"当代福利国家发展面临的挑战",载丁开杰和林义选编:《后福利国家》,上海三联书店,2004年,第39页。

[2] 参看同上书,第35页。

[3] 参看柯武刚和史漫飞:《制度经济学:社会秩序与公共政策》,商务印书馆,2000年,第389、392页。

[4] 参看同上书,第390—391页。

不可避免地会产生双重效应,即一方面有积极的效应,如保证经济和社会的可持续发展,另一方面有消极的效应,如影响经济增长等,也就是影响企业的赢利和发展,"大企业的危机必然包括着创新和投资的延迟"①。这样又引发了新的争议,即在一定的财政支出的格局下,是更多的财政支出用于环境保护为宜,还是用于福利支出为宜?还有,假定要保持经济增长率不降低,是重新发展乡村工业为宜,还是继续发展大型制造业企业为宜?②

然而,也有一些人为政府的福利政策辩解,他们的主要论点是:政府的福利政策的最大好处是缓解社会矛盾,有助于政局的稳定,使得第二次世界大战结束以后西欧各国的政治形势无法同第二次世界大战以前相比,因此福利政策实施的积极影响大于它所带来的种种消极影响。③

关于福利国家的效应,还可以从更深的层次进行分析。据布里格斯的解释,西欧国家在20世纪后期所推行的福利国家模式,尽管使用了大量的财政力量和行政力量,至少在三个方向上致力于纠正市场机制的作用。这三个方向是:

第一,福利国家模式"保证个人和家庭的最低收入,不管他们的工作和财产的市场价值如何"④。

---

① 斯坦德尔:"停滞",载《新帕尔格雷夫经济学大辞典》第4卷,经济科学出版社,1992年,第510页。
② 参看萨贝尔:《工作和政治:工业的分工》,剑桥大学出版社,1982年。
③ 参看乔治和怀尔丁:《社会政策的影响》,伦敦,1984年。
④ 布里格斯:"历史视野中的福利国家",载丁开杰和林义选编:《后福利国家》,上海三联书店,2004年,第1页。参看布里格斯:"历史视野中的福利国家",载《欧洲社会学文献》,2(2),1961年。

第二，福利国家模式"使个人和家庭能够应付某些导致个人和家庭危机的'社会突发事件'（如疾病、老龄和失业），缩小其不安全程度"①。

第三，福利国家模式"不歧视公民地位或等级，确保他们在人们认可的一定社会服务内获得可得的最好水平的服务"②。

上述三个方向中，最值得注意的是第三个方向，因为在"过去的所谓'社会服务国家'可能实现第一、第二个目标"③，而只有上述第三个目标，即第三个方向，才真正反映福利国家的特征，因为"它带来的是'最优'思想而非过去的'最低'思想"④，它体现了"待遇平等和享有同等选举权的选民抱负"⑤。

在20世纪后期，西欧福利国家终于形成了，只是不同国家在福利的享有程度上多少有些差异而已。对这个问题，可以作如下的理解，福利国家在西欧的形成是资本主义制度调整第二阶段最重要的成果，但正如本书一直强调的，资本主义制度调整是以维护资本主义制度的继续存在和运转为前提的。在这个前提下，即使西欧国家的政府为此增加了财政支出，但由于这有助于稳定资本主义社会和政局，在西欧国家的政府领导人看来仍是值得的。因此，对福利国家，必须在它有助于维持资本主义制

---

① 布里格斯："历史视野中的福利国家"，载丁开杰和林义选编：《后福利国家》，上海三联书店，2004年，第1页。参看布里格斯："历史视野中的福利国家"，载《欧洲社会学文献》，2(2)，1961年。
② 同上。
③ 同上。
④ 同上书，第2页。
⑤ 同上。

度的前提下进行考察才有意义。这就是说,对第二次世界大战结束以来西欧各国政府消费支出的激增也就可以有正确的认识了。

以过去长时期对政府消费支出一直不重视的意大利为例,政府消费支出在国民生产总值中的百分比变动如下:①

1921—1930 年	5.6%
1931—1940 年	9.4%
1950—1959 年	12.0%
1961—1970 年	13.3%

再以过去比较重视政府消费支出的英国和瑞典为例,政府消费支出在国民生产总值中的比重同样有大幅度的上升。

如英国:②

1921—1929 年	8.9%
1930—1939 年	11.4%
1950—1958 年	16.9%
1961—1970 年	18.9%

再如瑞典:③

1921—1930 年*	8.0%
1931—1940 年*	9.2%
1941—1950 年*	12.0%
1950—1959 年*	16.8%
1961—1970 年	18.9%

(※号表明是政府消费支出占国内生产总值的比例,而不是政府消费支出占国民生产总值的比例。)

---

① 参看奇波拉主编:《欧洲经济史》第 5 卷上册《二十世纪》,商务印书馆,1988 年,第 85 页。
② 参看同上书,第 86 页。
③ 参看同上书,第 85 页。

二、走向后工业化时期

西欧各国由于经济发展程度的差异,进入工业化后期的时间不同,相应地由工业化后期进入后工业化时期的时间也各不相同。但大体上可以认为,一些经济发达的西欧国家,在20世纪70年代以后相继进入了后工业化时期,还有一些西欧国家,因为经济相对而言较差,至今尚处于工业化后期,或处于由工业化后期向后工业化时期的过渡阶段。

那么,究竟什么样的社会能够被确定为后工业社会呢？丹尼尔·贝尔认为:"后工业社会的概念首先涉及社会结构方面的变化,就是经济转型和职业体制改组的方式,而且也涉及理论与经验特别是科学与技术之间的新型关系。"① 就社会结构变化而言,在贝尔看来,一个重要问题是科学技术人员同政府官员之间的关系应当如何处理以及将会如何处理。这是因为,"由于后工业社会增加了知识中技术部门的重要性,所以迫使新社会的大师们——科学家、工程师和技术官员们——要么与政治进行竞争,要么就成为他们的盟友"②。当然,这不意味着西欧国家社会结构的变化等同于资本主义制度本身的变化,或者说,后工业社会的来临标志着资本主义制度已经不再是资本主义制度了,但应当看到,上述变化既是资本主义制度调整第二阶段的一种后果,同时又预示着资本主义制度调整今后仍会继续进行。

从经济结构方面看,根据三次产业划分以及各自在国内生

---

① 贝尔:《后工业社会的来临》,纽约,1973年,第13页。
② 同上。

产总值中所占比重来考察,通常认为后工业化时期的一个重要特征在于第三产业的产值大约占到国内生产总值的70%以上,相形之下,第二产业的产值大约占到国内生产总值的20%—25%,第一产业的产值大约占到国内生产总值的5%上下。这被认为是后工业社会的第一特征,或最简明的特征,即"大多数劳动力不再从事农业或制造业,而是从事服务业,如贸易、金融、运输、保健、娱乐、研究、教育和管理"①。

后工业社会还有其他一些特征。例如,国民的平均寿命较高,这是医疗卫生事业发达和国民的医疗保障制度趋于完善的结果;国民平均受教育程度较高,这反映了教育事业的发展和社会对教育的日益重视;社会保障体系已经覆盖全社会,社会保障制度已经能够有效地运转。在这里,尤其需要指出的是福利国家模式的继续。在后工业化时期,在家庭的"安全功能"已被削弱的基础上,政府的福利政策成了维护安全和增加人们安全感的必要条件了,政府承担保证居民安全的责任已经不可能再推卸,再倒退到过去了。这是一种不可逆的趋势。② 加之,从公民权利的角度看,既然福利国家模式通常被人们看做实现公民权利的顶点,所以西欧国家的政府都不可能从这个高度后退,任何一届政府的领导人也不敢从这里后退。③

在后工业化时期,第二产业仍然是继续发展的,主要是第二

---

① 贝尔:《后工业社会的来临》,纽约,1973年,第15页。
② 参看威伦斯基:《福利国家和平等》,加利福尼亚大学出版社,1975年。
③ 参看 T. H. 马歇尔:"公民权利和社会阶级",载 T. H. 马歇尔:《十字路口的社会学文集》,伦敦,1963年。

产业内不断有技术创新和新产品问世,从而使各行各业采用效率更高的新机器装备和新材料。正是第二产业内的技术创新,使第二产业的面貌发生了变化。但第二产业的产值在国内生产总值中的比例大体上是稳定的,即维持在20%—25%。这反映了产业的升级和产品的更新换代,反映了技术创新依然是推动经济持续增长的动力。

三、资本主义的制度调整仍在继续进行中

无论是已经进入后工业化时期的西欧国家,还是正处于由工业化后期向后工业化时期过渡阶段的西欧国家,资本主义制度调整都将继续进行下去。也就是说,在所有的西欧国家,资本主义制度调整并没有结束,在缓解社会矛盾、缩小国内地区之间收入差距、环境治理以及提高人们生活质量方面,还有不少问题有待于继续进行制度调整来解决。

资本主义制度调整就是在资本主义制度不变的大框架内所实现的体制转换,也就是改革。正如库兹涅茨所说过的:"经济增长过程中的结构变动引起的改革,贯穿于整个社会母体组织中,而不单单是在经济活动和经济制度中。新的经济效应正是从这种社会母体的普遍的改造中出现的。"[①]制度调整作为一种改革,就是对"社会母体"的改造,这里所说的"社会母体",就是资本主义社会所依据的体制;"改造"就是体制的更换。这种"改造",既是资本主义制度继续存在的需要,也是资本主义国家为了适应新的经济增长和变化形势的要求。

---

① 库兹涅茨:《各国的经济增长》,商务印书馆,1985年,第373页。

第十章　工业化过程中制度调整的第二阶段　603

那么,后工业化时期西欧各国的政权掌握在谁的手中呢? 贝尔也曾对这个问题作过分析。他认为:"如果说过去百年间处于统治地位的人物一直是企业家、商人和工业经理人员,'新的人物'就是掌握新的智力技术的科学家、数学家、经济学家和工程师。"① 贝尔接着写道,这些"掌握新的智力技术"的科学家和经济学家等人尽管有很重要的职务或在决策部门发挥了重要的作用,但他们还不是政权的实际掌握者;原因在于:资本主义社会依然是资本主义社会,"社会的基本价值集中在企业机构,最大的报酬见之于企业中,最强大的权力掌握在企业界手中"②。这是实质所在。但资本主义制度调整已经进行这么多年了,在体制更换过程中,西欧国家的权力结构也发生了变化,权力已经不像过去那样单纯由大企业集团和代表它们利益的人物所行使了,政治决策也不仅仅由他们所制定了。在一定程度上,权力已被工会等社会团体或其他社会力量所分享,权力的决策和行使也要依据秩序进行。这就是资本主义制度调整造成的结果。③

其实,这种变化在马克斯·韦伯1921年出版的《经济与社会》一书中就已经谈到。对于资本主义国家实行的普选制的效果,韦伯是这样看待的,他写道:国民选举国家元首,尽管有各种各样的评论,但是,"无论如何,近几十年来,真正不适合的总统的数目,至少没有大于在世袭君主制里不合适的君

---

① 贝尔:《后工业社会的来临》,纽约,1973年,第344页。
② 同上。
③ 参看同上书,第344—345页。

主的数目"①。这是就20世纪初的情况而言,从那时到20世纪末,将近一个世纪了,西方的选举制度已有很大的改进,各种社会力量的作用已经非常明显地在普选中表现出来,这对于权力行使的制约是不可忽视的。

马克斯·韦伯还分析了职业政治家的产生过程和职业政治家的作用。他指出:西欧的议会政治"呼唤一种典型的人物:职业政治家,也就是说,呼唤一种人,他至少在思想上,但在大量的情况下,也在物质上,把在一个政党内部的政治运作作为他的生存的内容"②。什么是职业政治家?马克斯·韦伯认为,这样的人,或者为政治而生活,或者靠政治来生活,"一般而言,人们都二者兼而有之"③。但重要的是,他们不是凭空产生的,他们主要来自普选的环境中,他们"是在群众性选举的基础上,政党政治工作的理性化和专门化不可避免的产物"④。

在资本主义制度调整的过程中,不但出现了一代又一代的职业政治家,而且广大选民的政治倾向也在逐渐变化。19世纪后期和20世纪前期,体力劳动者家庭出身的选民选择左翼政党的比例大于非体力劳动者出身的选民选择左翼政党的比例。甚至到了20世纪50年代,据联邦德国、芬兰、瑞典、挪威四国的调查材料,选民的政治倾向性如下:⑤

---

① 马克斯·韦伯:《经济与社会》下卷,商务印书馆,2006年,第805页。
② 同上书,第797页。
③ 同上书,第744页。
④ 同上书,第797页。
⑤ 参看格伦斯基编:《社会分层》(第2版),华夏出版社,2006年,第275页。

联邦德国、芬兰、瑞典、挪威四国选民选择左翼政党的情况

国家	年份	政党选择	父辈的职业					
			体力劳动者		非体力劳动者		农民	
			比例(%)	样本数	比例(%)	样本数	比例(%)	样本数
联邦德国	1953	社会民主党	32	200	20	142	22	58
芬兰	1949	社会民主党和共产党	23	357	6	356	10	183
瑞典	1950	社会民主党	47	135	20	315	—	—
挪威	1957	劳工党和共产党	49	61	29	73	24	46

据上述四国的调查材料,尽管样本数是有限的,但同第二次世界大战结束后初期的社会经济情况大体上吻合。迄今又过了半个世纪,由于资本主义制度调整一直在进行,西欧的情况已经发生了很大的变化,变化之一是:"政党政治的高层出现以聚合为主的发展倾向,而中下层公众政治中则出现多元分离倾向,而且政党的基层组织也更加松散。"①对社会民主党来说,这种情况表明了支持力量的不确定性,也是西欧国家的社会民主党必须认真考虑今后适应前景的关键问题。这是因为,不仅德国社会民主党遭遇了选民队伍变幻不定的前景,②甚至在瑞典,从20世纪90年代起,社会民主党的政治优势也削弱了,以至于"瑞典政治的一致性(政府、工会与企业在相当程度上一致性)发生动摇"③。正是在这种形势下,历来在西欧各国政治舞台上扮演重要角色的社会民主党,从20世纪90年代起

---

① 顾俊礼主编:《欧洲政党执政经验研究》,经济管理出版社,2005年,第31—32页。
② 参看同上书,第160—161页。
③ 向文华主编:《冷战后社会党研究》,中央编译出版社,2006年,第105页。

展开了一场内部大讨论。争论的出发点是:社会民主党在党的目标或努力方向上是不是需要作一次重大的调整,以便适应新的形势,以及符合社会各界支持者的要求。这场大讨论开始于德国社会民主党内部,争论的主题是:究竟要不要保留近百年以来所沿用的"民主社会主义"概念,还是改用"社会民主主义"概念。①

为什么要讨论这个问题?这是因为,在当前的德国社会民主党内一部分人看来,"民主社会主义"一词的主体是"社会主义","民主的"则是形容词;而"社会民主主义"一词的主体则是"民主主义"或"民主制度",而"社会的"一词则是形容词。② 说得更透彻些,"民主社会主义"尽管前面加上了"民主的"这个形容词,毕竟仍是"社会主义"的一种,以区别于其他类型的"社会主义"(如"国家社会主义"等);而"社会民主主义"则是"民主主义"的一种,它之所以不同于其他的"民主主义"(如"自由民主主义"),是由于前面加上了"社会的"这个形容词。概念终于更动了。概念更动的含义在于:今天的德国社会民主党已经"不再企求用作为制度的社会主义取代(资本主义的)民主主义或(民主主义的)资本主义"③。社会民主党领导人认为,唯有进行这样的调整,才能获得多数选民的支持。

要知道,德国社会民主党是"欧洲所有各个社民党中实力最

---

① 参看殷叙彝:《社会民主主义的转型》一书中译本"译者前言",载迈尔:《社会民主主义的转型》,北京大学出版社,2001年,第8—10页。
② 参看同上书,第11页。
③ 同上书,第11—12页。

强、最具影响力的党"①。因此,德国社会民主党内部有关"民主社会主义"和"社会民主主义"概念之争,是有强烈的政治实践意义的,这场争论"并不仅仅停留在文字游戏上,它也带来了欧洲各国社会党的实质性变化。面对新的形势,欧洲主要社会党对自己的理论和政策进行了全面反思和调整"②。这一动向是很值得注意的。几乎在德国社会民主党展开"民主社会主义还是社会民主主义"争论的同时,英国著名社会学家安东尼·吉登斯也提出了"第三条道路"概念。1998年,吉登斯出版的《第三条道路——社会民主主义的复兴》一书,反映了自己对西欧国家政治局势的看法。他认为,"第三条道路"的特色在于超越传统的左派和右派,另辟新径。他所说的左派,是指建立在阶级政治基础上的社会民主主义者,他所说的右派是指建立在传统资本主义信念之上的新自由主义者。③ 他指出,只有摆脱或超越左派和右派的信念和主张,才能走上一条适应于时代的新路,并且认为这应当成为一项基本的指导性政治原则。④ 他的设计是:"第三条道路",既不像左派那样力图将国家的作用最大化,又不像右派那样要竭力缩小国家的作用,而是要求实行宪法改革,使政府行为有更多的透明度,有更多的地方民主。⑤ 此外,"第三条

---

① 向文华主编:《冷战后社会党研究》,中央编译出版社,2006年,前言,第7页。

② 同上书,第3页。

③ 参看吉登斯:《第三条道路——社会民主主义的复兴》,北京大学出版社,2000年,第27页。

④ 参看同上书,第73页。

⑤ 参看郎友兴:《安东尼·吉登斯:第三条道路》,浙江大学出版社,2000年,第221页。

道路",既不像左派那样对民族—国家的观念持不信任态度,也不像右派那样将民族主义等同为沙文主义,而是倡导"世界国家"观念,倡导"模糊的民族主义"和"多元化的主权"概念。① 在经济方面,"第三条道路"既不像左派那样欢迎福利国家,也不像右派那样丑化"福利国家",而是要对福利国家模式进行改革,即把它改造为"社会投资国家",把用于福利支出的钱用在人力资源投资方面。②

由此可见,以超越左派和右派为标榜的"第三条道路",貌似走中间道路,实质上并非如此,而是试图倡导一种"新的意识形态",这种"新的意识形态"的核心是:"要摆脱'过时的意识形态'束缚,革故鼎新,走一条'非左非右非中间'的新道路。"③

这里所说的"非左非右非中间"的所谓"第三条道路"是很令人玩味的。那么,究竟是什么样的道路呢?这条所谓的"新道路",就是淡化社会主义概念的道路,或者说是删除了社会主义概念的道路。"在'第三条道路'的视野中,社会主义的概念已经淡化。'第三条道路'提出后,西欧社会民主党纷纷修改党章,去掉其中带有社会主义标识的内容,表达了同社会主义划清界限的坚定决心。"④对此可以作如下的理解:这就是,西欧各国的社会民主党,在当前的形势下,为了争取选民和赢得大选的胜利,

---

① 参看郎友兴:《安东尼·吉登斯:第三条道路》,浙江大学出版社,2000年,第221页。
② 参看同上。
③ 向文华主编:《冷战后社会党研究》,中央编译出版社,2006年,第27页。
④ 同上书,第28页。

终于抛弃了它们自建立以来一直奉行的制度更替方针,即争取从资本主义和平过渡到社会主义,转向了资本主义制度下的制度调整或体制更新,即在资本主义制度的框架内对资本主义的体制进行改革,从资本主义的刚性体制过渡到弹性体制。

四、西欧社会对制度调整的适应问题探讨

资本主义制度调整仍在继续进行。后工业化时期依旧是资本主义制度调整持续进行的时期。但西欧各国的社会能否适应制度调整的速度和力度呢?西欧各国的公众能否根据制度调整的进度及时调整自己的观念和行动节奏呢?这倒是需要讨论的。梅欧在1945年出版的《工业文明的社会问题》一书中,把社会分为两类:"一是已经定型的社会(an established society),一是适应变动的社会(an adaptive society)。"[1]按照他的解释,已经定型的社会主要指工业化以前的社会,也包括工业化前期甚至中期的社会,例如维多利亚女王临朝时期的英国社会。[2] 他认为,在定型的社会里,人们的生活是预先设计好的,从而是安定的,个人的选择机会很小,一切按传统方式安排。然而,随着工业化的不断推进,情况变了,社会逐渐从"已经定型的社会"过渡到"适应变动的社会",这种过渡从20世纪初期在西方世界就已开始了。进入现代工业社会后,越到后来就越是"适应变动的社会"。也就是说,"很少旧的定型的东西遗留在现代工业里:着

---

[1] 梅欧:《工业文明的社会问题》,波士顿,1945年,第11页。
[2] 参看同上书,第12页。

重的是变动和适应;变动的速度日增不已"①。梅欧这部著作出版于1945年,他已经预见到从这时起,西方世界的适应和变动的速度都将加快。历史的进程证明了他的预见是正确的。

以西欧国家来说,第二次世界大战结束以后,变动确实大大加快了。这既同经济增长和技术创新有关,也同资本主义制度调整有关。生活在西欧的各国居民,不管他属于哪一个阶级或阶层,也不管他从事哪一种职业,全都无法抗拒社会的继续变动,而只能学会适应社会,适应变动,用调整自己的思维方式和心态、调整自己的行为和生活节奏来适应时代,因为人们"是不能一只脚站在20世纪,另一只脚站在18世纪而生存和兴旺发达的"②。他们可以抱怨,可以留恋以往,也可以在各种场合自由地表述自己的不满,但抱怨也好,留恋以往也好,都改变不了既成事实,于是只好适应变动,适应社会。这就是总的趋势。

但并不是在资本主义制度调整的任何一个方面都会遇到很大的阻力或抵制的。以福利国家模式的推行来说,尽管西欧国家不少人在福利国家模式推行之初有过怀疑甚至反对,但推行了一段时间后,人们就适应了,过去有过怀疑的人也就默认了,因为总的说来,从"每个人必须至少达到最低生活标准,这种生活标准是从一种多元化概念"③的角度来考察,西欧的"大多数公民支持现有制度"④。

---

① 梅欧:《工业文明的社会问题》,波士顿,1945年,第13页。
② 同上书,第30页。
③ 斯科凯尔特:"利他主义、效率和公平:福利国家的伦理挑战",载丁开杰和林义选编:《后福利国家》,上海三联书店,2004年,第71页。
④ 同上。

第十章 工业化过程中制度调整的第二阶段

政党也只能适应变动,适应社会。不能适应社会变动的政党,不管历史多么悠久,也不管曾经在政坛上有过什么业绩和好的口碑,如果不适应变动的形势,迟早都会被选民所抛弃,选民会认为这是一个落后于时代的、僵化的政党,从而在竞选中不可避免地会失去选票,成为失败者。正因为有了资本主义制度调整,有了政党对形势的适应,甚至像英国这样的老牌帝国,在经历了1929—1933年世界经济危机和第二次世界大战的沉重打击,又经历了第二次世界大战结束以后过去的殖民地纷纷独立之后,英国继续在发展,在制度调整中不停地摸索、前进,英国的经济面貌也随之改变了。"历史上有过一些庞大的衰落中的国家经济崩溃的例子。西罗马帝国崩溃了,拜占庭帝国崩溃了,17世纪以后的西班牙经济一垮而不可收拾,波旁王朝在18世纪法国大革命中被推翻,罗曼诺夫王朝的俄国在1917年二月革命中垮台了……但英国不会这样。"[1]为什么?不正是因为进行了资本主义制度调整以及社会、各个政党对形势的适应吗?所以,"英国不是罗马,不是拜占庭,不是波旁王朝的法国,不是1917年的沙俄。英国就是英国"[2]。在今天的西欧,经历了1929—1933年世界经济危机和第二次世界大战的打击,以及经历了战后社会动荡并走上经济复兴之路的国家,不只是英国。它们全都受益于资本主义制度调整。

当然,变动归变动,适应归适应,在后工业社会发展的过程

---

[1] 罗志如和厉以宁:《二十世纪的英国经济:"英国病"研究》,人民出版社,1982年,第524—525页。

[2] 同上书,第525页。

中,社会冲突总是难以避免的。原来的社会矛盾缓解了,新的社会矛盾又出现了,资本主义制度调整将继续推进。为了缓解社会冲突,制度调整不可能停止,制度调整也不可能从已经达到的高度向后倒退。西欧各国的民众和各个政党,都将随着制度调整的进展,从适应到不适应,再到适应。社会矛盾将时而缓和,时而加剧。这就是迄今为止我们对西欧社会可以预见到的前景。

最后,有必要在这里强调一下,在西欧国家,无论从资本主义制度调整的较深刻的含义来分析,还是从人们对于由制度调整引起的社会变动和适应的角度来考察,资本主义制度调整今后将越来越表现为一种文化现象。对于这样一种文化现象,可以从不同的立场出发进行探讨。比如说,适应本身就是文化,因为从一个过去熟悉的环境过渡到最初还不怎么适应,后来才逐渐与之适应的过程,意味着文化的转变,即接受了新的环境,同时也就转变了观念、心态和生活方式。又如,在制度调整时,公众对政府的看法和政府对公众的看法都会发生变化,这种变化同样是一种文化现象,因为评价标准改变了。

拉什和厄里曾把当前和今后资本主义社会所发生的变化看成是"后现代文化"的反映。他们所说的"后现代文化",是指人们对消费越来越重视了,而且消费更着重于文化的消费。[1] 他们指出,在后现代文化之下,社会上将会出现所谓的"新小资产阶级",这些人是"服务阶级更低梯队的成员",具有反传统的和

---

[1] 参看拉什和厄里:《组织化资本主义的终结》,江苏人民出版社,2001年,第380—383页。

悠闲的偏好。① 不仅如此,拉什和厄里还认为,在后现代文化之下,社会思潮将向无阶级标志的社会思潮演变,虽然它仍然带有激进的民主特征,但却与民粹主义有相同之处。② 这里提出的与民粹主义相同之处,是指在反等级制和反霸权方面的相同。③ 我们在现阶段还不能判断拉什和厄里的预测在多大程度上将被证明是正确的,但大致上可以认为,资本主义制度调整将会更多地受到文化的影响和社会思潮的影响,在社会的适应方面也会越来越带有文化的色彩。

---

① 参看拉什和厄里:《组织化资本主义的终结》,江苏人民出版社,2001年,第388—389页。
② 参看同上书,第392—393页。
③ 参看同上。

结束语　世界金融风暴对资本主义制度调整的影响

1929—1933年世界经济危机后不久,接着发生了第二次世界大战。1945年,第二次世界大战结束了,此后长达半个多世纪的时间内,西欧经济从总体上说是平稳发展的。尽管西欧各国的经济增长率有高有低,各国政府的经济政策有所差异,但这并不影响西欧各国之间联系的加强,以及它们同美国之间政治经济关系的良好。在这半个多世纪内,由于西欧各国国情的差异,制度调整的进行虽然有快有慢,但各国社会基本上能够接受制度调整的现实,并与之相适应。制度调整一直在逐渐推进之中。这半个多世纪内,西欧本身没有发生严重的经济危机。即使世界上其他国家或地区发生了经济危机,对西欧各国的影响并不明显。

2008年美国金融危机的发生,使得包括西欧在内的世界上许多国家的经济受到了严重冲击。这是自从1929—1933年世界经济危机以来不曾发生过的一件大事。这场由美国开始、波及西欧各国的金融危机,使西欧各国的政界和经济界人士都感到震惊。为什么金融危机来势这样迅猛,影响面这么大?为什么经济平稳发展了这么多年一下子会受到这样严重的冲击?为什么政府事前未能察觉并采取措施来制止?……总之,究竟是哪一个环节出现了差错？还是市场经济运行机制出现了问题？有些人甚至认为是资本主义制度出了问题。

西欧的经济学家对于美国金融危机的原因有着各种各样的解释，但每一种解释似乎都只涉及表面的问题，而没有进入深层次去探究危机的根源何在；每一种解释至多也只是提出一些应急的、救市的措施，而没有从制度上、体制上去寻找解决问题的对策。这一方面会引起人们的不满，另一方面却引发人们进行较为深入的探讨，为资本主义制度寻找出路。有关金融危机引起的思考，在西欧国家比在美国更有市场，更有群众的响应。这是可以理解的，因为在资本主义制度调整方面西欧总是走在美国的前面，西欧各国的一些政党和职业政治家们所考虑的制度调整问题要比美国一些政党和职业政治家所考虑的更深刻些。西欧各国一些群众团体在资本主义制度调整方面似乎也比美国一些群众团体更加激进。因此，尽管这场金融危机并非起始于西欧，而且除个别国家而外，一般西欧国家所受到的来自美国金融危机的打击并不比美国更严重，但西欧社会对资本主义制度调整的反思却远远走在美国的前面。

严重的金融危机及其对实体经济的影响所引起的思考，首先在于对自由市场经济的看法的进一步转变。正如本书第九章中已经提到的，1929—1933年世界性的经济危机导致了人们对完全的自由市场经济产生了怀疑，而对政府干预经济的行为，既认为是对自由市场经济运行机制的缺陷的一种补充，也认为是更好地贯彻亚当·斯密经济学理论的必要手段，因为亚当·斯密在他的著作中，在论述自由市场经济的作用的同时，也分析了社会正义和公平问题。依赖于政府的调节，不仅不会阻碍自由市场经济的目标的实现,反而会使这一目标的实现具有可能性。正因为社会上有越来越多的人的观念发生了上述变化,所以才有第二次世界大战结束后初期西欧社会、政治、经济中的一系列变化,如国有化的试验、政府经济计划的实施、政府加大对低收入家庭的补助等等。在这个基础上,资本主义制度调整取得了一定的进展。关于这一点,在本书第十章中已经作了说明。

然而,也正如本书第十章中所指出的,从20世纪50年代后期起,由于美国经济的繁荣和西欧主要国家经济的恢复增长,再加上西欧的国有化试验未能取得预料中的成效,经济中明显地出现了效率下降、创新动力减退等现象,这样,第二次世界大战结束后初期的社会改革情绪也有所降低。但资本主义制度调整的势头并没有停止下来,因为20世纪60—70年代出现的一些新的社会问题,如环境的恶化、地区收入差距的扩大、青年对教育制度的不满、种族歧视问题再度引起社会的关注等等,仍然推动着资本主义制度调整,使得西欧国家在社会政策上也有相应的转变,即比过去更加关心国内的社会矛盾问题的缓解。从这个意义上说,在西欧国家,政府在社会经济中的作用并没有减弱,而是在继续加强,主要表现于对环境保护、环境治理的重视,对社会保障事业的注意,以及对人权状况改善的关切等等。这些都反映于若干政策的重新制订和修改上。

2008年美国金融危机对西欧经济造成的冲击和西欧经济由此发生的银行倒闭、企业亏蚀、失业人数增加、房价下跌、股市低迷等情况,引起西欧国家一些人的忧虑,他们进而对自由市场经济机制和资本主义制度调整有新的思考,从而会进一步影响政策的调整。

思考之一是：为什么西欧经济会这样快地受到美国金融危机的影响？除了同第二次世界大战结束以后美国和西欧国家在经济上的联系越来越密切而外，是不是也与西欧国家本身经济和金融业的明显缺陷有关？这里所说的西欧国家经济的明显缺陷，主要反映于西欧经济对美国的依赖性过大；这里所说的西欧各国金融业的明显缺陷，主要反映于西欧各国的金融业同美国的金融业一样，缺少必要的监管，听任金融机构为了赢利的目的而导致金融泡沫的滋生，以至于一旦发生资金链的断裂就全盘陷入困境。这样，在下一步的资本主义制度调整方面，应当加强对金融的监管，从制度上保证金融的平稳运行，防止信贷的失控，防止资产泡沫、房地产泡沫、股市泡沫的出现，而且一旦出现泡沫苗头，政府应当加大干预力度，及早化解金融运行中存在的问题。为此，应当建立有效的金融运行预警机制，以免在问题越积越多、越来越严重的时候再着手干预，那就可以避免更大损失的发生。

思考之二是：为什么西欧经济会过度依赖于美国经济，以致美国金融和经济一有风吹草动，就迅速地使西欧的金融和经济受到牵连？这被认为由三个原因造成。

一是第二次世界大战结束以后形成的国际货币体系是以美元为中心的体系，西欧各国都必须依靠美国，依靠美元的流入，以振兴战后的经济，从而美元的霸主地位长期存在，使得美国经济从多方面影响着西欧经济。

二是从第二次世界大战结束以后，由于冷战格局的形成，西欧各国在政治上和军事上必须依靠美国，同美国紧紧地联结在一起，承认美国的霸主地位。这是不以西欧各国政府意志为转移的冷战格局的产物。尽管到冷战后期,西欧一些主要国家的经济有了较大的发展,社会上要求西欧国家把自己的利益放在主要地位的呼声日益高涨,但西欧国家的历届政府仍然无意于摆脱这种战后初期形成的冷战格局。冷战结束以后,形势有所变化,西欧国家对于如何处理今后同美国的关系也产生分歧,有些国家的自主性加大了,有些国家仍同以前一样,但从总体上说,西欧同美国的关系变化不大。这就是现状。

三是西欧各国的经济发展程度不同,国情不同,经济结构也各不相同,这也就不可避免地影响它们各自同美国经济的关系。美国对西欧的投资、同西欧的进出口联系以及股权的相互渗透,在不同程度上影响着不同的西欧国家,因此,美国经济的波动必定通过不同渠道传递到西欧国家。相对于美国而言,西欧国家一般都是较小的国家;即使是西欧各国中最强大的英国、德国、法国这三个国家,但同美国相比仍相当逊色。这是无法改变的事实。经济实力的差距使得单个西欧国家是不可能同美国抗衡的,更说不上同美国较量或一争高下了。只有走西欧经济上联合起来的道路。然而,尽管从20世纪50年代开始,西欧一些国家就尝试着走联合的道路,直到如今,它们在联合方面已走了很长的一段路,并取得了一定的成效,但由于西欧各国之间矛盾很多,对统一的对内对外政策经常出现分歧,加上各国经济结构不一样,经济发展程度不一样,这就往往抵消了合作的努力,所以仍然无法同美国抗衡。这同样是不能不承认的事实。

根据以上的分析,既然以美国为中心的国际货币体系不是一下子就能改变的,从政治上考虑西欧各国即使同美国的利益不尽一致但又不能不保持紧紧依靠美国的现状,以及西欧任何一个国家的经济实力都不如美国,而联合起来一致行动却又因内部矛盾重重而难以协调,所以在金融危机的冲击下,西欧各国的政府更多考虑的是如何救市,如何对困难中的银行和大制造业公司注入政府资本,以帮助它们及早摆脱困境,而改变世界货币体系或重建国际经济新秩序之类的大问题只可能进行意向性的争论、探讨和谈判,在短期内不可能取得重大的进展。争论、探讨和谈判还将继续,而且西欧某些国家的政府开始认识到,要改变世界货币体系或重建国际经济新秩序,不能缺少新兴大国的参与,同样也不能没有广大发展中国家的支持,这就给今后的西欧国家以启示,在国际经济的交往中,不仅需要西欧各国在现有联合行动的基础上进一步内部磋商,解决分歧,同时也需要同新兴大国和广大发展中国家加强合作,使世界货币体系逐渐走向多元化的格局。

思考之三是:为了拯救陷于困难之中的西欧各国的银行和大制造业公司,政府的注资看来已被采纳为一项救急的政策措施。这是对现有的自由市场经济机制的补救,同时也是对下一步的资本主义制度调整的推动。国家在包括西欧和美国在内的西方经济中的作用增强了,政府所承担的经济调节职能加大了。但政府注资于私营大银行和私营大公司的措施会引发如下两个问题,这两个问题是:

第一,政府注入的资本归根到底是纳税人的钱,纳税人的钱为什么要帮助私营大银行和大公司呢?当初,如果这些私营大银行和大公司的资本家不是那么贪婪,那么疯狂追逐暴利,现在会陷入危机之中吗?私营大银行和大公司的资本家之所以陷入危机困境,这是自作自受的结果,为什么要用纳税人的钱来帮助他们呢？但主张政府注入资本挽救私营大银行和大公司的人则认为，注资并不是单纯地拯救这些私营大银行和大公司及其投资人，而是总的说来拯救了西方经济，使国家经济得以走出困境，使就业者保住工作岗位，使纳税人受益，使国家受益。这场争论看来是后一种意见占了上风，实际上却又反映了另一个值得西方各国社会各界思考的问题，即为了拯救资本主义制度，拯救西方各国的市场经济制度，才这样做，值不值得？有没有必要？但较多的人仍然认为市场经济制度是值得保存的，资本主义制度虽然需要调整或改革，但这并不是想用社会主义制度替代资本主义制度，而是想用社会主义的某些做法来弥补资本主义制度的不足。这种态度实际上仍同20世纪30年代以后的态度一样，即资本主义制度在经历调整、改革之后依旧保留下来，但使之更适合新的形势的要求。

第二，尽管西欧国家的政府领导人主观上并没有想用社会主义来代替资本主义，但由于加大了政府对经济的干预力度，尤其是国家向私营大银行和大公司注入了巨额资本，使它们成为国家参股甚至控股的企业，其结果会不会出于西方国家的政府领导人的预料而把国家引导到社会主义道路上去？然而社会各界的看法却不一定认同这种预测。理由之一是，在第二次世界大战结束以后的一段时间内，某些西欧国家曾经这样做过，以至于被认为这些国家在转向社会主义了。但结果并非如此，因为这些做法都属于资本主义制度调整的范畴，资本主义制度照样存在，照样运行。理由之二是，加大政府干预力度和向私营大银行、大公司注入国家资本的措施，根据第二次世界大战结束以后西欧一些国家的经验，很可能是临时性的、应急性的措施，等到困难过去以后又会逐渐减少政府干预,弱化政府干预,或售出国家在私人企业中的股份的全部或部分,即实行所谓的"非国有化"。这些经验表明,在危机来临时西欧各国政府采取的加大政府干预力度和向私营企业注入资本的措施不等于西欧国家从资本主义转向了社会主义。

尽管西欧国家的政府领导人主观上并不想使这些国家转向社会主义轨道,但社会上大批中低收入的民众会不会把政府的这些措施看成是有助于使自己长期摆脱困难处境的社会主义措施呢?这种可能性是存在的,因为他们长期以来认为西欧社会民主党所倡导和执行的政策主张就是社会主义,认为福利国家措施和国家参与经济实践的行为就是社会主义,所以中低收入家庭认为西欧国家在经历这场严重的金融危机、经济危机之后转向社会主义是值得欢迎的。这样也就在政治上产生了双重的后果:一方面,政府采取进一步资本主义制度调整的阻力会减少,政府获得的支持度会增大,从而使进一步的制度调整进行得比较顺利;另一方面,既然中低收入家庭认为这些政策措施是转向社会主义的政策措施,这就增加了进一步的资本主义制度调整的刚性或不可逆性,从而使得西欧国家的政府在金融形势和经济形势好转之后试图减少政府对经济的干预力度或试图撤出国家对私营大银行、大公司的注资时,会受到来自中低收入家庭和社会各界的压力,甚至会引起政治上的风波。目前虽然看不到这种迹象,但未必以后不会出现政治上的动荡,未必以后在大选中政党之间不会就此发生激烈的争辩。20世纪30年代以来西欧国家资本主义制度调整的速度在经历几十年或快或慢的进展后,从现在起,速度有可能逐渐加快,资本主义制度调整的刚性或不可逆性也会表现得越来越明显,因此,可以作出如下的推测:在这次严重的金融危机、经济危机之后,资本主义的制度调整会以比以前更快的速度进行,而且制度调整的刚性或不可逆性也会比以前表现得更加突出。

进一步分析,能不能作出如下的推测:在西欧资本主义制度确立以后,在工业化进程中,资本主义的制度调整就已经是不可阻挡的趋势了,自由市场经济的作用在经历了19世纪和20世纪初期之后,到1929—1933年世界经济危机前夕,已经达到了顶点。越过这个顶点,自由市场经济的作用受到了普遍的质疑,因为世界经济危机表明了自由市场经济作用的局限性,从此包括西欧国家在内的西方各国对经济的干预便有了合理性。第二次世界大战结束以后,西欧国家的议会先后用法律形式使得政府的经济干预具有合法性。隔了半个多世纪,这一次严重的金融危机和经济危机的来临,在西欧各国普遍遭到打击的情形下,自由市场经济的作用又一次受到质疑,于是就有了政府加强对经济的干预和国家向私营大银行、大公司注入资本的呼声,并相继在西欧各国成为具体措施。如果以1929年为分界线,把1929年以前的资本主义制度调整(尽管这时的资本主义制度调整只是零星的、局部的)称做资本主义制度调整的第一阶段,把1929年以后的资本主义制度调整称做资本主义制度调整的第二阶段的话,那么能不能把2008年看成是另一个分界线呢?也就是说,对西欧国家而言,能不能把2008年以后称做资本主义制度调整的第三阶段呢?

现在作出这样的预测,肯定为时过早:一是由于2008年世界金融危机刚刚发生,现在还难以预料2009年是否已到了谷底,2009年会不会出现转折,由衰退转向复苏,而且危机给西欧社会经济带来的负面影响还没有充分显示出来;二是由于目前西欧国家为了应付危机而采取的救市措施是否见效,还需要等待一段时间的观察才能得出结论,特别是还有没有后续的政策措施,如果有的话,究竟是哪些后续的政策措施,这同样需要经历较长的时间才能对后续政策措施的效应,尤其是它们对西欧社会经济的影响作出判断。因此,现在还只能处于观察的阶段,经济学家的预测仅仅是一种预测而已。

在这里,仍然有必要重新提及本书第九章和第十章中所阐述的论点,即资本主义制度调整始终是资本主义制度框架内的制度调整,或者说,始终是资本主义制度框架内的体制改革、体制转换,这种体制改革、体制转换的目的无非是为了维持资本主义制度的存在,使它更适合当前的形势,使社会矛盾不至于激化,以及更顺应社会各界的要求。不改体制,制度难以继续维持;改了体制,制度将继续保留下来;这就是资本主义制度调整的实质。

不管从2008年起西欧国家真的是转入资本主义制度调整第三阶段的开始,或只是资本主义制度调整第二阶段的延续,资本主义制度调整仍将持续下去。这就是对今后较长的时间我们可以作出的判断。

引用书刊索引

（按作者姓氏汉语拼音为序）

A

阿贝尔斯豪泽:《德意志联邦共和国经济史(1945—1980)》,商务印书馆,1988 年。(见本书第 243、244、335、367、434、435、451、480 页,下同)

阿尔伯:"西欧社会保险支出增长的若干原因:1949—1977 年",载洛奈等编:《社会政策和社会福利》,公开大学出版社,1983 年。(J. Alber, "Some Causes of Social Security Expenditure Development in Western Europe,1949-1977,"in M. Loney et al. , eds. , *Social Policy and Social Welfare*, Open University Press,1983)(583)

阿特金森和霍斯利兹:"企业家能力和个人性格",载《企业家历史探索》,1958 年 4 月。(J. W. Atkinson, and B. F. Hoselitz, "Entrepreneurship and Personality," in *Explorations in Entrepreneurial History*, April 1958)(95)

艾弗逊:《国际资本运动》,牛津大学出版社,1936 年。(C. Iversen, *International Capital Movements*, Oxford University Press,1936)(142)

艾哈德:《来自竞争的繁荣》,商务印书馆,1987 年。(51、264、302、566)

艾什顿:芒图著《十八世纪产业革命》一书"新版序言",载芒图:《十八世纪产业革命》,商务印书馆,1983 年。(526)

奥布伦主编:《铁路和西欧经济发展:1830—1914 年》,纽约,1983 年。(P. O'Brien, ed. , *Railways and the Economic Development of Western Europe, 1830-1914*, New York,1983)(47)

奥斯特:"二元经济理论的因子分析检验",载《经济学和统计学评论》,1979 年 2 月。(G. Oster, "A Factor Analytic Test of the Theory of the Dual

Economy,"in *Review of Economics and Statistics*, Feb. 1979)(173)

奥斯特罗姆、菲尼和皮希特编:《制度分析与发展的反思:问题与抉择》,商务印书馆,1992年。(281、282、317、414、418)

B

巴勒克拉夫:《当代史学主要趋势》,上海译文出版社,1987年。(282、523)

巴斯贝:"经济落后和发展的特征",载《经济史杂志》,1969年9月。(S. L. Barsby, "Economic Backwardness and the Characteristics of Development,"in *Journal of Economic History*, Sept. 1969)(89)

巴顿:《城市经济学》,商务印书馆,1986年。(379、381)

北京大学经济系经济史经济学说史教研室编:《国外经济学评介》第1辑,上海人民出版社,1980年。(14、19、87)

北京大学经济系经济史经济学说史教研室编:《国外经济学评介》第2辑,上海人民出版社,1982年。(237)

贝尔:《后工业社会的来临》,纽约,1973年。(D. Bell, *The Coming of Post-Industrial Society*, New York, 1973)(228、229、267、274、326、396、397、600、601、603)

贝格曼:"就业中白人收入歧视的效应",载《政治经济学杂志》,79(2),1971年。(B. Bergman, "The Effect on White Incomes of Discrimination in Employment,"in *Journal of Political Economy*, 79(2), 1971)(176)

贝克尔:《歧视经济学》(第2版),芝加哥大学出版社,1971年。(G. Becker, *The Economics of Discrimination*, 2nd Edition, University of Chicago Press, 1971)(294)

贝克尔曼:"经济学家、科学家和环境灾难",载《牛津经济文汇》,24(3),1972年。(W. Beckerman, "Economists, Scientists and Environmental Catastrophe,"in *Oxford Economic Papers*, 24(3), 1972)(201)

贝里尔:"国际贸易和经济增长率",载《经济史评论》,1960年4月。(K. Berrill, "International Trade and the Rate of Economic Growth,"in *Economic History Review*, April 1960)(32)

贝里尔:"外国资本与起飞",载罗斯托主编:《由起飞进入持续增长的经济学》,伦敦,1963年。(K. Berrill, "Foreign Capital and Take-off,"in W. W. Rostow, ed., *The Economics of Take-off into Sustained Growth*,

London,1963)(67、68、134、142、146、147、148)

贝特兰:《纳粹德国经济史》,商务印书馆,1990年。(49、50)

伯恩斯和拉尔夫:《世界文明史》第2卷,商务印书馆,1987年。(8、9、346)

波拉德:《现代管理的起源》,伦敦,1965年。(S. Pollard, *The Genesis of Modern Management*, London, 1965)(400)

波拉尼:《大转变》,纽约,1957年。(K. Polanyi, *The Great Transformation*, New York, 1957)(191)

波朗查斯:《政治权力和社会阶级》,伦敦,1973年。(N. Poulantzas, *Political Power and Social Classes*, London, 1973)(442)

波塞洛普:"土地所有制结构与起飞",载罗斯托主编:《由起飞进入持续增长的经济学》,伦敦,1963年。(M. Boserup, "Agrarian Structure and Take-off," in W. W. Rostow, ed., *The Economics of Take-off into Sustained Growth*, London, 1963)(30、54)

波斯坦主编:《剑桥欧洲经济史》第1卷,经济科学出版社,2002年。(188、189)

波斯坦和米勒主编:《剑桥欧洲经济史》第2卷,经济科学出版社,2004年。(108、129、154、284、285、298)

波斯坦、里奇和米勒主编:《剑桥欧洲经济史》第3卷,经济科学出版社,2002年。(91、92)

亨利·菲尔普斯·布朗:"工会",载《新帕尔格雷夫经济学大辞典》第4卷,经济科学出版社,1992年。(333)

威廉·布朗:"劳资集体谈判",载《新帕尔格雷夫经济学大辞典》第1卷,经济科学出版社,1992年。(562)

布朗基:《欧洲从古代到现代的政治经济学史》(英译本),纽约,1880年。(Jérôme-Adolphe Blanqui, English trans. by E. J. Leonand as *History of Political Economy in Europe*, New York, 1880)(13)

布劳和梅耶:《现代社会中的科层制》,学林出版社,2001年。(532)

布劳和邓肯:《美国的职业结构》,纽约,1967年。(P. M. Blau and O. D. Duncan, *The American Occupational Structure*, New York, 1967)(404)

布劳格:"人力资本理论的经验研究状况",载《经济文献杂志》,1976年9月。(M. Blaug, "The Empirical Status of Human Capital Theory," in *Journal of Economic Literature*, Sept. 1976)(244)

布里格斯:"历史视野中的福利国家",载《欧洲社会学文献》,2(2),1961年。(A. Briggs,"The Welfare State in Historical Perspective,"in *Archives Européennes de Sociologie*,2(2),1961)(539、579、580、597、598)

布里格斯:"历史视野中的福利国家",载丁开杰和林义选编:《后福利国家》,上海三联书店,2004年。(539、579、580、597、598)

布鲁斯东:"三元经济",载《贫困和人力资源文摘》,5(4),1970年。(B. Bluestone,"The Tripartite Economy,"in *Poverty and Human Resources Abstracts*,5(4),1970)(173)

布洛赫:《法国农村史》,商务印书馆,1991年。(231、331)

C

陈凌:《德国劳动力市场与就业政策研究》,中国劳动社会保障出版社,2000年。(147、326、373、374)

D

达伦多夫:《工业社会的阶级和阶级冲突》,斯坦福大学出版社,1959年。(R. Dahrendorf,*Class and Class Conflict in Industrial Society*,Stanford University Press,1959)(429)

道布:"资本主义改变了吗?",载都留重人主编:《资本主义改变了吗?关于现代资本主义性质的国际讨论集》,东京,1961年。(M. Dobb,"Has Capitalism Changed?"in Shigeto Tsuru,ed.,*Has Capitalism Changed? An International Symposium on the Nature of Contemporary Capitalism*,Tokyo,1961)(514、515)

道森:《超越政治》,纽约,1939年。(C. Dawson,*Beyond Politics*,New York,1939)(567、568)

戴维斯和胡顿贝克:《财富和帝国的追求:英帝国主义的政治经济学,1860—1912年》,剑桥大学出版社,1986年。(L. Davis and R. Huttenback,*Mammon and the Pursuit of Empire: The Political Economy of British Imperialism, 1860-1912*,Cambridge University Press,1986)(77)

戴维斯和诺思:《制度变革和美国经济增长》,剑桥大学出版社,1971年。(L. E. Davis,and D. North,*Institutional Change and American Econom-*

ic Growth,Cambridge University Press,1971)(542、543)

德阿莱希:"市场如何缓解稀缺",载奥斯特罗姆、菲尼和皮希特编:《制度分析与发展的反思:问题与抉择》,商务印书馆,1992 年。(281、282)

邓克:"关税与市场",载 W. R. 李主编:《德国工业和德国工业化:19 和 20 世纪德国经济、商业史论丛》,伦敦,1991 年。(R. H. Dumke, "Tariffs and Market," in W. R. Lee, ed. , *German Industry and German Industrialisation: Essays in German Economic and Business History in the Nineteenth and Twentieth Centuries*,London,1991)(47)

迪恩:《第一次产业革命》(第 2 版),剑桥大学出版社,1979 年。(P. Deane, *The First Industrial Revolution*, 2nd Edition, Cambridge University Press,1979)(113)

迪恩:"金,格雷戈里",载《新帕尔格雷夫经济学大辞典》第 3 卷,经济科学出版社,1992 年。(29)

迪恩和哈巴库克:"英国的起飞",载罗斯托主编:《由起飞进入持续增长的经济学》,伦敦,1963 年。(P. Deane and H. J. Habakkuk, "The Take-off in Britain," in W. W. Rostow, ed. , *The Economics of Take-off into Sustained Growth*,London,1963)(31、32、33)

迪恩和科尔:《英国经济增长(1688—1959)》,剑桥,1962 年。(P. Deane and W. A. Cole, *British Economic Growth, 1688-1959*,Cambridge,1962)(489)

丁开杰和林义选编:《后福利国家》,上海三联书店,2004 年。(329、330、539、581、596、597、598、610)

都留重人主编:《资本主义改变了吗?关于现代资本主义性质的国际讨论集》,东京,1961 年。(Shigeto Tsuru, ed. , *Has Capitalism Changed? An International Symposium on the Nature of Contemporary Capitalism*,Tokyo,1961)(513、514、515)

都留重人:"日本的起飞(1868—1900 年)",载罗斯托主编:《由起飞进入持续增长的经济学》,伦敦,1963 年。(Shigeto Tsuru, "The Take-off in Japan(1868-1900)," in W. W. Rostow, ed. , *The Economics of Take-off into Sustained Growth*,London,1963)(4)

杜柏列茨:"在国际经济学会召开的讨论会上的发言",载罗斯托主编:《由起飞进入持续增长的经济学》,伦敦,1963 年。(L. Dupriez, "Speech in

Proceedings of a Conference Held by the International Economic Association," in W. W. Rostow, ed., *The Economics of Take-off into Sustained Growth*, London, 1963)(43)

杜生贝:《收入、储蓄和消费者行为理论》,哈佛大学出版社,1949 年。(J. S. Duesenberry, *Income, Savings and the Theory of Consumer Behavior*, Harvard University Press, 1949)(303、308)

E

恩格斯:"英国工人阶级状况",载《马克思恩格斯全集》第 2 卷,人民出版社,1957 年。(283、285、302、343、540)

F

凡勃伦:《有闲阶级论》,商务印书馆,1981 年。(252、253、261、262、277、278、307、313、314、530)

菲尼:"制度安排的需求与供给",载奥斯特罗姆、菲尼和皮希特编:《制度分析与发展的反思:问题与抉择》,商务印书馆,1992 年。(317、418)

费希尔:"德国的政府活动和工业化(1815—1870 年)",载罗斯托主编:《由起飞进入持续增长的经济学》,伦敦,1963 年。(W. Fischer, "Government Activity and Industrialization in Germany, 1815-70," in W. W. Rostow, ed., *The Economics of Take-off into Sustained Growth*, London, 1963)(48、86、134、135、415)

费斯:《欧洲:世界的银行家,1870—1914 年》(修订版),纽约,1965 年。(H. Feis, *Europe: The World's Banker, 1870-1914*, Revised Edition, New York, 1965)(37)

弗兰姆德林:"德国篇",载奥布伦主编:《铁路和西欧经济发展:1830—1914 年》,纽约,1983 年。(R. Fremdling, "Germany," in P. O'Brien, ed., *Railway and the Economic Development of Western Europe, 1830-1914*, New York, 1983)(47)

弗劳德和麦克劳斯基编:《1700 年以后的英国经济史》(第 2 版)第 1 卷,剑桥大学出版社,1994 年。(R. Floud and D. McCloskey, eds., *The Economic History of Britain since 1700*, 2nd Edition, Vol. 1, Cambridge University Press, 1994)(113、463)

弗林:《产业革命的由来》,伦敦,1966 年。(M. Flinn, *Origins of the Industrial Revolution*, London, 1966)(86)

弗农:"产品周期中的国际投资和国际贸易",载《经济学季刊》,1966 年 5 月。(R. Vernon, "International Investment and International Trade in the Product Cycle," in *Quarterly Journal of Economics*, May 1966) (591)

J. 福斯特:"阶级",载《新帕尔格雷夫经济学大辞典》第 1 卷,经济科学出版社,1992 年。(440,441)

R. 福斯特:"小农",载《新帕尔格雷夫经济学大辞典》第 3 卷,经济科学出版社,1992 年。(92、94、228、466)

G

高尔:"德意志银行:从创立到第一次世界大战",载高尔等主编:《德意志银行:1870—1995 年》,伦敦,1995 年。(L. Gall, "The Deutsche Bank from Its Founding to the Great War," in L. Gall, et al. , ed. , *The Deutsche Bank, 1870-1995*, London, 1995)(111, 112)

高尔等主编:《德意志银行:1870—1995 年》,伦敦,1995 年。(L. Gall, et al. , ed. , *The Deutsche Bank, 1870-1995*, London, 1995)(111, 112)

高夫:"福利国家",载《新帕尔格雷夫经济学大辞典》第 4 卷,经济科学出版社,1992 年。(556,581)

格兰诺维特:"弱联带的强度",载《美国社会学杂志》,1973 年 5 月。(M. S. Granovetter, "The Strength of Weak Ties," in *American Journal of Sociology*, May 1973)(405)

格莱特里:《经济绝望的政治学:小店主们和德国政治,1890—1914 年》,伦敦,1974 年。(R. Gellately, *The Politics of Economic Despair: Shopkeepers and German Politics, 1890-1914*, London, 1974)(336、337)

格里利彻斯:"受教育的回报估算:若干经济问题",载《计量经济学》杂志,1977 年 1 月。(Z. Griliches, "Estimating the Returns to Schooling: Some Economic Problems," in *Econometrica*, Jan. 1977)(244)

格伦斯基编:《社会分层》(第 2 版),华夏出版社,2006 年。(5、10、11、72、171、172、211、215、219、220、221、246、277、288、292、294、295、332、337、364、365、374、375、402、432、445、447、449、454、458、459、494、522、604)

格伦斯基:"社会不平等的过去、现在和将来",载格伦斯基编:《社会分层》(第2版),华夏出版社,2006年。(445、447)

格罗奈维根:"政治经济学与经济学",载《新帕尔格雷夫经济学大辞典》第3卷,经济科学出版社,1992年。(564)

格辛克隆:"论意大利的工业增长率(1881—1913年)",载格辛克隆:《从历史观点看经济的落后》,哈佛大学出版社,1962年。(A. Gerschenkron, "Notes on the Rate of Industrial Growth in Italy, 1881-1913," in A. Gerschenkron, *Economic Backwardness in Historical Perspective*, Harvard University Press, 1962)(87)

格辛克隆:《从历史观点看经济的落后》,哈佛大学出版社,1962年。(A. Gerschenkron, *Economic Backwardness in Historical Perspective*, Harvard University Press, 1962)(87)

格辛克隆:"俄国工业化的早期:回顾和对照",载罗斯托主编:《由起飞进入持续增长的经济学》,伦敦,1963年。(A. Gerschenkron, "The Early Phases of Industrialization in Russia: Afterthoughts and Counterthoughts," in W. W. Rostow, ed., *The Economics of Take-off into Sustained Growth*, London, 1963)(76、88、89、112)

顾俊礼主编:《欧洲政党执政经验研究》,经济管理出版社,2005年。(64、72、457、458、605)

H

哈巴库克和波斯坦主编:《剑桥欧洲经济史》第6卷,经济科学出版社,2002年。(29、34、35、36、39、40、43、47、52、53、65、66、81、84、85、94、95、96、97、99、116、117、118、121、124、126、136、143、154、158、159、163、164、165、168、210、211、234、315、316、363、364、368、369、407、408、428、461、462、463、481、482、491)

哈里斯:"不平衡发展",载《新帕尔格雷夫经济学大辞典》第4卷,经济科学出版社,1992年。(178、179)

哈孟德夫妇:《近代工业的兴起》,商务印书馆,1959年。(98、126、168、305、310、341、478、531、532、533)

哈特:"非正规经济",载《新帕尔格雷夫经济学大辞典》第2卷,经济科学出版社,1992年。(365、366)

哈特维尔:"产业革命的原因:方法论的阐述",载《经济史评论》,1965年8月。(R. M. Hartwell, "The Causes of the Industral Revolution: an Essay in Methodology," in *Economic History Review*, Aug. 1965)(14)

哈维:"城市住房",载《新帕尔格雷夫经济学大辞典》第4卷,经济科学出版社,1992年。(346)

哈耶克:"知识的虚伪",载商务印书馆编:《现代国外经济学论文选》第2辑,商务印书馆,1981年。(595)

海默:《本国企业的国际运作:外国直接投资研究》,麻省理工学院出版社,1976年。(S. H. Hymer, *The International Operations of National Firms: Study of Direct Foreign Investment*, MIT Press, 1976)(142)

赫茨勒:《世界人口的危机》,商务印书馆,1963年。(53、54、250、251、306、307、438、439、440)

赫希曼:《经济发展的战略》,耶鲁大学出版社,1958年。(A. O. Hirschman, *The Strategy of Economic Development*, Yale University Press, 1958)(182)

黄伟业、蔡洪滨、杨东宁、刘玉铭:"《资本主义的起源:比较经济史研究》导读",载李庆云、鲍寿柏主编:《厉以宁经济学著作导读》,经济科学出版社,2005年。(24)

黄小晶:《城市化进程中的政府行为》,中国财政经济出版社,2006年。(384、385)

霍夫曼:"德国的起飞",载罗斯托主编:《由起飞进入持续增长的经济学》,伦敦,1963年。(W. G. Hoffmann, "The Take-off in Germany," in W. W. Rostow, ed., *The Economics of Take-off into Sustained Growth*, London, 1963)(110、168)

霍撒克:"恩格尔",载《新帕尔格雷夫经济学大辞典》第2卷,经济科学出版社,1992年。(286)

霍撒克:"恩格尔曲线",载《新帕尔格雷夫经济学大辞典》第2卷,经济科学出版社,1992年。(286)

霍特里:《银行利率一百年》,伦敦,1938年。(R. G. Hawtry, *A Century of Bank Rate*, London, 1938)(33)

霍瓦特:"最佳的投资率",载《经济学杂志》,68,1958年。(B. Horvath,

"The Optimum Rate of Investment,"in *Economic Journal*,68,1958)(16)

J

吉登斯:《先进社会的阶级结构》,伦敦,1973年。(A. Giddens, *The Class Structure of the Advanced Societies*,London,1973)(442)

吉登斯:《第三条道路——社会民主主义的复兴》,北京大学出版社,2000年。(607)

加尔布雷思:《经济学和公共目标》,商务印书馆,1980年。(193、293、324、325、590)

K

卡尔多:《英国缓慢经济增长率的原因》,剑桥大学出版社,1966年。(N. Kaldor, *The Causes of the Slow Rate of Economic Growth of the United Kingdom*,Cambridge University Press,1966)(585)

卡龙:《现代法国经济史》,商务印书馆,1991年。(181、232、436)

开克:"德国技术创新的国家制度",载纳尔逊主编:《国家创新制度:比较分析》,纽约,1993年。(O. Keck,"The National System for Technical Innovation in Germany,"in R. R. Nelson, ed., *National Innovation Systems:A Comparative Analysis*,New York,1993)(170)

凯恩克罗斯:"起飞中的资本形成",载罗斯托主编:《由起飞进入持续增长的经济学》,伦敦,1963年。(A. K. Cairncross,"Capital Formation in the Take-off,"in W. W. Rostow, ed., *The Economics of Take-off into Sustained Growth*,London,1963)(105、106、135、139)

坎蒂隆:《商业性质概论》,商务印书馆,1986年。(104、105)

坎南:"对劳工的需求",载《经济学杂志》,1932年9月。(E. Cannan,"The Demand for Labour,"in *Economic Journal*,Sept. 1932)(573)

康芒斯:《制度经济学》下册,商务印书馆,1981年。(6、116、285)

考特:《简明英国经济史(1750年至1939年)》,商务印书馆,1992年。(4、105、120、143、144、212、213、226、296、297、353、354、409、410、468、499、546、547、578)

科尔曼:《社会理论的基础》,哈佛大学出版社,1990年。(J. S. Coleman,

Foundations of Social Theory, Harvard University Press, 1990)(404、405)

科卡:"资本主义和 1914 年前德国工业化中的官僚政治",载《经济史评论》,34,1981 年。(J. Kocka,"Capitalism and Bureaucracy in German Industrialization before 1914,"in *Economic History Review*,34,1981)(84)

柯武刚(Wolfgang Kasper)和史漫飞(Manfred E. Streit):《制度经济学:社会秩序与公共政策》,商务印书馆,2000 年。(27、197、202、205、206、242、246、288、289、313、314、521、522、523、596)

克莱因:《凯恩斯的革命》,商务印书馆,1962 年。(573)

克里特、梅迪克和施伦波姆:《工业化以前的工业化:资本主义产生时的农村工业》,剑桥大学出版社,1981 年。(P. Kreidte, H. Medick and J. Schlumbohm, *Industrialization before Industrialization: Rural Industry in the Genesis of Capitalism*, Cambridge University Press, 1981)(3)

克拉潘:《现代英国经济史》上卷,商务印书馆,1986 年。(107、132、133、150、151、153、169、177、214、253、256、271、275、312、353)

克拉潘:《现代英国经济史》中卷,商务印书馆,1986 年。(33、97、98、161、162、274、275、342、343、355、356、537、561)

克拉潘:《现代英国经济史》下卷,商务印书馆,1986 年。(255、293、302、303、366、368、369、370、403、404、407、530、531)

克拉潘:《1815—1914 年法国和德国的经济发展》,商务印书馆,1965 年。(38、42、128、155、159、160、227、256、257、273、424、468、488)

克拉夫兹:"产业革命",载弗劳德和麦克劳斯基编:《1700 年以后的英国经济史》(第 2 版)第 1 卷,剑桥大学出版社,1994 年。(N. Crafts,"The Industrial Revolution,"in R. Floud and D. McCloskey, eds. , *The Economic History of Britain since 1700*, 2nd Edition, Vol. 1, Cambridge University Press, 1994)(463)

克雷尔和索洛克编:《个人收入分配文集》,阿姆斯特丹,1978 年。(W. Krelle and A. F. Shorrocks, eds. , *Personal Income Distribution*, Amsterdam, 1978)(173、174、244、245、310)

克鲁泡特金:《互助论》,商务印书馆,1963 年。(277)

库特纳:"社会经营资本与经济增长",载罗斯托主编:《由起飞进入持续增长的经济学》,伦敦,1963 年。(P. H. Cootner,"Social Overhead Capital and Economic Growth,"in W. W. Rostow, ed. , *The Economics of Take-off into Sustained Growth*, London,1963)(104)

库兹涅茨:《生产和价格的长期变动》,波士顿和纽约,1930 年。(S. Kuznets, *Secular Movements in Production and Prices*, Boston and New York,1930)(74)

库兹涅茨:"评起飞",载罗斯托主编:《由起飞进入持续增长的经济学》,伦敦,1963 年。(S. Kuznets,"Notes on the Take-off,"in W. W. Rostow, ed. , *The Economics of Take-off into Sustained Growth*, London,1963)(16)

库兹涅茨:"技术创新和经济增长",载库兹涅茨:《增长、人口和收入分配文选》,纽约,1979 年。(S. Kuznets,"Technological Innovations and Economic Growth,"in S. Kuznets, *Growth, Population, and Income Distribution, Selected Essays*, New York,1979)(185)

库兹涅茨:《增长、人口和收入分配文选》,纽约,1979 年。(S. Kuznets, *Growth, Population, and Income Distribution, Selected Essays*, New York,1979)(185)

库兹涅茨:《各国的经济增长》,商务印书馆,1985 年。(101、152、203、224、339、350、351、359、370、602)

L

拉什和厄里:《组织化资本主义的终结》,江苏人民出版社,2001 年。(6、7、86、320、321、372、379、451、452、612、613)

莱宾斯坦:"人口增长与起飞假设",载罗斯托主编:《由起飞进入持续增长的经济学》,伦敦,1963 年。(H. Leibenstein,"Population Growth and the Take-off Hypothesis,"in W. W. Rostow, ed. , *The Economics of the Take-off into Sustained Growth*, London,1963)(262、263)

莱宾斯坦:"技术进步、生产函数与发展",载罗斯托主编:《由起飞进入持续增长的经济学》,伦敦,1963 年。(H. Leibenstein,"Technical Progress, the Production Function, and Development,"in W. W. Rostow, ed. , *The Economics of the Take-off into Sustained Growth*, London,1963)(160、161)

莱文:"资本主义经济的增长理论",载《经济发展和文化变迁》,1975年10月。(D. Levine,"The Theory of Growth of the Capitalist Economy,"in *Economic Development and Caltural Change*,Oct. 1975)(229)

莱亚德和尼克尔:"英国失业的原因",载《国民研究所经济评论》,1985年2月。(R. Layard, and S. Nickell, "The Causes of British Unemployment,"in *National Institute Economic Review*,Feb. 1985)(590)

赖格莱:"城市发展和农业变化:近代早期的英国和欧洲大陆",载罗特伯格和拉布编:《人口和经济:从传统时期到现代的人口与历史》,剑桥大学出版社,1986年。(E. A. Wrigley, "Urban Growth and Agricultural Change:England and the Continent in the Early Modern Period,"in R. I. Rotberg and T. K. Rabb,eds., *Population and Economy:Population and History from the Traditional to the Modern World*, Cambridge University Press,1986)(344)

赖格莱:《人民、城市和财富》,牛津,1987年。(E. A. Wrigley,*People,Cities and Wealth*,Oxford,1987)(112)

赖克:"新财产",载《公共利益》1966年春季号。(C. Reich, "The New Property,"in *The Public Interest*,Spring 1966)(425、426)

赖特:《阶级、危机和国家》,伦敦,1978年。(E. Wright,*Class,Crisis and the State*,London,1978)(442)

兰德斯:《不受限制的普罗米修斯》,剑桥大学出版社,1969年。(D. Landes, *The Unbound Prometheus*,Cambridge University Press,1969)(170)

兰德斯:"在国际经济学会召开的讨论会上的发言",载罗斯托主编:《由起飞进入持续增长的经济学》,伦敦,1963年。(D. Landes, "Speech in Proceedings of a Conference Held by the International Economic Association,"in W. W. Rostow, ed., *The Economics of Take-off into Sustained Growth*,London,1963)(15)

郎友兴:《安东尼·吉登斯:第三条道路》,浙江大学出版社,2000年。(189、607、608)

劳尔斯:《正义论》,哈佛大学出版社,1971年。(J. Rawls,*A Theory of Justice*,Harvard Univesity Press,1971)(218)

W. R. 李主编:《德国工业和德国工业化:19和20世纪德国经济、商业史论丛》,伦敦,1991年。(W. R. Lee,ed.,*German Industry and German In-*

dustrialisation: *Essays in German Economic and Business History in Nineteenth and Twentieth Centuries*, London, 1991)(47)

李庆云、鲍寿柏主编:《厉以宁经济学著作导读》,经济科学出版社,2005年。(24)

李新春、陈凌和张胜洋:《回归市场:民主德国经济转型与国企改造》,广东人民出版社,1999年。(587)

里奇和威尔逊主编:《剑桥欧洲经济史》第4卷,经济科学出版社,2003年。(80、108、109、167、265)

里奇和威尔逊主编:《剑桥欧洲经济史》第5卷,经济科学出版社,2002年。(46、91、103、113、114、120、121、132、151、387、464、467、469)

利普赛特和本迪克斯:《工业社会中的社会流动》,加利福尼亚大学出版社,1959年。(S. M. Lipset and R. Bendix, *Social Mobility in Industrial Society*, University of California Press, 1959)(278)

厉以宁:《论加尔布雷思的制度经济学说》,商务印书馆,1979年。(193)

厉以宁:"资产阶级经济学家关于'起飞'的争论和罗斯托在《经济增长的阶段》第二版中的答辩",载北京大学经济系经济史经济学说史教研室编:《国外经济学评介》第1辑,上海人民出版社,1980年。(14、19、87)

厉以宁:"熊彼特以后创新理论的发展",载外国经济学说研究会编:《国外经济学讲座》第4册,中国社会科学出版社,1981年。(12)

厉以宁:"人力资本理论的产生和发展",载北京大学经济系经济史经济学说史教研室编:《国外经济学评介》第2辑,上海人民出版社,1982年。(237)

厉以宁:《厉以宁经济论文选(西方经济部分)》,河北人民出版社,1986年。(260)

厉以宁:"美国边疆学派的'安全活塞'理论",载《厉以宁经济论文选(西方经济部分)》,河北人民出版社,1986年。(260)

厉以宁:《社会主义政治经济学》,商务印书馆,1986年。(249)

厉以宁和吴世泰:《西方就业理论的演变》,华夏出版社,1988年。(173)

厉以宁和章铮:《环境经济学》,中国计划出版社,1995年。(195、198、200)

厉以宁:《宏观经济学的产生和发展》,湖南出版社,1997年。(303、304、564、574、577)

厉以宁:《资本主义的起源——比较经济史研究》,商务印书馆,2003年。

(24、30、138、250、394、505、507、516)

厉以宁:《山景总须横侧看》,北京大学出版社,2003年。(594)

厉以宁:《厉以宁经济评论集》,经济科学出版社,2005年。(24、25、394、444、445)

厉以宁:"论制度调整",载《厉以宁经济评论集》,经济科学出版社,2005年。(24、25、394)

厉以宁:"中产者在社会经济中的作用:历史经验的小结",载《厉以宁经济评论集》,经济科学出版社,2005年。(444、445)

林达:"面对历史的难题",载《随笔》2007年第3期。(63)

林德特:"英国的职业:1670—1811年",载《经济史杂志》,40,1980年。(P. H. Lindert, "English Occupation, 1670-1811," in *Journal of Economic History*, 40, 1980)(226)

林德特:"英国的人口、工资和价格:1541—1913年",载罗特伯格和拉布编:《人口和经济:从传统时期到现代的人口与历史》,剑桥大学出版社,1986年。(P. H. Lindert, "English Population, Wages, and Prices: 1541-1913," in R. I. Rotberg and T. K. Rabb, eds., *Population and Economy: Population and History from the Traditional to the Modern World*, Cambridge University Press, 1986)(225)

E. A. G. 鲁宾逊:"英国经济的变动的结构",载《经济学杂志》,1954年9月。(E. A. G. Robinson, "The Changing Structure of the British Economy," in *Economic Journal*, Sept. 1954)(34)

J. H. 鲁宾逊:《新史学》,纽约,1922年。(J. H. Robinson, *New History*, New York, 1922)(319、321、329)

罗宾斯:《大萧条》,伦敦,1934年。(L. Robbins, *The Great Depression*, London, 1934)(573)

罗默:《剥削和阶级通论》,哈佛大学出版社,1982年。(J. E. Roemer, *A General Theory of Exploitation and Class*, Harvard University Press, 1982)(392、401)

罗森:"人力资本",载《新帕尔格雷夫经济学大辞典》第2卷,经济科学出版社,1992年。(255、256)

罗森斯坦-罗丹:"对不发达国家的国际援助",载《经济学和统计学评论》,43(2),1961年。(P. N. Rosenstein-Rodan, "International Aid for Underdeveloped Countries," in *Review of Economics and Statistics*, 43(2), 1961) (17)

罗斯托:《经济增长的阶段》,中国社会科学出版社,2001年。(14、15、18、19、31)

罗斯托:"主导部门和起飞",载罗斯托主编:《由起飞进入持续增长的经济学》,伦敦,1963年。(W. W. Rostow, "Leading Sectors and the Take-off," in W. W. Rostow, ed., *The Economics of Take-off into Sustained Growth*, London, 1963) (15、130、182、183)

罗斯托主编:《由起飞进入持续增长的经济学》,伦敦,1963年。(W. W. Rostow, ed., *The Economics of Take-off into Sustained Growth*, London, 1963) (4、14、15、16、17、30、31、32、33、37、38、43、48、54、67、68、76、86、88、89、104、105、106、110、112、130、134、135、139、142、146、147、148、168、182、183、262、263、415)

罗索夫斯基:《日本的资本形成(1868—1940年)》,纽约,1961年。(H. Rosovsky, *Capital Formation in Japan: 1868-1940*, New York, 1961) (89)

罗特伯格和拉布编:《人口和经济:从传统时期到现代的人口与历史》,剑桥大学出版社,1986年。(R. I. Rotberg and T. K. Rabb, eds., *Population and Economy: Population and History from the Traditional to the Modern World*, Cambridge University Press, 1986) (225、344)

罗志如和厉以宁:《二十世纪的英国经济:"英国病"研究》,人民出版社,1982年。(34、177、216、217、243、296、318、336、522、582、585、586、611)

洛奈等编:《社会政策和社会福利》,公开大学出版社,1983年。(M. Loney et al., eds., *Social Policy and Social Welfare*, Open University Press, 1983) (583)

M

马登:《性别歧视经济学》,莱克辛顿,莱克辛顿出版公司,1973年。(J. F. Madden, *The Economics of Sex Discrimination*, Lexington, Lexington Books, 1973) (176)

马克思:《资本论》第1卷,人民出版社,1975年。(13、283、538)

马克思:《资本论》第3卷,人民出版社,1975年。(214、427)

马戎:布劳和梅耶著《现代社会中的科层制》一书中译本"译者前言",载布劳和梅耶:《现代社会中的科层制》,学林出版社,2001年。(532)

马赛厄斯和波斯坦主编:《剑桥欧洲经济史》第7卷上册,经济科学出版社,2004年。(36、37、67、68、81、93、100、101、102、109、110、122、125、126、127、129、162、166、174、175、209、210、234、235、236、237、242、244、318、319、357、358、400、401、467、489、490)

马赛厄斯和波斯坦主编:《剑桥欧洲经济史》第7卷下册,经济科学出版社,2004年。(102)

马赛厄斯和波斯坦主编:《剑桥欧洲经济史》第8卷,经济科学出版社,2004年。(506、544、553、554、557、558、559、560、561、574、575)

T. H. 马歇尔:"公民权利和社会阶级",载 T. H. 马歇尔:《十字路口的社会学文集》,伦敦,1963年。(T. H. Marshall, "Citizenship and Social Class,"in T. H. Marshall, *Sociology at the Crossroads and Other Essays*, London, 1963)(601)

T. H. 马歇尔:《十字路口的社会学文集》,伦敦,1963年。(T. H. Marshall, *Sociology at the Crossroads and Other Essays*, London, 1963)(601)

马泽夫斯基:"'起飞'假设与法国经验",载罗斯托主编:《由起飞进入持续增长的经济学》,伦敦,1963年。(J. Marczewski, "The Take-off Hypothesis and French Experience,"in W. W. Rostow, ed., *The Economics of Take-off into Sustained Growth*, London, 1963)(37、38)

麦格劳:《现代资本主义:三次工业革命中的成功者》,江苏人民出版社,2000年。(20、21、23、80、111、115、121、122、161、164、165、166、269、270、279、309、325、517、518、558)

麦克纳布和萨恰罗波洛斯:"英国的种族收入差异",载《牛津经济文汇》,33,1981年。(R. McNabb and G. Psacharopoulos, "Racial Earnings Differentials in the UK,"in *Oxford Economic Papers*, 33, 1981)(175)

麦金德:《民主的理想与现实》,纽约,1942年。(H. J. Mackinder, *Democratic Ideals and Reality*, New York, 1942)(391、565)

迈尔:《社会民主主义的转型》,北京大学出版社,2001年。(194、204、322、330、452、453、459、606)

迈尔斯和魁德鲁:"福利国家的政治理论",载丁开杰和林义选编:《后福利

国家》,上海三联书店,2004年。(329、330)

曼斯菲尔德等:《技术转移、生产率和经济政策》,纽约,1982年。(E. Mansfield et al., *Technology Transfer, Productivity, and Economic Policy*, New York,1982)(591)

芒图:《十八世纪产业革命》,商务印书馆,1983年。(13、137、153、238、239、272、284、348、349、352、389、487、526)

梅多斯等著:《增长的极限》,商务印书馆,1984年。(192)

梅尔顿:"工业发明速率的波动",载《经济学季刊》1934—1935年。(R. K. Merton,"Fluctuations in the Rate of Industrial Invention," in *Quarterly Journal of Economics*,1934-35)(74)

梅欧:《工业文明的社会问题》,波士顿,1945年。(E. Mayo, *The Social Problems of an Industrial Civilization*,Boston,1945)(333、609、610)

梅什科夫斯基:"城市经济学",载《新帕尔格雷夫经济学大辞典》第4卷,经济科学出版社,1992年。(377、382)

门德尔斯:"原始工业化:工业化过程的第一阶段",载《经济史杂志》1972年3月。(F. Mendels,"Proto-Industrialization: The First Phase of the Industrialization Process," in *Journal of Economic History*, March 1972)(3)

米尔斯:《白领》,纽约,1951年。(C. W. Mills, *White Collar*, New York, 1951)(326、327)

米尔瓦德和邵尔:《欧洲大陆的经济发展:1850—1914年》,伦敦,1977年。(A. Milward and S. Saul, *The Development of the Economies of Continental Europe 1850-1914*,London,1977)(84)

米契尔:《欧洲历史统计,1750—1970年》,伦敦,1975年。(B. R. Mitchell, *European Historical Statistics, 1750-1970*,London,1975)(38)

米泽尔:"歧视",载《新帕尔格雷夫经济学大辞典》,第1卷,经济科学出版社,1992年。(294)

缪尔达尔:《经济理论和不发达区域》,伦敦,1957年。(G. Myrdal, *Economic Theory and Under-Developed Regions*,London,1957)(584)

缪尔达尔和阿尔瓦·雷默尔:《人口问题危机》,斯德哥尔摩,1934年。(G. Myrdal, and Alva Reimer, *Crisis in the Population Question*, Stockholm,1934)(574)

莫迪利安尼:"储蓄-收入比率的波动:经济预测问题",载(美国)国民经济研究所编:《收入与财富研究丛书》第 11 卷,纽约,1949 年。(F. Modigliani,"Fluctuations in the Saving-Income Ratio: A Problem in Economic Forecasting,"in *Studies in Income and Wealth*, No. 11, New York: National Bureau of Economic Research, 1949)(303)

莫斯卡:《统治阶级》,纽约,1939 年。(G. Mosca, *The Ruling Class*, New York, 1939)(335)

约翰·斯图亚特·穆勒:《政治经济学原理》,商务印书馆,1991 年。(510)

N

纳尔逊主编:《国家创新制度:比较分析》,纽约,1993 年。(R. R. Nelson, *National Innovation Systems: A Comparative Analysis*, New York, 1993)(170)

尼科尔森:"制度分析与发展的现状",载奥斯特罗姆、菲尼和皮希特编:《制度分析与发展的反思:问题与抉择》,商务印书馆,1992 年。(414)

诺思:《制度、制度变迁与经济绩效》,上海三联书店,1994 年。(242、384、521、523、526、536、544)

诺思:《经济史上的结构和变革》,商务印书馆,1999 年。(22、23、87、276、328、334、340、341)

诺思和托马斯:《西方世界的兴起》,华夏出版社,1989 年。(27、28、30、34、57、417)

P

帕尔默和科尔顿:《近现代世界史》(第 5 版),纽约,1978 年。(R. R. Palmer, and J. Colton, *A History of the Modern World*, 5th Edition, New York, 1978)(55、57、60、62、390、391、551、594)

帕金:《阶级不平等和政治秩序》,伦敦,1971 年。(F. Parkin, *Class Inequality and Political Order*, London, 1971)(441)

皮尔森:"当代福利国家发展面临的挑战",载丁开杰和林义选编:《后福利国家》,上海三联书店,2004 年。(581、596)

彭罗斯:《企业成长理论》,牛津,1959 年。(E. Penrose, *The Theory of the Growth of the Firm*, Oxford, 1959)(90)

彭逊:"18世纪伦敦的西印度利益集团",载《经济史评论》1921年7月。(L. M. Penson, "The London West India Interest in the Eighteenth Century," in *Economic History Review*, July 1921)(265)

Q

奇波拉主编:《欧洲经济史》第2卷,"十六和十七世纪",商务印书馆,1988年。(8、9)

奇波拉主编:《欧洲经济史》第3卷,"工业革命",商务印书馆,1989年。(27、28、30、52、104、109、115、116、118、119、123、130、131、227、234、235、268、269、271、273、280、281、286、287、290、291、297、299、300、340、354、412、456、457、461、462、465)

奇波拉主编:《欧洲经济史》第4卷上册,"工业社会的兴起",商务印书馆,1989年。(19、55、77、78、83、87、115、259、274、398、492、557、558)

奇波拉主编:《欧洲经济史》第4卷下册,"工业社会的兴起",商务印书馆,1991年。(58、59、66、67)

奇波拉主编:《欧洲经济史》第5卷上册,"二十世纪",商务印书馆,1988年。(316、356、357、359、360、361、572、575、576、582、583、592、599)

奇波拉主编:《欧洲经济史》第5卷下册,"二十世纪",商务印书馆,1988年。(190、191、472、473、474、494、495、496、503、519、589)

奇波拉主编:《欧洲经济史》第6卷上册,"当代各国经济",商务印书馆,1991年。(41、43、44、48、49、50、55、56、433)

奇波拉主编:《欧洲经济史》第6卷下册,"当代各国经济",商务印书馆,1991年。(60、61、62、68、69、70)

奇斯威克:"美国化对外国出生者收入的效应",载《政治经济学杂志》1978年10月。(B. Chiswick, "The Effect of Americanization on the Earings of Foreign-born Men," in *Journal of Political Economy*, Oct. 1978)(255)

恰普曼:《商人银行业的兴起》,伦敦,1984年。(S. D. Chapman, *The Rise of Merchant Banking*, London, 1984)(39)

钱德勒:《看得见的手》,坎布里奇,马萨诸塞,1977年。(A. Chandler, *The Visible Hand*, Cambridge, Mass., 1977)(156、157)

乔治和怀尔丁:《社会政策的影响》,伦敦,1984年。(V. George, and P.

Wilding, *The Impact of Social Policy*, London, 1984)(597)

切克兰:"产业革命",载《新帕尔格雷夫经济学大辞典》第2卷,经济科学出版社,1992年。(12、17、18)

裘元伦:"德国反失业政策措施",载《管理世界》1998年第1期。(587)

S

萨贝尔:《工作和政治:工业的分工》,剑桥大学出版社,1982年,(C. F. Sabel, *Work and Politics: The Division of Labour in Industry*, Cambridge University Press, 1982)(597)

塞耶斯:《出口经济的盛衰:1880年以后的英国》,悉尼大学出版社,1965年。(R. S. Sayers, *The Vicissitudes of an Export Economy: Britain Since 1880*, Sydney University Press, 1965)(205)

瑟罗:《得失相等的社会》,商务印书馆,1992年。(290、291、300、305、567、588)

瑟罗:"衰落产业",载《新帕尔格雷夫经济学大辞典》第1卷,经济科学出版社,1992年。(187、188)

商务印书馆编:《现代国外经济学论文选》第2辑,商务印书馆,1981年。(595)

史密斯:《德国经济》,伦敦,1994年。(E. O. Smith, *The German Economy*, London, 1994)(586)

舒尔茨:《改造传统农业》,商务印书馆,1987年。(500)

舒马赫:《小的是美好的》,商务印书馆,1985年。(380、500、520)

斯科凯尔特:"利他主义、效率和公平:福利国家的伦理挑战",载丁开杰和林义选编:《后福利国家》,上海三联书店,2004年。(610)

斯坦德尔:"停滞",载《新帕尔格雷夫经济学大辞典》第4卷,经济科学出版社,1992年。(597)

斯特拉彻:"资本主义改变了吗?",载都留重人主编:《资本主义改变了吗?关于现代资本主义性质的国际讨论集》,东京,1961年。(J. Strachey, "Has Capitalism Changed?" in Shigeto Tsuru, ed., *Has Capitalism Changed? An International Symposium on the Nature of Contemporary Capitalism*, Tokyo, 1961)(513、515)

斯威齐:"资本主义改变了吗?",载都留重人主编:《资本主义改变了吗?关于现代资本主义性质的国际讨论集》,东京,1961 年。(P. Sweezy,"Has Capitalism Changed?"in Shigeto Tsuru, ed. , *Has Capitalism Changed? An International Symposium on the Nature of Contemporary Capitalism* , Tokyo,1961)(514)

索洛:"在国际经济学会召开的讨论会上的发言",载罗斯托主编:《由起飞进入持续增长的经济学》,伦敦,1963 年。(R. Solow, "Speech in Proceedings of a Conference Held by the International Economic Association,"in W. W. Rostow, ed. , *Economics of Take-off into Sustained Growth* , London,1963)(17)

T

汤益诚:《促进社会和谐的瑞典经验:制度变革与政策选择》,中国社会出版社,2008 年。(70、71、559)

阿诺德·汤因比:《十八世纪英国产业革命讲话》,伦敦,1884 年初版,1923 年重印。(Arnold Toynbee, *Lectures on the Industrial Revolution of the Eighteenth Century in England* , London, First Edition, 1884, Reprinted,1923)(13、22、518)

特里比尔科克:《欧洲大陆强国的工业化:1780—1914 年》,伦敦,1981 年。(C. Trebilcock, *The Industrialization of the Continental Powers, 1780-1914* , London,1981)(38、170)

托利:"城市规模的福利经济学",载《城市经济学杂志》1974 年 7 月。(G. S. Tolley, "The Welfare Economics of City Bigness," in *Journal of Urban Economics* , July 1974)(378)

托马斯和麦克劳斯基:"海外贸易和帝国:1700—1860 年",载弗劳德和麦克劳斯基编:《1700 年以后的英国经济史》(第 2 版)第 1 卷,剑桥大学出版社,1994 年。(R. P. Thomas and D. McCloskey, "Overseas Trade and Empire,1700-1860,"in R. Floud and D. McCloskey, eds. , *The Economic History of Britain since 1700* ,2nd Edition, Vol. 1,Cambridge University Press,1994)(113)

W

瓦茨:梅多斯等著《增长的极限》一书"前言",载梅多斯等著:《增长的极

限》,商务印书馆,1984年。(192)

马克斯·韦伯:《新教伦理与资本主义精神》,三联书店,1987年。(78、79、247)

马克斯·韦伯:《经济与社会》上卷,商务印书馆,2006年。(73、386、399)

马克斯·韦伯:《经济与社会》下卷,商务印书馆,2006年。(549、581、604)

威廉姆森:"区域不平等和国家发展过程",载《经济发展和文化变迁》,13(4),1965年,第二部分。(J. G. Williamson,"Regional Inequality and the Process of National Development," in *Economic Development and Cultual Change*,13(4),1965,pt. 2)(584)

威伦斯基:《福利国家和平等》,加利福尼亚大学出版社,1975年。(H. L. Wilensky, *The Welfare State and Equality*, University of California Press,1975)(601)

吴欣望:《知识产权:经济、规则与政策》,经济科学出版社,2007年。(416、420)

X

西尔伯斯顿:"专利",载《新帕尔格雷夫经济学大辞典》第3卷,经济科学出版社,1992年。(418、419)

希克斯:《经济史理论》,商务印书馆,1999年。(1、102、240、241、301、328、352、476、477)

向文华主编:《冷战后社会党研究》,中央编译出版社,2006年。(605、607、608)

辛格:"英国工业和世界经济:非工业化案例?",载《剑桥经济学杂志》1977年6月。(A. Singh,"UK Industry and the World Economy: A Case of De-industrialisation?" in *Cambridge Journal of Economics*, June 1977)(204)

熊彼特:《经济发展理论》,商务印书馆,1991年。(12、14、20、80、81、82、83、183、184)

熊彼特:"经济变动的分析",原载《经济学和统计学评论》,17(4),1935年,中译文见熊彼特:《经济发展理论》,附录,商务印书馆,1991年。(20、184)

熊彼特:《经济分析史》第2卷,商务印书馆,1992年。(96、97、155、156、

475、510)

熊彼特:《经济分析史》第3卷,商务印书馆,1995年。(2、79、555、556)

熊彼特:《资本主义、社会主义与民主》,商务印书馆,1999年。(11、12、71、171、323、488、511、512、528、529、568、570、571)

Y

亚伯拉罕:《魏玛共和国的崩溃》,普林斯顿大学出版社,1981年。(D. Abraham, *The Collapse of the Weimar Republic: Political Economy and Crisis*, Princeton University Press, 1981)(84)

姚先国、海因茨·缪尔德斯:《两德统一中的经济问题》(第2版),科学技术文献出版社,1996年。(587)

殷叙彝:《社会民主主义的转型》一书中译本"译者前言",载迈尔:《社会民主主义的转型》,北京大学出版社,2001年。(606)

尤尔:《工厂哲学:或论大不列颠工厂制度的科学、道德和商业的经济》(第2版),伦敦,1835年。(A. Ure, *The Philosophy of Manufactures: or, An Exposition of the Scientific, Moral, and Commercial Economy of the Factory System of Great Britain*, second edition, London, 1835) (214)

Z

周一良、吴于廑主编:《世界通史》近代部分上册,人民出版社,1980年。(517)

朱家泰:"让猴子吃香蕉",载《随笔》2006年第3期。(521)

后　　记

本书同拙著《资本主义的起源——比较经济史研究》(商务印书馆 2003 年出版)、《罗马—拜占庭经济史》(商务印书馆 2006 年出版)一样,也是依据我若干年前在北京大学讲授外国经济史、经济史比较研究等课程的讲义和读书笔记整理而成的。由于书名定为《工业化和制度调整》,所以不按国别论述,而是按照我已在《资本主义的起源》中提出的制度调整理论,从工业化和资本形成、工业化和技术创新、工业化和社会流动、工业化和利益集团、工业化和城市化、工业化和中产阶级以及工业化和农业发展等不同的角度,对工业化的过程进行分析,最后得出西欧国家在工业化时期的制度调整是不可避免的和难以阻挡的结论。

经济史研究是对已经发生的事实和过程作出总结,并对以前的经济演变作出解释,但这不排除根据过去和现在的经验对未来的经济走向作一些推论。本书定稿之日,正是由美国金融风暴引起的经济危机蔓延到西欧国家的关键时刻,某些西欧的私营大银行、大公司,由于资金链的突然断裂而陷入十分困难的境地,迫切地等待政府的支持和帮助。西欧国家的失业问题也激化了。为此,我在本书的最后加写了一篇"结束语　世界金融风暴对资本主义制度调整的影响"。这就是对西欧社会经济未来走势的推论。推论毕竟是推论,它们有待于实践的检验。我的观点是否站得住,短期内还看不出来,因为经济学的验证总是滞后的,但只要对读者有所启发,那就够了。

本书在整理出版过程中,感谢我的几位同事和学生的帮助,他们是滕飞、蒋承、陈丽、吴玉芹。商务印书馆的常绍民、郑殿华、王湧泉、杨宝兰、黄一方、宋伟等同志,为本书的出版出力不少,在此一并致谢。

厉以宁

2009 年 3 月 15 日